Matthias Euteneuer

Unternehmerisches Handeln und romantischer Geist

Wissen, Kommunikation und Gesellschaft.
Schriften zur Wissenssoziologie

Herausgegeben von

Hans-Georg Soeffner
Ronald Hitzler
Hubert Knoblauch
Jo Reichertz

Wissenssoziologinnen und Wissenssoziologen haben sich schon immer mit der Beziehung zwischen Gesellschaften, dem in diesen verwendeten Wissen, seiner Verteilung und der Kommunikation (über) dieses Wissen(s) befasst. Damit ist auch die kommunikative Konstruktion von wissenschaftlichem Wissen Gegenstand wissenssoziologischer Reflexion. Das Projekt der Wissenssoziologie besteht in der Abklärung des Wissens durch exemplarische Re- und Dekonstruktionen gesellschaftlicher Wirklichkeitskonstruktionen. Die daraus resultierende Programmatik fungiert als Rahmen-Idee der Reihe. In dieser sollen die verschiedenen Strömungen wissenssoziologischer Reflexion zu Wort kommen: Konzeptionelle Überlegungen stehen neben exemplarischen Fallstudien und historische Rekonstruktionen stehen neben zeitdiagnostischen Analysen.

Matthias Euteneuer

Unternehmerisches Handeln und romantischer Geist

Selbständige Erwerbsarbeit
in der Kulturwirtschaft

VS VERLAG

Bibliografische Information der Deutschen Nationalbibliothek
Die Deutsche Nationalbibliothek verzeichnet diese Publikation in der
Deutschen Nationalbibliografie; detaillierte bibliografische Daten sind im Internet über
<http://dnb.d-nb.de> abrufbar.

Dissertation an der Fakultät 12 der Technischen Universität Dortmund

1. Auflage 2011

Alle Rechte vorbehalten
© VS Verlag für Sozialwissenschaften | Springer Fachmedien Wiesbaden GmbH 2011

Lektorat: Frank Engelhardt | Katrin Emmerich

VS Verlag für Sozialwissenschaften ist eine Marke von Springer Fachmedien.
Springer Fachmedien ist Teil der Fachverlagsgruppe Springer Science+Business Media.
www.vs-verlag.de

Umschlaggestaltung: KünkelLopka Medienentwicklung, Heidelberg
Gedruckt auf säurefreiem und chlorfrei gebleichtem Papier
Printed in Germany

ISBN 978-3-531-17824-0

Inhalt

Unternehmerisches Handeln und romantischer Geist?

»Ich hoffe, daß die Umstände entscheiden werden. An den Scheidewegen meines Lebens habe ich mich immer direkt jenen Kindern der Vorsehung anvertraut, wie ein Augur dem Vogelflug.« (Johann Gottfried Herder, zit. nach Brunschwig 1982: 335)

Der Romantiker, so der französische Historiker Henri Brunschwig, sei im Wesentlichen durch seine Wundergläubigkeit gekennzeichnet – alle anderen Merkmale ließen sich davon ableiten (vgl. Brunschwig 1982: 292). Dieser »Kult des Wunders« habe es auch mit sich gebracht, dass die von ihm betrachteten Frühromantiker[1] darauf gewartet hätten, »vom Schicksal ihren Lebensweg gewiesen zu bekommen« (ebd.: 332). Eine Haltung, die kontradiktorisch erscheint, nicht nur gegenüber unternehmerischem Handeln, sondern gegenüber dem, was Max Weber als konstitutiven Bestandteil »des modernen kapitalistischen Geistes, und nicht nur dieses, sondern der modernen Kultur« schlechthin begriff: gegenüber einer »rationale[n] Lebensführung auf der Grundlage der Berufsidee« (Weber 2006: 179). Denn begreift man Rationalität als ein Handlungsalternativen generierendes und eine Alternative auswählendes Entscheidungsverfahren, bei dem Wahrnehmungen im Hinblick auf als vernünftig anerkannte Prinzipien so ›verarbeitet‹ werden, dass Handlungsfähigkeit gewährleistet bleibt (vgl. ähnlich: Schimank 2005: 52 ff.), so ist Herders Haltung offensichtlich irrational: Entzieht er sich doch gerade der Anforderung, Entscheidungen zu treffen und zu verantworten. Überhaupt scheint das Sprunghafte, Weltfremde und Naive, was man gemeinhin dem Romantiker zuschreibt, eine ungeeignete Basis für unternehmerische Aktivitäten darzustellen. Müssen sich Unternehmer nicht dort behaupten, wo ›instrumentelle Vernunft‹ vorherrscht, nämlich auf dem freien Markt? Und müsste, wer romantischen Vorstellungen folgt, dort nicht kläglich untergehen, statt auf Erfolg hoffen zu können?

Obwohl Brunschwig seine Missbilligung der Haltung der (Früh-) Romantiker kaum verbirgt, muss er jedoch eingestehen, dass sich diese bei »der Führung ihrer Geschäfte äußerst fleißig und somit wesentlich realistischer« (Brunschwig 1982: 332) zeigten, als man hätte erwarten können. Ein Widerspruch,

---

[1] Da sich diese Haltung schon im sog. Sturm und Drang abgezeichnet habe, taugt Herder für Brunschwig als ›frühromantischer Kronzeuge‹. Auch für Safranski (2007: 11) beginnt die Geschichte der Romantik, als Herder 1769 »überstürzt und fluchtartig« Riga verlässt, um den als beengend empfundenen Verhältnissen zu entkommen.

den er durch einen Mangel an offenen Stellen für junge Intellektuelle im Preußen des späten 18. Jahrhunderts bedingt erklärt: Das Individuum schreibe in Krisenzeiten eben dem Zufall zu, »was es in Wirklichkeit durch sein Verdienst erreicht hat« (ebd.). Dient die Zurschaustellung von Hingabe an die Vorsehung also nur der Verschleierung der Tatsache, dass die in Wirklichkeit doch rationale Lebensführung der Frühromantiker in einer ›prekären‹ gesellschaftlichen Situation nur begrenzt fruchtete? Dann gäbe es kaum Anlass für einen bis heute andauernden Streit um die schwer zu fassende Epoche der Romantik, die sowohl als Vorläufer wesentlicher Ideen der Moderne geehrt als auch als gefährliche Verirrung bekämpft wird.[2] Auch Brunschwig nimmt schlussendlich an, dass sich die Romantiker auch faktisch von den Idealen der Aufklärung entfernt haben:

> »Die jungen Leute, die am Ende des Jahrhunderts die Mehrheit bilden, sind in der Krise aufgewachsen. Unbewußt haben sie sich von den Spuren ihrer Vorfahren entfernt. Sie waren unruhig, nervös, gequält von dem Bedürfnis nach ›Erhabenem‹, ›Unendlichem‹, ›Wunderbarem‹, verspürten plötzliche Berufungen, waren von Liebe ergriffen wie vom Blitz und erstaunt über die natürlichsten Begegnungen. Trotz ihres Studiums ist das moralische Klima, dem sie angehören, nicht das des Rationalismus. Sie sind dem Milieu des Volkes zu nahe geblieben, um nicht seine Leidenschaften zu empfinden. Und die Wirtschaftskrise trifft sie zu sehr, als daß sie artig die Anweisungen der situierten Leute befolgten. Als sie an der Reihe sind, sich zu behaupten, sprechen sie daher nicht mehr die Sprache, die sie einst gelernt haben.« (Brunschwig 1982: 344)

In diesen Zeilen ist von einem passiven Warten auf Berufung allerdings wenig zu spüren – vielmehr wird eine angespannte Aufmerksamkeit und Sensibilität erkennbar, die jederzeit in geradezu manische Aktivität umschlagen kann. Herders Darstellung der völligen Hingabe an den Zufall ist also möglicherweise als poetische Überhöhung einer Lebenshaltung zu begreifen, die gerade aufgrund der intensiv erlebten Offenheit und Unsicherheit der Zukunft eine sensible Suche nach und das Ergreifen von Gelegenheiten durchaus kennt. Obwohl eine solche Haltung weit von einer rationalen Lebensführung entfernt ist, wie sie Max Weber (nicht ohne Unbehagen) beschrieben hat, ist das Verdikt des Irrationalen nicht unbedingt zutreffend. Es scheint naheliegend, dass die Romantiker in ihrer Lebensführung vielmehr andersartigen Rationalitätsmustern folgten – das Stocken des bürgerlichen Karrierezuges in Preußen mag Anstoß dazu gegeben haben, alleinige Ursache einer gewandelten Lebensführung ist dies vermutlich kaum:

---

[2] Dass die Romantikforschung »die wissenschaftliche Avantgarde« (Peter 1980: 1) der nationalsozialistischen Bewegung darstellte und der Nationalsozialismus romantische Elemente zur Fundierung seiner Vorstellungen verwendete, hat diesen Debatten besondere Brisanz verliehen (vgl. Behler 1992, Kluckhohn 1966: 7).

Schließlich trieb auch die Romantiker das Verlangen, »Arbeit so betreiben« zu wollen, »als ob sie absoluter Selbstzweck« (Weber 2006: 47), also: Berufung sei (vgl. Brunschwig 1982: 332 ff.). Die Berufung, welche die Romantiker suchten, scheint nur von anderer Art gewesen zu sein als jene von Weber skizzierte, dem Calvinismus entspringende Berufungskonzeption, die das bürgerliche Arbeitsethos des 18. Jahrhunderts prägte. Ein romantisches Arbeitsethos und eine romantische Unternehmerfigur erscheinen also denkbar.

Weitaus evidenter jedenfalls ist die Bedeutung romantischer Ideen für die im engeren Sinne kulturelle Entwicklung der Moderne: Setzte mit der Romantik doch eine (für die damalige Zeit: unerhörte) kulturelle Dynamisierung der Gesellschaft ein, wobei das Prosperieren jener Sektierer, Propheten, Wunderheiler und Glücksspieler, die das aufgeklärte Bürgertum mit Schrecken erfüllten (vgl. Brunschwig 1982: 293 ff.), nur die exzentrischste Folge dieser Dynamisierung darstellt. Insbesondere in Bezug auf die moderne Familie, moderne Intim- und Freundschaftsbeziehungen, modernen Konsum sowie die moderne Künstlerfigur und das Kunstsystem bleibt der Einfluss romantischer Ideen trotz aller Skepsis über die Zugehörigkeit der Romantik zum ›Projekt der Moderne‹ wohl unbestritten (vgl. z. B. Müller-Jentsch 2005, Illouz 2003, Burkart 2002, van Dülmen 2001, Tenbruck 1964, Campbell 1987, Luhmann 1997).

Gegenwärtig mehren sich jedoch Hinweise, dass romantische Ideen jenseits dieser tendenziell ›irrationalen‹ Subsinnwelten Bedeutungszugewinne verzeichnen könnten: Prominent sind hier Boltanski/Chiapello (2003) zu nennen, die gar einen neuen, von der Künstlerkritik inspirierten Geist des Kapitalismus aufziehen sehen. Aber auch die Diagnose einer ›konsumistischen Geisteshaltung‹, die etwa Prisching (2006) trifft, lässt sich als Bedeutungszuwachs romantischen Denkens deuten, der nicht zuletzt Vorstellungen von Erwerbsarbeit deutlich verändern könnte (vgl. Sasse 2006, Bauman 2005: 30 ff.). So verwundert es nicht, dass die zunehmende Bedeutung der Bohème entstammender Werte für die Arbeitswelt bzw. die Vorbildfunktion des Künstlers für Arbeitnehmer, Manager und Unternehmer gegenwärtig emphatisch wie kritisch ins Feld geführt werden (vgl. Friebe/Lobo 2006, Menger 2006, Bröckling 2003, Brooks 2001, Haak/Schmied 1999, Nikolai 1999) – wobei dies in zeitdiagnostischer, empirieloser und zum Teil populärwissenschaftlicher Manier geschieht.

Trotz aller Unterschiede sind sich diese Zeitdiagnosen in einem Punkt einig: nämlich dass das Epizentrum einer Veränderung des Arbeitsethos bzw. der Vorstellung eines idealen Arbeitssubjekts in der sogenannten Kulturwirtschaft liegt; in jenem sich in der ›reiferen‹ Moderne ausbildenden und jüngst als ökonomische Hoffnung entdeckten Sektor, der an der Grenze zwischen ›Ökonomie‹ und ›Kultur‹ angesiedelt ist. Über eine eingehende Untersuchung der Formen selbständiger Erwerbsarbeit im kulturwirtschaftlichen Sektor hinaus ist es demzufolge Anliegen dieser Arbeit, die zeitdiagnostische Vermutung, dass eine Veränderung des Arbeitsethos bzw. gar des ›Geistes des Kapitalismus‹ zu beobachten sei, auf der Basis empirischer Ergebnisse zur Konstitution selbständiger Erwerbsarbeit in der Kulturwirtschaft kritisch zu reflektieren. Max Weber hat in *Wissenschaft als Beruf* betont, dass man als Wissenschaftler »monatelang viele zehntausende ganz trivialer Rechenexempel« machen müsse, »wenn man etwas herausbekommen will, – und was schließlich herauskommt,« sei oft »blutwenig«. Wenn dem Wissenschaftler aber »nicht doch etwas Bestimmtes über die Richtung seines Rechnens und, während des Rechnens, über die Tragweite der entstehenden Einzelresultate« Hinausreichendes einfalle, dann komme »selbst dieses Blutwenige nicht heraus« (Weber 1995: 13). In etwa so verhalten sich die zentralen Fragestellungen dieser Arbeit zueinander: Das ›Blutwenige‹, das über die ›trivialen Rechenexempel‹ der Rekonstruktion von Formen selbständiger Erwerbsarbeit in der Kulturwirtschaft hinausreicht, soll durch die Suche nach einem romantischen Arbeitsethos gewonnen werden.

Der erste Abschnitt dieser Arbeit wendet sich demgemäß ausgewählten Zeitdiagnosen (1) zu, bevor der Forschungsstand zu selbständiger Erwerbsarbeit und unternehmerischem Handeln (2) und zur Kulturwirtschaft im Allgemeinen sowie zu selbständiger Erwerbsarbeit in der Kulturwirtschaft im Speziellen (3) aufgearbeitet wird. Das zur Empirie überleitende Methodenkapitel (4) ist neben der Reflexion des empirischen und methodischen Vorgehens vor allem der (wissenssoziologischen) Skizzierung der Merkmale romantischen Denkens gewidmet, die als ›sensitizing concept‹ im Rahmen der Datenauswertung genutzt wurden. Im empirischen Teil der Arbeit werden zunächst schwerpunktmäßig die Karriereerzählungen (5) der Interviewten analysiert und, ausgehend von diesen die ›Erwerbsmentalitäten‹, die (teils habituell verfassten) Denk- und Handlungsweisen der Selbständigen rekonstruiert und typologisiert. Weitere, vertiefende Kapitel widmen sich dem Erwerbshandeln ›romantisch‹ inspirierter Unternehmer (6), insbesondere ihren Strategien, den Konflikt zwischen romantischem Authentizitätsanspruch und einer notwendigen Marktorientierung zu bewältigen, sowie der gegenwärtig breit diskutierten arbeits- und industriesoziologischen Frage nach den Bedingungen und Folgen einer ›Entgrenzung von Arbeit und Leben‹ (7) in selbständigen Erwerbsformen. Entsprechend der zweifachen Fragestellung der Arbeit ist das Fazit schließlich in zwei Abschnitte aufgeteilt, in denen zunächst die Ergebnisse der ›trivialen Rechenexempel‹ (8) resümiert werden, um sich sodann jenem ›Blutwenigen‹ zuzuwenden, das über das Feld der Kulturwirtschaft (9) hinaus (spekulativ) gefolgert werden kann.

1 ›Konjunktur von Kultur‹: Arbeit, Konsum und Ökonomie im Wandel

Kultur hat gegenwärtig ›Konjunktur‹, so die treffende Bemerkung der Herausgeber eines Themenheftes zur Kultursoziologie (vgl. Ralfs/Ernst 2009). So ist nicht nur in den Geistes- und Sozialwissenschaften seit den 1960er und 70er Jahren ein ›cultural turn‹ ausgerufen worden, Kultur ist als Schlagwort so bedeutend geworden, dass Metropolen und Metropolregionen alljährlich um den öffentlichkeitswirksamen Titel ›Kulturhauptstadt Europas‹ konkurrieren. Auch die Konjunkturmetapher erscheint treffend: Besonders eindrucksvoll zeigt sich diese Entwicklung nämlich an dem von Großbritannien ausgehenden, inzwischen auf der Ebene internationaler Organisationen geführten Diskurs um eine sogenannte ›Kulturwirtschaft‹ (vgl. UN 2008, Fesel/Söndermann 2007, European Commission 2006, DMCS 1998) – ein Diskurs, in dem Kultur vonseiten der Politik als gesellschaftlich relevante *Produktivkraft* (vgl. Wittel 2001a) adressiert wird. So unrealistisch viele in diesem Zusammenhang auf die Kulturwirtschaft gerichteten Hoffnungen erscheinen mögen (vgl. 3): Die Prominenz des Diskurses an sich ist Zeichen eines politisch-ökonomischen Interesses an Kultur, das aus soziologischer Perspektive untersuchens- und erklärenswert erscheint.

Im Folgenden wird im Rekurs auf gegenwartsdiagnostische[3] Arbeiten die These dargelegt, dass die gesteigerte Aufmerksamkeit für kulturelle Phänomene darin begründet liegt, dass sich die moderne Kultur – im engen Sinne von Kunst und Alltagskultur – neben Technologie zur einer sehr dynamischen Komponente moderner Gesellschaften entwickelt hat. Dass sie vor diesem Hintergrund Aufmerksamkeit erregt, erscheint aufgrund einer die Kultur der Moderne prägenden Prävalenz des Neuen wenig erstaunlich. Insofern Kultur auch ökonomische Begehrlichkeiten weckt, ja gegenwärtig sogar eine *Kulturalisierung der Ökonomie* diagnostiziert wird, steht dies jedoch mit weitreichenden Veränderungen zweier zentraler gesellschaftlicher Bereiche in Verbindung: Erwerbsarbeit und Konsum.

---

[3] Insofern Gegenwartsdiagnosen immer Deutungsmuster für erst in Ansätzen erkennbare Entwicklungen anbieten, weisen sie einen »spekulativen Überhang« auf und können nicht als Theorien im engeren Sinne begriffen werden (Schimank/Volkmann 2000: 16). Sie können, da sie empirische Belege – wenn überhaupt – nur selektiv nutzen, weder belegt noch falsifiziert werden. Im Folgenden werden also keine Untersuchungshypothesen präsentiert, vielmehr werden Denkmöglichkeiten skizziert, die empirisch allenfalls plausibilisiert bzw. irritiert werden können.

Eine kultursoziologische Analyse dessen, was unter einer Kulturalisierung der Ökonomie zu verstehen ist, und mit welchen Veränderungen im Konsum und in der Erwerbsarbeit dies einhergeht, soll deshalb den gegenwartsdiagnostischen Rahmen dieser Untersuchung bilden.

1.1 Modernistische Kultur und die Prävalenz des Neuen

Gesellschaften, so lässt sich aus sozialgeschichtlichen und ethnologischen Studien folgern, unterscheiden sich nicht unerheblich bezüglich ihres Umgangs mit dem Neuen. Claude Lévi-Strauss (1973) hat diesbezüglich eine dichotome Typologie vorgeschlagen: Heiße Gesellschaften lassen demnach nichts unversucht, gesellschaftlichen Wandel zu interiorisieren, um ihn zum Motor ihrer Entwicklung zu machen, während kalte Gesellschaften mittels ihrer Institutionen versuchen, »die Wirkung zu annullieren, die historische Faktoren auf ihr Gleichgewicht und ihre Kontinuität haben könnten« (ebd.: 270). Die Moderne wäre demnach durch die Dominanz heißer Gesellschaften geprägt. Dabei gilt die Durchsetzung aufklärerischer Ideen und Ideale gewöhnlich als historischer Entstehungspunkt einer bis heute fortwirkenden heißen Entwicklungslogik westlichmoderner Gesellschaften (vgl. z. B. Giddens 1996: 66).

Es gibt jedoch Grund, daran zu zweifeln, dass der Verweis auf die Aufklärung tatsächlich zur Erklärung der Dynamik gegenwärtiger moderner Gesellschaften ausreicht. Denn ganz offensichtlich sind diese durch eine *generalisierte Prävalenz des Neuen* geprägt: So werden Innovationen nicht nur in wirtschaftlicher und technischer Hinsicht eingefordert (vgl. Rammert 1997: 398, Sauer 1999: 12 f., Rehfeld 2005: 340), vielmehr zeichnet Neuartigkeit auch Konsumprodukte, Ideen oder Kunstwerke als erstrebenswert und attraktiv aus (vgl. Krücken 2006: 259, Aderhold 2005: 26 f., Braun-Thürmann 2005: 5 ff., Gross 2003: 16, Gronemeyer 2000: 6). Was gesellschaftlich als Innovation aufgefasst wird, lässt sich dabei offensichtlich nur noch zum Teil mit einem aufklärerisch geprägten Innovationsverständnis fassen, nach dem Innovationen »neue materielle und soziale Technologien« sind, »die helfen, unsere Bedürfnisse besser zu befriedigen und unsere sozialen Probleme besser zu lösen« (Zapf 1989: 174). Keineswegs in allen gesellschaftlichen Bereichen, in denen Innovation gefordert wird, vermag ein derartiger Fortschrittsanspruch die Attraktivität des Neuen zu erklären – und am wenigsten dort, wo man alltäglich von Kultur spricht: in Kunst und Alltagskultur. In der neueren sozialwissenschaftlichen Innovationsforschung hat sich dementsprechend ein Innovationsbegriff etabliert, der nicht nur zweckmäßiges Neues umfasst, sondern auch subjektiv Neuartiges sowie schlicht als reizvoll oder attraktiv wahrgenommene Neuerungen einschließt (vgl.

Aderhold 2005, Braun-Thürmann 2005: 6, Gillwald 2000: 14 ff.). Offensichtlich ist es notwendig, den aufklärerisch geprägten Innovationsbegriff zu ›öffnen‹, um kontemporäre Neuerungsdynamiken angemessen zu erfassen.

Möglicherweise, so die in Anlehnung an Daniel Bell (1979) verfolgte These, ist die moderne Neuerungsdynamik allerdings zu keinem Zeitpunkt als eine einheitliche Entwicklungslogik dechiffrierbar gewesen, sondern kannte von Beginn an zwei (sich mitunter widersprechende) Ausprägungen. Bell diagnostiziert, dass die Moderne durch einen kulturellen Konflikt zwischen den im ›ökonomischen Bereich‹ geforderten und geförderten Wertvorstellungen und jenen Werten, denen im ›kulturellen Bereich‹ eine zentrale Stellung zukommt, geprägt sei, obwohl beide Wertmuster essentiell modern sind, ja in dem, was er als ›Modernismus‹ bezeichnet, einen gemeinsamen Ursprung haben. Modernistische Vorstellungen, die in der westlichen Kultur seit dem 16. Jahrhundert zu erkennen seien, folgen nach Bell der Prämisse, dass die kleinste soziale Einheit nicht die Gesellschaft oder eine Gruppe, sondern das Individuum sei. Den Idealtypus des Modernismus stelle der autonome Einzelne dar, der seine Freiheit zur Formung der Natur, der Gesellschaft und nicht zuletzt auch des Menschen selbst einsetze. Dem Modernismus entstamme damit auch die Tendenz zur Loslösung von Traditionen, zur Orientierung an der Zukunft und zur Wertschätzung des Neuen. Dieser neuerungsorientierte Impuls sei aber in zwei Weisen rezipiert worden: Ihm würden sowohl die Figur des (modernen) Künstlers als auch die des (modernen) Unternehmers entstammen, die beide von der »Ruhelosigkeit, Neues zu entdecken, die Natur umzugestalten und das Bewusstsein neu zu bilden« (ebd.: 26) getrieben seien. Trotz ihrer ideellen Verwandtschaft hätten sich die Vertreter dieser Gruppen entschieden gegeneinander gewandt: Das Bürgertum habe den Individualismus im Bereich der Wirtschaft anerkannt, sei kulturell und moralisch jedoch konservativ geblieben. Es habe den individualistischen Impuls moralisch durch eine Ethik ›gezähmt‹, die durch Furcht vor allem Spontanen, Unkontrollierten bestimmt sei, und den Neuerungsimpuls auf den Bereich der Warenproduktion bzw. der Entwicklung ›nützlicher‹ Neuerungen beschränkt. Beginnend mit der Epoche der Romantik sei dagegen (trotz mancher Gegentendenz) der kulturell-künstlerische Bereich als Sphäre der Produktion ›zweckfreier‹ Neuerungen etabliert worden. Das durch Neuerungen evozierte oder zum Ausdruck gebrachte Erleben galt es dabei nicht zu kontrollieren, es wurde vielmehr als Ausdruck wahrer Individualität idealisiert (vgl. ebd. 9 ff., 49 ff.). Die auf modernistische Vorstellungen zurückgehende Neuerungsdynamik der Moderne ist demnach früh in zwei konfligierende Strömungen zerfallen: In die Vorstellung einer durch Rationalität und die Entwicklung nützlicher Neuerungen vorangetriebene Gesellschaft einerseits und die im Rahmen einer modernistischen

Kultur[4] hervorgebrachte, auf die Evokation von Emotionen sowie die Expression von Individualität ausgerichtete, ›zweckfreie‹ Neuerungsdynamik andererseits.

Bell diagnostiziert jedoch, dass die in der Romantik entwickelten, zunächst abseitig bleibenden modernistischen Vorstellungen einer zweckfreien Kultur durch einen ab den 1920er Jahren aufkommenden Massenkonsum sowie im Rahmen der ›counter culture‹ der 1960er Jahre an Dominanz gewonnen haben (vgl. ähnlich: Reckwitz 2006). Die Neuerungsdynamik moderner Gesellschaften wäre damit (wie in der Veränderung des Innovationsbegriffs erkennbar) in einem zunehmenden Maße als modernistische Neuerungsdynamik zu verstehen: Es wäre nicht mehr nur der Drang nach rationalem Fortschritt, der moderne Gesellschaften verändert, sondern auch die Wertschätzung des emotionsauslösenden ›zweckfreien‹ Neuen. Am deutlichsten hat sich eine solche modernistische Dynamik dort etabliert, wo man alltäglich von Kultur (im Sinne von Kunst oder Alltagskultur) spricht[5]: Nur in diesem Verständnis lässt sich also von einer kulturellen Neuerungsdynamik sprechen, die offenbar ab den 1920er Jahren (parallel zum Aufstieg der ›Kulturindustrie‹) in modernen Gesellschaften hervortritt.

1.2   Kultureller Wandel einer Konsum- und Arbeitsgesellschaft

Während Bell (1979) davon ausging, dass eine (in seinem Sinne vornehmlich hedonistisch geprägte) modernistische Kultur den rationalen Kern moderner Institutionen durch eine Erosion des protestantischen Arbeitsethos zerstören werde, lässt sich im Anschluss an Reckwitz (2006) vermuten, dass sich Arbeit, Konsum, Ökonomie unter der Einwirkung einer modernistischen Kultur zumindest in Teilen derart verändern, dass durchaus symbiotische Beziehungen denkbar sind: Die Vorstellung einer modernistischen Neuerungsdynamik ist hochgradig anschlussfähig an Gegenwartsdiagnosen zur Veränderung von Konsum, Ökonomie und Arbeit, die im Folgenden in Form mehrerer ›Entgrenzungstendenzen‹ dargestellt werden. In Anlehnung an Prisching (2006) werden moderne Gesellschaften dabei als konsum- und erwerbsarbeitszentrierte Gesellschaften gedeutet: als Gesell-

---

[4] Es ist terminologisch verwirrend, dass Bell sowohl die *moderne* (rationale) Kultur (im Sinne von Modernität [modernity]) als auch die *modernistische* Kultur (im Anschluss an die als Modernismus [modernism] bezeichnete künstlerische Strömung) auf eine Grundidee zurückführt, die er ebenfalls als Modernismus bezeichnet. Im Weiteren ist mit Modernismus jene kulturelle Vorstellung (im weiten Sinne) gemeint, die nur eine dynamische, wandlungsfähige Kultur (im engen wie im weiten Sinne) als *moderne* Kultur anerkennt und sich dagegen verwehrt, dass das in der Moderne freigelegte Handlungspotential der Individuen zweckrational begrenzt wird.

[5] Wenngleich es durchaus auch rationale kulturelle Neuerungen im weiteren (anthropologischen) Sinne gibt (etwa: die moderne Bürokratie), so ist das, was *alltäglich* als Kultur bezeichnet wird, offenbar *die* Domäne romantisch inspirierter, ›zweckfreier‹, expressiv-emotionaler Innovationen.

schaften, in denen zentrale gesellschaftliche Institutionen sowie die Lebens- und Handlungsweisen von Individuen auf (1) Integration in Erwerbsarbeit sowie (2) auf Teilhabe an Konsum abzielen bzw. verweisen.

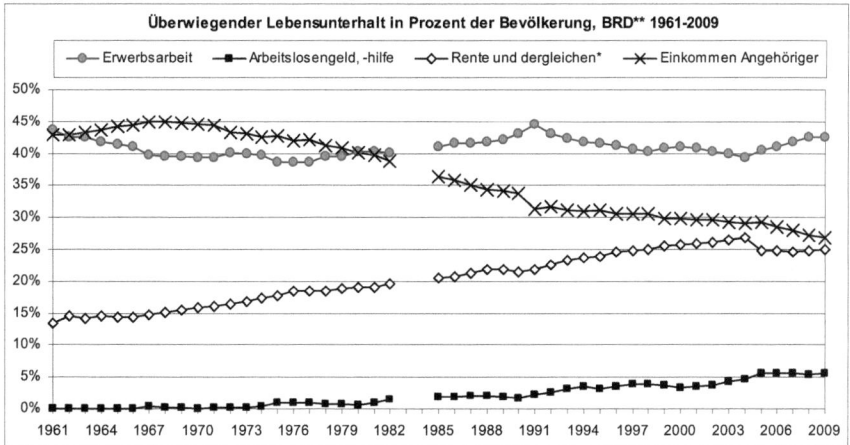

Quelle: Eigene Berechnung auf der Basis der Daten des Mikrozensus, Bundesamt für Statistik (GENESIS-Tabelle: 12211-0004, Stand: 08.11.2010)
* Umfasst Rente, Pension, eigenes Vermögen/Zinsen, staatliche Grundabsicherungen ohne ALG II, Pflegeversicherung, Vorruhestandsgeld, BaföG/Stipendium, ab 2007 Elterngeld/Erziehungsgeld, ohne Sozialgeld.
** Bis 1990 nur alte Bundesländer, 1961 ohne Berlin. 1983–1984: fehlende Daten.

Abbildung 1:   Gesellschaftliche Dominanz der Erwerbsarbeit

(zu 1) Die Analyse moderner Gesellschaften als Arbeitsgesellschaften stellt einen derart zentralen Gegenstand der Soziologie seit ihrer Etablierung als wissenschaftliche Disziplin dar, dass diese Perspektive kaum einer Rechtfertigung bedarf. Seit den 1980er Jahren entfaltete sich allerdings eine intensive Diskussion um eine mögliche Krise der Arbeitsgesellschaft (vgl. Matthes 1982) und angesichts einer andauernden »Tendenz zur Unterbeschäftigung« (Kaufmann 1997: 9) wurde gelegentlich auch ein ›Ende der Arbeitsgesellschaft‹ diagnostiziert. Trotz demografischen Wandels, Expansion der Bildungszeiten und zunehmender Arbeitslosigkeit ist aber der Anteil der Bevölkerung, der seinen Lebensunterhalt durch Erwerbsarbeit verdient, seit 1961 erstaunlich konstant geblieben (vgl. Abb. 1). Wo materielle Sicherung und soziale Integration im Rahmen von Individualisierungsprozessen immer mehr nur durch Erwerbsarbeit erreichbar sind (vgl. Galuske 1999: 72), hat ihre alltagspragmatische Bedeutung vermutlich sogar zugenommen. In der Statistik ist dementsprechend eine abnehmende Bedeutung der Sicherung des Lebensunterhalts durch Angehörige festzustellen sowie eine Zunahme der Einkommensarten, die unabdinglich auf Erwerbsarbeit verweisen, wie Rente und Arbeitslosengeld (vgl. Abb. 1).

(zu 2) Trotz der erkennbaren Allgegenwart des Konsums in modernen Gesellschaften ist Konsum von der Soziologie nicht annähernd so intensiv untersucht worden wie Erwerbsarbeit[6] (vgl. Koppetsch 2006: 184). Einigkeit dürfte trotzdem darüber bestehen, dass sowohl der Arbeit als auch dem Konsum sozialstrukturelle Bedeutung zukommt. Klassen und Stände spiegelten in diesem Sinne schon für Weber die Sphären des Erwerbs und des Konsums sozialstrukturell wider: »Man könnte [...], mit etwas zu starker Vereinfachung, sagen: ›Klassen‹ gliedern sich nach den Beziehungen zur Produktion und zum Erwerb der Güter, ›Stände‹ nach den Prinzipien des Güterkonsums in Gestalt spezifischer Arten von Lebensführung.« (Weber 2005: 688) Seit durch Auflösung der ständischen Strukturen kein prinzipielles Monopol mehr auf gewisse Konsumchancen besteht, konnte der Konsumstil aber von einer Ausdrucksform von ständisch vermitteltem Prestige zu einem Zugang zu nicht mehr ständisch gebundenem Prestige avancieren: Konsumstile stellen demgemäß ein zentrales Element der sozialräumlichen Verortung und Identitätsbildung in modernen, individualisierten Gesellschaften dar (vgl. Lamla 2007, Hitzler/Pfadenhauer 2006, Prisching 2006: 135 ff., Neckel 2005, 2000, Davis 2003, Hettlage 2002, Friese 2000, Schneider 2000, Featherstone 1992, 1991). Damit Konsum in einer individualisierten Gesellschaft sozialstrukturelle und identitäre Bedeutung zukommen kann, bedarf es jedoch veränderter Güter und zur Herstellung dieser Güter veränderter Produktions- und Arbeitsweisen. All diese Veränderungen, so soll gezeigt werden, verweisen dabei auf ein Vordringen modernistischer Werte, was nicht zuletzt ›klassische‹ Sphärentrennungen der Moderne irritiert – ein Phänomen, das im soziologischen Diskurs kritisch als ›Entgrenzung‹ gefasst wird.

1.2.1   Ökonomie, Konsum und Kultur – Entgrenzung I

> »Die Ware ist rebellisch geworden und jauchzt, springt, platzt vor Vergnügen, weil der Händler ihr die Haut des Konsumenten zur Hülle gab. Ja, an keiner Straßenecke des Fortschritts geht es so hoch her wie an der unseren.« (Karl Kraus 1919: 47)

Individualisierung als sozialstrukturelle Besonderung (vgl. Wohlrab-Sahr 1992: 26 ff.) meint zunächst eine Pluralisierung von Lebensführungsmustern, die Auf-

---

[6] Dies verweist auf eine Vernachlässigung kultureller Innovationsdynamiken in der Betrachtung der Moderne. Denn der Industrialisierungsprozess erfordert von Anfang an Veränderungen auf der Nachfrageseite (vgl. Schneider 2000: 9 ff.): Der von der protestantischen Ethik geprägte Kapitalist oder Arbeiter war strukturell angewiesen auf sein Alter Ego, das Campbell (1987) als vom romantischen Geist inspirierten Konsumenten beschreibt.

lösung der Bindungskraft traditioneller Großgruppen und Gemeinschaften und geht mit der Entstehung neuer, thematisch fokussierter Gesellungsformen einher (vgl. Hitzler 1998). Individualität und soziale Zugehörigkeit werden dabei mit ästhetischen Mitteln zum Ausdruck gebracht (vgl. Lash/Urry 1994: 51 ff.) und im Zuge dieser ›expressiven Revolution‹ (O'Connor 2000: 5) nahezu unausweichlich an Konsum gebunden (vgl. Hitzler/Pfadenhauer 2006: 74). Konsummuster ›individualisieren‹ bzw. pluralisieren sich folglich (vgl. Haseloff 1981), Konsum wird aber (paradoxerweise) gerade aufgrund vordergründig ›postmaterialistischer‹ Wertmuster zunehmend relevant: Dienen Güter nämlich der ›Bereicherung‹ der Persönlichkeit und der identitätsstiftenden sozialen Positionierung, ist man zwar »zutiefst unmaterialistisch, postmaterialistisch, vergeistigt; nur braucht man, um eben dies zu sein, so viele Güter wie nie zuvor« (Prisching 2006: 77).

Sofern Konsumenten Güter »als Mittel der Unterhaltung, der Kommunikation, der (wie auch immer empfundenen) eigenen Entwicklung, der Dekoration, der sozialen Positionierung« (Scott 2005: 15) nutzen, bilden sich ihre Konsumpräferenzen allerdings weniger anhand des Gebrauchswertes, sondern anhand des Distinktions- und Erlebniswertes der Güter heraus (vgl. Schulze 1993: 421 ff.). Die Relevanz der expressiven, symbolischen Gehalte von Produkten nimmt sodann zu: Konsumgüter müssen mit alltagskulturellen Bedeutungsgehalten ›aufgeladen‹ werden (vgl. Du Gay/Pryke 2002: 7 ff., O'Connor/Wynne 1996, Lash/Urry 1994: 222 ff.). Im Zentrum dieser Wandlungsprozesse steht damit auch ein verändertes Verhältnis von Kultur und Ökonomie, das als Entgrenzung im Sinne einer Kulturalisierung der Ökonomie wie einer Ökonomisierung der Kultur beschrieben werden kann (vgl. O'Connor 2000: 3, Lash/Urry 1994: 64): Denn die wachsende Nachfrage nach diversifizierten, mit ›kulturellen‹ Bedeutungen aufgeladenen Produkten kann nur durch die Integration Kultur vermittelnder und produzierender Dienstleistungen in die Wirtschaftssphäre befriedigt werden (vgl. Koppetsch 2004a, Panzer 2004, Heinze 2002). Entgegen dem klassischen Dogma einer Unvereinbarkeit von Kultur und Ökonomie wird damit deutlich, dass Kultur und Ökonomie keineswegs völlig gegensätzlichen Entwicklungslogiken folgen, sondern die kulturelle Orientierung an Innovation und Vielfalt in einer individualisierten Konsumgesellschaft hochgradig anschlussfähig an ökonomische Logiken ist (Menger 2006, Gottschalk 2006, Heinze 2002, Groys 1999a, 1999b). Akteure in ökonomischen Institutionen entwickeln dergestalt Begehrlichkeiten im Hinblick auf Kultur, die aus der Erkenntnis resultieren, dass Kultur als Produktivkraft (Wittel 2001a) genutzt werden kann: Während Wittel mit ›Produktivkraft Kultur‹ vornehmlich auf Versuche hinweist, durch die Gestaltung sogenannter Unternehmenskulturen Produktivitätssteigerungen zu erreichen, macht das Vorstehende deutlich, dass sich auch ›kulturelle‹ Innovationen im alltagssprachlichen Sinne, mit ihren vielfälti-

gen, auf ›feinen Unterschieden‹ beruhenden Spielarten, in Form kulturell aufgeladener wie (klassischer) kulturwirtschaftlicher Produkte hervorragend ökonomisch in Wert setzen lassen.
    Wenn Kultur in diesem Verständnis als Produktivkraft nutzbar gemacht
wird, setzt dies jedoch veränderte Produktionsmethoden voraus. Dementsprechend wird eine Abwendung von fordistisch orientierten Produktionsprozessen
diagnostiziert: Während im Fordismus nämlich dem Prinzip der »Economy of
Scale« (Scott 2005: 20) folgend die Aufmerksamkeit darauf lag, die Gestehungs-
preise von Produkten durch Standardisierung und Massenproduktion, sprich
durch Größendegression zu senken, ist angesichts einer Nachfrage nach diversi-
fizierteren, mit ›kulturellen‹ Bedeutungen aufgeladenen Produkten eine Abkehr
von standardisierten Produktionsweisen unabdinglich.[7]

1.2.2 Subjektivierung der Arbeit – Entgrenzung II

Ein Wandel der Produktionsprozesse wiederum kann kaum ohne Folgen für die
›Produktionsverhältnisse‹ bleiben. Dementsprechend wird in der deutschen Ar-
beits- und Industriesoziologie eine Umstrukturierung von Unternehmen und eine
deutliche Veränderung der Arbeitswelt im Anschluss an die »Krise des fordistischen Produktions- und Sozialmodells« (Kratzer et al. 2003: 3) diagnostiziert.
Um auf den oben beschriebenen ›kulturalisierten‹ Märkten erfolgreich Produkte
vermarkten zu können, sind genau jene Umstrukturierungen notwendig, wie sie
in der Arbeits- und Industriesoziologie thematisiert werden.
    Es ist naheliegend, diese Umstrukturierungen als Folge der beschriebenen
Wandlungsprozesse zu begreifen.[8] Um auf ›kulturell‹ geprägten Märkten erfolgreich zu agieren, müssen sich Unternehmen nämlich gegenüber (kulturellen)
Umweltentwicklungen öffnen. Die oben beschriebene Umstrukturierung der Unternehmen zielt genau darauf ab: Seit den 1980er Jahren öffnen sich Unternehmen gegenüber dem Markt, um durch diese Entgrenzung des Unternehmens
Innovationsimpulse (in Form von ›Umwelturbulenzen‹) in das Unternehmen

---

[7] Aus Sicht der Unternehmen avanciert mit der Individualisierung des Konsums das Axiom der
Kundensouveränität von einer Annahme der ökonomischen Theorie zu einem *praktischen* Problem:
Der Konsument wird zusehends als ›unberechenbar‹ erfahren (vgl. Hitzler/Pfadenhauer 2006, Warde
2002: 186 ff.), er fällt seine Konsumentscheidungen zusehends auf der Basis idiosynkratischer Werthaltungen. Dieser Tatsache gilt es durch neue Produktionsmethoden, die z. B. auf ›mass customiza-
tion‹ zielen (vgl. Reichwald/Piller 2000: 191 ff.), Rechnung zu tragen.
[8] Dies könnte auch erklären, warum sich die diagnostizierten Veränderungen nicht in allen Branchen
zeigen (vgl. Hirsch-Kreinsen 2003: 10): Schließlich besteht weiterhin Bedarf an standardisierten
Massenprodukten, wie auch den expressiven Bedeutung von Waren jenseits des Konsumgütermarktes
vermutlich geringe Bedeutung zukommt.

hineinzulassen, statt (wie im fordistischen Modell) den Kern des Unternehmens durch spezialisierte Unternehmenseinheiten ›abzupuffern‹, die Umweltimpulse standardisiert bearbeiten, übersetzen und filtern (vgl. Holtgrewe 2005: 38 f., Hirsch-Kreinsen 2003: 8 f., Windeler 2001, Sauer/Döhl 1997).

Um diese (kulturellen) Umwelteinflüsse innerhalb des Unternehmens nutzen zu können, müssen Spielräume geschaffen werden, in denen sich ›Individualität‹ und ›Kreativität‹ der Mitarbeiter entfalten können. Entsprechend wird eine deutliche Erweiterung der Handlungs- und Entscheidungsspielräume der Erwerbstätigen beobachtet: Weit über den Bereich der sogenannten Wissensarbeit hinaus wird die Bedeutung von ›Kreativität‹ betont und durch eine wachsende Arbeitsautonomie ermöglicht (Hirsch-Kreinsen 2003: 10 f., Deutschmann 2001). Mit dieser erweiterten Arbeitsautonomie geht jedoch auch die Etablierung neuer (›subjektivierter‹) Kontrollformen bzw. neuer leistungspolitischer Arrangements einher – Individualisierung als Zurechnungsmodus wird hier relevant (vgl. Wohlrab-Sahr 1992): Insofern tayloristisch normierte, ex ante bestimmte Leistungsstandards durch wertschöpfungsbezogene, flexible Kriterien und Zielvorgaben ersetzt werden (vgl. Hirsch-Kreinsen 2003: 12, Heidenreich 1996, Baethge 1991), treten postkonventionelle Kontrollformen (reflexiver Selbstkontrolle) an die Stelle konventioneller Kontrollformen (auf der Basis standardisierter Leistungsnormen). Dadurch, so die Kritik der Arbeits- und Industriesoziologie, entstehe ein »Zwang zur Selbstverwirklichung« (Heidenreich 1996: 28), ein Zwang zur Verwertung des ›ganzen‹ Individuums im Arbeitsprozess.

In ihren Auswirkungen auf das Subjekt wurden diese Diagnosen einflussreich in der These vom Arbeitskraftunternehmer (vgl. Voß/Pongratz 1998) zusammengefasst. Arbeitskraft wird laut Voß/Pongratz in Zukunft als »veredeltes Halbfertigprodukt« (ebd.: 140) auf dem Markt gehandelt. Der Einzelne sei gezwungen, die Transformation seines Arbeitspotentials in tatsächliche Leistung selbständig und in ›vorauseilendem Gehorsam‹ zu erbringen und müsse folglich in Bezug auf die Vermarktung seiner eigenen Arbeitsfähigkeit ›unternehmerisch‹ denken und handeln. Parallel zur beschriebenen Entgrenzung des Unternehmens wird zudem eine Entgrenzung von Arbeit und ›Leben‹ vermutet: So wird einerseits die mit einer Subjektivierung verbundene Hoffnung, dass bislang ungenutzte (alltagskulturelle) Potentiale kreativ in Arbeit eingebracht werden, als Entgrenzung von Arbeit und Leben gewertet, da hiermit ›lebensweltliche‹ Potentiale ökonomisch nutzbar gemacht werden. Andererseits führe der Zwang zur permanenten Erhaltung, Verbesserung und Präsentation der eigenen Leistungsfähigkeit im Rahmen flexibler Leistungsstandards zu einer ›Verbetrieblichung‹ der Lebensführung, zu einer Unterwerfung des ›ganzen Lebens‹ unter die Ansprüche des Marktes (vgl. Gottschall/Voß 2003, Voß 2000).

Diese Auffassung ist jedoch nicht ohne Kritik geblieben und durch die Ergebnisse empirischer Studien relativiert worden. So betont etwa Betzelt (2006: 7), dass die Diagnose eines Übergreifens von Markt-Imperativen auf die Lebensführung der Akteursperspektive zu wenig Raum lässt und dergestalt die in modernen Arbeitsformen enthaltenen »individuellen Gestaltungsspielräume und die ihnen zu Grunde liegenden subjektiven arbeitsinhaltlichen und normativen Wertorientierungen« zu leichtfertig als »Selbsttäuschung« abgetan würden (vgl. ähnlich Matuschek/Kleemann/Brinkhoff 2004).

1.3 Homunculi laborandi

Es sind in den bisher aufgearbeiteten Diagnosen zum Wandel der Erwerbsarbeit zwei bildliche Entwürfe des gegenwärtigen Arbeitssubjektes zu identifizieren, in denen jeweils Elemente des Unternehmerischen wie Elemente des Kreativ-Künstlerischen aufgegriffen und in unterschiedliche Verhältnisse gestellt werden. Beide Entwürfe sind allerdings mehr als eine theoretisch entwickelte These über die Konstitution gegenwärtiger Arbeitssubjekte schlechthin zu begreifen[9] denn als empirisch generierter Typus, der trotz aller Idealisierungen auf dem deutenden Verstehen sozialer Handlungen beruht.

1.3.1 Held der Arbeit: Der Künstler als ideales Arbeitssubjekt

Sowohl die diagnostizierten Veränderungen der Arbeitswelt als auch die bislang beschriebenen kulturellen Wandlungsprozesse spiegeln sich zunächst in einer Veränderung des Künstlerbildes wider. Der Künstler galt lange als Symbolfigur gesellschaftlich tolerierter Abweichung: Die künstlerische Arbeitsweise sowie das zumeist bohèmehaft stilisierte Künstlerleben wurden als Gegenentwurf zur kalten und berechnenden Rationalität des Wirtschafts- und Arbeitslebens und zu

---

[9] Ulrich Bröckling (2002) nimmt an, dass das Subjektmodell des unternehmerischen Selbst »überhaupt keine empirisch vorfindbare Realität« bezeichne, »sondern die Richtung, in der Individuen verändert werden und sich verändern sollen« (ebd.: 178 f.). Das unternehmerische Selbst existiere nur »als kontrafaktische Unterstellung mit normativem Anspruch« (Bröckling 2007: 283). Wie Bührmann (2004: 5 ff.) anmerkt, erscheint es jedoch wichtig, einen Blick auf mögliche »real existierende Effekte« der von Bröckling untersuchten *Diskurse* sowie ihre »individuelle und kollektive Vermittlung« zu werfen, um »eine Perspektive zu überwinden, die sich ausschließlich auf eine programmatische Ebene konzentriert« (ebd.: 6). Die Figur des Arbeitskraftunternehmers wird dagegen als »analytisch pointiertes Modell, das der Wirklichkeit mehr oder weniger nahe kommt« (Pongratz/Voß 2003: 28) verstanden. Angesichts der offensichtlichen Schwierigkeiten, diese Figur empirisch zu untermauern, wird sie hier gleichwohl als theoretischer Entwurf begriffen, die es weiterhin empirisch zu fundieren bzw. zu revidieren oder anzupassen gilt.

konformistischen, auf Sicherheit ausgerichteten bürgerlichen Lebensentwürfen gedeutet. Diese Gewissheiten sind jedoch infolge der beschriebenen gesellschaftlichen Veränderungstendenzen deutlich irritiert worden. Denn sofern die (kontrollierte) Abweichung von der Norm im Rahmen einer Proliferation modernistischer Werte tatsächlich zur neuen ›Norm der Abweichung‹ avanciert, wie dies Holert/Terkessidis (1996) oder Osten (2003) vermuten, und sofern sich Beschäftigungsformen insgesamt prekarisieren, wandeln sich künstlerische Arbeits- und Lebensentwürfe vom Gegenentwurf zum Vorbild einer als kreativ-normabweichend und risikoreich gedeuteten Erwerbsarbeit (vgl. Menger 2006).

Gegenwärtig lassen sich zwei Argumentationslinien erkennen, die darauf verweisen, dass die Vorstellung vom originellen, rebellischen Künstler als Gegenbild zum bürgerlichen Arbeitssubjekt ihre Prägekraft verloren hat und künstlerischen Arbeitsweisen und Lebensentwürfen inzwischen Modellcharakter zukommt: Zunächst wird ein kultureller Wandel diagnostiziert, der den Prognosen von Bell (1979) ähnelt. So vertritt etwa Brooks (2001) die These, dass seit den 1980er Jahren ein wachsender Einfluss der Werte der Bohème auf wirtschaftliche Eliten ebenso zu erkennen sei, wie umgekehrt die Berührungsängste der künstlerischen und intellektuellen Eliten zur Ökonomie abgenommen hätten (vgl. ähnlich: Friebe/Lobo 2006). Er beschreibt den Aufstieg einer als ›bourgeois Bohemiens‹ bezeichneten amerikanischen Bildungselite, die sowohl in ihrem persönlichen Lebensstil als auch mit ihren wirtschaftlichen und geschäftlichen Vorstellungen eine Mischung künstlerisch-ästhetischer wie wirtschaftlich-zweckrationaler Werte verwirkliche. Wenngleich dieser kulturelle Wandel sich nicht überall so spektakulär (und kurzlebig) gezeigt habe wie in der sogenannten New Economy, sind nach Brooks in vielen Branchen Veränderungen in der Vorstellung einer guten Unternehmenskultur wie eines guten Managements zu erkennen, die als Integration expressiver, individualistischer und antikonformistischer Wertvorstellungen zu beschreiben sind. Originalität und Rebellentum, so stellt auch Bröckling (2003) fest, hätten (zumindest semantisch) Einzug in Managementdiskurse gefunden. Auch die Figur des Unternehmers wird vor diesem Hintergrund neu gefasst: Die bereits von Schumpeter (1964: 126 ff.) beschriebenen schöpferischen und kreativen Aspekte unternehmerischen Handelns finden zunehmend Beachtung und werden als Ähnlichkeit künstlerischen und unternehmerischen Handelns gedeutet (vgl. Nicolai 1999). Der zeitgemäße Unternehmer inszeniere sich ebenso als Künstler, wie der Künstler umgekehrt als geschickter Unternehmer gedeutet werde (vgl. Wittel 2001a). Der Künstler werde damit zu einem besonders attraktiven subjektkulturellen Vorbild: Sich selbst als ›kreativ‹ begreifende Subjekte suchen nach expressiver Selbstverwirklichung in vielfältigen, zum Teil erst jüngst als ›kreativ‹ gedeuteten Arbeitsfeldern, etwa der Werbe- und Beratungsbranche (vgl. Koppetsch 2006, Reckwitz 2006, Rothauer

2005: 90 ff., Koppetsch/Burkart 2002, Röbke 2000: 74). Boltanski/Chiapello (2003) sehen in diesen Entwicklungen eine deutliche Veränderung der Legitimationsgrundlagen des Kapitalismus: Der ›neue Geist des Kapitalismus‹ ziele in Reaktion auf die ›Künstlerkritik‹ auf Identifikation der Mitarbeiter durch die Schaffung von Freiräumen zum kreativen Handeln. Die dabei vorherrschenden informellen Beschäftigungsformen gingen allerdings auch mit wachsenden Unsicherheiten einher.

Diese neuen, unsicheren Beschäftigungsformen sind Anknüpfungspunkt einer zweiten Argumentationslinie, wie sie etwa von Haak/Schmied (2001, 1999) und von Menger (2006) verfolgt wird. Haak/Schmied zeigen in Analysen des Arbeitsmarkts für Künstler und Publizisten, dass hier seit langem jene prekären Arbeitsmarktstrukturen und Beschäftigungsverhältnisse zu erkennen sind, wie sie nun in anderen Branchen relevant werden. So sind atypische (befristete, projektbasierte und mit ergebnisorientierter Entlohnung verknüpfte) Beschäftigungsformen hier ebenso anzutreffen wie vielfältige Formen selbständiger Erwerbsarbeit. Klassische Berufs- und Ausbildungsmuster sind dagegen von geringer Bedeutung, eine häufige Veränderung der Tätigkeitsschwerpunkte sowie hohe berufliche und räumliche Mobilität die Regel. »Ironischerweise erscheint also gerade die Kunst, die sich seit zwei Jahrhunderten mit aller Kraft gegen die Allmacht des Marktes stemmt«, als »Vorreiter bei der Erprobung (hyper-) flexibler Arbeitsformen«, folgert ganz ähnlich Menger (2006: 70). Auch Haak und Schmid (2001: 159) sehen es als plausibel an, »dass in Zukunft in anderen Tätigkeitsbereichen ähnliche Probleme auftreten« werden, man hier also auf relevante soziale Probleme stoßen könne, die einer institutionellen Lösung bedürfen. Sie vermuten aber gleichzeitig, dass sich dort auch »Chancen für Lösungen« (ebd.) ausmachen lassen. Künstler würden über weit entwickelte Kompetenzen und Strategien verfügen, sich in prekären Arbeitskontexten zu behaupten. Insbesondere werden ihnen Strategien der Netzwerkbildung und der Spezialisierung bis hin zur ›Einzigartigkeit‹ der am Markt angebotenen Dienstleistungen und Produkte zugeschrieben (vgl. Menger 2006: 83 ff., Haak/Schmied 2001: 164 ff.). Die Wahrscheinlichkeit sei groß, hier »Lebenskünstler zu entdecken, die Wege gefunden haben, wirtschaftliche oder soziale Risiken anders als in den fest gefügten Bahnen des traditionellen Wohlfahrtsstaats zu bewältigen« (ebd.: 158 f.).

Kulturelle Veränderungen haben also augenscheinlich dazu geführt, dass Künstler gegenwärtig über künstlerische Arbeitsfelder hinaus als Identifikationsfigur rezipiert werden (vgl. Wagner 2005: 174 ff., Röbke 2000: 74). Durch die Integration individualistischer, antikonformistischer, expressiver Werte in Arbeit ist es in der Kunst jenseits »normierter industrieller Arbeitsplätze mit ihrem dazu gehörenden Lebensstil« (Goehler 2006: 133) möglicherweise gelungen, attraktive Arbeits- und Lebensformen zu entwickeln, in denen »Arbeit nicht nur eindimensional über den Erwerb« bestimmt wird (ebd.: 241). Insofern künstlerische Lebensentwürfe jedoch auch als (zweifelhaftes) Vorbild für die erfolgreiche Bewältigung flexibler Beschäftigungsformen gelten, muss festgehalten werden, dass Arbeit im ›Kultursektor‹ offenbar attraktiv, aber auch prekär ist (vgl. Euteneuer/Niederbacher 2007b). Umso reizvoller erscheint es, Arbeits- und Lebensentwürfe in der Kulturwirtschaft empirisch auf ihre Möglichkeiten und Gefahren sowie ihre Übertragbarkeit auf andere Wirtschaftssektoren zu untersuchen.

1.3.2 Verdammte dieser Erde: Das ›unternehmerische Selbst‹

Während das Idealbild des künstlerischen Arbeitssubjektes – trotz der Verweise auf seine prekäre Existenzgrundlage – schöpferische, wertgebundene, nicht zweckrationale Komponenten betont, wird in den Diagnosen des Arbeitskraftunternehmers und des unternehmerischen Selbst ein ökonomistisches Bild vom ›neuen Arbeitssubjekt‹ gezeichnet. Nicht der künstlerische, kreative Mensch ist es hier, der nach Chancen der Selbstverwirklichung in der Ökonomie sucht, die Ökonomie bemächtigt sich vielmehr des ›ganzen‹ Menschen mitsamt seiner Kreativität (vgl. ähnlich Prisching 2002, Hettlage 2002, Zilian 2002).

So wird dem Arbeitskraftunternehmer von Voß und Pongratz zwar (1) eine erweiterte Selbstkontrolle zugestanden, diese wird aber als Zwang zur selbständigen Effektivierung des eigenen Arbeitskrafteinsatzes ausbuchstabiert – und keineswegs als individueller Gestaltungsspielraum thematisiert. Der Spielraum diene nämlich weitgehend (2) einer erweiterten Selbstökonomisierung, einer aktiven und zweckgerichteten ›Instandhaltung‹, ›Effektivierung‹ und ›Vermarktung‹ der eigenen Arbeitsfähigkeit. Insgesamt folge daraus (3) eine zunehmende Selbstrationalisierung, eine effizienzorientierte Organisation des gesamten Alltags und des gesamten Lebensverlaufs.

Ähnlich fällt die Diagnose auch im Rahmen der These einer subjektkulturellen Dominanz eines ›unternehmerischen Selbst‹ aus. Obwohl das schöpferisch-kreative Element im (neuen) Unternehmerbild hier explizit thematisiert wird, dient dieser Diagnose nach der Appell an die schöpferischen und kreativen Kräfte des Subjekts lediglich als Mittel, um eine permanente marktorientierte Selbstoptimierung zu evozieren, welche schlussendlich die ganze Persönlichkeit erfasst (vgl. Bröckling 2007: 122 ff., 2005: 378 ff.). So ist nach Bröckling (2004b) Kreativität von einem unkontrollierbaren anthropologischen Vermögen zu einer ökonomischen Ressource avanciert, die »der Markt gleichermaßen mobilisiert wie verbraucht« (ebd.: 141). Die beständige ›Anrufung‹ der individuellen Kreativitätspotentiale habe dabei paradoxe Folgen: Gerade da sich Kreativität de facto nicht systematisch locken lasse, führe der Appell, kreativ zu sein, zusammen mit der Tatsache, dass der Markterfolg darüber entscheide, was als kreativ anerkannt wird, nämlich zu einer stetigen marktbezogenen Selbstoptimierung (vgl. ebd.: 142). Jeder soll wie ein schöpferischer Unternehmer kreative Neuerungen am Markt durchsetzen, evidenterweise kann dies jedoch nicht allen und nicht allen zugleich gelingen. Wem dies nicht gelingt, der muss dieser Logik folgend an sich arbeiten, sich optimieren (vgl. Bröckling 2007: 125 f.). Demgemäß wird auch in den Analysen des ›unternehmerischen Selbst‹ vornehmlich eine marktbezogene Selbstoptimierung diagnostiziert (vgl. Bröckling 2007: 125).

Beide Diagnosen zeichnen so das Bild eines hyperindividualisierten Arbeitssubjekts, das jenseits institutioneller Absicherungen durch Berufs- oder Betriebsbindung (vgl. Voß 2001) dem Markt als »permanentem ökonomischen Tribunal« ausgeliefert ist (vgl. Bröckling 2002: 8). Trotz oder gerade durch die ›Anrufung‹ der kreativen Potentiale des Subjekts sehen die Autoren vornehmlich eine Tendenz zur Selbstrationalisierung, zur permanenten Anpassung der Subjekte an die Marktnachfrage.

Sowohl das Bild des künstlerischen Unternehmers als auch die Diagnosen des Arbeitskraftunternehmers oder des unternehmerischen Selbst verweisen darauf, dass künstlerisch-kreativen Arbeitsweisen wie unternehmerischem Denken und Handeln in der Arbeitswelt zunehmende Bedeutung zukommt. Unklar bleibt jedoch, welche Folgen dies konkret zeitigt. Kurz gefasst geht es dabei vor allem um die Frage, wie die beiden diagnostizierten Entgrenzungsprozesse zu entschlüsseln sind: Verweist die Entgrenzung von Arbeit und Leben sowie von Kultur und Ökonomie in der Tendenz eher auf eine Ökonomisierung der Kultur und des ›ganzen Lebens‹ oder vielmehr auf eine Kulturalisierung und ›Ent-Entfremdung‹ der Arbeitswelt? Es geht also um die Frage der Gestaltungsmacht, die dem Einzelnen im Rahmen dieser Entgrenzung zukommt: Erschließen sich die Subjekte in entgrenzten Arbeitsformen neue Handlungsräume innerhalb der Erwerbsarbeit bzw. der Ökonomie oder ist es ›der Markt‹ bzw. sind es ökonomische Imperative und Vorstellungen, welche die Gestaltungsmacht der Einzelnen in entgrenzten Arbeitsformen zusehends einschränken? Schließlich steht damit auch die Frage im Raum, was den immer wieder betonten ›unternehmerischen‹ Charakter dieser Arbeitsformen ausmacht. Alle hier dargestellten Diagnosen versäumen es leider, genauer zu klären, was nun unternehmerisches Handeln bestimmt. Liegt das typisch Unternehmerische nun in der kreativen und eigensinnigen Gestaltung von Neuerungen – wie dies etwa Schumpeter (1964) im Sinn hatte – oder ist das Unternehmerische letztlich nur Synonym besonders gewissenhaften Rechnens und (Selbst-)Optimierens, Synonym für

Effizienzsteigerung? Sofern die Diagnose einer Abkehr von einer rein fordistischen, nur an Effizienzsteigerung orientierten Ökonomie zutrifft, erscheinen jedenfalls die Erfolgsaussichten des rein effizienzsteigernden ›Unternehmers‹ begrenzt.

2 Selbständige Erwerbsarbeit und Unternehmertum

Es sind nach den bisher skizzierten Diagnosen zwei Entwicklungen, welche gegenwärtig die Arbeitswelt verändern: So wird (1) eine Veränderung der Arbeitsinhalte sowie der subjektiven Arbeitsansprüche durch ein Vordringen modernistischer Werte in die Arbeitswelt sowie eine Kulturalisierung der Ökonomie diagnostiziert. Eng verbunden damit sind (2) Veränderungen in der Arbeitsorganisation, die auf eine Etablierung subjektiver Gestaltungsspielräume abzielen, aber auch im Verdacht stehen, neue Zwänge mit sich zu bringen. Ein kreativ-künstlerischer Unternehmer, so die Quintessenz der Diagnosen, stelle das gegenwärtige kulturelle Leitbild des Arbeitssubjektes dar, wobei Uneinigkeit darüber besteht, welche Bedeutung dem kreativ-künstlerischen beziehungsweise dem effizienzorientiert-ökonomistischen Part dieses kulturellen Idealbildes zukommt.

Jedenfalls geraten selbständige Formen der Beschäftigung und Unternehmer vor dem Hintergrund dieser Diagnosen besonders in den Blick. Der folgende Abschnitt wendet sich demgemäß der Frage zu, was jenseits vager gegenwartsdiagnostischer Annahmen über die Entwicklung selbständiger Erwerbsarbeit (2.1) zu sagen ist und wie die Figur des Unternehmers (2.2) theoretisch bestimmt werden kann. Im Anschluss daran soll jenes Arbeitsfeld untersucht werden, in dem kreativ-künstlerische Unternehmer empirisch am ehesten anzutreffen sein müssten: die Kulturwirtschaft (3).

2.1 Erscheinungsformen und Entwicklung der Selbständigkeit

> »Das Eigentum, das jeder Mensch an seiner Arbeit besitzt, ist im höchsten Maße heilig und unverletzlich, weil es im Ursprung alles andere Eigentum begründet.«
> (Adam Smith 1974 [1776]: 106)

Die Unterscheidung zwischen selbständiger und abhängiger Erwerbsarbeit ist (historisch betrachtet) ein junges Phänomen. Erst durch die Entdeckung des Wertes der Arbeit und ihre Idealisierung als Quelle allgemeinen und persönlichen Wohlstands sowie die Postulierung der Notwendigkeit der freien Handelbarkeit der Arbeit als unverletzliches Eigentum des Einzelnen im 18. Jahrhundert wurde diese Unterscheidung möglich (vgl. Castel 2000: 151 ff.): Denn obwohl vielfältige (von der Obrigkeit bekämpfte) Vorformen der Lohnarbeit wie der selbständigen Erwerbsarbeit durch Erosion des Zunft- und Lehenssystems bereits im Übergang zur Neuzeit entstanden (vgl. ebd.: 106 ff., 125 ff.), setzt das moderne Verständnis von ›abhängiger‹ wie ›freier‹ Erwerbsarbeit die Freisetzung aus zünftischen und feudalen Bindungen voraus. Erst auf dieser Basis ist eine vertragliche Wiedereinbindung von Erwerbsarbeit als abhängige Lohnarbeit möglich und zu unterscheiden von der eigenständigen Verwertung der Arbeitskraft.

Durch die Einführung der Gewerbe- und Vertragsfreiheit Ende des 18. bzw. Anfang des 19. Jahrhunderts wurde aber auch eine bestimmte Form des sozialen Schutzes, wie er im Feudalsystem und im Zunftsystem bestand, aufgehoben (vgl. Ziegelmayer 2001: 63). Demgemäß kristallisierte sich im Laufe des 19. Jahrhunderts die Notwendigkeit heraus, abhängige Lohnarbeit von einem (gewöhnlichen) Vertrag zu einem als schützenswert anerkannten, mit besonderen Rechten und Pflichten versehenen sozialen Status zu erheben (vgl. Castel 2000: 136 ff.) – ein Prozess der Kopplung von sozialer Sicherung an abhängige Beschäftigungsformen, der in Deutschland besonders umfassend verwirklicht wurde (vgl. Schulze-Buschoff 2004: 4). Dabei wurde die Anerkennung des Sonderstatus der ›Ware Arbeitskraft‹ u. a. dadurch begründet, dass die Situation des Arbeiters durch einen freiwillig geschlossenen Vertrag aufgrund des Machtgefälles zwischen jenen, die Verfügungsgewalt über Produktionsmittel ausüben und jenen, die nur ihre Arbeitskraft zu verkaufen haben, unzulänglich beschrieben ist.

In der Tradition dieser (im Prinzip: marxistischen) Analyse stehend, erscheinen aus einer (1) klassischen soziologischen Perspektive folglich neben (a) der Autonomie in der Arbeitsgestaltung und (b) der Nutzung und Dominierung fremder Arbeitskraft insbesondere (c) die Verfügung über Produktionsmittel und (d) die aus dem Eigentum an Produktionsmitteln abgeleiteten Gestaltungs-, Lenkungs-, Kontroll- und Leitungsfunktionen als zentrale Kennzeichen selbständiger Erwerbsarbeit (vgl. Michailow 1997: 143, Dale 1991: 36, Pfeiffer 1994: 13). Damit ergibt sich nur eine begrenzte Überschneidung mit (2) rechtlichen Bestimmungen, in denen in Deutschland (ex negativo) die fehlende Weisungsgebundenheit der Arbeit das zentrale Kriterium selbständiger Erwerbsarbeit darstellt (vgl. Schulze-Buschoff 2004: 13 f.). Als Hinweise auf Weisungsgebundenheit gelten dabei etwa (a) die organisatorische Einbindung des Erwerbstätigen in einen Betrieb, (b) die Festlegung von Arbeitsort und Arbeitszeit oder (c) die Übernahme von Geschäftsrisiken durch Auftraggeber. Im Gegensatz zur soziologischen Vorstellung ist Selbständigkeit damit nicht an den (in gewisser Hinsicht problematisch erscheinenden) Besitz von Produktionsmitteln gebunden. Sofern (3) statistische Bestimmungen nicht (a) auf der Selbstauskunft der Befragten beruhen oder sich (b) an Steuerstatistiken (und damit der Legaldefinition) orientieren (vgl. Dale 1991: 36, Bögenhold/Fachinger 2004: 11), gilt auch hier die Verfügung über Produktionsmittel weder als hinreichendes noch als notwendiges Kriterium: So zählt das statistische Bundesamt neben (c) »Personen, die ein Unternehmen, einen Betrieb oder eine Arbeitsstätte gewerblicher oder landwirtschaftlicher Art wirtschaftlich und organisatorisch als Eigentümer/-innen oder Pächter/-innen leiten« auch (d) »alle freiberuflich Tätigen, Hausgewerbetreibenden, Zwischenmeister/-innen« als Selbständige (vgl. Statistisches Bundesamt 2008: 19). Verfügung über Produktionsmittel bzw. einen ›Betrieb‹ ist also erst in Kombination mit der Übernahme einer Leitungsfunktion hinreichendes Kriterium und wird durch einige nur formal bestimmte Gruppierungen (z. B. ›Freiberufler‹) ergänzt, bei denen die Verfügungsgewalt über Produktionsmittel nicht unbedingt gegeben scheint.

2.1.1 Persistenz pluraler Formen selbständiger Erwerbsarbeit

Während rechtliche Bestimmungen also auf eine positive Festlegung der Merkmale ›selbständiger‹ Tätigkeit weitgehend verzichten und die aufgeführte statistische Definition in ihrem zweiten Teil auf recht heterogene Gruppierungen verweist, hat sich die soziologische Wahrnehmung insbesondere um die Jahrhundertwende auf eine spezifische, besonders spektakulär erscheinende Form der Selbständigkeit konzentriert: den (groß-)industriellen Unternehmer. Durch die Erhebung des Kriteriums der Verfügungsgewalt über Produktionsmittel zum zentralen Merkmal selbständiger Arbeit wurde ein bipolares Bild geprägt, in dem wenige (Groß-)Unternehmer einer homogenen Masse abhängig Beschäftigter gegenüberstehen. Ein Bild, das deutlich verzerrt erscheint:

> »Berichte aus der Zeit der Jahrhundertwende erwecken die Vorstellung, außerhalb der Landwirtschaft sei die Mehrzahl der Erwerbstätigen damals in großen industriellen Betrieben beschäftigt gewesen. Zeitgenössische Fotos [...] zeigen für eine Stadt wie Berlin jedoch auch ganz andere Formen des wirtschaftlichen Überlebens: jüngere Frauen, die Veilchensträuße feilboten, ältere Männer mit Gemüsekarren, Wäscherinnen auf dem Weg zu ihrer bürgerlichen Kundschaft. Rund um den Hausvogteiplatz sah man zu bestimmten Tageszeiten Frauen, die den dort ansässigen Zwischenmeistern die Batistwäsche oder die Mantelkrägen ablieferten, die sie in Heimarbeit gefertigt hatten; vor einer der zahllosen Eckkneipen stand ein Wirt in Erwartung seiner proletarischen Kundschaft, und viele fanden ihr Einkommen in einem der zahlreichen Einzelhandelsgeschäfte [...] – ein Panoptikum selbständiger Existenzen, zu dem offenbar nicht nur ›große‹ Unternehmer und Angehörige der freien Berufe gehörten. Auch das Kleingewerbe trat in bunter Vielfalt auf: Eine Klempnerwerkstatt konnte sich neben einem Produzenten für Jalousien, eine Fabrik für Sodawasser neben einer solchen für Telefone oder elektrotechnische Messgeräte befinden.« (Schmidt 1999: 603)

Nicht nur historische Fotografien spiegeln ein derart heterogenes Bild selbständiger Erwerbsarbeit wider: Auch eine Gewerbezählung kam 1907 im deutschen Reich zu dem Ergebnis, dass neben 32.122 ›Großbetrieben‹ mit mehr als 50 Mitarbeitern 1.681.856 Betriebe mit einem bis fünf Mitarbeiter(n) sowie 1.464.278 Alleinbetriebe existierten. Die damaligen Großbetriebe machen damit weniger als ein Prozent aller Betriebe aus, während Betriebe mit einem bis fünf Beschäftigten 49 Prozent und Alleinbetriebe 42 Prozent aller Betriebe repräsentierten (vgl. Schmidt 1999: 606). Wie konnte die soziologische Gesellschaftsanalyse sich angesichts solcher Daten (die z. B. Werner Sombart [vgl. 1928: 827 ff.] auch analysierte) derart auf die Arbeitsverhältnisse in den wenigen Großunternehmen sowie auf die Figur des (großkapitalistischen) Unternehmers konzentrieren? Zum einen kam einigen wenigen, für damalige Verhältnisse riesig erscheinenden Unternehmen in gewissen Regionen tatsächlich eine prägende Bedeutung zu. Zum anderen erscheint angesichts der sprunghaften Entwicklung der Industrieproduktion die damals weit geteilte Annahme verständlich, dass kleine und mittlere Betriebe sowie Alleinselbständigkeit ein Relikt vorindustrieller Zeiten darstellen, das zum Aussterben verurteilt sei[10] (vgl. Schmidt 1999: 607 f.).

Wenngleich diese Entwicklung sich weder so umfassend noch so schnell einstellte wie angenommen, bestätigte der kontinuierliche Rückgang selbständiger Beschäftigung in Deutschland bis 1980 den prognostizierten Niedergang selbständiger Erwerbsarbeit zumindest der Tendenz nach: Der Anteil der Selbständigen an den Erwerbstätigen sank von 25,6 Prozent (1882) bis nach dem ersten Weltkrieg auf 13,4 Prozent (1939) und erreichte 1980 einen Tiefstand von 9 Prozent (vgl. Schmidt 1999: 609). Dabei ging dieser Konzentrationsprozess allerdings ausschließlich zulasten der Kleinstbetriebe mit weniger als fünf Mitarbeitern (vgl. Leicht 1995: 91 f., 107). »Das wirtschaftliche Wachstum«, konstatiert Schmidt (1999) folglich, »kam somit nicht nur den ›Riesenbetrieben‹ zugute, sondern auch dem ›alten Mittelstand‹, den die Sozialdemokraten bereits mit unverhohlener Genugtuung und die Konservativen mit großem Bedauern zu Grabe getragen hatten« (ebd.: 608).

Bis in die 1980er Jahre waren in Deutschland also nur sehr begrenzte Konzentrationstendenzen in Bezug auf die Unternehmensgröße erkennbar sowie eine langsame, aber stetige Abnahme der Bedeutung selbständiger Erwerbsarbeit. So schienen sich die Prognosen des frühen 19. Jahrhunderts zwar nur begrenzt zu bewahrheiten, die Tendenz der Prognosen erschien jedoch richtig. Nach einer kurzen Stabilisierung der Selbständigenzahlen in den 1980er Jahren kehrte sich

---

[10] Schon früh wurde allerdings auch betont, dass die Nachfrage nach an spezifische Gegebenheiten angepassten Arbeitsleistungen wie nach lokalisierter Arbeit zu Erhaltung eines Teils der kleinen und mittleren Betriebe führen wird (vgl. Sombart 1928: 827 ff.).

der Trend jedoch um: Spätestens seit 1988 ist ein zwar moderater,[11] aber gleichwohl konstanter Anstieg selbständiger Erwerbsarbeit zu beobachten (vgl. Abb. 2). Diese Trendumkehr stellte die Vorhersagen vom Verschwinden der Selbständigkeit deutlich infrage:»Es gibt sie noch: die Selbständigen. Ja, in den letzten Jahren ist sogar ein Trend zur Selbständigkeit zu beobachten, der mittlerweile ein reges publizistisches Echo erfährt«, stellte Bögenhold (1987: 7) fest, und tatsächlich ist seitdem die Debatte um ›neue Selbständige‹ nicht mehr abgerissen. Zu Recht geht die Wiederentdeckung der Selbständigkeit dabei mit einer Entdeckung der Kleinstbetriebe und der Alleinselbständigkeit einher: Denn wie der Rückgang der selbständigen Erwerbsarbeit auf einen Rückgang der Kleinstbetriebe zurückzuführen war, so ist der Anstieg der selbständigen Erwerbsarbeit vornehmlich auf Kleinstbetriebe (vgl. Bögenhold/Fachinger 2004: 9, Bögenhold/Leicht 2000: 782 ff.), ja in seinen jüngsten Ausprägungen sogar ausschließlich auf einen Anstieg der Alleinselbständigkeit zurückzuführen (vgl. Schulze-Buschoff 2004: 23, Abb. 2).

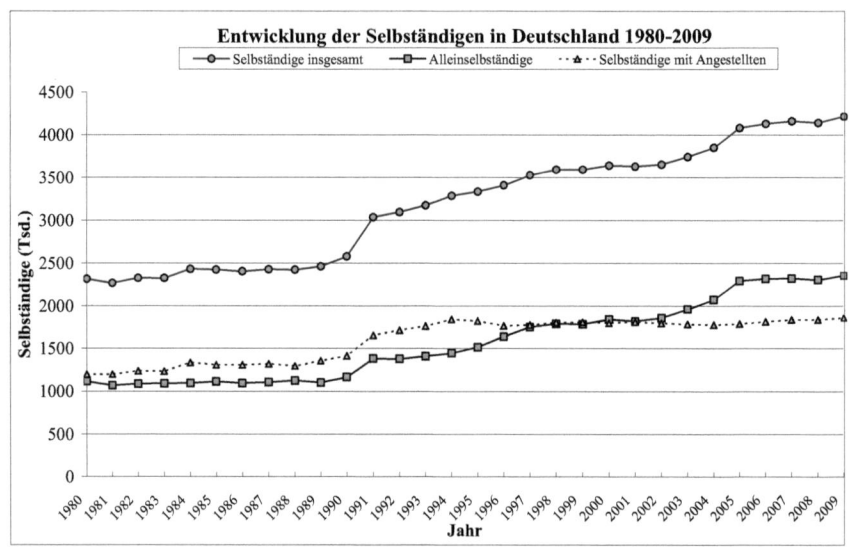

Quelle: Eigene Darstellung auf der Basis der Daten des Mikrozensus, Bundesamt für Statistik
(GENESIS-Tabelle: 12211-0011, Stand: 05.12.2008)
* Bis 1990 nur alte Bundesländer

Abbildung 2:   Entwicklung selbständiger Erwerbsarbeit

---

[11] Wenngleich die Zahl der Selbständigen seit 1980 um etwa 70 Prozent zugenommen hat (wovon ca. 20 Prozent auf die Wiedervereinigung fallen), ist ihr relativer Anteil von 1980 bis 2007 nur moderat (von etwa 9 auf 11 Prozent) angestiegen (vgl. Statistisches Bundesamt 2008: 23).

2.1.2 Erscheinungsformen selbständiger Erwerbsarbeit

Tatsächlich weist die gegenwärtige Situation damit strukturell Ähnlichkeiten mit der Situation um die Jahrhundertwende auf (vgl. Schmidt 1999: 611). Angesichts der ›Rückkehr‹ einer (eigentlich immer vorhandenen, nur lange wenig beachteten) Vielfalt selbständiger Erwerbsformen stellt sich aber umso dringlicher die Frage, wie diese angemessen zu fassen sind und ob die strukturelle Ähnlichkeit mit der Situation um die Jahrhundertwende auch inhaltlich trägt.

Seit den 1980er Jahren sind folglich Versuche vorgenommen worden, zu einer differenzierteren Darstellung selbständiger Erwerbsarbeit zu gelangen. Selbst aus marxistischer Perspektive wurde die Notwendigkeit gesehen, neben »basic class locations«, die lediglich eine »complete polarization within the social relations of production« (Wright et al. 1982: 710) erlauben, sozialstrukturelle Mischformen bzw. ›widersprüchliche‹ Klassenpositionen in den Blick zu nehmen: In der Herstellung einfacher Konsumgüter seien etwa häufig nichtindustrielle Produktionsweisen anzutreffen, in denen die Produzenten als Alleinselbständige über Produktionsmittel verfügen, gleichwohl aber lediglich ihre eigene Arbeitskraft nutzen. Während dieser als ›petty bourgeoisie‹ (Kleinbürgertum) klassifizierten Gruppierung eine eigene Position zukomme, da ihre Vertreter ihre Arbeit weitgehend autonom ausführen können und über ihre Produktionsmittel verfügen, andererseits aber nicht die Arbeit anderer dominieren, stellt sich die Situation bei zwei weiteren Gruppierungen noch komplexer dar: Im Falle sogenannter ›small employers‹, Vertretern der ›petty bourgeoisie‹ mit Angestellten, überschneidet sich nämlich eine organisatorisch weiterhin als nichtindustriell zu bezeichnende Produktionsweise und eine autonome Nutzung der eigenen Arbeitskraft mit der Funktion der Dominierung (einiger weniger) fremder Arbeitskräfte. Noch schwerer zu charakterisieren ist aus dieser Perspektive die Lage der Freiberufler, die ihre Arbeit autonom ausführen können, deren Machtposition aber keineswegs durch die Verfügung über Produktionsmittel[12] bestimmt scheint (vgl. Wright et al. 1982: 710 ff.).

Während in der angelsächsischen Literatur noch explizit auf solche ›erweiterten‹ Klassenschemata zurückgegriffen wird (vgl. Leighton/Felstead 1992, Burrows 1991, Dale 1991), ist in der deutschsprachigen Literatur Distanz zu sol-

---

[12] Überhaupt ist das aus dem industriegesellschaftlichen Kontext stammende Kriterium der Verfügung über Produktionsmittel in Bezug auf Dienstleistungen oder wissensintensive Tätigkeiten nur begrenzt aussagefähig. Der Vorschlag, statt dessen auf das Eigentum an geistigem ›Humankapital‹ zu rekurrieren (Dietrich 1999: 87), überzeugt auch nur begrenzt, denn ebenso wie die Verfügungsgewalt über gewisse Produktionsmittel (u. a. durch die rasante Entwicklung der Informationstechnologie; vgl. Stähler 2002: 203 f.) unschwer zu erlangen ist, sind gerade in Wissensgesellschaften auch viele Wissensbestände so weit verbreitet, dass sie als Basis einer ökonomischen Machtposition entwertet erscheinen.

chen Annahmen zu erkennen. Gleichwohl werden ähnliche Kategorien gebildet, wenn etwa Bögenhold und Fachinger (2007: 9) im Anschluss an Scase/Goffee (1982) die Selbständigen nach ihren Arbeitsinhalten und damit doch wieder nach ihrer Verfügungsgewalt über die Arbeit anderer und die Inhaberschaft eines Betriebes kategorisieren. Bögenhold bildet vier Kategorien: (1) ›self-employed‹ sind Selbständige, die ohne Angestellte ›auf eigene Rechung‹ arbeiten, (2) ›small employers‹, sind Selbständige, die Aufgaben der Geschäftsführung übernehmen, daneben aber auch selbst arbeiten müssen, (3) ›owner-controllers‹ dagegen übernehmen lediglich Führungsaufgaben und (4) ›owner-directors‹ wiederum delegieren auch Führungsaufgaben an einen Stab von Managern.

2.1.3 Wie selbständig sind die neuen Selbständigen?

Die Thematisierung selbständiger Erwerbsarbeit bleibt dergestalt an machttheoretische Überlegungen gebunden: Die Frage der ›selbständigen‹ Verfügung über die eigene Arbeitskraft steht im Zentrum – wenngleich diese nicht immer mit der Dominierung fremder Arbeitskraft sowie einer Verfügung über Produktionsmittel zusammenfallen muss. Die Debatte um die neuen Selbständigen (die vornehmlich als ›self-employed‹ bzw. ›small employers‹ zu charakterisieren wären) ist dementsprechend von der Frage geprägt, wie autonom diese faktisch agieren. Einigkeit scheint dabei lediglich darüber zu bestehen, dass die Gruppe der neuen Selbständigen schlicht zu heterogen ist,[13] um zu eindeutigen Feststellungen zu kommen (vgl. Bögenhold/Fachinger 2007: 6, Schulze-Buschoff 2004: 33, Vanselow 2003: 19, Leighton/Felstead 1992: 32), aber dass soziologische wie rechtliche Vorstellungen der Selbständigkeit, wie autonome Arbeitsgestaltung oder fehlende Weisungsgebundenheit, jedenfalls nur auf einen Teil der statistisch als selbständig erfassten Erwerbstätigen zutreffen. Outsourcing oder die zunehmende Verbreitung von Franchise-Modellen (vgl. Schulze-Buschoff 2004, Schmidt 1999: 615 f.) verweisen nämlich ebenso auf eine wachsende Grauzone zwischen selbständiger und abhängiger Erwerbsarbeit wie die Debatte um ›scheinselbständige‹ Erwerbsformen (vgl. Reindl 2000, Dietrich 1999).

---

[13] So ist die Debatte auch von dem Problem der Begriffsunschärfe geprägt. Folgt man Vanselow (2003: 17f.), so bezeichnete der Begriff zunächst Gründungen aus der Alternativbewegung, die ihrem Anspruch nach im Rahmen selbstverwalteter Betriebe wertorientiertes Engagement jenseits von Profitmaximierung und betrieblichen Hierarchien zu realisieren suchten. Bögenhold (1987: 27ff.) widmete den ›alternativen Selbständigen‹ noch ein ganzes Kapitel – vermochte aber wenig Alternatives an diesen Selbständigen festzustellen. Gegenwärtig wird der Begriff neue Selbständige ohne diese alternativ-ökonomische Konnotation als offene Chiffre für jene seit den 1980er Jahren entstehenden Formen der Selbständigkeit verwendet, die hier im Zentrum des Interesses stehen.

Über die Unterscheidung zwischen ›small employers‹ und ›self-employed‹ hinaus scheinen im Diskurs um die neuen Selbständigen keine allgemein geteilten Kriterien einer weiteren Untergliederung vorzuliegen. Erkennbar ist jedoch, dass das Feld der neuen Selbständigkeit von zwei Seiten ›aufgerollt‹ wird: (1) Formen neuer Selbständigkeit werden zum Teil – der These des Arbeitskraftunternehmers folgend – als Gegenstück zur Erosion des Normalarbeitsverhältnisses gedeutet. Auf der Basis dieser Vorstellung lässt sich ein Kontinuum zwischen selbständiger und abhängiger Erwerbsarbeit entwickeln, in das sowohl mit erweiterten Handlungsspielräumen versehene, formalrechtlich jedoch abhängige Erwerbsformen platziert werden als auch formal selbständige, mutmaßlich aber in Abhängigkeitsverhältnissen stehende Erwerbsformen (vgl. Schulze-Buschoff 2006, Betzelt/Fachinger 2004). Beispielhaft dargestellt sei hier ein Vorschlag von Benkert/Michel (1999: 5), die ausgehend von der Annahme, dass selbständige Erwerbsarbeit durch Weisungsungebundenheit, zeitliche Autonomie sowie unternehmerische Risiken geprägt sei, fünf Erwerbstypen entwerfen, die sie mit abnehmender Relevanz zu den ›neuen Selbständigen‹ rechnen (vgl. Abb. 3).

Tendenz zum Selbständigen		Tendenz zum Mitarbeiter		
Selbständige mit vielen, wechselnden Kunden	Selbständige mit wenigen, dauerhaften Kunden	Telearbeit, Handelsvertreter, Makler	Teilzeitbeschäftigung mit mehreren Stellen	befristete Beschäftigungsformen

Quelle: Benkert/Michel (1999: 5), eigene Ergänzungen

Abbildung 3:   Neue Selbständigkeit – Erosion des Normalarbeitsverhältnisses

Zu den Selbständigen im herkömmlichen Sinne zählen sie jene, die über einen großen und wechselnden Kundenstamm verfügen, da hier keine Weisungsgebundenheit vermutet werden kann, zeitliche Autonomie in der Leistungserbringung besteht und unternehmerische Risiken übernommen werden. Sofern Selbständige jedoch nur über wenige, feste Auftraggeber verfügen, spricht dies nach diesem Modell schon für ein arbeitnehmerähnliches Verhältnis, da Weisungsgebundenheit bei bleibender zeitlicher Autonomie und bleibendem Unternehmerrisiko vorliege. Die Angehörigen der dritten Gruppe stehen in einem direkten Abhängigkeitsverhältnis zu einem Unternehmen. Sie sind mehr oder weniger weisungsgebunden, tragen aber (da sie oft leistungsabhängig bezahlt werden) noch ein gewisses ›unternehmerisches‹ Risiko. Mitarbeiter in Teilzeitbeschäftigung weisen dann noch Ähnlichkeiten mit Selbständigen auf, sofern sie bei mehreren Arbeitgebern beschäftigt sind. Bei Arbeitnehmern der fünften Kategorie, die projektförmig oder befristet beschäftigt sind, liegt zwar eine deutliche Abweichung vom Normalarbeitsverhältnis vor, sie sind jedoch weder zeitautonom noch tragen sie ein unternehmerisches Risiko. Sie sind jedoch Träger eines erhöhten Beschäftigungsrisikos und müssen sich folglich immer in Hinblick auf mögliche Konkurrenz in einem bestimmten Arbeitsmarktsegment positionieren, um sich Optionen auf Anschlussbeschäftigungen zu sichern.

Von der entgegengesetzten Seite kommen neue Selbständige (2) in den Blick, insofern ausgehend von wirtschaftspolitischen Hoffnungen nach dynamischem Unternehmertum (vgl. 2.2) gefahndet wird. Dabei gilt es zwar auch, scheinselbständige Formen der Beschäftigung wie etwa »beruflich selbständiges Tagelöhnertum« (Bögenhold/Fachinger 2004: 8) abzugrenzen. Das zentrale Interesse besteht jedoch darin, eine Steigerung der Selbständigkeitsquote, die durch wirtschaftsstrukturelle Effekte verursacht wird (wie Outsourcing), von wirtschaftlichen ›Fortschritt‹ repräsentierenden Formen der Selbständigkeit zu unterscheiden. Während im oben aufgeführten Schema Selbständige mit vielen wechselnden Kunden schon die ›höchste Stufe‹ der Selbständigkeit darstellen, werden von Bögenhold/Fachinger (2007, 2004) nochmals zwei statistisch identifizierbare Untergruppen herausgenommen, auf welche die Vorstellung dynamischen Unternehmertums kaum zutrifft: (a) die verkammerten Freiberufe, also jene freien Berufe, zu denen der Zugang staatlich sanktioniert durch Berufsorganisationen geregelt wird (professionssoziologisch: die ›klassischen‹ Professionen), und (b) die ›sonstigen Freiberufler‹, also nicht geschützte Formen berufsförmig organisierter selbständiger Tätigkeiten (die ›neuen Professionen‹). Bögenhold und Fachinger gelingt es dergestalt, den Zusammenhang von Selbständigkeit und Unternehmertum dahin gehend zu präzisieren (und zu desillusionieren), dass ein Großteil der Beschäftigungszuwächse auf die Entstehung neuer Berufsbilder zurückzuführen ist sowie auf die Ausdehnung des Tätigkeitsbereiches klassischer freier Berufe. Wenn also nach dem schöpferisch-dynamischen Unternehmer gesucht wird, so muss dort gesucht werden, wo die Untersuchungen von Bögenhold und Fachinger mangels statistisch verfügbarer Kriterien enden: bei Selbständigen, die jenseits berufsförmig verfasster Arbeit tätig werden.

2.1.4 Zurück zur Jahrhundertwende?

Es zeigen sich damit in der Analyse selbständiger Erwerbsarbeit auch jenseits der durch Strukturdaten repräsentierten Lage Analogien zur Zeit der Jahrhundertwende: So ist mit dem Zuwachs der Selbständigen deren empirische Vielfalt wieder in den Blick gekommen und damit auch, dass Selbständigkeit nicht ohne enorme Differenzierungsverluste mit dynamischem Unternehmertum identifiziert werden kann. Ebenso verweist die Spannweite der Einkommensverhältnisse, die Vielfalt abhängig-selbständiger Erwerbsformen und die heute wie damals erkennbaren Prinzipien der Lokalisierung und Spezialisierung von Kleinstbetrieben auf Ähnlichkeiten (vgl. Schmidt 1999).

Gleichwohl ist fraglich, wie weit der Vergleich wirklich trägt: Der Zuwachs an Selbständigen, der durch Prozesse des Outsourcings oder Franchisings verursacht wird, verweist nämlich deutlich auf neuere Entwicklungen, insofern hier schlicht die Grenzen eines formal selbständigen Betriebs durch faktische Abhängigkeit von einem Dachkonzern, einer Dachmarke oder einem Unternehmensnetzwerk zerfließen. Ebenso verweist die zentrale Bedeutung neuer selbständiger Berufe darauf, dass wirtschaftliche Wandlungsprozesse nicht unerheblich an der Zunahme selbständiger Erwerbsarbeit sowie der Evokation neuartiger Formen abhängig-selbständiger Erwerbsarbeit beteiligt sind. Es sind allerdings nicht nur Veränderungen auf der ›Nachfrageseite‹ des Arbeitsmarktes, die zu einer Veränderung selbständiger Erwerbsarbeit geführt haben. Vieles verweist auch auf eine Veränderung der ›Angebotsseite‹, also in den Motiven selbständiger Erwerbsarbeit. Der klassischen Unterscheidung einer ›Ökonomie der Not‹ einerseits, bei der Selbständigkeit mangels anderer Erwerbsmöglichkeiten gewählt wird, und einer ›Ökonomie der Selbstverwirklichung‹, bei welcher der Wille zur Selbständigkeit die treibende Kraft darstellt (vgl. Bögenhold/Staber 1994: 83), andererseits folgend, sieht Schmidt (1999: 617 ff.) hier entscheidende Unterschiede. Zum einen weisen sozialstrukturelle Daten darauf hin, dass Selbständigkeit um 1900 zu einem größeren Anteil als ›Ökonomie der Not‹ zu begreifen war, als sie es heutzutage ist: Altersarmut, insbesondere die soziale Notlage von Witwen, spielte um die Jahrhundertwende eine entscheidende Rolle für viele Formen der Selbständigkeit. Zum anderen ist ein Wandel innerhalb der ›Ökonomie der Selbstverwirklichung‹ bzw., neutraler formuliert, der freiwilligen Hinwendung zu selbständiger Erwerbsarbeit zu vermuten: Denn auch, wenn es um die Jahrhundertwende sicherlich Gründungen gab, die aktiv eine Idee verwirklichten und mit innovativen Produkten, Produktions- oder Geschäftsführungsmethoden zusammenhingen, haben auch diese Unternehmer ihr Handeln selten mit dem Ziel der Selbstverwirklichung verbunden. Für Schmidt weist vielmehr vieles darauf hin, dass diese Unternehmer ein »Ethos der Pflicht, der Selbstdisziplin, der Verantwortung für sich und ihre Familie, für die Gesellschaft, für die Nation, für den wirtschaftlichen und technischen Fortschritt« (ebd.: 622), kurz: ein (staats-)bürgerlich-protestantisches Ethos trieb. »Ganz anders hören sich Begründungen von heutigen Existenzgründern an. [...] Mit Selbständigkeit wird die Erwartung verbunden, man könne hiermit fremdbestimmten Arbeitsbedingungen und bürokratischen Arbeitsorganisationen entgehen, sein Leben individuell gestalten und über Zeitsouveränität verfügen« (ebd.). Ob sich diese Hoffnungen – die möglicherweise Ausdruck des bereits skizzierten kulturellen Wandels sind – tatsächlich erfüllen, daran vermag angesichts der diagnostizierten Bedeutung abhängig-selbständiger Erwerbsformen berechtigter Zweifel bestehen. Der zu konstatierende Wandel der subjektiven Wahrnehmung lässt sich jedenfalls nicht durch soziologische Aufklärung über die ›wahren Zustände‹ beiseite wischen, er muss als eigenständiges Phänomen ernst genommen werden.

2.2 Unternehmer – unternehmerisches Handeln

Die Auseinandersetzung mit dem Unternehmer sowie mit unternehmerischem Handeln ist eng an die Debatte um selbständige Erwerbsarbeit gekoppelt: ist das ›Urbild‹ des Unternehmers doch zunächst auch jener großindustrielle Eigentümer-Unternehmer, der auch das Bild des Selbständigen lange prägte. Doch nicht nur der Blick auf die empirische Vielfalt selbständiger Erwerbsarbeit lässt es unabdinglich erscheinen, die Begriffe Unternehmer und Selbständiger nicht synonym zu verwenden – mehr als der Begriff des Selbständigen taugt der Begriff des Unternehmers auch dazu, zu polarisieren: Von den einen als Ausbeuter diskreditiert, wird der Unternehmer von anderen ebenso einseitig als Wohlstand schaffender Wohltäter und heroischer Schöpfer idealisiert. Zum Teil ist es diesen Polarisierungen zuzuschreiben, dass bis heute Uneinigkeit darüber herrscht, »worin Unternehmertätigkeit eigentlich besteht« (Europäische Kommission 2005: 6). Oft erscheint es hochgradig interessengeleitet, wer als Unternehmer (an-)erkannt wird. Peter Kilby (1971: 1) hat die Suche nach dem Unternehmer deshalb mit der Jagd auf den Heffalump verglichen – einer sagenumwobenen Figur aus ›Winnie the Pooh‹, über die man nicht viel mehr erfährt, als dass sie eine enorm beeindruckende Erscheinung sei, die schon etliche Jäger unter Verwendung ihrer jeweiligen Lieblingsspeise als Köder zu fangen suchten, ohne jedoch andere davon überzeugen zu können, dass das, was dann gelegentlich auch gefangen wurde, auch tatsächlich ein Heffalump gewesen sei.

Sofern man den Unternehmer zu bestimmen sucht, bewegt man sich also auf unübersichtlichem Terrain, da mit einer unüberschaubaren Vielfalt an ›Ködern‹ experimentiert wird, um den Unternehmer zu ›fangen‹. Hébert/Link (1988: 152) identifizieren in den von ihnen untersuchten Unternehmertheorien beispielsweise zwölf Funktionen, die dem Unternehmer zugewiesen werden – und mit Sicherheit könnte man noch weitere hinzufügen. Nimmt man dazu noch in den Blick, dass ökonomische, psychologische, kulturelle, erzieherische und sozialisatorische Erklärungen zur Genese unternehmerischen Handelns herangezogen werden, wird das Feld endgültig unüberschaubar.

Da ein Überblick über das gesamte Forschungsfeld nicht leistbar ist, beschränken sich die folgenden Ausführungen darauf, zu verdeutlichen, in welchem Sinne in dieser Arbeit vom Unternehmer bzw. von unternehmerischem

Handeln die Rede ist. Dazu wird an einem dynamischen Verständnis des Unternehmers angeknüpft, wie es am einflussreichsten von Schumpeter entworfen wurde. Im Gegensatz zu Schumpeter soll jedoch darauf verzichtet werden, den Unternehmer als *personalen* Typus zu beschreiben, sondern ausgehend von der Frage, wie unternehmerisches *Handeln* bestimmt werden kann, nach soziokulturellen Handlungsdispositionen, nach unternehmerischen Habitus gefragt werden.

2.2.1 Dynamisches Unternehmertum

Nähert man sich der Figur des Unternehmers aus volkswirtschaftlicher Perspektive, treten zunächst die spektakulären Erfolge großindustrieller Unternehmer (die eines Alfred Krupp, Henry Ford, Andrew Carnegie oder Friedrich Flick) in den Vordergrund. Unternehmer errichten, so könnte man aus ihren Beispielen folgern, Unternehmensimperien geradezu aus dem Nichts, setzen technische Innovationen um, etablieren neue Produkte, Produktionsmethoden oder Organisationskonzepte. Sie verändern die Struktur ganzer Wirtschaftszweige und sorgen damit für wirtschaftlichen Fortschritt und Wachstum. Die Erklärung der kapitalistischen Dynamik und der wirtschaftlichen Entwicklung erscheint dann ohne die Figur des Unternehmers undenkbar (vgl. Deutschmann 2008: 40).

Damit wird jedoch eine Blickrichtung auf den Unternehmer eröffnet, welche die Annahme einer Identität von Unternehmer und Selbständigem nachhaltig irritiert: Denn sucht man in diesem Sinne nach dem dynamischen Unternehmer, so lässt sich dieser nicht einfach als Arbeitgeber oder als Besitzer von Produktionsmitteln fassen. Als »Revolutionär der Wirtschaft« (Schumpeter 1964: 130) ist er vielmehr als Führungsfigur im Bereich der Wirtschaft zu deuten. Eigentum an Produktionsmitteln und die Funktion der Übernahme einer Leitungs- und Vorbildfunktion innerhalb der Wirtschaft fallen nur zufälligerweise (und im Laufe der kapitalistischen Entwicklung immer seltener) zusammen (vgl. Prisching 2000: 105, Windolf 2003): Der Unternehmer braucht »keinen Betrieb, sondern die Chance zur Betriebsamkeit« (Hitzler 1989: 8).

Ebenso wenig hilft aber der Hinweis, dass der Unternehmer schlicht jene Person sei, welche die mit der höchsten formalen Autorität ausgestattete Position in einem Wirtschaftsunternehmen innehat (vgl. Biermann 1971: 10), bei der Suche nach dem dynamischen Unternehmer weiter: Denn der dynamische Unternehmer schumpeterscher Prägung schafft Innovationen, indem er neue Kombinationen von Produktionsmitteln oder Produkten kreiert und in einem bestimmten Marktsegment durchsetzt. Nach der genannten formalen Definition bestimmte Unternehmer dürften größtenteils die Funktion des »Wirtes schlechtweg« (Schumpeter 1964: 132) erfüllen, eine Figur, die Schumpeter zur Abgrenzung der dynamischen Figur des Unternehmers konzeptualisiert und die bei ihm synonym für statische ›Kreislaufwirtschaft‹ steht. Schumpeter folgt mit dieser Konzeptionierung der Erkenntnis, dass im Rahmen einer auf die Befriedigung vorhandener Bedürfnisse reduzierten wirtschaftlichen Ratio des ›Wirtes schlechtweg‹ Phänomene wie Wachstum, Kredit oder Zins nicht erklärbar sind.[14] Der Unternehmer ist dabei als Idealtypus zu verstehen, dessen Funktion im Rahmen der schumpeterschen Theorie darin besteht, wirtschaftlichen Fortschritt auf Handlungsweisen Einzelner zurückführen.

Dieser Fortschritt muss jedoch nicht für jedermann realisierbar sein – denn warum sollte Geld an einen Unternehmer verliehen werden, wenn die Geld verleihenden Personen oder Institutionen ebenso in der Lage wären, den Zinssatz und den über den Zinssatz hinausreichenden Unternehmergewinn zu erwirtschaften? Schumpeter stilisiert den Unternehmer diesem Gedanken folgend geradezu als ›Übermenschen‹, dessen Faszination aus seiner Überlegenheit gegenüber dem ›Wirt schlechtweg‹ resultiert: Laut Schumpeter folgt der Unternehmer nämlich »der wirtschaftlichen Ratio und ihrem Gesetz fremden« (Schumpeter 1964: 138) Motiven, und seine Handlungen gehen über das Organisieren eines Produktionsablaufs nach Effizienzkriterien weit hinaus. Im Verhältnis zum ›Wirt schlechtweg‹, den Schumpeter mit Verhaltensweisen wie Passivität, Routine, Gehorsam oder Nutzenmaximierung ausstattet (vgl. Schumpeter 1964: 132 ff.), hat der Unternehmer einen »Überschuß an Kraft über das Erfordernis des Alltags« hinaus, um um die »Konzeption und Ausarbeitung der neuen Kombination zu ringen und sich dahin zu bringen, in ihr eine reale Möglichkeit und nicht bloß Traum oder Spielerei zu sehen« (ebd.: 126). Unternehmerisches Handeln präge der umfassende Traum und Wille, »ein privates Reich zu gründen [...]. Ein Reich, das Raum gewährt und Machtgefühl« (ebd.: 138). Der Unternehmer besticht dabei durch Siegeswillen und ist durch die »Freude am Gestalten [...], um des Änderns und Wagens und gerade der Schwierigkeiten willen« getrieben, die schließlich in die »Freude am Werk, an der Neuschöpfung als solcher« (ebd.: 138 f.) mündet. Das Auffinden neuer Kombinationen sowie die Durchsetzung dieser Kombinationen ist in diesem Sinne zunächst ökonomisch irrational (da es hohe Investitionen trotz unklarer Gewinnchancen beinhaltet), aber kei-

---

[14] Der Zinssatz wird wesentlich von der Nachfrage nach Kapital und diese wiederum vom Umfang profitabler Investitionsmöglichkeiten bestimmt. In einem wirtschaftlichen Gleichgewicht sind alle profitablen Investitionsmöglichkeiten ausgeschöpft. Vor diesem Hintergrund bestände keine Aussicht, einen über die Zinsrate hinausreichenden Gewinn zu erwirtschaften – denn auch Gewinne müssten sich in einem wirtschaftlichen Gleichgewicht auf niedrigstmöglichem Niveau eingependelt haben. Die Höhe des Zinssatzes gilt daher als Indikator für wirtschaftlichen Fortschritt. Den nur Innovationen wie z. B. die Entdeckung neuer Produktionsmethoden, Produkte oder Absatzmärkte ermöglichen hohe Unternehmergewinne und damit höhere Zinsen (vgl. Schumpeter 1928: 483).

neswegs unproduktiv, da selbst im Falle eines Misserfolgs die Grenzen des wirtschaftlich Machbaren neu bestimmt werden (vgl. Brosziewski 1997: 65).

Neben der möglichen Überbetonung der Rolle individueller Dispositionen bzw. der soziologisch mangelhaften Aufklärung über die gesellschaftliche Verankerung unternehmerischer Motive neigt die schumpetersche Bestimmung des Unternehmers allerdings zu Zirkularität. Der Unternehmer – den Schumpeter als Ausgangspunkt von Veränderungen verstanden wissen will – kann erst identifiziert werden, *nachdem* er eine Neuerung am Markt durchgesetzt hat. Er ist dann aber schon kein Unternehmer mehr, sondern nur noch Betriebswirt, der eine eingeführte Neuerung bewirtschaftet. Mit dieser Bestimmungsweise gehen zwei Probleme einher: Erstens lässt sich mit Schumpeter nur erfolgreiches unternehmerisches Handeln beschreiben. Zweitens heißt dies methodisch, dass sich unternehmerisches Handeln kaum beobachten lässt, da es immer nur ex post identifizierbar ist. Um dennoch der dem Unternehmer zugeschriebenen Dynamik und seiner Funktion im Wirtschaftssystem gewahr zu werden, hob Schumpeter auf ex post rekonstruierte, mutmaßlich für Unternehmer spezifische Motive ab. Dies brachte die wichtige Erkenntnis hervor, dass unternehmerisches Handeln über effizienzorientiertes Handeln hinausweist und somit ›irgendwie‹ durch ›nicht-kapitalistische‹ Motive bestimmt ist. Insgesamt bietet Schumpeter jedoch wenig Anhaltspunkte zur Analyse unternehmerischen Handelns an sich.

Gerade weil Schumpeter den Blick auf jene Motive lenkt, die sich nicht mittels eines ökonomistischen Modells vom Menschen fassen lassen, wird er in der Soziologie »als akademischer Spiritus Rector des Unternehmertums« (Bögenhold 2003: 3) gefeiert und zugleich in den ökonomischen Wissenschaften hart kritisiert (vgl. z. B. Schneider 1997: 27 ff., Demsetz 1983). Aus Sicht vieler Ökonomen steht der Unternehmerbegriff der Soziologie nämlich im Verdacht, »eine Chiffre für ›nicht Wissen‹, eine Umschreibung für Zusammenhänge« zu sein, »die sich einer exakten Messung verweigern« (Casson 2001: 525). Aus einer soziologischen Perspektive lautet das gängige Urteil allerdings umgekehrt, dass die Ökonomie »den Unternehmer zwar rhetorisch zum Angelpunkt ihres Denkens erhoben, ihn aber in Wirklichkeit aus ihren Modellen eliminiert« habe (Prisching 1994: 165, vgl. auch Deutschmann 2008: 40 f.). Der Unternehmer, wie ihn die klassische Ökonomie konzipiert, könne nämlich durch ein ›allwissendes‹ und fehlerfrei kalkulierendes Computerprogramm ersetzt werden. Sofern der Unternehmer nur als »ausgelernter Mathematiker« zu begreifen wäre, der alle »fälligen Produktionsentscheidungen mit den Mitteln der Differentialrechnung zu lösen imstande ist« (Prisching 1994: 173), wäre eine soziologische Analyse unternehmerischen Handelns tatsächlich weitgehend verzichtbar.

Demgemäß verwundert es nicht, dass in den 1970er Jahren Unternehmer nur noch als »Relikte einer aussterbenden Art« (Prisching 1994: 183) galten: schien doch die Vorstellung eines einzelnen, heroischen Unternehmers angesichts der Innovationen im Bereich der Unternehmensorganisation und der Ablösung von Eigentümer-Unternehmern durch Manager antiquiert. Selbst der Prozess der Innovation schien durch ein technokratisches Kollektiv aus Wissenschaftlern und Managern planbar und kontrollierbar (vgl. Windolf 2003: 300). Es ist jedoch notorisch, dass Unternehmer in ökonomischen Konversionsphasen und Krisensituationen als »Risikobewältiger« (Hitzler 1989: 8) und »Spezialisten für Unsicherheit« (Prisching 1994: 183) wiederentdeckt werden. So kamen Unternehmer in der Nach-Ölkrisen-Zeit oder etwa im Rahmen der New Economy wieder ins Blickfeld. Dass kreatives und schöpferisches Handeln auch im Rahmen der Ökonomie möglich ist und sich solche Handlungen nicht mittels nutzenmaximierender und zweckrationaler Kalküle erklären lassen, tritt also immer dann ins Bewusstsein, wenn gewohnte Handlungsmuster an ihre Grenzen stoßen.

2.2.2 Unternehmerpersönlichkeiten?

Doch wie lassen sich jene ›schöpferischen Unternehmer‹ genauer fassen, denen als Innovatoren und Bewältigern von Unsicherheit innerhalb moderner Ökonomien derart zentrale Bedeutung zugeschrieben wird? Wenngleich Wirtschaftsgeschichte selbstverständlich nicht einfach von Individuen gemacht wird, sondern diese ihre Rolle nur im Kontext gesellschaftlicher und historischer Gegebenheiten finden, lag es auf der Basis des verfügbaren historiografischen Anschauungsmaterials nahe, Unternehmer zunächst als Führungspersönlichkeiten zu charakterisieren und unternehmerisches Handeln auf Persönlichkeitseigenschaften zurückzuführen: So findet sich etwa die Annahme, dass die Leistungen der Unternehmer durch ein hohes Maß an Intelligenz, Kreativität, Instinkt für wirtschaftliche Gelegenheiten sowie ein mitunter als ›skrupellos‹ charakterisiertes Durchsetzungsvermögen zu begründen seien (vgl. z. B. Deutschmann 2008: 40). So nahe eine Bestimmung als Persönlichkeitstypus auch liegt, sie bleibt unbefriedigend. Zum einen ist nämlich der tautologische Gehalt vieler Bestimmungen hoch: Sofern man mit Schumpeter das »Wesen der Unternehmerfunktion« im »Erkennen und Durchsetzen neuer Möglichkeiten auf dem wirtschaftlichen Gebiet sieht« (Schumpeter 1928: 483), scheint jeder Unternehmer per definitionem ex post ›Instinkt‹ im Erkennen von Möglichkeiten und ›Durchsetzungsfähigkeit‹ in der Realisierung von Möglichkeiten bewiesen zu haben. Zum anderen ist auch nicht von der Hand zu weisen, dass verschiedene historische Kontexte und unternehmerische Aufgaben unterschiedliche, ggf. widersprüchliche Persönlichkeitseigenschaften erfordern (ähnlich: Prisching 2000: 133). Es ist also keineswegs erstaunlich, dass Gartner (1988: 20) nach der

Durchsicht von Persönlichkeitsstudien zu dem Schluss kommt, »that a startling number of traits and characteristics have been attributed to the entrepreneur, and a ›psychological profile‹ of the entrepreneur assembled from these studies would portray someone larger than life, full of contradictions, and, conversely, someone so full of traits that (s)he would have to be a sort of generic ›Everyman‹«.

Gartner (1988: 22) arbeitet jedoch ein noch grundlegenderes Problem von Persönlichkeitsstudien heraus, dass er am Beispiel der Frage, was einen Baseball-Sportler ausmache, erläutert: Obwohl man in Bezug auf diese Sportler weitaus klarere personale Qualitäten feststellen kann als in Bezug auf Unternehmer, sei mit diesen höchstens etwas darüber ausgesagt, wie man mutmaßlich für das Baseball-Spiel geeignete Personen rekrutiere. Denn »this type of research simply ignores the obvious – that is, the baseball player, in fact, plays baseball. [...] To be a baseball player means that an individual is behaving as a baseball player.« (ebd.) Auch das versierteste Persönlichkeitsprofil könnte dementsprechend keine Antwort auf die Frage liefern, welche *Verhaltensweisen* Unternehmer an den Tag legen. Allerdings muss man aus einer soziologischen Perspektive das Argument Gartners nochmals verschärfen, denn Baseballspieler müssen sich nicht nur wie Baseballspieler verhalten, sondern tatsächlich Baseball spielen: Sie zeigen nicht nur typische Verhaltensweisen, sondern führen eine mit einem *typischen Sinn besetzte Handlung* aus. Sie fügen eine Reihe einzelner Handlungsweisen in Orientierung an Spielregeln zu einem subjektiv sinnvollen wie intersubjektiv nachvollziehbaren Handlungszusammenhang zusammen, anstatt ›wahllos‹ typische Verhaltensweisen zu zeigen oder diese gar zu persiflieren.

Wie man also mit der Aussage, dass jemand Baseball spiele, dem Spieler ein bestimmtes sinnhaft orientiertes Handeln unterstellt, so muss auch der Unternehmer als *Handlungstypus* beschrieben werden. Eine genauere Bestimmung unternehmerischen Handelns soll dabei auf zwei Wegen versucht werden: Wie man das Handeln des Baseballspielers über die Ziele bzw. die Funktion einzelner Handlungsweisen des Spielers näher bestimmen kann, so liefern die Bestimmungen der Unternehmerfunktionen durch die Nationalökonomie eine Grundlage für eine teleologische Bestimmung des typischen ›objektiven‹ Sinns unternehmerischer Handlungen. Die zweite Annäherung an unternehmerisches Handeln fragt auf dieser Grundlage, was das Handeln unter diesen Umständen bzw. in dieser ›Situation‹ strukturell bestimmt, welche Spezifika und Probleme also ein auf unternehmerische Ziele ausgerichtetes Handeln aufweist.

2.2.3 Unternehmerfunktionen

Wendet man sich angesichts dieser Frage, worauf unternehmerisches Handeln typischerweise abzielt, erneut der Nationalökonomie zu, so gelangt man zu einer Vielzahl an Antworten, denn anders als beim Baseball-Spiel ist eben kein Konsens über die ›objektiven‹ Ziele, die Funktion unternehmerischen Handelns zu erkennen. Im Anschluss an Bröckling (2007: 108 ff., 2002: 10 ff.) lassen sich allerdings vier zentrale Funktionen unterscheiden:

(1) Am engsten an klassischen ökonomischen Theorien orientiert ist zunächst das Bild des Unternehmers als Arbitrageur, wie es Ludwig von Mises (1940) und Israel M. Kirzner (1988) entworfen haben. Der Unternehmer als Arbitrageur ist dabei ein Akteur, der unvollständige Marktprozesse aufspürt und diese für eigene Gewinnmöglichkeiten nutzt: »Das Getriebe des Marktes«, so die Vorstellung von Mises (1940: 285), laufe nicht von alleine und werde »nicht durch die Verbraucher und nicht durch die, die über Produktionsmittel verfügen, in Gang gehalten, sondern durch eine Anzahl von Wirten, die durch die Ausnutzung der Preisunterschiede gewinnen wollen, die Unternehmer«. Diese halten mit mehr »Eifer oder Geschick als die übrigen Wirte nach Verdienstmöglichkeiten Ausschau […]; sie kaufen, wo und wann sie die Preise für zu niedrig halten, und verkaufen, wo und wann sie die Preise für zu hoch ansehen.« (ebd.) Den Aspekt des Geschicks betonend, verweist Kirzner darauf, dass es dazu einer wachsamen oder ›findigen‹ Geisteshaltung sowie der Bereitschaft bedarf, auch spontanen Eingebungen zu folgen (vgl. Kirzner 1988: 38 ff.). Diese Bereitschaft lässt sich nach Kirzner allerdings vornehmlich dadurch fördern, dass der Handel nicht durch gesetzliche Auflagen begrenzt wird, sowie dadurch, dass Gewinnchancen nicht durch (übermäßige) Besteuerung reduziert werden (vgl. ebd.: 171). Daran zeigt sich, dass der Unternehmer trotz der Hinweise auf ein besonderes Geschick hier vornehmlich als kalkulierender Nutzenmaximierer bestimmt wird.

(2) Während der Unternehmer bei Kirzner und Mises der Entdecker einer eindeutigen Gewinngelegenheit ist, konzipiert Frank H. Knight (1971) das Handeln unter Ungewissheit als zentrales Kennzeichen des Unternehmers. Handeln unter Bedingungen eines permanent erfolgenden ökonomischen Wandels, so sein Argument, ist prinzipiell unsicher (ebd.: 47 f.). So bemüht sich zwar jeder Marktteilnehmer um rationale Kontrolle, es bleibt jedoch immer eine über das berechenbare Risiko hinausreichende Unsicherheit bestehen. Der Unternehmer bemüht sich demzufolge nicht nur, prinzipielle Unsicherheiten soweit wie möglich in berechenbare Risiken zu überführen, sondern er weist auch die Bereitschaft auf, trotz bleibender Ungewissheiten Verantwortung für wirtschaftliche Unternehmungen zu übernehmen. Er setzt darauf, dass seine oft eher intuitive Einschätzung der Lage zutreffender ist als die anderer Marktteilnehmer und er

dadurch Gewinne realisieren kann. Ohne rationale Planung und Kontrolle kommt diesem Verständnis nach kein Unternehmen aus, Unternehmer ist jedoch nur, wer über diese rationale Planung hinaus auch Schritte ins Ungewisse wagt (vgl. ebd.: 27). Allerdings eignet sich die Kategorie der nicht in berechenbare Risiken transformierbaren Unsicherheiten allein nicht für eine klare Abgrenzung des Unternehmers. Wie dies auch die These vom Arbeitskraftunternehmer zeigt, ist nämlich streng genommen jedermann »im Hinblick auf die Unsicherheit im Einkommenserwerb Unternehmer seines Wissens, seiner Arbeitskraft [...] zumindest bei der Berufs- bzw. Arbeitsstättenwahl« (Schneider 1997: 39).

(3) Mark Casson (1982: 23 ff., 2001) spezifiziert die Funktion des Unternehmers, Unsicherheit zu bewältigen, indem er ihn als Spezialisten für Informationsverarbeitung und Entscheidungsfindung deutet: Unternehmer sind als »Spezialisten zu betrachten, die über die Fähigkeit verfügen, Informationen mit Aussicht auf Gewinn zu synthetisieren, indem sie Daten, Konzepte und Ideen auswerten, deren Bedeutung anderen Menschen nicht immer bewusst ist. Sie schaffen Organisationen, die wir Unternehmen nennen, um diese Informationen entsprechend zu verwerten, und knüpfen soziale Netzwerke, um Informationsströme aus anderen Bereichen der Wirtschaft in ihre Organisation zu lenken.« (Casson 2001: 525) Als solche Spezialisten kommen ihnen neben überlegenen Rechenfähigkeiten auch weitere, nicht rechenhafte Fähigkeiten zu: So schreibt ihnen Casson etwa ›Vorstellungskraft‹ in der Identifikation eines Entscheidungsproblems zu, ›Findigkeit‹ und ›Voraussicht‹ in der Datenerhebung und Analyse und ›Kommunikationsfähigkeiten‹ im Rahmen der Ausführung der Entscheidungen (vgl. Casson 1982: 29 ff.). Auch hier bleibt der Unternehmer schlussendlich ein (anderen überlegener) Nutzenoptimierer, der ›die Lage‹ einfach besser abschätzt als die Konkurrenz. Insofern Casson insbesondere auf Koordinations- und Leitungsfunktionen abhebt, trifft seine Beschreibung unternehmerischen Handelns vornehmlich auf ›größere‹ Unternehmen zu. So bildet die Funktion des Informationsverarbeiters und Entscheidungsfinders nur einen kleinen Teil der Tätigkeiten des Unternehmers in Kleinstunternehmen ab. Zudem ist bei Casson unklar, wie und ob sich der Unternehmer von möglicherweise nichtunternehmerischen Leitern eines Betriebes unterscheiden lässt – jeder Inhaber einer Leitungsposition innerhalb eines Unternehmens erscheint als Unternehmer, da er fortwährend Entscheidungen über die Allokation knapper Ressourcen treffen muss.

(4) Schließlich bleibt noch die bereits prominent beschriebene Funktion des Unternehmers als Innovator, der die vertrauten Routinen durch das Beschreiten neuer Wege radikal durchbricht. Im Gegensatz zum Unternehmer als Arbitrageur stellt der Unternehmer dieser Vorstellung nach nicht ein Marktgleichgewicht (wieder) her, er bringt den Markt vielmehr durch die Einführung von Neuerun-

gen aus dem Gleichgewicht und erzeugt dadurch eine kurzzeitige Vormachtstellung. Problematisch ist allerdings die strikte Trennung von Nachahmung und Innovation, die Schumpeter konstruiert: Es fehlt nämlich oft an einem eindeutigen Standpunkt zur Bewertung von Neuartigkeit (vgl. 1.1). Zudem müssen gerade erfolgreiche Innovationen so weit an bekannte Gegebenheiten anknüpfen, dass ihr Sinn von den potentiellen Käufern erkannt wird (vgl. Loer 2006: 23 f.). Selbst unverkennbar revolutionäre Neuerungen von historischer Bedeutung erweisen sich demgemäß auf den zweiten Blick oft als Übertragungen oder Kombination bereits vorhandener Ideen (vgl. Brosziewski 1997: 67 ff).

Im Rahmen dieser Arbeit erscheint es sinnvoll, unternehmerisches Handeln als prinzipiell unsicheres Handeln zu begreifen, das auf die Etablierung subjektiv als neu empfundener Produkte auf einem Markt zielt. Es gilt, im Rahmen unternehmerischen Handelns Unsicherheiten durch Entscheidungen über die Allokation von Ressourcen zu bewältigen, wobei die unternehmerischen Entscheidungen *unter anderem* unter dem Gesichtspunkt der wirtschaftlichen Rentabilität gefällt werden müssen. *Unternehmerisch handelt demnach, wer in eigenständiger Initiative Güter oder Dienstleistungen entwickelt und produziert (oder diese Produktion veranlasst, leitet, koordiniert) – Güter und Dienstleistungen, die zumindest aus Perspektive des Produzenten neuartig oder andersartig als vergleichbare Güter sind und wer diese Güter oder Dienstleistungen unter Inkaufnahme von Unsicherheiten zum Zweck eines kontinuierlichen Einkommenserwerbs auf dem Markt anbietet.* Sowohl die Kriterien der Unsicherheit wie der Innovativität sind dabei ›weiche‹ kontextabhängige Kriterien. Sie eignen sich weniger dazu, unternehmerisches Handeln klar abzugrenzen, als dazu, Orientierungen vorzugeben, welche die Identifizierung unternehmerischen Handelns in einem bestimmten Kontext ermöglichen. Obwohl sich radikale Neuerungen von Nachahmungen nicht sauber trennen lassen, und obwohl Erwerbsarbeit insgesamt von Unsicherheiten geprägt ist, lassen sich ›innovativere‹ Produkte von bekannteren unterscheiden, ebenso wie die Unsicherheit, die mit der Platzierung eigener Produkte am Markt einhergeht, sich von der Unsicherheit unterscheidet, die Freelancer eingehen – nicht zuletzt, da im ersteren Fall umfangreichere Investitionen zu tätigen sind, bevor die Leistung überhaupt angeboten werden kann.

2.2.4 Struktur unternehmerischen Handelns

Fragt man vor dem Hintergrund einer solchen Bestimmung nach strukturellen Besonderheiten unternehmerischen Handelns, so lässt sich dieses zunächst als von der Routine abweichendes Handeln, als Handeln unter der Bedingung der

Unsicherheit oder als kreatives Handeln bestimmen. Als mit Sinn verbundenes Verhalten lässt sich Handeln häufig, aber eben nicht immer als regelgeleitetes Verhalten begreifen. Denn Regeln können zwar zur Norm erhoben werden oder qua legaler Satzung den Status einer Gesetzesnorm erreichen: Das Handeln von Individuen kann trotzdem jederzeit von diesen Regeln abweichen, sich an anderen Regeln orientieren oder sich an der Konstitution neuer Regeln versuchen (vgl. Loer 2006: 13). Wenngleich alltägliches Handelns weitgehend routinegeleitet ist, so ist trotzdem jede Routine prinzipiell auf eine Entscheidung zurückzuführen, die jederzeit (wieder) Gegenstand der Reflexion und Infragestellung werden kann. In diesem Sinne schlägt Loer (2006: 16) vor, den Menschen als ›animal decernes‹ zu begreifen, wobei ›decernere‹ auf Entscheiden wie auch Begründen verweisen soll: Denn sofern jede Entscheidung auf andere Möglichkeiten des Handelns verweist, muss nicht nur eine Handlungsregel gefunden werden, sondern diese muss auch unter Rückgriff auf gesellschaftliche Sinnvorstellungen sowie in Rekurs auf einen Identitätsentwurf des Handelnden gerechtfertigt werden. Für Situationen nichtroutinisierten Handelns heißt dies, dass nicht nur eine Lösung für das vorliegende Handlungsproblem gefunden werden muss, sondern auch eine Selbstrechtfertigung im doppelten Sinne vorgenommen wird: eine (im Rückgriff auf gesellschaftliche Sinnmuster) ›selbst‹ vollzogene Rechtfertigung, die andererseits aber auch immer als Beitrag zur Identität des Handelnden, als Rechtfertigung des ›Selbst‹ verstanden werden kann. Im Rahmen von Entscheidungssituationen sind verschiedene Formen nichtroutinisierten Handelns denkbar: Ein auftretendes Handlungsproblem kann nicht nur durch eine Variation bekannter Mittel oder die Erfindung neuer Mittel gelöst werden, sondern auch zu einer Umbewertung der Situation und der Generierung eines zuvor so noch gar nicht erkannten Handlungsproblems und seiner gleichzeitigen Lösung führen (vgl. Deutschmann 2008: 47 ff.). Denn auch, was als Handlungsproblem erscheint, ist schlussendlich eine Frage kontingenter Entscheidungen.

Begreift man unternehmerisches Handeln im Anschluss an Schumpeter (1964: 124 ff.) als eine Ausprägung nichtroutinisierten Handelns, so erscheint ein wesentliches Element unternehmerischen Handelns folglich darin zu bestehen, »Handlungsprobleme wahrzunehmen, und zu antizipieren, was ein spezifisches Handlungsproblem lösen würde und darüber hinaus auch die Lösung eines Handlungsproblems zu verwirklichen, wenn es erst durch die Lösung als ein solches erscheint« (Loer 2006: 22). Damit lässt sich eine Heuristik entwickeln, in die sich die zuvor aufgeführten Funktionen bzw. Rollen des Unternehmers teilweise einordnen lassen: Der (1) Unternehmer als Arbitrageur entdeckt ›lediglich‹ die Tatsache, dass in Bezug auf ein vorhandenes Handlungsproblem und eine bekannte Lösung an einem Ort ein Mangel an ›Lösungsmitteln‹ vorhanden ist, anderenorts jedoch ein Überfluss, und er löst dieses ›Problem‹ mit bekannten Mitteln.

Die Möglichkeit (2) dynamischen Unternehmertums reicht dagegen von der Übertragung bekannter Lösungen auf bekannte, aber bislang noch nicht auf diese Weise gelöste Handlungsprobleme über die Generierung neuer Lösungen für bekannte Handlungsprobleme und die Anwendung bekannter Lösungen auf neue Handlungsprobleme bis hin zur Neuentwicklung von Lösung und Handlungsproblem zugleich. Das unternehmerische Handeln nimmt dabei an Innovativität und Unsicherheit zu, je ›neuartiger‹ Lösung und Handlungsproblem erscheinen.

Die – freilich nicht ausreichende – Konzeptionierung unternehmerischen Handelns als nichtroutinisiertes Handeln macht schon zweierlei deutlich: Erstens ist unternehmerisches Handeln strukturell nicht zu unterscheiden von alltäglichem, lebenspraktischem Handeln: Es stellt nur eine Steigerungsform einer jedem zugänglichen Handlungsweise dar, da es als ›freiwillig‹ in der Krise befindliches Handeln zu begreifen ist (vgl. auch Lorei 1987: 210). Zweitens ist unternehmerisches Handeln, da im Rahmen der Lösung von Handlungsproblemen immer auch Rechtfertigungen für Handlungsprobleme und ihre Lösungen hervorgebracht werden, auf mindestens zwei Weisen in umfassendere Sinnkontexte eingebunden, mit denen der Unternehmer in jedem Fall ›rechnen‹ muss (und sei es aus einer noch so zynischen Perspektive): in die subjektiven Motivlagen, Denkweisen, alltags- und lebenspraktischen Entwürfe des Unternehmers selbst (da es eine Rechtfertigung des ›Selbst‹ darstellt; vgl. auch Brosziewski 1994: 216) sowie in die materiale Rationalität des gesellschaftlichen Bereiches, für den Lösungen entwickelt werden (da es eine zwar ›selbst‹ erbrachte, aber kulturell eingebettete Rechtfertigung benötigt; vgl. auch Lorei 1987: 359 ff.).

Wie bereits angedeutet, muss unternehmerisches Handeln jedoch weiterhin spezifiziert werden, insofern es als nichtroutinisiertes *wirtschaftliches* Handeln zu begreifen ist. Als solches lässt es sich nicht nur allgemein als Handeln charakterisieren, das an der »Fürsorge für ein Begehr an Nutzleistungen« (Weber 2005: 40) orientiert ist, sondern das im Rahmen einer modernen kapitalistischen Wirtschaft vor allem an der Fürsorge für ein Begehr orientiert sein muss, dessen Befriedigung an einen exklusiven Gebrauch einer begehrten und (relativ) knappen (oder ›verknappbaren‹) Nutzleistung gebunden ist (vgl. ähnlich Brosziewski 1997: 56). Insofern verweist unternehmerisches Handeln nicht nur auf die Generierung neuer Lösungen und Handlungsprobleme, sondern die Lösungen müssen sich als begehrt, in ihrem Zugang als exklusiv sowie in ihrer Exklusivität durch den Unternehmer als regulierbar erweisen. Jede Unternehmung ist also ein Testen neuer Lösungen von (neuen) Handlungsproblemen auf ihre wirtschaftliche Rentabilität. Den ›Rechtfertigungen‹, warum die neu entwickelte Lösung für ein Handlungsproblem erstrebenswert ist, kommt im Rahmen unternehmerischen Handelns eine besondere Brisanz zu. Denn so sehr unternehmerische Neuerungen durch nichtökonomische Gegebenheiten geprägt sein mögen und individuelle Lösungen von individuellen Handlungsproblemen darstellen: Die neue Lösung muss schlussendlich für eine ausreichende Anzahl anderer Menschen zu einer erstrebenswerten Lösung eines relevanten Handlungsproblems avancieren. Damit wird auch deutlich, dass unternehmerisches Handeln immer soziales Handeln ist, also seinem »gemeinten Sinn nach auf das Verhalten anderer bezogen wird und daran in seinem Ablauf orientiert ist« (Weber 2005: 3). Folgt man Brosziewski (1997), so wird unternehmerisches Handeln über die Formulierung von eigenen Interessen sowie die Rezeption von Interessen von relevanten Anderen bzw. relativ anonymen Gruppierungen koordiniert. Es gilt, im Rahmen unternehmerischen Handelns »einen individuellen Fluchtpunkt auszubilden, in dem sich persönliche Interessen mit teilweise anonymen Interessen anderer schneiden und zu sinnvollen Handlungszusammenhängen verbinden können« (ebd.: 8).

2.2.5 Unternehmerische Habitus?

Insgesamt wird damit deutlich, dass unternehmerisches Handeln nicht nur als ein mit einem ›objektiven‹ Sinn verbundenes Verhalten begriffen werden muss, sondern darüber hinaus in sehr spezifische Sinnkontexte eingebunden ist. Es verweist als ›freiwillig‹ in der Krise befindliches Handeln einerseits auf subjektive Motivlagen, Denkweisen, alltags- und lebenspraktische Entwürfe der Unternehmer selbst und andererseits auf die spezifischen Sinnstrukturen eines bestimmten gesellschaftlichen Bereichs; auf die Bedürfnisse, Interessen, Denk- und Handlungsweisen der in diesem Bereich anzutreffenden potentiellen Kunden. Es erscheint dergestalt illusorisch, unternehmerische Handlungen ohne Beachtung der sozialen Kontexte, in die sie eingebunden sind, verstehen zu wollen. Fragt man trotzdem nach einer personal attribuierbaren Disposition zum unternehmerischen Handeln, so muss man aus einer soziologischen Perspektive danach fragen, im Rahmen welcher sozial wie kulturell geprägter Denkweisen, Wahrnehmungsweisen, Beurteilungs- und Handlungsschemata eine zwar personal zuordenbare, aber gleichwohl soziokulturell geprägte Disposition zu unternehmerischem Handeln entstehen kann. Unverkennbar zielt eine solche Fragestellung auf jene Verbindung von Denk-, Wahrnehmungs- und Handlungsweisen zu einer ›handlungsstrukturierenden Struktur‹, die in Soziologie und Philosophie mit dem Konzept des Habitus erfasst wird. Ohne den hier präferierten Begriff der Denkweise durch den Begriff des Habitus zu ersetzen (dessen wissenssoziologischer Status unklar ist [vgl. Kastl 2007, Bohnsack 2007]), erscheint es deshalb sinnvoll, das vorhandene Wissen zu unternehmerischen Habitus näher zu untersuchen.

Obwohl gerade eine Analyse verschiedener unternehmerischer Habitus aufschlussreich für die Frage nach der Genese unternehmerischen Handelns wäre,

gibt die Literatur bislang wenig Aufschluss über die habituelle Konstitution unternehmerischen Handelns.[15] Explizit auf die theoretische Bestimmung dieses
Aspekts eines unternehmerischen Habitus zielt allerdings der bereits zitierte Essay von Loer (2006). Dabei kommt Loer zu dem Schluss, dass die grundlegende
Haltung zur Welt, die den Unternehmer auszeichne, mit Freimut gekennzeichnet
werden müsse. Freimut wird dabei als habituelle Offenheit gegenüber ›Hand-
lungskrisen‹ begriffen, die vom Unternehmer nicht als problematische, die Routine bedrohende Elemente, sondern als Chancen zur Etablierung von Neuerungen
gedeutet werden. Dies setzt im Sinne von Loer voraus, Krisen als Krisen anzuer-
kennen und nicht durch die Fortführung von Routinen ›wegzudrängen‹, ja gege-
benenfalls sogar »die scheinbaren Selbstverständlichkeiten in Frage zu stellen
und damit Krisen« sogar bewusst »zu erzeugen« (ebd.: 30).

In welchen Sinn- bzw. Sozialisationskontexten ein solcher Freimut habituell
angeeignet wird, ist für Loer eine offene empirische Frage. Er vermutet lediglich,
dass eine ›erfolgreiche‹ Bewältigung der Adoleszenzkrise relevant für die Genese einer freimütigen Haltung gegenüber Krisen sei. Es ist jedoch fraglich, ob
derart einfache psychologisierende Erklärungen tatsächlich greifen, wenn sich
unternehmerische Dispositionen (wie plausibilisiert) in komplexen soziokulturellen Sinnkontexten ausbilden. Es ist vielmehr anzunehmen, dass Freimut ein
Element unterschiedlicher unternehmerischer Habitus ist, die sich in verschiedenen biografischen Kontexten und sozialen Konstellationen ausbilden: So kommt
beispielsweise Schallberger (2002, 2004, 2007) auf ähnlicher theoretischer
Grundlage wie Loer in empirischen Fallstudien zu einer Typologie ›charismatisch‹, ›subversiv‹, ›autonom‹, ›kompensatorisch‹ und ›narzisstisch‹ geprägter
Unternehmer, deren habituelle Genese er teils aus gelungenen, teils aber auch
explizit problematischen bzw. gescheiterten Adoleszenzkrisen erklärt (und damit
den Einfluss des Faktors Adoleszenzkrise unter der Hand desavouiert). Schallberger kommt dabei auch keinesfalls zu einer einheitlichen Bestimmung sozial-
moralischer Herkunftsmilieus von Unternehmern. Vielmehr konzipiert er seinen
zentralen Unternehmertypus, den charismatischen Typus, als ›sozial freischwe-
bend‹. So wichtig und aufschlussreich also der Hinweis auf einen Habitus des
Freimutes ist, bislang sind keine eindeutigen sozialen Ursachen unternehmerischer Habitus identifiziert worden.

---

[15] So wird zwar von Hartmann (2002) oder Pohlmann (2008) der habituell vermittelte Einfluss sozialer Herkunft auf den Berufserfolg von Wirtschaftseliten abgeschätzt und Schäfer (2007: 62) rekurriert
auf das Konzept des Habitus, um die dynastische Vererbung ›unternehmerischer‹ Potentiale bzw. ihr
Scheitern zu erklären. Sofern diese Studien sich jedoch auf die sozialisatorische Vermittlung betriebswirtschaftlicher Denkweisen beschränken bzw. darauf, die Bedeutung ›lebensstilistischer‹
Fragen (wie Verhaltens- und Dresscodes) für den persönlichen Berufserfolg hervorzuheben, tragen
sie wenig dazu bei, zu klären, was einen bestimmten unternehmerischen Habitus als *handlungsgene-*
rierendes Prinzip kennzeichnet.

2.3 Unternehmertum und neue Selbständigkeit

Zusammenfassend lässt sich festhalten, dass man von *dem* Unternehmer nur in einem sehr eingeschränkten Sinn sprechen kann. Denn sofern man sich auf unternehmerisches Handeln bezieht, gibt es nur Personen, die im Rahmen ihrer Erwerbstätigkeit eine Neigung zu unternehmerischem Handeln aufweisen. Die Unternehmerpersönlichkeit gibt es jedoch ebenso wenig, wie es *den* abhängig Beschäftigten oder den Freelancer gibt. Offensichtlich gibt es auch wenig Hinweise auf eine einzige, ›hegemoniale‹ Habitusformation, die in der Lage wäre, eine sozial und kulturell bedingte Disposition zu unternehmerischem Handeln ursächlich zu erklären. Es ist vielmehr davon auszugehen, dass vielfältige soziale und biografische Konstellationen zur Generierung unterschiedlicher, u. a. durch Freimut geprägter Habitus führen können. Dergestalt müsste empirisch eine Vielzahl an mehr oder weniger stark zu unternehmerischem Handeln neigenden ›Unternehmertypen‹ feststellbar sein.

Aufgrund der Kontextabhängigkeit unternehmerischen Handelns überrascht es nicht, dass viele Annahmen, die aus der Beobachtung industrieller Großunternehmer abgeleitet wurden, nicht auf neue Selbständige zutreffen. Zum einen handelt es sich bei den meisten neuen Selbständigen nicht um dynamische Unternehmer im schumpeterschen Sinne. Der oftmals unterstellte Zusammenhang zwischen den Zuwachsraten im Bereich selbständiger Erwerbsarbeit und einem Zuwachs an ›Unternehmern‹, welche die Wirtschaft innovativ vorantreiben, scheint kaum zuzutreffen (vgl. auch Bögenhold/Leicht 2000, Dale 1991: 44). Zum anderen agieren selbst Unternehmer im schumpeterschen Sinne heute mutmaßlich in völlig anderen sozialen und kulturellen Kontexten. So ist es wenig überraschend, dass die gesamtwirtschaftlichen Hoffnungen, die an Unternehmer gerichtet werden, von den neuen Selbständigen kaum erfüllt werden: Die meisten Neugründungen folgen zum Beispiel nicht mehr der unterstellten Regelhaftigkeit des Wachstums, ja, ihre Gründer streben Wachstum nach eigenen Angaben sogar von Anfang an dezidiert nicht an (vgl. Woderich 1999: 39, Dale 1991: 46). Sie stellen damit also keinesfalls die Großunternehmen von morgen dar, wie gelegentlich in Analogie zu den frühindustriellen Unternehmern behauptet wird.

Im Rahmen der Rekonstruktion der Strukturen unternehmerischen Handelns als soziales Handeln und im Rahmen der Beschäftigung mit unterschiedlichen Formen ›selbständiger‹ Erwerbsarbeit wurde zudem erkennbar, dass die Assoziation von Selbständigkeit mit Autonomie wie die von abhängiger Erwerbsarbeit mit fehlender Autonomie zu schematisch erscheint: So ist die Entscheidung gegen eine Anstellung und für eine Erwerbskarriere als Selbständiger oder als Unternehmer immer als Entscheidung gegen gewisse Abhängigkeiten und für andere Abhängigkeiten zu verstehen (vgl. Brosziewski 1997: 85). Selbständig Erwerbstätige stehen oftmals in komplexen Abhängigkeitsverhältnissen (etwa von ihren Kunden und Geschäftspartnern), wie abhängig Beschäftigte keineswegs per se unselbständig und heteronom handeln. Kurz: Alles weist darauf hin, dass sowohl die Vorstellungen von ›selbständiger‹ wie auch von ›abhängiger‹ Beschäftigung entmythologisiert werden müssen. Das Phänomen ›neue Selbständigkeit‹ steht dabei für äußerst heterogene Formen der Erwerbstätigkeit, die durch eine unterschiedliche Bedeutung unternehmerischen Handelns geprägt sind.

3 Kulturwirtschaft – Kristall- oder Schneekugel?

Wie bereits dargelegt, gilt die Kulturwirtschaft aus zwei Gründen als relevantes Forschungsfeld in Bezug auf die Entwicklung der Erwerbsarbeit: Sie bietet einerseits den idealen ›Nährboden‹ für die vermutete Ausbildung einer neuartigen kulturellen Vorstellung des Arbeitssubjektes, in dem künstlerische und unternehmerische Kompetenzen (Reckwitz 2006: 500 ff.) zu einem ästhetisch-expressiven Arbeits- und Lebensstil amalgamiert werden. Andererseits finden sich in keinem anderen ›Wirtschaftssektor‹ so vielfältige Formen selbständiger Erwerbsarbeit, was zu der Annahme führt, dass die Kulturwirtschaft einen »Trendsektor der Entgrenzung« (vgl. Mayer-Ahuja/Wolf 2005a: 19) darstelle, in dem sich die Figur des ›Arbeitskraftunternehmers‹ besonders gut erforschen lasse. Wenn darüber hinaus angenommen wird, dass der Kulturwirtschaft eine zentrale Stellung innerhalb wissens- oder kulturorientierter Ökonomien zukomme (vgl. du Gay/Pryke 2002: 6 ff., Lacroix/Tremblay 1997: 117 ff., Lash/Urry 1994: 111 ff.) oder sie gar zur ›Leitindustrie‹ des 21. Jahrhunderts (Krätke 2002: 73) stilisiert wird, scheint dies die aufgeführten gegenwartsdiagnostischen Stimmen überhöhend zusammenzufassen: Offensichtlich gilt die Kulturwirtschaft als Untersuchungsfeld, in dem sich zukünftige Entwicklungen – gleich einem Blick in eine Kristallkugel – schon jetzt en miniature erkennen lassen.

Als ein solches ›zukunftsweisendes‹ Feld kommt sie allerdings nicht nur in den Blick der Wissenschaft, sie wird auch mit umfassenden gesellschafts- und wirtschaftspolitischen Hoffnungen assoziiert: So gilt der kulturwirtschaftliche Sektor etwa als beschäftigungspolitischer Hoffnungsträger (UN 2008: 24 ff., Florida 2006, Steinmeier 2009, European Commission 2002, 2006). Zudem werden ältere Debatten modifiziert aufgegriffen, in denen auf die Bedeutung kultureller Angebote als weicher Standortfaktor (vgl. Hummel 1990, Kommunalverband des Ruhrgebiets 1988, Taubmann/Behrens 1986) hingewiesen oder die generelle Bedeutung des Wirtschaftsfaktors ›Kultur‹ betont wurde (vgl. Krieger 1996, Behr/Gnad/Kunzmann 1990, Hummel/Berger 1988): Die gezielte Ansiedlung von kulturwirtschaftlichen Betrieben ist gegenwärtig zentraler Bestandteil von Stadt- und Regionalentwicklungsprogrammen, wobei über die Steigerung der Attraktivität als Wirtschaftsstandort und der direkten Stärkung der Wirtschaftskraft kulturwirtschaftlichen Aktivitäten positive sozialräumliche Wirkungen zugeschrieben werden, wie die Förderung sozialer und räumlicher Mobilität

oder die Moderierung soziokultureller Konflikte (vgl. Horx 2007: 26 ff., Kunzmann 2006, 2002, Klaus 2006, Scott 2004: 463 ff., O'Connor/Wynne 1996).
Auf der Grundlage solcher Hoffnungen und Versprechungen sind seit den
1990er Jahren auf nationaler, kommunaler und internationaler Ebene eine Vielzahl sogenannter Kulturwirtschaftsberichte[16] erschienen, die auf der Basis
verfügbarer wirtschaftsstatistischer Daten und Kategorien versuchen, einen
Überblick über Entwicklungen im Feld der Kulturwirtschaft zu geben und daraus
politische Handlungsstrategien abzuleiten. Gegenwärtig findet sich in Deutschland kaum ein Bundesland oder eine größere Stadt, die noch keinen Kulturwirtschaftsbericht in Auftrag gegeben und die Entwicklung einer lokalen Kulturwirtschaft nicht auf die politische Agenda gesetzt hätte. Angesichts der sehr hoch
gegriffenen Hoffnungen finden sich inzwischen allerdings auch Warnungen vor
einer Idealisierung der Kulturwirtschaft als ›Allheilmittel‹ (Scott 2004: 463 ff.).
Mögen die an die Kulturwirtschaft gerichteten Hoffnungen an sich schon
überhöht erscheinen, tritt endgültig Ernüchterung ein, wenn man sich der Frage
zuwendet, wie sich die Kulturwirtschaft inhaltlich-systematisch von anderen
Wirtschaftsfeldern abgrenzen lässt (vgl. 3.1): Es fehlt nämlich nicht nur an
belastbarem Wissen über die Besonderheiten dieses Sektors, vielmehr scheinen
alle substantiellen Bestimmungen der Kulturwirtschaft nicht zu einer klaren Eingrenzung von kulturwirtschaftlichen Branchen zu taugen, wie umgekehrt enumerative Bestimmungsversuche reichlich kontingente Zusammenstellungen verfügbarer statistischer Kategorien darstellen, die einer substantiellen Gegenstands-
bestimmung entbehren. Der Blick in die Kulturwirtschaft birgt vor diesem Hintergrund die Gefahr, nicht einen Blick in eine Kristall-, sondern einen in eine
Schneekugel zu bieten, der einen orientierungsloser als zuvor entlässt. Um diese
Gefahr etwas zu begrenzen, sollen neben (tentativen) Definitionen des Sektors
(vgl. 3.1) zumindest einige unumstrittene Charakteristika der Branche dargelegt
werden (vgl. 3.2), bevor vorliegende Erkenntnisse zu selbständiger Erwerbsarbeit im kulturwirtschaftlichen Sektor dargelegt werden (vgl. 3.3).

3.1 Kulturwirtschaft – was ist das eigentlich?

Der Begriff ›Kulturwirtschaft‹ erinnert zunächst an den Begriff ›Kulturindustrie‹
und damit an die von Horkheimer und Adorno (1969: 128 ff.) begründete Betrachtungsweise, in der Verknüpfung von Kultur und Wirtschaft eine Gefahr für

---

[16] Großbritannien stellte dabei einen Vorreiter dar (vgl. DMCS 2001, 1998, GLA Economies 2004,
2002). Für Europa vgl. European Commission (2006, 2001), für die Vereinten Nationen vgl. UN
(2008). Für Gesamtdeutschland und einzelne Bundesländer vgl. z. B. Fesel/Söndermann 2007, Bündnis 90/die Grünen/Söndermann 2007, MWME NRW 2007, SfWAF Berlin/SfWFK Berlin 2005.

die Existenz einer demokratischen, pluralen Kultur durch industriell produzierte, ideologisch geprägte, gleichförmige Kulturprodukte zu sehen. Sie begründeten damit eine bis heute nachwirkende Tradition, Kultur- und Wirtschaftssphäre (›Kunst‹ und ›Kommerz‹) als einander widersprechend anzusehen (vgl. Steinert 2002, Wiesand 2006: 10). Der Impuls einer Neuakzentuierung dieses Verhältnisses, der in den 1980er Jahren unter dem Schlagwort ›Creative Industries‹ von Großbritannien ausging, richtete sich bewusst gegen diese Tradition. Ausgangspunkt der Neubewertung war dabei, dass politische Akteure in Großbritannien auf die Entstehung kultureller Kleinstunternehmen in ehemaligen Industrieregionen sowie in London aufmerksam wurden, deren Auswirkungen auf die Wohlfahrtsentwicklung sowie das Image eines Staates oder einer Region erkannten und sich zunutze machen wollten. Die Debatte um ›Cultural Industries‹ war folglich von der Intention geprägt, auf den Beitrag privatwirtschaftlich organisierter Kulturbetriebe zu Wohlstand und Beschäftigung hinzuweisen und dessen Bedeutung für die Vielfalt des kulturellen Angebots herauszustellen[17] (vgl. O'Connor 2000, McRobbie 1999, 2003a). Weitreichende wirtschafts- und kulturpolitische Wirkungen entfaltete dieser Impuls durch den ersten Kulturwirtschaftsbericht Großbritanniens (vgl. DMCS 1998), der jene Debatte anstieß, die in Deutschland unter dem Begriff ›Kulturwirtschaft‹[18] rezipiert wurde.

Angesichts des politischen ›Ballastes‹, den diese Debatte mit sich brachte, verblieben Sektorenbestimmungen aber zunächst auf einer normativ-programmatischen Ebene (vgl. O'Connor 2000: 1, Wiesand 2006: 10): So wurden die Creative Industries in den angelsächsischen Berichten als »those industries which have their origin in individual creativity, skill and talent and which have a potential for wealth and job creation through the generation and exploitation of intellectual property« (DMCS 2001: 5) ›definiert‹ und kurzerhand einige statistisch identifizierbare Branchen zu einem Sektor agglomeriert (vgl. 3.1.1). Neben diesen enumerativen Bestimmungsversuchen hat sich jedoch bald eine Debatte um die Charakteristika der Kulturwirtschaft entwickelt, in der auch Abgrenzungsversuche zwischen vielfältigen alternativen Termini vorgenommen werden (vgl. 3.1.2). Diese Debatten haben wiederum Rückwirkungen auf neuere enumerative Bestimmungsversuche gezeigt: So sind hier Versuche erkennbar, die Branche auf der Basis theoretischer Überlegungen analytisch zu untergliedern (vgl. 3.1.3).

---

[17] Dass diese Initiativen auch wissenschaftlich auf fruchtbaren Boden fallen konnten, lag u.a. darin begründet, dass die Cultural Studies gleichzeitig mit einem weiten Kulturbegriff (›Culture as the whole way of Life‹) eine ›demokratisierende‹ Sichtweise von Kultur einforderten (vgl. O'Connor 2000: 1 f.). Trotzdem stehen die Autoren der Cultural Studies den Kulturwirtschaftsdebatten reserviert gegenüber, da sie die Förderung kreativen Unternehmertums als neoliberales Programm deuten (vgl. McRobbie 2003b, 2002a, 2002b).

[18] Vermutlich wurde in Deutschland bewusst nicht auf den Terminus ›Kulturindustrie‹ zurückgegriffen, da die Assoziationen zur Kritischen Theorie vermieden werden sollten.

3.1.1 Enumerative Modelle der ›ersten‹ Generation

Den ersten europäischen Kulturwirtschaftsberichten stellte sich vornehmlich die Aufgabe, zu einer Definition der Kulturwirtschaft zu kommen, die an (in den jeweiligen Berichtsräumen verfügbare) statistische Kategorien anknüpft. Denn um weitere politische Aufmerksamkeit zu evozieren, galt es zunächst ›accounting‹ zu betreiben (vgl. Vormbusch 2004), also (eindrucksvolle) quantitative Erkenntnisse über die Wirtschaftskraft des neuen Sektors zu produzieren. Dies führte zwangsläufig dazu, dass in verschiedenen europäischen Ländern (entlang ökonomischer, kultureller und statistisch-klassifikatorischer Besonderheiten) unterschiedliche Definitionen und Denominationen gewählt wurden. Trotzdem wurde allerdings unterstellt, dass mit Begriffen wie Kulturwirtschaft, Creative Industries, Cultural Industries, Cultural Economy oder Copyright Industries annähernd das Gleiche bezeichnet wird.

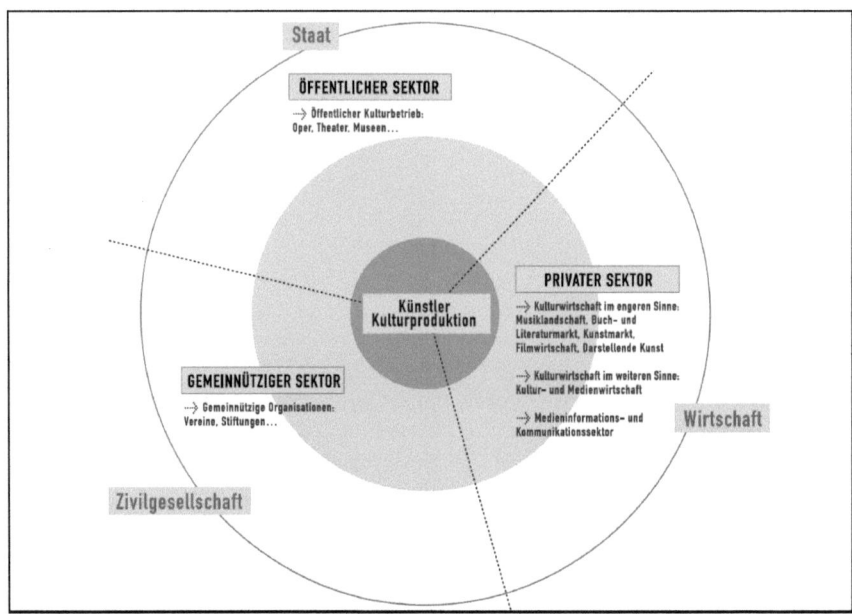

Quelle: Weckerle/Söndermann/HGKZ (2003: 7)

Abbildung 4:   Schweizer Drei-Sektoren-Modell der Kulturwirtschaft

Tatsächlich teilen die europäischen Kulturwirtschaftsberichte ein (implizit erkennbares) Grundverständnis: Kulturwirtschaft bezeichnet demnach (wie in Abb. 4 dargestellt) einen Kernbereich privatwirtschaftlich organisierter künstlerischer Kulturproduktion sowie um diese Tätigkeiten gruppierte privatwirtschaftliche Aktivitäten. Die Kulturwirtschaft steht diesem Verständnis nach zwar in engem Zusammenhang zum öffentlich-rechtlichen wie zum privatrechtlich-gemeinnützigen Teil des gesamten Kulturbetriebs[19] (vgl. Klein 2007: 249 ff.), wird aber durch die privatwirtschaftliche Organisationsform von diesem unterschieden. Es sind also drei Annahmen, die diese Perspektive auf die Kulturwirtschaft implizit prägen: Nämlich dass (a) die Künste den ›kreativen Kern‹ des Kulturbetriebs wie der Kulturwirtschaft darstellen (vgl. Zimmermann 2006), dass (b) um diesen Kernbereich künstlerischer Produktion weitere ›Schichten‹ kulturbezogener, aber nicht mehr im engen Sinne künstlerischer Tätigkeiten ›angelagert‹ sind (vgl. Towse 2002: 113) und dass (c) mit Kulturwirtschaft nur der privatwirtschaftliche Teil des Kulturbetriebs gemeint ist.

Auf der Basis eines solchen, zumeist eher unterstellten als explizierten Verständnisses entstanden Definitionen, die in der Anzahl und Art der Branchen variieren: Während die angelsächsische Definition z. B. dreizehn Branchen umfasst (Abb. 5, S. 60), umfasst die vom Arbeitskreis Kulturstatistik für Deutschland vorgeschlagene Definition neun (vgl. Söndermann 2006: 13):

- Verlagsgewerbe (Buchverlage, Presseverlage, Tonträger- und Musikverlage)
- Filmwirtschaft (Film-, TV- und Video-Produktion, Verleih, Vertrieb, Filmtheater)
- Rundfunkwirtschaft (privater Hörfunk, privates Fernsehen)
- Musik, visuelle und darstellende Kunst
- Journalisten und Nachrichtenbüros
- Museumsshops, kommerzielle (Kunst-)Ausstellungen
- Einzelhandel mit Kulturgütern (Musikfachhandel, Buchhandel, Kunsthandel)
- Architektenbüros (Innen-, Garten-, Gestaltungs-, Hoch- und Tiefbauarchitekten)
- Designwirtschaft (Industrie-, visuelles-, Mode- und Textil-Design, Fotografie)

Den Kulturwirtschaftsberichten gelang es, das wirtschaftliche Potential kulturbezogener Aktivitäten sowie ihre Bedeutung für den Arbeitsmarkt eindrucksvoll hervorzuheben (vgl. 3.2). Die unterschiedlichen Operationalisierungen machten die statistischen Daten verschiedener Länder zwar unvergleichbar, dies wurde allerdings als Abstimmungs- und Anpassungsproblem und nicht als konzeptionelles Problem aufgefasst.

---

[19] Im Rahmen der Kulturbetriebsforschung wird der Kulturbetrieb als »institutionalisierte Form kulturellen Lebens« (Heinrichs 2006: 9) bestimmt, wobei der Begriff Kultur »nahezu ausschließlich die Künste umfasst« (ebd.). Die Kulturbetriebsforschung konzentriert sich bislang allerdings auf ›hochkulturelle‹, staatlich geförderte Kulturbetriebe (vgl. Zembylas/Tschmuck 2006, Klein 2007).

3.1.2 ›Analytische‹ Bestimmungsversuche

Völlig unüberbrückbar wurden die Differenzen jedoch in Bezug auf die Aufmerksamkeit erregenden Studien des amerikanischen Wirtschaftswissenschaftlers Richard Florida (vgl. 2008, 2005a, 2005b, 2004). Florida zählt nämlich Beschäftigte in Wissenschaft und Technik, Forschung und Entwicklung, Kunst, Musik, Kultur, Ästhetik und Design, Medizin, Finanzwesen, Informatik sowie Recht zur ›Creative Class‹ und kommt (aufgrund dieser enormen Ausweitung) zu dem Ergebnis, dass in den Industrienationen 25 bis 30 Prozent der Erwerbstätigen in ›Creative Industries‹ tätig seien (vgl. Horx 2004: 10). Da auf der Basis ›europäischer‹ Vorstellungen von Kulturwirtschaft bestenfalls zwei bis drei Prozent der Erwerbsbevölkerung in der Kulturwirtschaft tätig sind, wurde unübersehbar, dass es an analytischen Konzepten fehlt, die einen inhaltlichen Zusammenhang innerhalb der Branche herstellen und die nun nicht mehr unerheblichen Differenzen gegenüber anderen zur Debatte stehenden Entwürfen begründen. Demgemäß wurde nun doch nach Differenzierungen zwischen verschiedenen Vorstellungen eines neuartigen, kreativen bzw. kulturellen Sektors gesucht, anstatt fraglos davon auszugehen, dass den unterschiedlichen Begriffen eine ähnliche Vorstellung des infrage kommenden Sektors zugrunde liegt.

In der einschlägigen Literatur lassen sich sechs verschiedene Ansätze unterscheiden, den betreffenden Sektor analytisch zu fassen: Recht weitreichende Fassungen des infrage stehenden Sektors beruhen gewöhnlich auf der Vorstellung, dass dieser durch (1) *Kreativität* geprägt sei. So zeigt etwa die von Richard Florida (2004) vollzogene Ausweitung, dass der diffuse Kreativitätsbegriff kaum einen Ansatzpunkt zur Einschränkung der Branche bietet. Insofern jede Neuerung potentiell auf Kreativität verweist, sind weite Bereiche der Ökonomie auf Kreativität angewiesen (vgl. Galloway/Dunlop 2006: 36).

Ähnlich offen ist zunächst die Vorstellung, (2a) *geistiges Eigentum* (intellectual property) sei das den Sektor bestimmende Merkmal. Erst durch eine Eingrenzung auf jene Formen geistigen Eigentums, die durch (2b) *Copyright* geschützt werden (vgl. z. B. WIPO 2003: 13 ff, Towse 2002: 112), wird eine inhaltliche Differenzierung unterschiedlicher Arten geistigen Eigentums möglich: »Unlike the protection of inventions (covered under patent: laws), copyright law protects only the form of expression of ideas, not the ideas themselves. The creativity protected by copyright law is creativity in the choice and arrangement of words, musical notes, colors, shapes and movements.« (WIPO 2003: 13) Somit gelingt ein erster Schritt der Abgrenzung besonderer, kultureller, ›zweckfreier‹ gegenüber allgemeinen, technisch-funktionalen Innovationen (vgl. 1.1). Obwohl diese Bestimmung des Sektors noch recht gut operationalisierbar ist, erscheinen auch hier Zuordnungen fraglich: So ist etwa die Zugehörigkeit der

›database and software industries‹ zum Kern der ›copyright industries‹ unklar, da hier sowohl Copyright- als auch Patentbestimmungen greifen. Weiterhin irritiert die Einbeziehung sogenannter ›independent copyright industries‹, jener Industrien, die Gerätschaften und Techniken zur Produktion, Nutzung und Verbreitung durch Copyright geschützter Werke bereitstellen (vgl. Abb. 5, WIPO 2003: 33).

Eng verwandt mit dem Ansatz der ›copyright industries‹ ist die Idee, die Kulturwirtschaft als (3) jenen Teil der Wissensökonomie zu begreifen, der ›content‹ produziere und dadurch von der technischen Infrastruktur dieser Ökonomie abzugrenzen sei (vgl. OECD 2005: 99, Howkins 2005). Eine solche Vorstellung umfasst allerdings dezidiert verschiedene Arten, Content zu produzieren, und schließt (natur-)wissenschaftlich-rationale Content-Produktion ein. Zudem bleibt die Frage offen, wie die alltagssprachliche Trennung von Inhalt und Form zu explizieren ist, was also nun den Inhalt im Vergleich zur Form kennzeichne, und wann die Form selbst zum Inhalt wird (vgl. Mayerhofer 2002: 6).

Während die bislang dargelegten Ansätze ›kulturelle Produktion‹ oder ›kulturelle Kreativität‹ unspezifiziert als eine Art der Kreativität, der Produktion geistigen Eigentums oder der Content-Produktion verstehen und nur über den Copyright-Begriff die Identifikation von Kultur im engeren Sinne möglich wird, heben ›europäische Ansätze‹ das Kulturelle in ihrer Sektorenbestimmung hervor. Sofern künstlerische Berufe den Kern des neuen Sektors darstellen sollen, muss auf ein anderes Charakteristikum als Kreativität oder Content zurückgegriffen bzw. eine spezifische kulturelle Form von Kreativität oder Content herausgestellt werden. Eine solche Spezifizierung (4) verschiedener *Formen von Kreativität* wird etwa in Berichten der UN (vgl. 2008: 9 f.) sowie der Europäischen Kommission (vgl. European Commission 2006: 42 f.) versucht:

> »Artistic creativity involves imagination and a capacity to generate original ideas and novel ways of interpreting the world, expressed in text, sound and image; scientific creativity involves curiosity and a willingness to experiment and make new connections in problem solving; and economic creativity is a dynamic process leading towards innovation in technology, business practices, marketing, etc., and is closely linked to gaining competitive advantages.« (UN 2008: 9 f.)

Diese Unterscheidung von Kreativitätsformen vermag aber kaum durch Trennschärfe zu überzeugen: Der Anspruch, Ideen und Weltsichten zu kommunizieren sowie Eigenschaften wie Vorstellungskraft, Neugierde und Experimentierfreude, dürfte z. B. von Wissenschaftlern wie Künstlern reklamiert werden.

Während alle vorgenannten Versuche, die Kulturwirtschaft als Teil einer Kreativ- oder Wissensökonomie bestimmen, zielen (5) mit einer *Definition von Kultur* operierende Ansätze darauf ab, die Spezifika von Kultur und Kulturproduktion zu erfassen. Im Anschluss an eine Vorstellung von Kultur als Mittel der

Sinnstiftung verweist etwa O'Connor (2000: 3) darauf, dass in ›cultural industries‹ Güter erzeugt werden, deren Wert vorrangig auf ihrem symbolischen Charakter, ihrem über sich hinausweisenden Sinngehalt beruht. Die Kulturwirtschaft ist demnach durch die Produktion und Zirkulation von Gütern mit ›symbolic meaning‹ bzw. mit ›Erlebniswert‹ gekennzeichnet (Segers/Huijgh 2006: 9 ff.). Eine solche Bestimmung hat den Vorteil, dass sie an die dargestellten Gegenwartsdiagnosen anschlussfähig ist (vgl. 1). Im Rahmen der Diagnose einer Kulturalisierung der Ökonomie wird jedoch auch die Schwäche eines solchen Ansatzes deutlich: Insofern nämlich tatsächlich eine »semiotization of consumption« (Lash/Urry 1994: 61) zu beobachten ist, enthält so gut wie jedes Konsumprodukt einen symbolischen Anteil (vgl. Flew 2002: 12 f.). Auch wenn zur Kulturwirtschaft nur jene Betriebe zählen sollen, »that produce goods and services whose […] sign-value to the consumer is high in comparison with their utilitarian purpose« (Scott 2004: 462), ist objektiv ist kaum bestimmbar, wann genau der ›symbolische‹ Wert eines Gutes seinen ›praktischen‹ Wert übertrifft.

UK DCMS model	Symbolic texts model	Concentric circles model	WIPO copyright model
Advertising	**Core cultural industries**	**Core creative arts**	**Core copyright industries**
Architecture	Advertising	Literature	Advertising
Art and antiques	Film	Music	Collecting societies
market	Internet	Performing arts	Film and video
Crafts	Music	Visual arts	Music
Design	Publishing		Performing arts
Fashion	Television and radio	**Other core cultural indus-**	Publishing
Film and video	Video and computer	**tries**	Software
Music	games	Film	Television and radio
Performing arts		Museums and libraries	Visual and graphic art
Publishing	**Peripheral cultural**		
Software	**industries**	**Wider cultural industries**	**Interdependent copyright**
Television and radio	Creative arts	Heritage services	**industries**
Video and computer		Publishing	Blank recording material
games	**Borderline cultural**	Sound recording	Consumer electronics
	industries	Television and radio	Musical instruments
	Consumer electronics	Video and computer games	Paper
	Fashion		Photocopiers, photographic
	Software	**Related industries**	equipment
	Sport	Advertising	
		Architecture	**Partial copyright**
		Design	**industries**
		Fashion	Architecture
			Clothing, footwear
			Design
			Fashion
			Household goods
			Toys

Quelle: UN (2008: 13)

Abbildung 5:   Enumerative Bestimmungen der Kulturwirtschaft

Wenn man mehrere der vorgenannten Merkmale heranzieht, gelangt man allerdings zu einem Modell, das dem ›europäischen‹ ›concentric-circle‹-Modell der Kulturwirtschaft (vgl. Abb. 4, Abb. 5) ähnelt. Denn sofern man alle ökonomischen Aktivitäten zur Kulturwirtschaft rechnet, (a) »that involve some form of creativity in their production«, (b) »are concerned with the generation and communication of symbolic meaning« und (c) »their output embodies, at least potentially, some form of intellectual property« (Throsby 2001: 4) und letzteren Anspruch auf durch Copyright schützbares geistiges Eigentum begrenzt, lassen sich zumindest die reine Reproduktion oder der reine Handel mit Kulturgütern sowie Bereiche, die auf die Generierung funktionalen oder wissenschaftlichen Wissens abzielen, ausgrenzen. Ebenso kann ein Kern an künstlerischen Aktivitäten ausgemacht werden, um den sich Tätigkeiten gruppieren lassen, die in einem hohen Maße auf die Generierung symbolischer, nichtfunktionaler Werte abzielen, wie sich schließlich eine Reihe von (Konsumgüter-)Industrien ausmachen lässt, deren Produkte auch, aber nicht vornehmlich kulturelle, symbolische Werte zum Ausdruck bringen (ähnlich: Towse 2002: 113). Je weiter der Blick sich vom ›Kern‹ künstlerischer Bedeutungsproduktion entfernt, umso weniger lassen sich allerdings gesamte Wirtschaftszweige zur Kulturwirtschaft rechnen. So ist für O'Connor (2000) schon der pauschale Einbezug der Designbranche problematisch, da »the inclusion of industrial design really bumps up the figures but it is not clear at all how many of these are dealing with cultural meanings« (ebd.: 6).

Schließlich ist (6) noch ein Ansatz zu erkennen, der sich auf die *industrielle Produktion* von Kultur bezieht und die Hierarchisierung der ›europäischen Perspektive‹ damit umkehrt: So liegt für Hesmondhalgh (2002: 11 f.) der Schwerpunkt der Kulturwirtschaft in ihrem industriell organisierten Bereich. »Symbol creators« (ebd.: 4) – so seine Bezeichnung für Künstler – nutzen semiindustrielle oder traditionelle Produktionsmethoden. Im Rahmen seines Modells sind sie also als ›Rohstofflieferanten‹ peripher anzusiedeln (vgl. Abb. 5).

Zusammenfassend lassen sich damit zwei Herangehensweisen unterscheiden: zum einen Ansätze, in denen die Spezifika von Kultur, der kulturellen Produktion oder von kulturellen Produkten keine Rolle spielen, Kultur im Rahmen der Definition also lediglich als Teilbereich einer kreativen Wissensökonomie begriffen wird (1, 2a, 3, 4). Obwohl kulturellen Aktivitäten im Rahmen der Operationalisierung dieser Modelle häufig trotzdem eine zentrale Bedeutung zukommt, trifft die Bezeichnung Kreativwirtschaft auf diese Modelle eher zu, da der Ausschluss von Formen der Generierung rationaler Neuerungen auf der Basis solcher Definitionen nicht möglich ist. Zum anderen sind Ansätze erkennbar, die unabhängig von einer kreativen Wissensökonomie tatsächlich eine Kulturwirtschaft zu bestimmen suchen (2b, 5, 6). Diese Modelle versuchen, Spezifika von Kultur, kulturellen Neuerungen, Kulturprodukten oder der Kulturproduktion herauszuarbeiten und dergestalt tatsächlich einen Kultursektor zu bestimmen.

3.1.3   Enumerative Modelle der ›zweiten‹ Generation

Die beschriebenen inhaltlichen Bestimmungsversuche haben (im Verein mit einer gestiegenen Sensibilität dafür, wie weit die Vorstellungen eines Kreativ- bzw. Kultursektors z. T. auseinander liegen) dazu geführt, dass im Rahmen neuerer enumerativer Modelle zumindest eine Gruppierung der einzelnen agglomerierten Wirtschaftszweige nach inhaltlichen Kriterien gesucht wird, und dass versucht wird, der Auswahl zugrunde liegende Kriterien offenzulegen.

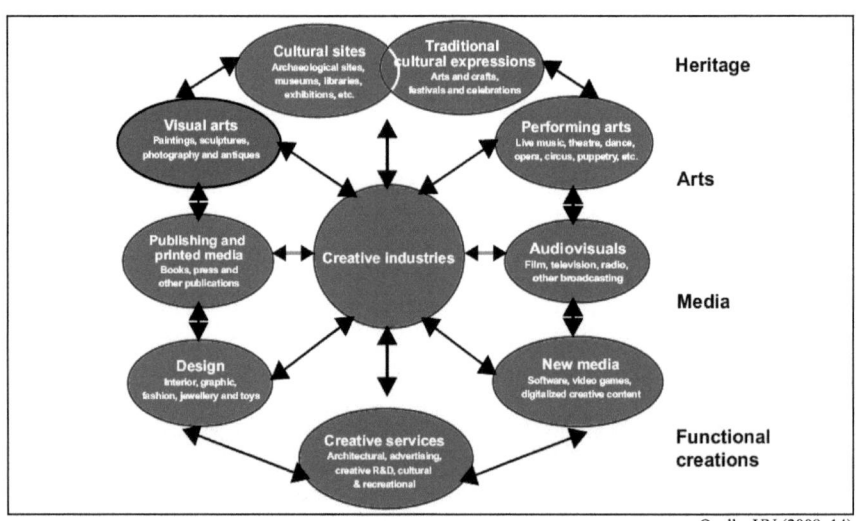

Quelle: UN (2008: 14)

Abbildung 6:   Creative Industries, Klassifikation nach UNCTAD

An diesen Modellen wird implizit deutlich, dass eine Unterscheidung von Kreativ- und Kulturwirtschaft aufschlussreich erscheint, denn Modelle, die sich an einer Vorstellung von Kulturwirtschaft orientieren, kommen gewöhnlich zu einer hierarchisierenden Vorstellung des Sektors: Es werden immer ein Kern kultureller Produktion sowie mehrere periphere, um die Produktion von Kultur angeordnete Bereiche bestimmt (vgl. Abb. 5, Nr. 2–4) – gleich, ob dieser Kern nun in der Kulturindustrie (2), der künstlerischen Kulturproduktion (3) oder der Anwendbarkeit von Copyright (4) liegen soll. Modelle, die sich an der Vorstellung einer

Kreativwirtschaft orientieren, tendieren dagegen zu unhierarchischen Untergliederungen, da sie kein Kriterium kennen, nach dem sich ein Kern bzw. eine Peripherie kreativer Ökonomie bestimmen ließe. Auch wenn sie häufig einen Schwerpunkt auf kulturwirtschaftliche Aktivitäten legen, kennen sie keine Abgrenzung gegenüber einer ›kreativen Wissensökonomie‹ schlechthin. Sie können diese zwar in der Operationalisierung mehr oder weniger marginalisieren und etwa wie im UNCTAD-Modell (Abb. 6) in einer Kategorie wie ›creative services‹ ›verschwinden‹ lassen, nicht künstlerisch bzw. kulturell geprägte Produkte, Produktionsweisen und Branchen lassen sich jedoch nicht systematisch abgrenzen von Formen der kulturellen Produktion im engeren Sinne.

Trotz dieser Nachteile spannt das UNCTAD-Modell einen Bogen von traditioneller Kultur und ›kulturellem Erbe‹ über alle Bereiche der modernen Kultur im engeren Sinne, um schließlich mit der Medienwirtschaft und der Designbranche den Übergang zur ›funktionalen‹ Kreativwirtschaft zu markieren, die in Form der ›creative services‹ nur noch marginalisiert im Modell repräsentiert wird. ›Liest‹ man dieses Modell also aus einer kulturwirtschaftlichen Perspektive, so können mit den Bereichen Kunst, Medien und Design sowie dem der kreativen Dienstleistungen Bereiche identifiziert werden, die aus der hierarchisierenden Perspektive genuin kulturwirtschaftlicher Modelle einen abnehmenden Bezug zur Kreation von symbolischen Gütern aufweisen – eine Lesart, auf die in 4.2 zurückgegriffen wird, da sie sich in der explorativen Annäherung an das Forschungsfeld als praktikable Kategorisierung des Interviewsamples erwies.

3.2 Charakteristika der Kulturwirtschaft

Trotz des umfangreichen statistischen Materials, das die Kulturwirtschaftsberichte präsentieren, ist es schwierig, eindeutige Charakteristika der Kulturwirtschaft zu benennen. Als ihr erstes Merkmal ist deshalb ihre (1) *Heterogenität und Diffusität* hervorzuheben. Die Kulturwirtschaft ist eine ›Querschnittsbranche‹, eine Zusammenfassung verschiedener Wirtschaftszweige aus Produktions-, Dienstleistungs- und Handelssektor. Offenbar sind viele ihrer Teilbranchen eng mit angrenzenden Wirtschaftszweigen ›verwoben‹ (vgl. Klein 2007, MWMEV NRW 2002: 40 ff.). Die Schwierigkeit einer statistisch-systematischen Erfassung liegt auch in dieser engen Verwobenheit begründet.[20]

---

[20] Dies spiegelt sich auch in einer Studie der Europäischen Kommission (2001: 77, 86 f.) wider, in der durch die Gegenüberstellung einer sektoralen sowie einer tätigkeitsorientierten Zuordnung zum Kultursektor gezeigt wird, dass ein erheblicher Anteil der in Kulturberufen arbeitenden ›cultural workers‹ in anderen Sektoren als der Kulturwirtschaft tätig ist, ebenso wie innerhalb der Kulturwirtschaft der Anteil der ›supportive workers‹ (jener Mitarbeiter, die nicht in Kulturberufen tätig sind)

Alle verfügbaren Daten bestätigen weiterhin die Annahme, dass (2) *selbständiger Erwerbsarbeit* eine zentrale Rolle im kulturwirtschaftlichen Sektor zukommt. Ertel (2006: 18) zufolge war 2003 fast ¼ aller Erwerbstätigen in der
Kulturwirtschaft selbständig tätig. Dieser überdurchschnittlich hohe Anteil selbständiger Erwerbsarbeit (vgl. Fn. 11, S. 32) resultiert (3) aus einer (quantitativen)
Dominanz von Einzel- und Kleinstunternehmen, die als Charakteristikum der
Branche gilt.[21] Diese auffällige Bedeutung kleinster Unternehmen wird dabei
gewöhnlich durch die Notwendigkeit zu Flexibilität und Spezialisierung im
Rahmen eines als hoch innovativ und riskant eingeschätzten sowie durch Ni-
schenmärkte geprägten Sektors erklärt: So wird angenommen, dass Einzel- und
Kleinstunternehmen in experimenteller Form arbeiten und als innovativer, dynamischer und anpassungsfähigster Teil der Branche diesen Herausforderungen
besonders gut begegnen können (vgl. Söndermann et al. 2009: 28 f.).

Trotz der zahlenmäßigen Dominanz der Einzel- und Kleinstunternehmen ist
(4) die Gesamtstruktur des Sektors aber nach Söndermann et al. (ebd.) durch drei
Unternehmenstypen geprägt: Neben der (a) ›*kleinen Kulturwirtschaft*‹, also jenen
innovativen Einzel- und Kleinstunternehmen (oft als GbR organisiert), finden
sich nämlich (b) noch einige[22] kleine und mittelständische Unternehmen (oft als
GmbHs oder OHGs verfasst). Von diesen Betrieben wird allerdings angenommen, dass ihre Produktionsprozesse weitgehend in normierten Strukturen ablaufen und in Abgrenzung zur ›kleinen Kulturwirtschaft‹ Geschäftsprinzipien wie
Stabilität, Langfristigkeit oder Zuverlässigkeit betont werden. Schließlich finden
sich (c) auch einige wenige Großunternehmen (zumeist AGs) in der Kulturwirtschaft. Diese gelten allerdings nicht als ausreichend anpassungsfähig und innovativ, um die Potentiale von Nischenmärkten eigenständig ausschöpfen zu
können (vgl. Scott 2004: 466 f., Söndermann 2006: 8). Die wenigen Großunternehmen sind vielmehr distributiv tätige ›Majors‹, deren Bedeutung in ihrer
Rolle als Gatekeeper für bestimmte Märkte liegt, oder produktiv tätige ›system
houses‹ (Scott 2004: 467): Firmen, die Güter produzieren, die nur in einer

---

höher ist als jener der ›cultural workers‹. Nur ein gutes Sechstel (16,3 %) der Beschäftigten geht
demnach unmittelbar ›kulturellen Tätigkeiten‹ im kulturwirtschaftlichen Sektor nach.

[21] Die Europäische Kommission definiert Kleinstunternehmen als Unternehmen mit bis zu 10 Mitarbeitern und einem Jahresumsatz von weniger als 2 Mio. Euro (vgl. Europäische Kommission
2003). In Deutschland waren 2003 von ca. 135.000 steuerpflichtigen Betrieben im kulturwirtschaftlichen Sektor ca. 100.000 Einzelunternehmen. Die restlichen 35.000 Unternehmen beschäftigen in der
Regel 2 bis 5 Personen (Söndermann 2006: 14; vgl. auch: European Commission 2001: 13 ff., 75 ff.).

[22] So hilfreich die von Söndermann entwickelte Typologie heuristisch ist, statistisch fehlt es an Daten
zur Bedeutung dieser Unternehmenstypen: So wird zwar der Anteil der Einzelunternehmer 2005 mit
79 % und der Anteil der GmbHs mit 9 % angegeben – wie sich jedoch die verbleibenden 12 % auf
OHGs, GbRs und AGs verteilten, ist unklar (vgl. Bündnis 90 – die Grünen/Söndermann 2007: 16).

geringen ›Stückzahl‹ und bei immensem Kapital- und Arbeitsaufwand realisiert werden können (Filmstudios, Computerspielproduzenten oder Fernsehsender). Ungeachtet dieser Schwierigkeiten wird eine zunehmende Bedeutung von Kleinst- und Kleinunternehmen prognostiziert: Angesichts einer ›Demokratisierung‹ kulturwirtschaftlicher Produktionsmittel durch andauernde Kostenreduktion und angesichts einer ›Demokratisierung‹ der Distributionswege (insbesondere durch das Internet) seien nämlich die Marktpositionen der Großbetriebe zusehends angreifbar geworden[23] (vgl. Stähler 2002: 203 f.). Dies führt nach Annahme vieler Autoren dazu, dass die Produktion kulturwirtschaftlicher Produkte zusehends in (5) *projektbasierten Netzwerken* organisiert wird, im Rahmen zeitlimitierter, flexibler Kooperationen von Kleinst- und Einzelunternehmen (vgl. Betzelt 2006: 60, Gottschall/Henninger 2005, Scott 2004: 467, McRobbie 2002b: 668, Wittel 2001b). Trotz einer ubiquitären Betonung der Relevanz von Netzwerken ist das empirische Wissen über Form und Bedeutung von Netzwerken innerhalb der Kulturwirtschaft aber gering.

Entgegen dem gelegentlich gehegten Bild moderner, ortsungebundener ›Hightech-Nomaden‹ (Preissner 2007) wird in Bezug auf die Kulturwirtschaft zudem (6) eine *starke lokale Bindung* vermutet – und tatsächlich sind lokale ›Clusterbildungen‹ für viele Kulturwirtschaftsbranchen typisch (vgl. Klaus 2006: 208 ff., Scott 2004: 468 ff., Krätke 2002). Diese Ortsbindung der Kulturwirtschaft liegt vermutlich aber nicht nur in der (unterstellten) Netzwerkstruktur dieser Ökonomie sowie damit einhergehenden lokalen ›infrastrukturellen‹ Vorteilen begründet. Es ist auch schlicht die Eigenschaft größerer städtischer Agglomerate, eine vielfältige lokalspezifische Kultur zur Verfügung zu stellen und damit ein Zeichenreservoir, das (glokalen) Kulturprodukten einen authentischen Charakter verleihen kann und Kulturwirtschaftsunternehmen wie Künstler dazu motiviert, sich in Metropolen oder Metropolregionen anzusiedeln (vgl. Scott 2004: 468).

Zusammenfassend lässt sich feststellen, dass die Kulturwirtschaft einen mutmaßlich bedeutenden, aber nur diffus eingrenzbaren, da hochgradig mit anderen Sektoren verknüpften Wirtschaftssektor darstellt, den Kleinstunternehmen und Alleinselbständige quantitativ dominieren. Kulturwirtschaftliche Unternehmen siedeln sich vornehmlich in urbanen Ballungszentren an, sind durch eine hohe Ortsbindung und mutmaßlich eine lokale Netzwerkbildung geprägt, obwohl sie ggf. für globale Märkte produzieren. Unklar ist jedoch, welche verschiedenen

---

[23] Von 2000 bis 2003 hatte die Kulturwirtschaft in Deutschland einen Umsatzrückgang von 11,3 % zu verzeichnen. Dieser ist aber auf Einbußen von Unternehmen mit mehr als 1 Mio. Euro Jahresumsatz zurückzuführen. Unternehmen mit weniger als 1 Mio. Euro Umsatz konnten durchschnittlich Zuwächse von 2 bis 10 Prozent verbuchen (vgl. Söndermann 2006: 17, Ertel 2006: 22).

Unternehmensformen sowie Arbeits- und Lebensentwürfe sich hinter der großen Zahl an (Allein-)Selbständigen verbergen.

3.3 Selbständige Erwerbsarbeit in der Kulturwirtschaft

Übereinstimmend wird in Kulturwirtschaftsberichten sowie in arbeits- und industriesoziologischen Studien die Arbeitssituation selbständig Erwerbstätiger im kulturwirtschaftlichen Sektor als prekär beschrieben (vgl. Betzelt 2006, Haak 2005, Mayer-Ahuja/Wolf 2005a: 19 ff., Haak/Schmid 2001, 1999, European Commission 2001: 36 ff.). Hohe Flexibilitätsanforderungen gehen mit unterdurchschnittlichen, stark schwankenden Einkommen und einer polarisierten Einkommensverteilung[24] einher (vgl. Betzelt 2006: 13 f., Haak/Schmid 1999: 164). Gleichwohl ist der kulturwirtschaftliche Sektor durch ein hohes Qualifikationsniveau der Beschäftigten gekennzeichnet (vgl. European Commission 2001: 83 ff., Haak/Schmid 2001, 1999), und trotz eines diagnostizierten Überangebotes sind überdurchschnittlich hohe Wachstumsraten im Bereich selbständiger Beschäftigung in primären und sekundären Kulturberufen[25] zu erkennen (vgl. Betzelt 2006: 10 ff., Haak 2005, Söndermann 2004). Die verfügbaren Untersuchungen verweisen zudem darauf, dass die vorherrschenden selbständigen Beschäftigungsformen sowohl vom Idealbild der Professionen wie dem eines ›Normalunternehmers‹ abweichen (vgl. Betzelt 2006: 6, European Commission 2001: 43, Gottschall/Betzelt 2001, Haak/Schmid 1999: 159 f.).

Die vorhandenen Daten verweisen damit einerseits auf ein attraktives Beschäftigungsfeld, das aber andererseits durch vielfältige Unsicherheiten geprägt ist. Der darin zum Ausdruck kommende (scheinbare) Widerspruch, dass ein durch Prekarität geprägter Wirtschaftssektor dennoch subjektiv attraktiv erscheint, ist bislang nur sehr begrenzt untersucht worden und zumeist durch Be-

---

[24] Die Überrepräsentation geringer und hoher Einkommen wird meist durch den ›The winner takes it all‹-Effekt erklärt. Auf Kunst- und Kulturmärkten ist die Qualitätsnachfrage derart ›unelastisch‹, dass ›Ausweichbewegungen‹ – der Kauf weniger attraktiver Waren – selbst durch enorme Preisunterschiede nicht zu motivieren sind. ›Feine Unterschiede‹ in der Produktqualität legitimieren eklatante Differenzen im Markterfolg. Demgemäß entstehen auf kulturwirtschaftlichen Märkten spektakuläre Ungleichheiten, die zudem wie in kaum einem anderen Segment ostentativ zur Schau gestellt werden (vgl. Menger 2006: 37 ff., Pommerehne/Frey 1993: 86 f.).

[25] Zu den sogenannten Kulturberufen zählen in Deutschland die publizistischen und mit ihnen verwandten Berufe (Publizisten, Dolmetscher, Bibliothekare), die künstlerischen und mit ihnen verwandten Berufe (Künstler, Designer, Bühnen-, Bild- und Tontechniker, Raum- und Schauwerbegestalter, Fotografen, Kameraleute), die künstlerischen Lehrberufe sowie künstlerisch tätige Geisteswissenschaftler. Die Unterscheidung primärer Kulturberufe und sekundärer Kulturberufe liegt quer zu dieser Systematik und zielt darauf, unmittelbar künstlerisch produktive Berufe von ›kulturvermittelnden‹ Berufen zu trennen (vgl. Söndermann 2004: 12 ff., Betzelt/Gottschall 2007: 139).

rufsethos erklärt worden (vgl. Schnell 2007, Betzelt 2006: 35 ff., Koppetsch 2006: 137 ff). Dies steht damit im Zusammenhang, dass sich die bisherigen Untersuchungen auf das Feld der freien Kulturberufe konzentrierten, also jene Alleinselbständigen im Fokus sozialwissenschaftlicher Untersuchungen standen, die berufsförmig verfasste Leistungen anbieten. Damit konzentrierten sich die Untersuchungen bislang auf jenen Teil der neuen Selbständigen, die hier zunächst als ›Freelancer‹ bezeichnet werden; *unternehmerisch* handelnde Akteure wurden dabei ausgeschlossen. Über diese hier vorläufig als ›Kulturunternehmer‹ bezeichneten Personen, die (jenseits klassischer Berufsmuster) mit der Gründung eines Kleinstunternehmens das Ziel verfolgen, eigene Produkte auf dem Markt zu realisieren, liegen bislang ausgesprochen wenige Erkenntnisse vor – obwohl diese am ehesten die den Kleinstunternehmen zugeschriebene Innovationsfunktion erfüllen, obwohl ihnen im ›Strukturwandel der Branche‹ vermutlich zunehmende wirtschaftliche Bedeutung zukommt und obwohl sich hier am ehesten ein Potenial für neuartige Tätigkeitsformen vermuten lässt.

3.3.1 Freelancer

Untersuchungen über ›Freelancer‹ im kulturwirtschaftlichen Sektor finden sich insbesondere in der Arbeits- und Industriesoziologie (vgl. Betzelt/Gottschall 2007, 2005, Manske 2007, Betzelt 2006, Gottschall/Henninger 2005, Mayer-Ahuja/Wolf 2005b, Eikhof/Haunschild 2004, Gottschall/Betzelt 2001, Gottschall/Schnell 2000). Vor dem Hintergrund der These vom Arbeitskraftunternehmer werden sie als Beispiel für formell selbständig Beschäftigte herangezogen, die sich »trotz der formellen Selbständigkeit noch in mehr oder minder weitreichender Abhängigkeit vom auftraggebenden Unternehmen befinden« (Voß/Pongratz 1998: 136). Diese Studien verweisen insgesamt auf die Bedeutung (1) von Beruflichkeit, (2) von institutionellen und strukturellen Einbindungen und (3) auf eine sehr begrenzte Entgrenzung von Arbeit und Leben.

(1) Kulturberufler verfügen gewöhnlich über eine hohe berufliche Qualifikation und damit über ›kulturelles Kapital‹, das als Basis für die Ausbildung eines ausgeprägten beruflichen Selbstverständnisses geeignet ist. Insofern sie häufig ihren Beruf als Berufung deuten (vgl. Betzelt 2006: 35 f., Eikhof/Haunschild 2004: 105), weisen Kulturberufler eine hohe intrinsische Motivation, eine hohe Identifikation mit dem Beruf und zum Teil eine explizit auf berufliche Wertvorstellungen bezogene Orientierung auf. Diesen Wertvorstellungen kommt dabei offensichtlich eine Schutzfunktion gegenüber ökonomischen Anforderungen zu, da der Rekurs auf berufliche Wertmaßstäbe häufig zur individuellen Abgrenzung gegenüber Kunden- und Marktanforderungen genutzt

wird. Da es im Feld der Kulturberufe jedoch an Institutionen mit ausreichender Regulierungsmacht fehlt, um die Einhaltung berufsethischer Standards institutionell garantieren zu können, müssen Konflikte und Spannungen zwischen beruflichen Wertvorstellungen sowie Anforderungen des Marktes individuell gemeistert werden (vgl. Betzelt/Gottschall 2007: 133). Berufliche Selbständigkeit bietet dabei offenkundig Spielräume, berufliche Standards und Wertvorstellungen zumindest teilweise zu verwirklichen: Sei es durch Verhandlungsgeschick mit den Kunden, durch eine ›Spielbein-Standbein‹-Politik, in der ungeliebte ›Brotjobs‹ die identitätsstiftende, berufsethisch geprägte Tätigkeit quersubventionieren, oder durch eine Verweigerung gegenüber bestimmten Marktansprüchen unter Inkaufnahme von Einkommenseinbußen (vgl. Betzelt 2006: 41, ähnlich auch Gold/Fraser 2002). Betzelt und Gottschall (2007, 2005, Betzelt 2006: 76 ff.) sehen deshalb Bruchstücke ›professioneller‹ Vorstellungen im beruflichen Selbstverständnis von Kulturberuflern. Aufgrund der fehlenden Regulierungsmacht berufsständischer Organisationen deuten sie dies jedoch nicht als Professionalisierungstendenz, sondern umgekehrt als Hinweis auf eine Individualisierung des Berufs (vgl. Voß 2001), also als Hinweis darauf, dass berufliche Schutzräume zusehends individuell (und eben nicht: kollektiv) erarbeitet und verteidigt werden müssen.

Die Untersuchungen von Koppetsch und Schnell (vgl. Koppetsch 2006, 2004a, 2004b, 2003, Schnell 2009, 2007) erschließen die Kulturberufe dagegen ausdrücklich aus professionssoziologischer Sicht. Sie begreifen klassische Professionen als Berufe »mit besonderem gesellschaftlichen Einfluss und Ansehen, die a) über exklusive Kompetenzen (Techniken) und Wissensbestände verfügen und b) auf zentrale gesellschaftliche Werte rekurrieren, die c) ihre Macht und ihr Recht auf Selbstkontrolle und letztlich auch ihre Elitenposition in den Augen der Öffentlichkeit rechtfertigen« (Koppetsch 2003: 267). Gerade da in den Kulturberufen weder Exklusivität noch Selbstkontrolle errungen wurde, bietet der kulturwirtschaftliche Sektor ihres Erachtens empirisches Anschauungsmaterial zur Erarbeitung der Charakteristika nichtklassischer, *neuer* Professionen.

In ihrer Analyse der Werbeberufe und des Berufs des Unternehmensberaters konzentriert sich Koppetsch vornehmlich auf das Charakteristikum von Professionen, sich auf einen zentralen gesellschaftlichen Wertkomplex zu beziehen und dessen ›treuhänderische Verwaltung‹ zu übernehmen (Koppetsch 2003: 268). Während die klassischen Professionen auf die treuhänderische Verwaltung *moralischer Werte* spezialisiert sind (Gerechtigkeit, Gesundheit), stellen die künstlerischen Berufe für Koppetsch den Prototyp treuhänderischer Verwaltung *expressiver Werte* dar (Kreativität, Individualität, Emotionalität). Angesichts einer zunehmenden Bedeutung expressiver Werte (vgl. 1.1) geht Koppetsch davon aus, dass neben Künstlern auch kulturvermittelnde Berufe ein Professionalisierungspotential entfalten.[26] Dies kann im Unterschied zu klassischen Professionen aber nicht durch die Garantie der Erfüllung objektiver Werte gelingen, sondern nur durch eine *situationsspezifische Mobilisierung partikularer Werte.*[27] Übergreifender Angelpunkt ist für Koppetsch allerdings Kreativität als Persönlichkeitsideal, das insbesondere in den Werbeberufen auch das Arbeitsethos präge (vgl. Koppetsch 2006, 2004b).

Schnell setzt in ihrer professionssoziologischen Analyse dagegen explizit an der Frage der sozialen Schließung an und folgt damit einer machttheoretischen Sichtweise. Aus dieser Perspektive diagnostiziert sie eine historische Spaltung der freien Berufe. Während es den klassischen Professionen im 19. Jahrhundert gelungen sei, ihre ständischen Privilegien durch eine Berufung auf bürgerliche Leistungsideale und eine Zurschaustellung der Uneigennützigkeit der beruflichen Leistungen zu sichern, wäre es den Akteuren in künstlerisch-publizistischen Berufen nicht gelungen, sich eine institutionell gefestigte Exklusivität zu sichern. In den Kulturberufen bestehe demnach bis heute eine »offene Flanke zum Markt«, die »durch intrinsische Motivation, Idealismus, und berufsfremde Finanzierung [...] Fördermittel, Partnereinkommen oder private Alimente, also mehr oder weniger individuell« (Schnell 2009: 210) bewältigt werden müsse. Empirisch identifiziert Schnell in den Kulturberufen folglich einen Modus individueller Professionalisierung. Diesen kennzeichnet nach Schnell eine Umkehrung des Verhältnisses von Individuum und Berufsgemeinschaft: Anstatt einer verpflichtenden Bindung erfolgt eine (prinzipiell instabile, aber oftmals entschiedene) Selbstbindung an berufliche Werte (vgl. Schnell 2007: 228 ff.).

Trotz unterschiedlicher Perspektiven konvergieren alle Studien darin, dass der individuellen Bindung an berufsförmig organisierte Werthaltungen Bedeutung für das Handeln der Freelancer zugeschrieben wird. Ein einseitiges Umschlagen von Marktimperativen auf die berufliche Handlungsweise wird durch den Rekurs auf diese Werte verhindert (vgl. Betzelt/Gottschall 2005: 280 ff.).

(2) Wenngleich im Gegensatz zu klassischen Professionen der Modus der institutionellen Einbindung also deutlich verändert ist, kommt kollektiven Strukturen dennoch eine Bedeutung für das Erwerbsfeld zu. So verweisen Betzelt/Gottschall (2007) auf eine »Vielfalt an Berufsorganisationen«, von denen

---

[26] Sei es, dass Werbeexperten neue, expressive Leitbilder des Konsums erzeugen, oder dass Unternehmensberater versuchen, expressive Werte in ›Unternehmenskulturen‹ zu verankern: Sie erbringen eine gesellschaftliche Integrationsleistung, insofern sie die Realisation expressiver Werte (in Arbeit bzw. im Konsum) zu garantieren suchen. Weitere Berufe, die das Potential zu einer solchen Treuhänderschaft aufweisen, sind im Bereich der Massenmedien, der Gestaltung sowie in allen im weitesten Sinne beratenden oder lehrenden Bereichen zu vermuten – von psychologischen und pädagogischen Berufen über Coaching-Berufe bis hin zu (Star-)Köchen, Friseuren, Stylisten usf.

[27] Möglicherweise liegt darin die Fragilität der professionellen Autonomie begründet – schließlich gelingt eine professionelle Schließung trotz gesellschaftlicher Relevanz expressiver Werte nicht.

»die meisten [...] sogar einen Mitgliederzuwachs verzeichnen« (ebd.: 125) können. Dabei besteht die Besonderheit des kulturwirtschaftlichen Feldes in der
gleichzeitigen Präsenz fachverbandlicher (berufspolitischer) und gewerkschaftlicher (arbeitspolitischer) Organisationen, wobei eine Annäherung dieser Organisationen erkennbar ist: Von Bedeutung für die Mitgliederbindung seien nämlich
vornehmlich attraktive Dienstleistungsangebote, die individuelle Strategien der
Marktbehauptung vermitteln und unterstützen (vgl. Schnell 2007: 119 ff.,
Betzelt/Gottschall 2007: 125, Betzelt 2006: 43 ff.) – Dienstleistungen, die ebenso
von gewerkschaftlicher wie von fachverbandlicher Seite angeboten werden.

Im Rahmen der Stabilisierung der beruflichen Identität sowie einer erfolgreichen Marktbehauptung seien zudem Kunden- und Kollegennetzwerke relevant
(vgl. Betzelt 2006: 60, Gottschall/Henninger 2005, Mayer-Ahuja/Wolf 2005b,
Eikhof/Haunschild 2004). Dabei wird angenommen, dass Kollegennetzwerke als
funktionales Äquivalent zu betrieblichen Strukturen fungieren und Kundennetzwerke als Äquivalent zur Marktregulierung zu begreifen sind, da sie Auftraggebern und Auftragnehmern Sicherheit in Bezug auf die Modalitäten der Leistungserbringung und die erwartete Leistungsqualität bieten (vgl. Gold/Fraser
2002) und somit Transaktionskosten reduzieren.[28]

(3) Im Gegensatz zu der in der Arbeits- und Industriesoziologie vertretenen
These einer Entgrenzung von Arbeit und Leben (vgl. Gottschall/Voß 2003) verweisen die empirischen Ergebnisse der Studien zu Kulturberufen nur auf eine
sehr beschränkte Entgrenzung. Aufgrund der hohen Identifikation mit dem Beruf
werde zwar häufig nicht zwischen Privatperson und Erwerbsperson getrennt
(vgl. Betzelt 2006: 35), gerade diese hohe Identifikation verhindere aber eine
Entgrenzung im Sinne einer Ökonomisierung des ›ganzen Lebens‹. Eine räumliche und zeitliche Entgrenzung der Arbeitstätigkeit ist nur selten zu beobachten:
Vielmehr findet häufig eine bewusste Grenzziehung zwischen Erwerbs- und
›Lebenssphäre‹ statt (vgl. Betzelt 2006: 55).

Insgesamt gelingt es den untersuchten Freelancern, in einem institutionell
stabilisierten Rahmen komplexe, reflexiv gesteuerte, aber weitgehend stabile
Berufsverlaufsmuster zu etablieren (Betzelt 2006: 58 ff.). Obwohl das unter-
suchte Feld der Freiberufler also neuartige Muster der Beruflichkeit aufweist,
verweisen die stabilen Berufsverläufe, die deutliche Abgrenzung von Arbeit und
Leben sowie Ansätze zu kollektiven Risikobewältigungsstrategien auf ein Fest-

---

[28] Weitere Hinweise auf die Relevanz von Netzwerkstrukturen finden sich bei McRobbie (2004,
2003a, 2002a, 2002b, 1999). Sie geht davon aus, dass der Markt in diesem Sektor vor allem durch
kulturelle Codes und soziale Netzwerkbeziehungen reguliert werde (vgl. McRobbie 2003b) und damit auf sozialem und kulturellem Kapital beruhe. ›Netzwerk-Sozialität‹, eine Mentalität, die auf
vielfältige flüchtige, aber dennoch intensive Sozialkontakte ausgerichtet sei (vgl. dazu auch Wittel
2001b), werde dergestalt zum Leitbild sozialer Beziehungen sowie zu einer zentralen Ressource, die
den Zugang zum Arbeitsmarkt regele (vgl. McRobbie 2002b).

halten an klassischen Arbeits- und Lebensentwürfen. Im Hinblick auf die empirische Beantwortung der Frage nach neuartigen Arbeits- und Lebensformen wird man also bei Freelancern nur begrenzt fündig. Diese unterscheiden sich auch in einem ausgesprochen wichtigen Punkt von den immer wieder (euphorisch) skizzierten, selten jedoch systematisch untersuchten neuen Formen eines »intelligenten Lebens jenseits der Festanstellung« (Friebe/Lobo 2006): Freiberufler müssen immer wieder ihre eigenen Ziele zugunsten der Ziele der oder des auftraggebenden Unternehmen(s) zurückstellen und letztlich einer Tätigkeit nachgehen, die hauptsächlich über den Erwerb bestimmt wird (vgl. Friebe/Lobo 2006: 100 ff.). In diesem Sinne sehen Gottschall und Betzelt einen Grund für die berufsbiografische Stabilität der Freelancer in einer hohen innerberuflichen Flexibilität und einer stetigen Anpassung an Gelegenheitsstrukturen begründet. Trotzdem suchen Freelancer oft nach Möglichkeiten der Wertrealisation und messen den Erfolg ihrer Berufskarriere häufig nicht an einer (oftmals bescheidenen) materiellen Gratifikation, sondern am Grad der ›dem Markt abgetrotzten‹ ›Autonomie‹ und ›Authentizität‹ (vgl. Betzelt/Gottschall 2007: 136).

3.3.2 Kulturunternehmer

Trotz gradueller Unterschiede sind für Kulturberufler typischerweise die institutionelle Flankierung ihres Arbeitsfeldes wie berufsförmig geprägte Werthaltungen und Identitätsmuster von hoher Relevanz. Es ist anzunehmen, dass beiden Faktoren im Bezug auf dynamisches Unternehmertum in der Kulturwirtschaft keine derart ausgeprägte Bedeutung zukommt. So ist eine berufsethisch geprägte Werthaltung und ein entsprechendes Selbstverständnis bei Unternehmern denkbar, aber nicht vorauszusetzen, ebenso wie eine Einbindung in eine Gemeinschaft von Berufskollegen unwahrscheinlich ist: Schließlich bieten Kulturunternehmer spezifische (subjektiv neuartige) Produkte an und nicht ein vielfältig einsetzbares beruflich verfasstes Arbeitsvermögen. Ebenso dürfen die bei Freelancern identifizierten institutionellen Strukturen für Kulturunternehmer nicht besonders bedeutungsvoll sein: So kann angenommen werden, dass Kulturunternehmer ohne Unterstützung durch berufsständische Vertretungen oder Gewerkschaften agieren. Insgesamt sind Ressourcen der Risikobewältigung für Kulturunternehmer also nicht im selben Maße verfügbar wie für Kulturberufler.

Das Handeln der Kulturunternehmer ist aber nicht nur aufgrund dieser fehlenden Ressourcen als besonders riskant hervorzuheben. Sofern Kulturunternehmer eigene, von Auftraggebern unabhängige Ziele verfolgen, sind sie Träger und Gestalter eines genuin *unternehmerischen* Risikos, das im kulturwirtschaftlichen Sektor besonders hoch ausfällt: Denn Aufgrund des ›The winner takes it

all‹-Effekts (vgl. Fn. 24, S. 66) sowie der damit zusammenhängenden Gleich-
zeitigkeit von Überangebot und Knappheit auf kulturwirtschaftlichen Märkten ist
der Erfolg neuartiger kulturwirtschaftlicher Projekte und Produkte kaum
abschätzbar (vgl. Söndermann et al. 2009: 61, Wilson/Stokes 2002: 43 f.). Insofern unternehmerisches Engagement in der Kulturwirtschaft aber auch weit-
reichendere Gestaltungsspielräume ermöglicht als auftragsgebundene freiberufliche Arbeit, repräsentieren Kulturunternehmer Prekarität wie Attraktivität
kulturwirtschaftlicher Erwerbstätigkeit in besonderer Weise.

Bislang liegen nur wenige einschlägige Studien über Kulturunternehmer vor
und es existiert kein gemeinsames Verständnis darüber, wie sich die Figur des
Kulturunternehmers bestimmen lässt. Die meisten Studien verzichten völlig auf
eine Bestimmung ihres Untersuchungsgegenstandes, sodass jeweils aus dem
Kontext herausgelesen werden muss, inwieweit von Kulturunternehmern im
Sinne dieser Arbeit die Rede ist: also von dynamischen Unternehmern, die im
kulturwirtschaftlichen Sektor in eigenständiger Initiative Güter oder Dienstleistungen entwickeln und produzieren (lassen), die subjektiv neuartig sind, und
diese unter Inkaufnahme von Unsicherheiten auf dem Markt anbieten.

Richtungweisend für die bisherige Untersuchung von Kulturunternehmern ist
jedenfalls die Studie *The Independents: Britain's new cultural entrepreneurs* von
Charles Leadbeater und Kate Oakley (1999). Wenngleich die konkrete empirisch-
methodische Basis der Studie unklar bleibt (die Autoren sprechen lediglich von
»dozens of Interviews« [ebd.: 12]) und weitgehend politische Handlungs-
empfehlungen zur Förderung von ›cultural entrepreneurs‹ gegeben werden, finden
sich hier gleichwohl Hinweise auf mögliche Charakteristika von Kulturunternehmern: Wie Erwerbstätige im kulturwirtschaftlichen Sektor insgesamt
seien auch Kulturunternehmer überdurchschnittlich qualifiziert. Leadbeater/
Oakley vermuten, dass dies darin begründet liegt, dass eine universitäre
Ausbildung einen biografischen Freiraum schafft, der für kulturunternehmerische
Experimente im kulturaffinen Studentenmilieu genutzt werden kann (ebd.: 21). In
Bezug auf die Werthaltung der Kulturunternehmer stellen die Autoren wenig
überraschend fest, dass ›Kreativität‹ und ›Unabhängigkeit‹ gemischt mit einer
Antipathie gegenüber großen Organisationen vorherrsche. Die Haltung der Un-
ternehmer zum Markt sei pragmatisch: Das selbständige Agieren auf dem Markt
stelle in ihrem Sinne schlicht die beste Art und Weise dar, ihren eigenen Interessen nachzugehen (vgl. ebd.: 22). Dementsprechend sei das Interesse an Wachstum
gering. Kennzeichnend für die Arbeitsweise von Kulturunternehmern sind nach
Leadbeater und Oakley vier Merkmale (vgl. ebd.: 23 ff.):

▪   *Die Vermischung von Konsum und Produktion:* Die Kreation neuer Produkte fußt
    zumeist auf der Modifikation und Kombination bekannter Produkte. Eine genaue

Kenntnis des Marktes durch eigenen Konsum auf diesen Märkten ist oft die Voraussetzung für die Entwicklung von Produkten.

- *Die Vermischung von Arbeit und Nichtarbeit:* Da Freizeit und Konsum die Basis für die Entwicklung neuer Produkte darstellen, verschwimmen die Grenzen zwischen Arbeit und Freizeit. Freizeitliche Aktivitäten stellen eine entscheidende Ressource für Kreativität im Arbeitsprozess dar.

- *Die Kombination individualistischer Werte mit kollaborativen Arbeitsformen:* Kulturunternehmer sind hoch spezialisiert und verfolgen individualistische Ziele. Eine Zusammenarbeit mit anderen Spezialisten ist jedoch für die Produktion der meisten Produkte unabdinglich.

- *Die Eingebundenheit in kreative Netzwerke/Gemeinschaften:* Kulturunternehmer sind demgemäß auf Netzwerke angewiesen, um ihre Ideen zu verbreiten und auszutauschen, Kontakte zu knüpfen und Partner für Unternehmungen zu finden.

Obwohl Leadbeater/Oakley keine Kulturberufler untersucht haben, bleibt unklar, auf welche Gruppierung sich ihre Studie genau bezieht: Auch wenn sie von ›cultural entrepreneurs‹ sprechen, ist ein Großteil der von ihnen untersuchten Unternehmer nämlich vorwiegend auftragsgebunden tätig: Lediglich 5 bis 10 Prozent ihrer Interviewpartner, so ihre Schätzung, verfüge über genügend Kapital und gehe das Risiko ein, eigenständig Produkte zu entwickeln.[29]

Wilson/Stokes (2002) bestätigen indirekt die von Leadbeater und Oakley (1999) aufgeführten Merkmale der Arbeitsweisen der Kulturunternehmer, deuten sie auf der Basis von ›Tiefeninterviews‹ mit Managern von Großunternehmen in der Kulturwirtschaft sowie Risikokapitalgebern allerdings als zentrales Hindernis für geschäftlichen Erfolg: Aus Sicht der Manager und Kapitalgeber unterschätzen Kulturunternehmer Risiken nämlich gerade aufgrund ihrer eigenen Begeisterung für ihre Produkte und der Tendenz zur Vermischung von Arbeit und Leben. Die Autoren empfehlen daher eine Art Normalisierungsstrategie für Kulturunternehmer. Sie sehen »the need to reconcile the virtues of ›independence‹ with such qualities as appropriate partnership and promotion strategies, effective communication skills and financial self-sufficiency« (Wilson/Stokes 2002: 51).

Die einzige einschlägige Studie zu Kulturunternehmern im deutschsprachigen Raum[30] von Birgit Mandel (2007) beschränkt sich auf die Untersuchung von

---

[29] Möglicherweise liegt dies darin begründet, dass sich die Studie vornehmlich auf die Film-, Trickfilm- und Computerspielbranche beschränkt, auf Branchen also, die von großen ›system houses‹ (vgl. S. 66) dominiert werden und in denen der Marktzugang durch wenige ›Majors‹ kontrolliert wird. Selbst wenn die Produkte der Kulturunternehmer innovativen Charakter haben, ist in diesem Kontext ein formaler Auftrag von einem den Markt(-zugang) kontrollierenden Großunternehmen notwendig.

[30] Erwähnenswert ist auch eine Studie von Elmar Konrad (2000, 2002). Dieser überprüft klassische Modelle der Entrepreneurshipforschung und kommt zu dem Ergebnis, dass sich klassische Determinanten unternehmerischen Handelns auch auf den wirtschaftlichen Erfolg privatwirtschaftlicher und gemeinnützige Kulturbetriebe positiv auswirken: so z. B. eine ›unternehmerisch-marktorientierte Unternehmenskultur‹ oder die Pflege von ›Beziehungsnetzwerken‹.

›neuen Kulturunternehmern‹ im Dienstleistungssektor und kommt zu dem Ergebnis, dass diese vornehmlich im Bereich des Kultur- und Eventmanagements,
des Kulturtourismus, des Kultursponsorings sowie von künstlerischen Coaching-
und Unternehmensberatungsangeboten anzutreffen seien (ebd.: 29 f.). Das Streben nach ›Flexibilität und Unabhängigkeit‹ ist nach ihrer standardisierten
Befragung von 83 Unternehmern dabei noch vor dem Drang, eigene Ideen zu
verwirklichen, das zentrale Gründungsmotiv der Unternehmer (ebd.: 37 f.). Charakteristisch sei weiterhin die geringe Größe und Finanzkraft der Dienstleis-
tungsunternehmen: Fast zwei Drittel der Befragten sei mit weniger als fünftau-
send Euro Startkapital ausgekommen. Obwohl 70 Prozent der Unternehmen
ohne Angestellte arbeiten, sind sie häufig Auftraggeber für Freiberufler, nutzen
also temporär und über Netzwerke vermittelt weitere Arbeitskräfte. Diese Strategie mindere zwar das unternehmerische Risiko, verhindere aber auch Wachstum
und Professionalisierung der Kleinstunternehmen, so die Kritik der Autorin (vgl.
ebd.: 44 f.). Ebenso kritisch sieht sie, dass sich die meisten Kleinstunternehmer
auf Mundpropaganda verlassen bzw. ›Marketing aus dem Bauch heraus‹ betreiben (vgl. ebd.: 47). Trotz der Feststellung, dass rund 80 Prozent der befragten
Unternehmer schlicht keine Wachstumsambitionen hegen und mit ihren erwirtschafteten (geringen) Gewinnen zufrieden sind (ebd.: 45), legt Mandel Kulturunternehmern eine Orientierung an wirtschaftlichem Wachstum dringend nahe
(vgl. ebd.: 122). Dies ist typisch für die gesamte Studie, die in Empfehlungen an
politische Akteure (vgl. ebd.: 59 ff.) sowie in Ratschlägen für Kulturunternehmer
(vgl. ebd.: 119 ff.) mündet, wobei in letzteren die erkennbar gewordenen andersartigen Orientierungen der Kulturunternehmer ignoriert werden. Ähnlich wie
Wilson/Stokes (2002) empfiehlt sie den Kulturunternehmern Normalisierung,
anstatt die Abweichung vom Normalunternehmertum tatsächlich verstehend
rekonstruieren zu wollen.

Deutlich wird damit, dass die Arbeiten zu Kulturunternehmern Defizite in
der Rekonstruktion der Perspektiven der Kulturunternehmer aufweisen. So bleiben die Studien bei der Benennung einzelner abstrakter Motivkomplexe wie
›Selbstverwirklichung‹ oder ›Flexibilität‹ stehen, ohne die dahinterstehenden
Sinnzusammenhänge zu erschließen. Es verwundert dergestalt nicht, dass insbesondere von Mandel und Wilson/Stokes die festgestellten Besonderheiten der
Kulturunternehmer deshalb weitgehend als zu behebende Defizite gegenüber
einem durch Wachstum- und Gewinnstreben getriebenen ›Normalunternehmer‹
gedeutet werden. Damit wird aber auch kaum deutlich, ob und was nun den Typus eines Kulturunternehmers ausmacht und von anderen Unternehmern oder
anderen Selbständigen unterscheidet.

Über diese zentralen Studien hinaus sind noch Untersuchungen zu verzeichnen, die auf Einzelaspekte in Bezug auf das Untersuchungsfeld ›Kultur-

unternehmer‹ verweisen. Hervorzuheben ist eine Studie norwegischer Forscher um Per Mangset (Mangset et al. 2006). Die Autoren befassen sich mit selbständig Erwerbstätigen, die eine gewisse ästhetische Vision in ihrer Arbeit verwirklichen wollen, aber nicht klassischen künstlerischen Tätigkeiten nachgehen. Cartoonisten, Modedesigner, Grafikdesigner, Filmemacher sowie (als Kontrastgruppe) in alternativen Gesundheitsberufen tätige Personen werden also dahin gehend untersucht, inwieweit Elemente des klassischen charismatischen Künstlerbildes im Rahmen ihrer Erwerbstätigkeit eine Rolle spielen. Wenngleich die wenigsten sich selbst explizit als Künstler begreifen, sich also (so die Autoren) nicht die ganze ›Last‹ des traditionellen Künstlermythos ›aufladen‹ möchten, grenzen sich alle untersuchten Gruppierungen unter Bezugnahme auf ästhetisch-idealistische Motive stark von rein marktorientierten Handlungsweisen ab (ebd.: 6 ff.). Künstlerischen Vorstellungen wie Authentizität und Originalität kommt eine zentrale Bedeutung zu. Obwohl die Notwendigkeit, ein Einkommen zu erwirtschaften, stetig zu Kompromissen zwingt, erscheint den untersuchten Unternehmern eine *rein* ökonomische Betrachtung zynisch.

Schließlich finden sich noch Studien, die auf im Rahmen dieser Arbeit eher randständige Aspekte verweisen. So haben etwa Steets/Lange (vgl. 2005, Lange 2007, 2006, 2005, Steets 2005, Lange/Steets 2002) in raumsoziologischen Studien die als ›Spacing‹ bezeichneten raumaneignenden, -generierenden und -umcodierenden Praktiken von sogenannten ›cultural entrepreneurs‹ untersucht und ihren Beitrag zur Konstituierung und Perpetuierung urbaner Szenen hervorgehoben. Aus regionalwissenschaftlicher Perspektive hat Klaus (2006) die (stadträumlichen) Voraussetzungen für die Ansiedlung ›kreativer innovativer Kleinstunternehmen‹ am Beispiel der Stadt Zürich untersucht. Komplementär zu Steets und Lange sieht er in Subkulturen, die sich in städtischen Freiräumen bilden, eine zentrale Inspirationsquelle für kulturelle Innovation, die zur Gründung von kulturwirtschaftlichen Kleinstunternehmen führe (ebd.: 235).

Mit diesen Hinweisen auf die Eingebundenheit von Kulturunternehmern in Szenen weisen die Autoren damit auf ein Handlungsfeld hin, das von Pfadenhauer (2000) thematisiert worden ist. Sie beschreibt in Bezug auf unternehmerisches Handeln in Szenen einen ›unternehmerischen Unternehmer‹ einerseits, der in szenespezifischen Events lediglich ein mögliches Tätigkeitsfeld sieht, und einen ›spielerischen Unternehmer‹ andererseits, der den eigenen Spaß am Event mit dem Erwerbsziel, anderen ihren Spaß zu ermöglichen, verbindet. Pfadenhauer vermutet dabei, dass gerade die ›Spaßorientierung‹ dauerhaft für Marktvorteile sorge, da Szeneveranstaltungen von der Mitwirkungsbereitschaft der Konsumenten des Events leben und damit von Erwartungshaltungen an ein Event abhängig sind. Die im Zweifelsfall am eigenen Spaß orientierten Entscheidungen des spielerischen Unternehmers erleichtern die glaubwürdige Vermittlung des Erlebniswerts des Events, die Voraussetzung für ein Event mit Erlebniswert ist.[31]

3.4 Experimentierfeld Kulturwirtschaft

Zusammenfassend lässt sich festhalten, dass sich die Suche nach neuen Arbeits- und Lebensformen, nach neuen (Arbeits-)Subjektentwürfen ebenso wie vielfältige wirtschaftspolitische, arbeitsmarktpolitische oder sozialpolitische Hoffnungen gegenwärtig auf den sogenannten kulturwirtschaftlichen Sektor konzentrieren. Dabei ist die Rede von einem Wirtschaftssektor jedoch mit Vorsicht zu genießen: Denn aufgrund der Diffusität und hochgradigen Verschränkung von Kulturunternehmen mit angrenzenden Sektoren lassen sich nur ansatzweise Branchen bestimmen, deren Unternehmen offensichtlicher als andere auf die Produktion kultureller Waren ausgerichtet sind.

Gleichwohl lässt sich plausibel argumentieren, dass diese ›kulturelleren‹ Branchen ein arbeitssoziologisch interessantes Feld darstellen: So findet sich hier reichhaltiges Anschauungsmaterial für subjektivierte Arbeitsformen und für die Untersuchung einer möglichen Entgrenzung von Arbeit und Leben, vielfältige Formen neuer Selbständigkeit sowie möglicherweise Ansätze einer ›neuen‹ ästhetisch-expressiv orientierten Arbeitsethik. Allerdings konnten die Modelle des Arbeitskraftunternehmers bzw. des unternehmerischen Selbst, die nach Reckwitz (2006) ja gerade im kulturwirtschaftlichen Sektor zu einer neuartigen kreativ-unternehmerischen Vorstellung des Arbeitssubjektes amalgamieren, in den bisherigen empirischen Studien kaum bestätigt werden. Obwohl angenommen wird, dass die Kulturwirtschaft einen Trendsektor der Entgrenzung von Arbeit und Leben darstelle, verweisen alle Ergebnisse zu Freelancern nur auf sehr begrenzte Entgrenzungseffekte, wie offensichtlich auch weiterhin relativ traditionellen (insbesondere berufsförmig verfassten) Mustern der Erwerbsorientierung eine hohe Bedeutung zukommt. Die diesen Formen subjektivierter Arbeit deutlich innewohnende Tendenz, flexiblere und effektivere Formen der Leistungserbringung zu etablieren, scheint eine relativ deutliche Abgrenzung von Arbeit und ›Leben‹ durch die Freiberufler nahezulegen. Zwar werden vorhandene individuelle Gestaltungs- und Entscheidungsspielräume zur Verwirklichung berufsspezifischer Wertvorstellungen genutzt, das Potential zu neuen Tätigkeitsformen jedoch, durch die jenseits der alten Grenze von Arbeit und Leben tat-

---

[31] Neben dem Interesse der Unternehmer, ihren eigenen Spaß zu verwirklichen, und den Interessen des Publikums gilt es, die Interessen weiterer Partner wie Sponsoren oder Medienpartner zu berücksichtigen. Dergestalt erweist sich die Interessensabwägung in einer Eventproduktion als komplexer, als hier oder bei Pfadenhauer dargestellt (vgl. ausführlicher: Euteneuer/Niederbacher 2009).

sächlich eine Gesellschaft denkbar wäre, in der »Selbstverwirklichung nicht als Freizeitsport ausgegliedert wäre, sondern gesellschaftlich relevant und ökonomisch wirksam würde« (Goehler 2006: 245), dieses Potential weist vermutlich nur ein verschwindend geringer Anteil der Tätigkeitsformen im kulturwirtschaftlichen Sektor auf. Diese Tätigkeitsformen sind da zu suchen, wo eigene Projekte oder Produktideen von unternehmerisch handelnden Personen am Markt durchgesetzt werden. Jenseits klassischer kulturberuflicher Felder etablieren sich neuartige Arbeitsweisen also, wenn überhaupt, dort, wo zunächst als Kulturunternehmer bezeichnete Akteure die beschriebenen gesellschaftlichen Entwicklungstendenzen der Subjektivierung der Arbeit, der Entgrenzung von Arbeit und Leben sowie von Kultur und Ökonomie besonders geschickt im Rahmen dynamischen Unternehmertums zu nutzen wissen.

4 Forschungsperspektive und empirisches Vorgehen

Der theoretische Teil dieser Arbeit wurde von einer gegenwartsdiagnostischen Skizze eröffnet, in der skizziert wurde, wie ein kultureller Wandel (im weiteren Sinne), der sich in Anlehnung an Bell (1979) als Vordringen ›modernistischer‹ Werte charakterisieren lässt, zu veränderten Wahrnehmungs- und Handlungsweisen im Bereich von Kultur (im engeren Sinne), Ökonomie, Konsum und Arbeit führen könnte. Zwar fehlt es bei Bell an einer eindeutigen Bestimmung ›modernistischer‹ Vorstellungen. Es liegt jedoch nahe, jene Vorstellung als modernistisch zu bezeichnen, nach der (a) eine genuin moderne Kultur eine dynamische, wandlungsfähige, gestaltbare und zu gestaltende Kultur ist; eine Vorstellung, die sich (b) dagegen verwehrt, dass die in der Moderne freigesetzten Handlungsoptionen der Individuen zweckrational begrenzt werden und die folglich spielerische, zweckfreie, kreative, Emotionen auslösende Neuerungen prämiert und damit (c) Kultur (im engeren Sinne) als *das* Betätigungsfeld schöpferischer Individualität idealisierend hervorhebt. Auch im Sinne von Bell findet diese Vorstellung prononcierten Ausdruck im Rahmen der romantischen Bewegung. Damit liegt der Schluss nahe, dass diese soziologisch bislang wenig beachtete Geistesströmung ebenso wie die Aufklärung an der Generierung moderner Vorstellungen und Ideen beteiligt war, ja insbesondere eine moderne Vorstellung von Kultur etabliert hat. Die bereits im Titel angekündigte Bedeutung romantischer Motive für unternehmerisches Handeln in der Kulturwirtschaft ist also plausibel und eine generalisierte Bedeutung eines romantischen Arbeitsethos denkbar, sofern die Diagnose eines Vordringens modernistischer Werte in die Arbeitswelt zutrifft.

Die bislang nur theoretisch begründete Frage nach der Bedeutung romantischer Denkweisen bestand jedoch nicht von Anbeginn der Untersuchung in der genannten Form. Sie entwickelte sich vielmehr im Forschungsprozess in einem Wechselspiel zwischen Empirie und Theoriearbeit und gewann erst im Rahmen der Exploration des Forschungsfeldes (4.1) an Kontur. An die Interviewdaten aus den zentralen Erhebungen (4.2) wurden als sensibilisierendes Konzept folglich Merkmale‹ romantischen Denkens (4.3) herangeführt, um die These eines aufkommenden romantischen Arbeitsethos zu prüfen.

Im Rahmen dieses Forschungsprozesses kristallisierten sich insgesamt folgende forschungsleitenden Fragestellungen heraus: Es gilt (1) zu klären, inwieweit und wie sich die dargelegten Hinweise auf ein Vordringen modernistischer Vorstellungen in die Ökonomie (genauer: in die ›Arbeitswelt‹) anhand der Denk- und Handlungsweisen selbständiger Erwerbsarbeit in der Kulturwirtschaft empirisch belegen, widerlegen oder differenzieren lassen. Dabei soll explizit nach dem Vordringen romantischer Denkweisen gefragt werden, da sich diese anhand vorhandener Arbeiten zur Romantik weitaus besser wissenssoziologisch präzisieren lassen als eine ›modernistische‹ Denkweise. Die Frage nach den Denk- und Handlungsweisen von selbständig Tätigen richtet sich weiterhin auch auf eine präzise Rekonstruktion von Sinnzusammenhängen und Motiven, wie sie in Bezug auf neue Selbständige festgestellt wurden, bislang aber recht undifferenziert mit ›Selbstverwirklichung‹, ›Unabhängigkeit‹ oder ›Flexibilität‹ gefasst wurden. Dabei gilt es besonders, (habituell verfasste) Denkweisen und Werthaltungen zu identifizieren, die Selbständige in der Kulturwirtschaft zu *unternehmerischen* Handlungen veranlassen bzw. diese verhindern. Damit wird auch der Frage nachgegangen, ob unternehmerisches Handeln durch romantische Denkweisen evoziert werden kann und diesen damit tatsächlich selbst dort eine Bedeutung zukommt, wo zumeist eine Dominanz zweckrationaler, wirtschaftlicher Imperative unterstellt wird: im wirtschaftlichen Handeln von Unternehmern.

Über die Rekonstruktion der (habituellen) Denk- und Handlungsweisen hinaus, die das Erwerbshandeln von Selbständigen in der Kulturwirtschaft insgesamt leiten, gilt es unter Aufgriff der arbeitssoziologischen Erkenntnisse zu den neuen Selbständigen (2) nach alltäglichen Strategien zu fragen, mit denen die Unternehmer mögliche eigene Ansprüche und Werthaltungen mit den Erfordernissen des Marktes in Einklang bringen, mit denen auf konkrete Anforderungen von Kunden oder auf mutmaßliche Anforderungen auf einem bestimmten Markt reagiert wird oder schließlich nach Strategien, mit denen schlicht eine Stabilisierung des eigenen Einkommens bzw. der Marktposition angestrebt wird. Während für freiberufliches Handeln grobe Hinweise etwa auf eine Spielbein-Standbein-Strategie oder Kundennetzwerke vorliegen, ist dies in Bezug auf unternehmerisches Handeln von Einzelunternehmern oder Kleinstunternehmen ungeklärt.

Weiterhin erscheint (3) die arbeitssoziologische Frage nach einer möglichen Entgrenzung von Arbeit und Leben relevant. Berücksichtigt man die Hinweise auf eine ›begrenzte Entgrenzung‹ sowie die angemahnte Notwendigkeit der Beachtung subjektiver Deutungsmuster und Handlungsstrategien, so gilt es allerdings weniger, ›statisch‹ zu untersuchen, ob und in welcher Art und Weise eine als ›normal‹ unterstellte Aufteilung von Arbeit und Leben unterlaufen wird, sondern der Frage nachzugehen, wie das Verhältnis von ›Arbeit‹ und ›Leben‹ subjektiv (re-)konstruiert wird, welche Handlungsstrategien sich daraus ableiten sowie ob und ggf. in welcher Form dabei Entgrenzungserfahrungen gemacht werden.

Nicht zuletzt zielt die Untersuchung darauf ab, zu klären, ob (4) die tentative Unterscheidung von Kulturunternehmern, Freelancern und Künstlern eine tragfähige Typologie selbständiger Erwerbsarbeit in der Kulturwirtschaft darstellt bzw. wie eine mögliche Typologie aussehen könnte, die sich an den habituell verankerten Denk- und Handlungsweisen der Selbständigen orientiert. Zusammengefasst gilt es also, folgende Fragen zu beantworten:

1. Ist das Erwerbshandeln bzw. das erwerbsbiografische Handeln von Selbständigen in der Kulturwirtschaft durch modernistische bzw. romantische Werthaltungen und Denkweisen und Sinnmuster geprägt? Stehen diese im Zusammenhang mit unternehmerischem Handeln? Lässt sich folglich ein ›romantischer‹ (Kultur-)Unternehmertypus empirisch rekonstruieren?

2. Welche Strategien zur Verwirklichung subjektiver Werte und Vorstellungen in selbständiger Erwerbsarbeit lassen sich erkennen? Wie werden Kunden- und Marktanforderungen rezipiert und wie wird auf diese reagiert? Welche Strategien der Marktbehauptung lassen sich erkennen?

3. (Wie) werden Grenzen zwischen Erwerbsarbeit und Privatleben konstruiert? Lassen sich Entgrenzungstendenzen identifizieren und wenn ja, wann erscheinen diese subjektiv problematisch?

4. Wie lassen sich Formen selbständiger Erwerbsarbeit in der Kulturwirtschaft typisieren?

Schließlich soll auf der Basis der empirischen Ergebnisse auch die Angemessenheit der soziologischen Arbeits-Homunkuli des unternehmerischen Selbst, des Arbeitskraftunternehmers bzw. besonders des im Rahmen der Kulturwirtschaft mutmaßlich als neues Subjektideal entstehenden kreativ-konsumtorischen Selbst reflektiert werden. Denn die rekonstruierten subjektiven Denk- und Handlungsweisen müssten Hinweise darauf liefern, inwieweit sich diese vornehmlich theoretisch bzw. diskursanalytisch gewonnenen Subjektvorstellungen tatsächlich in einer empirisch nachweisbaren Weise in veränderten Subjektentwürfen und diesen entsprechenden Handlungsweisen niederschlagen (vgl. auch Fn. 9, S. 20).

4.1 Exploration des Forschungsfeldes

Als hilfreiches Instrument zur Exploration der Kulturwirtschaft und ihrer lokalen Strukturen erwies sich im Rahmen der Forschungsarbeit das Internet, mit dessen Hilfe noch vor der Durchführung erster explorativer Interviews ein erster Feldüberblick erlangt werden konnte. Eine Internetpräsenz gehört für die meisten Selbständigen in der Kulturwirtschaft zur ›Grundausstattung‹. Da Webseiten von Selbständigen in der Kulturwirtschaft gewöhnlich auf vier bis fünf weitere Webseiten von Kollegen, Kooperationspartnern, Kunden, relevante Verkaufsplattformen, Ladengeschäfte oder Weblogs verweisen, lässt sich die Struktur der Kulturwirtschaft gut durch das Nachverfolgen dieser ›Links‹ erschließen. Dass dabei nur in seltenen Ausnahmefällen Verweise auf andere Regionen zu finden waren, verweist auf eine starke lokale Verankerung der Unternehmen. Selbständige in der Kulturwirtschaft sind vornehmlich lokal vernetzt und arbeiten in einem überraschenden Ausmaß für lokale Kunden, gleich ob sie mobile, immobile oder ›ortlose‹ Güter (wie Internetseiten) produzieren. In Deutschland gelten aufgrund seiner besonderen historischen und sozialstrukturellen Bedingungen gewöhnlich Berlin bzw. gewisse sozialräumliche Milieus in Berlin (z. B. Prenzlauer Berg/Kastanienallee) als zentraler Standort für kulturwirtschaftliche Unternehmen (vgl. Merkel 2008, Lange 2006, 2005, Vogt 2005). Die Recherchen zeigten allerdings, dass auch jenseits der Sonderbedingungen Berlins in allen bundesdeutschen Großstädten eine Vielzahl kulturwirtschaftlicher Kleinstunternehmen anzutreffen ist. Dergestalt erschien es vielversprechend, dem vermuteten Typus des Kulturunternehmers einmal schwerpunktmäßig jenseits augenfälliger ›kreativer Milieus‹ nachzuspüren. Die Konzentration auf den Ballungsraum Rhein-Ruhr als Region, in der große Hoffnungen auf eine Bewältigung des wirtschaftlichen Strukturwandels durch Kultur gehegt werden (vgl. Ebert/Gnad 2006), die aber trotz des Titels der Kulturhauptstadt 2010 (noch) nicht als Kulturmetropole wahrgenommen wird, erschien demnach naheliegend.

Über die lokale Strukturierung hinaus lieferte die Analyse der Webseiten und ihrer Verknüpfungen weitere Hinweise auf Strukturen innerhalb der Kulturwirtschaft. So wurden unterschiedliche Verknüpfungs- bzw. Einbindungsgrade unterschiedlicher Akteure deutlich: Als zentrale Verknüpfungspunkte im Internet erwiesen sich insbesondere die Seiten freiberuflicher Webdesigner, da diese oft von anderen kulturwirtschaftlichen Akteuren mit der Erstellung von Internetpräsenzen beauftragt werden und wiederum auf die Seiten ihrer Kunden als Referenzen bzw. Arbeitsproben verweisen. Gerade die Seiten von als Kulturunternehmer eingeschätzten Personen erweisen sich allerdings im Gegensatz zu den Seiten von Freelancern (wie Webdesignern) als unterdurchschnittlich vernetzt. Die Seiten von Kulturunternehmern erweisen sich häufig sogar als ›Sackgassen‹ im Rahmen der elektronischen Vernetzung: Auf sie wird hingewiesen, da sie Referenzkunde eines Webdesigners sind oder da andere Selbständige auf ihre ›spannenden‹ Produkte aufmerksam machen möchten, sie verweisen selbst oft aber nicht im Gegenzug auf die Seiten anderer.

Doch nicht nur strukturelle Aspekte lieferten erste Hinweise auf Unterschiede zwischen Freelancern und Kulturunternehmern: Im Rahmen der Analyse der textlich-inhaltlichen Gestaltung der Webseiten wurden auch differente Modi der Selbstdarstellung[32] von Kulturunternehmern und Freelancern erkennbar, die den ersten Hinweis auf eine Bedeutung romantisch-wertrationaler Denkweisen einerseits und zweckrationaler Haltungen andererseits gaben.

Die Internetpräsenzen von *Freelancern* waren in Aufbau und Struktur einander nämlich hochgradig ähnlich und insgesamt durch ›rational-bürgerliche‹ Formen der Selbstdarstellung geprägt: Typischerweise befindet sich auf der Startseite eine kurze ›firmen-‹ oder ›produktphilosophische‹ Einlassung, die darauf abzielt, *rational kalkulierende* Rezipienten davon zu überzeugen, dass sie einen geschäftlichen Nutzen aus den Leistungen des Freelancers ziehen können. Hier werden klare, knappe Aussagen getroffen, in denen die Zweckmäßigkeit und Nützlichkeit des Unternehmens bzw. seiner Produkte hervorgehoben werden. Dem schließen sich gewöhnlich die Freelancer als Person ins Blickfeld rückende Versicherungen der Seriosität, Professionalität, umfassenden Kompetenz sowie Anpassungsbereitschaft an die Vorstellungen von Kunden (›Dienstleistungsorientierung‹) an. Diese Versicherungen werden gewöhnlich durch den Verweis auf Referenzkunden und Referenzarbeiten bestärkt. Ganz bürgerlich werden auf Webseiten von Freelancern also Effizienzversprechen abgegeben, es wird die Zweckrationalität der Produkte betont und die eigene Zuverlässigkeit und Professionalität durch den Verweis auf (möglichst renommierte) Kunden (und damit den ›guten Ruf‹ bzw. ›Leumund‹) hervorgehoben.

Webseiten von Kulturunternehmern weisen demgegenüber eine weitaus größere Variationsbreite auf. Neben der Präsentation der eigenen Produkte steht auch hier die Darstellung der Person des Unternehmers bzw. der an der Produktion der Produkte beteiligten Personen im Vordergrund. Sowohl die Produktdarstellung als auch die persönliche Darstellung fällt jedoch konträr zu den bürgerlich-rationalen Selbstdarstellungsweisen der Freelancer aus: So wird nicht die rationale Nützlichkeit der Produkte, sondern ihre ästhetische Besonderheit und ihr emotionsevozierender Charakter in den Vordergrund gestellt. Ähnlich wird nicht die Verlässlichkeit, Professionalität und Anpassungsfähigkeit der Person in den Vordergrund gestellt, sondern ihre Einzigartigkeit, ihr expressives Bedürfnis, ihre Unangepasstheit und leidenschaftliche Involviertheit. Die dabei gewählten Darstellungsformen eint vornehmlich ihre Orientierung an einer ›Norm der Abweichung‹ (vgl. Osten 2003) – eine Norm, die z. B. in der Ironisierung firmendynastischer Traditionserzählungen im Rahmen des Selbstdarstellungstextes

---

[32] Die Internetseiten werden hier als Dokumente, also als »methodisch gestaltete Kommunikationszüge« (Wolff 2003: 511) gedeutet. ›Methodische‹ Selbstdarstellungen bringen zum Ausdruck, wie man von bestimmten Adressaten gesehen werden möchte, und nur begrenzt, wie man sich selbst sieht.

zweier unter dem Firmenlabel ›Propeller‹[33] arbeitender Designer zum Ausdruck kommt:

>»Propeller‹ gibt es seit Mai 1917 und wurde seitdem von Generation zu Generation weitergegeben. Der Gründer verstarb tragisch 1925 während einer Großwildjagd in der Serengeti an Liebeskummer, als er erfuhr, dass die Krokodilsdame, die er beim Baden kennen gelernt hatte, nur hinter seinem Geld her war. Nach dem zweiten Weltkrieg geriet die Marke in eine Krise, da im praktisch orientierten Nachkriegsdeutschland niemand verstand, dass jemand[,] der ›Propeller‹ heißt, gar keine Propeller verkauft. Logischer Schritt: 1975 verlagerte ›Propeller‹ die Produktion in die DDR und produzierte dort in einer der modernsten Anlagen des Ostblockes[,] dem ›Propeller-Kombinat für Design und Leibesbedeckung‹[,] sozialistische Berufskleidung. Nach turbulenten Jahren während der Wende und einem spannungsreichen Gesundschrumpfungsprozess sitzen wir nun in einem Plattenbau im Herzen von Duisburg. Hier arbeiten wir Tag für Tag an Gewinnoptimierung und unserer Sitzhaltung.«

Im Gegensatz zur rationalen Darstellung der Freelancer dominieren in solchen Texten emotionsevozierende Elemente. Auf Zweckrationalität wird, wenn überhaupt, *ironisch* Bezug genommen. Augenscheinlich richten sich diese Texte nicht an ein rational-kalkulierendes Publikum, sondern an die Emotionalität potentieller Käufer der jeweiligen Produkte. Es ist ein Leichtes, in solchen Beschreibungen Elemente ›romantischer‹ Denkweisen (vgl. 4.3) zu entdecken: So wird häufig das persönliche Bedürfnis nach kreativer Expression herausgestellt, mit der eigenen geschäftlichen Naivität und Irrationalität kokettiert und der Eindruck der ›Unverfälschtheit‹ und Authentizität der Persönlichkeits- und Produktdarstellungen gepflegt. Die Selbstdarstellungstexte sind gefühlsbetont, irrational und besonders. Sie geben sich geheimnisvoll, verschroben oder hintergründig. Auch ästhetisch sind diese Internetpräsenzen ausgesprochen ungewöhnlich gestaltet: Sei es, dass mit mehreren Browserfenstern gearbeitet wird, auffällige Hintergründe oder komplexe Animationen verwendet werden, bei denen es manchmal erst (mühsam) zu entdecken gilt, hinter welchen Elementen der Seite sich Links zu weiteren Inhalten verbergen – wie die Sprache der Selbstdarstellungstexte ist auch die Ästhetik verspielt und irrational.

Nun lässt sich von strategischen Selbstdarstellungen nicht *direkt* auf Werthaltungen oder gar Denkweisen schließen. Offenkundig wird zunächst nur, dass bei den Selbstdarstellungen der Kulturunternehmer nicht die Präsentation berufsförmig organisierter Fähigkeiten und ihr zweckrationaler Nutzen im Vordergrund steht, sondern die Präsentation von Produkten bzw. Marken, deren ›Nutzen‹ offenkundig in ihrer expressiv-symbolischen Bedeutung liegt. Dies lässt al-

---

[33] Alle Firmen- und Personennamen sowie Ortsbezeichnungen sind verändert worden.

lerdings (1) ein größeres Potential zur Übernahme romantisch-expressiver Denkweisen bei Kulturunternehmern vermuten, das dementsprechend als sensibilisierendes Konzept entwickelt wurde, um sich an den erhobenen Daten messen zu
lassen. Im Rahmen der explorativen Internetrecherchen ließ sich weiterhin feststellen, dass sich (2) Kulturunternehmer im Sinne dieser Arbeit identifizieren
lassen, die ›fertige‹ kulturwirtschaftliche Produkte anbieten, und dass sich diese
vermutlich deutlich von Freiberuflern mit offensichtlicher ›Dienstleistungs-
mentalität‹ unterscheiden, die berufsförmig verfasste Arbeitsleistungen vermarkten. Außerdem wurde im Rahmen der explorativen Interviews (3) deutlich, dass
die Abgrenzung von Kulturunternehmern empirisch nicht eindeutig ist. So fanden
sich Selbständige, die sehr spezifische ›eigene‹ Produkte und Dienstleistungen
anbieten, formell aber auf Auftraggeber angewiesen bleiben, da die Bran-
chenstruktur (z. B. in der Filmbranche) eine eigenständige Produkterstellung und
Vermarktung extrem erschwert. Außerdem ließen sich Freiberufler identifizieren,
die ›nebenbei‹ auch eigene Produkte entwerfen und verwirklichen, dies aber eher
als Hobby betrachten. Umgekehrt wurde auch bei manchen auf den ersten Blick
als Kulturunternehmer eingestuften Personen deutlich, dass die Kreation und
Verwirklichung eigener Produkte nur auf der Basis einer zusätzlichen Erwerbstätigkeit wirtschaftlich tragfähig ist. Im Rahmen der Auswahl der zentralen
Interviewpartner lag es nahe, sich an der ›Selbstdefinition‹ der Befragten zu orientieren, also zu eruieren, welche ihrer Tätigkeiten sie als Haupttätigkeit begreifen:
Denn sofern die unternehmerische Tätigkeit als ›Hobby‹ betrachtet wurde,
erschienen viele untersuchungsleitende Themenbereiche subjektiv irrelevant.

Da der kulturwirtschaftliche Sektor ebenso wenig klar eingrenzbar ist wie
unternehmerisches Handeln, ergaben sich (4) Überschneidungen mit Unternehmern, die nach statistisch-formellen Definitionen nicht der Kulturwirtschaft
angehören, aber gleichwohl Produkte mit expressivem Gehalt herstellen und
vermarkten, sowie mit ›Unternehmern‹, die nicht im schumpeterschen Sinne unternehmerisch tätig sind, sondern lediglich als Arbitrageure agieren. Ebenso ergeben sich im Bereich des Kunsthandwerks Übergänge zu künstlerischen Tätigkeiten, wie insgesamt die Unterscheidung von Künstlern und Kulturunternehmern ›objektiv‹ nur anhand einer enumerativen Bestimmung künstlerischer Berufe (z. B.: Künstler sind Maler, Bildhauer, Musiker, Tänzer) durchzuhalten war.

Schließlich wurde (5) deutlich, dass sich die Untersuchungen im Bereich
der Kulturwirtschaft auf drei auch im UNCTAD-Modell (vgl. Abb. 6, S. 62)
benannte Branchen konzentrieren sollten, in denen sich die anvisierte Figur des
Kulturunternehmers bzw. kulturwirtschaftliche Kleinstunternehmen (zumindest
im Großraum Rhein-Ruhr) besonders deutlich zeigten: auf a) die Designbranche
(insbesondere Textildesign), b) die Medienbranche und c) auf die Veranstal-
tungs- und Eventorganisation als ›Kulturdienstleistung‹.

4.2 Zentrale Erhebung: Sample und Methode

Die Ergebnisse der explorativen Phase verwiesen so auf die Notwendigkeit, ein sensibilisierendes Konzept romantischen Denkens zu entwickeln, ermöglichten aber gleichzeitig die weitere Planung der Erhebungen: Neben der Konzentration auf die drei genannten, im Rahmen des Erkenntnisinteresses der Arbeit besonders relevant erscheinenden Teilbranchen der Kulturwirtschaft lag es angesichts der schwierigen Abgrenzbarkeit von Kulturunternehmern nahe, das Sample durch die Einbeziehung von Vergleichsgruppen zu erweitern. Mit einbezogen in die weiteren Erhebungen wurden einerseits Freelancer aus der Medienbranche (als nicht unternehmerisch handelnde Selbständige in der Kulturwirtschaft) und freiberuflich tätige Künstler (als Repräsentanten des ›Kerns der Kulturwirtschaft‹) sowie andererseits Kleinstunternehmer außerhalb des kulturwirtschaftlichen Sektors (um die Besonderheiten des Sektors abzuschätzen). Das Sample besteht damit aus einer zentralen Untersuchungsgruppe, die durch unternehmerisches Handeln in der Kulturwirtschaft gekennzeichnet ist (die Kulturunternehmer), sowie zwei Vergleichsgruppen die je eines dieser Merkmale nicht aufweisen (vgl. Abb. 9). Mit Vertretern dieser Gruppierungen wurden Interviews geführt, die sich an einem ›pragmatisch‹[34] gehandhabten Leitfaden orientierten.

	Kulturwirtschaft	**Nichtkulturwirtschaft**
Eigenes (innovatives) Produkt, unternehmerisches Handeln	Untersuchungsgruppe: *Kulturunternehmer*	Vergleichsgruppe 2: *Kleinstunternehmer*
Berufsförmige Selbständigkeit	Vergleichsgruppe 1: *Freiberufler* (Medienberufe, Künstler)	

Abbildung 7:   Struktur des Samples

Nach der explorativen Erhebung konzentrierten sich die Erhebungen also auf Kulturunternehmer, die sich aus einer europäisch-hierarchisierenden Perspektive sowie in Anlehnung an das ›Creative Industries‹-Modell der UNCTAD (vgl. Abb. 6, S. 62) drei Branchen mit abnehmendem ›künstlerischen Bezug‹ bzw. abnehmender Relevanz unmittelbar kulturschaffenden Tätigkeiten zuordnen lassen: (Textil-)Design, Medien sowie Eventorganisation als ausgewählter Bereich der ›creative services‹. Insgesamt wurden 12 ein- bis zweistündige Inter-

---

[34] Pragmatisch gehandhabt meint, dass der Entwicklung der Gesprächsdynamik Vorrang gegenüber dem Leitfaden eingeräumt wurde. Der Leitfaden sollte sicherstellen, dass bestimmte Themenbereiche in allen Interviews *angesprochen* werden. Eine weitere Standardisierung wurde unterlassen, da für die Rekonstruktion (habitualisierter) Denk- und Handlungsweisen Narrationen von besonderem Interesse sind (vgl. Nohl 2006: 48 f.), die durch standardisierte Leitfäden eher verhindert werden.

views mit 14 Kulturunternehmern aus 10 Unternehmen geführt (vgl. Abb. 10). Neben einer Repräsentation der verschiedenen explorativ herausgearbeiteten ›Branchen‹, in denen besonders viele Kleinstunternehmen anzutreffen waren, wurde darauf geachtet, dass sowohl Einzelunternehmer als auch ›Gemeinschafts-unternehmungen‹ (meist als GbR verfasst), die von mehreren Unternehmern gemeinschaftlich geleitet werden, erfasst wurden: Denn diese Unternehmens-typen repräsentieren die typischen Unternehmen der ›kleinen Kulturwirtschaft‹ (vgl. 3.2). Das Sample repräsentiert in seiner geschlechtlichen Unausgewogen-heit Ungleichgewichte, wie sie sich in den explorativen Erhebungen abzeich-neten: Obwohl der Frauenanteil in der Kulturwirtschaft vergleichsweise hoch ist (vgl. Betzelt 2006: 6), zeigte sich in der Exploration des Feldes eine deutlich Dominanz von Männern in Bezug auf *unternehmerische* Tätigkeiten. Lediglich im Bereich des Textildesigns zeichnete sich ein deutliches Übergewicht von Unternehmerinnen ab.

	Unternehmen	Kurzbeschreibung	Interviewpartner	Sigle
Medien	Luudim	Konzeption, Entwurf und Vertrieb von Gutschein-büchern; Produkte im Verlagsgewerbe	Christian Barthel	KuM1
	Daumenkino	Produktion von Trickfilmen, moderne Grafik, klassische Animationstechniken	Alexander Mahler	KuM2
			Gerrit Kluge	KuM3
	Clubscene NRW	Produktion der NRW-Ausgabe eines Party-Guides für die Techno-Szene	Gregor Dreyer	KuM4
	Clubscene Berlin	Produktion der Berlin-Ausgabe eines Party-Guides für die Techno-Szene	Christian Schmidt Sebastian Becker	KuM5
Events	Kulturspaß	Entwicklung, Organisation und Durchführung von erlebnisorientierten Führungen und Kulturevents im Ruhrgebiet	Ulrike Kemper	KuE1
	Dancefloor	Künstlerbetreuung, Eventorganisation, Booking und Marketing in der Techno-Szene	Wilhelm Regner	KuE2
	Partytravel	Produktion von ›Lifestyle‹-orientierten Reise-Events für die Techno-Szene; Ausweitung auf weitere Zielgruppen geplant	Timo Klinger	KuE3a KuE3b
			Benno Sahlmann	KuE4a KuE4b
Design	Fabelhaft	Modedesign, Entwurf und Produktion	Barbara Abels	KuD1
	Madame Leihs	Entwurf, Herstellung und Verkauf von Spielwaren, Babykleidung und v. a. m.	Miriam Leihs	KuD2
	Sommer & Mohr	Modedesign; vorläufige Fokussierung auf Ent-wicklung und Produktion von Taschen	Martin Mohr, Katrin Sommer	KuD3

Abbildung 8:   Untersuchungsgruppe Kulturunternehmer

Vergleichend wurden weiterhin 13 Interviews mit Freiberuflern in der Kulturwirtschaft sowie mit Unternehmern außerhalb der Kulturwirtschaft durchgeführt.[35] Die Interviews mit Freiberuflern konzentrierten sich auf Künstler sowie journalistische Berufe. Während in Bezug auf freischaffende Künstler drei zentrale künstlerische Richtungen abgebildet wurden, um dergestalt einen möglichst allgemeinen Eindruck künstlerisch-berufsförmiger Selbständigkeit zu erlangen, konzentrierte sich der Vergleich mit Freelancern in ›sekundären‹ Kulturberufen auf den journalistischen Bereich. Dies eröffnet einerseits Vergleichsmöglichkeiten mit dem Sample der Kulturunternehmer im leicht überrepräsentierten Mediensektor. Andererseits ergibt sich auch ein deutlicher Kontrast zur unternehmerischen Tätigkeit, da mit dem Journalismus ein freiberufliches Feld mit historischer Tradition gewählt wurde, in dem institutionellen Strukturen eine gewichtige Bedeutung zukommt. In Bezug auf die innere Differenzierung der journalistischen Berufe wurde wiederum eine breit angelegte Samplingstrategie angewandt. Insgesamt wurden drei Interviews mit freiberuflichen Künstlern, zwei Interviews mit (Presse-)Fotografen, zwei Interviews mit freien Journalisten im Bereich der audiovisuellen Medien und ein Interview mit einem freien Journalisten im Bereich der Printmedien geführt.

Bereich	Untergruppe	Interviewpartner	Sigle
Kunst	Musik	Dario Gaartz	Kü1
	Bildende Kunst	Carolin Quast	Kü2
	Film und Darstellende Kunst	Werner Kreft	Kü3
Medien	Freie Journalisten, Printmedien	Christoph Glaser	Fl5
	Freie Journalisten, audiovisuelle Medien	Karsten Pickert Dagmar Fuhr	Fl2 Fl4
	Freie (Presse-)Fotografen	Klaus Stenger Jonas Feldmann	Fl3 Fl1

Abbildung 9: Vergleichsgruppe 1 – Freiberufler in der Kulturwirtschaft

Als zweite Vergleichsgruppe wurden Interviews mit Unternehmern außerhalb des kulturwirtschaftlichen Sektors geführt, wobei diese Unternehmer eine unterschiedliche Nähe zum kulturwirtschaftlichen Sektor kennzeichnet sowie ein unterschiedliches Maß an unternehmerischem Handeln im Sinne dieser Arbeit: So agiert die Firma MaxxAudio mit der Vermittlung von Werbeschaltungen an Internet-Radiosender unmittelbar an der Schnittstelle zur Kulturwirtschaft und ver-

[35] Ich danke den Teilnehmern des Projektstudiums ›Kulturunternehmer‹ an der Technischen Universität Dortmund, die mir in Bezug auf diese Gruppen Interviewmaterialien zur Verfügung stellten.

wirklicht eine innovative Unternehmensidee. Nicht kulturwirtschaftlich, aber von durchaus expressivem Gehalt sind die Waren der Firmen ›Perl Wein‹ und ›Der Exotenmann‹. Während erstere der Herstellung und Vermarktung eines ›innovativen‹ Produktes dient, basiert letztere auf der Nutzung einer Arbitrage-gelegenheit. Die SAI GmbH sowie die Firma Energytrade erbringen technische Dienstleistungen. Erstere Firma bietet dabei auf berufsförmiger Spezialisierung beruhende Dienstleistungen an, während letztere ein innovatives Produkt produziert, vertreibt und weiterentwickelt. Trotz aller Diversität dieses Samples verbindet alle ›Unternehmer‹, dass diese sich erst vor wenigen Jahren mit der Gründung eines Kleinstunternehmens selbständig gemacht haben, um eine Produkt-bzw. Geschäftsidee zu realisieren, also ›junge‹ Unternehmen leiten.

Unternehmen	Kurzbeschreibung	Interviewpartner	Sigle
SAI GmbH – Schadens-analytisches Institut	Ingenieurwissenschaftliche Dienstleistung, Schadensanalyse	Friedrich Sterk	U1
Perl Wein	Herstellung und Vertrieb eines selbstkreier-ten Perlweingetränks	Carsten Perl	U2
Energytrade	Erstellung und Weiterentwicklung einer Software für Unternehmen im Energiesektor	Oliver Steinke	U3
MaxxAudio	Werbeagentur für Online-Radios	Hendrik Majewski	U4
Der Exotenmann	Handel und Zucht ›exotischer‹ Pflanzen	Markus Kottke	U5

Abbildung 10: Vergleichsgruppe 2 – Unternehmer in Kleinstunternehmen

Bei der ersten Durchsicht des Interviewmaterials verstärkte sich der bereits in der Feldexploration entstandene Eindruck, dass das Handeln der Kulturunternehmer nicht ohne eine Untersuchung ihrer Denkweisen verstanden werden kann. Dass sie als Kulturunternehmer – weitaus mehr als die untersuchten Freelancer – versuchen, Freiräume am Markt zu erarbeiten, um eigene Produktvorstellungen zu verwirklichen, dass sie einer Entgrenzung von Arbeit und Leben weniger kritisch gegenüberstehen oder dass sie einen spielerischen Umgang mit Marktrisiken pflegen und sich als weitaus risikobereiter erweisen, lässt sich nur vor dem Hintergrund einer Rekonstruktion ihrer Deutungsmuster, Werthaltungen und Weltsichten, kurz: ihrer (habituell verankerten) *Denkweise* verstehen.

Es lag daher zur weiteren Auswertung der Interviews nahe, auf die *dokumentarische Methode* der Interpretation zu rekurrieren, da diese anstrebt, nicht nur reflexive Wissensbestände, sondern auch habitualisiertes Wissen zu rekonstruieren. Erkenntnistheoretisch reklamiert sie, bei der Interpretation der Materialien über die Rekonstruktion immanenter Sinngehalte hinauszugehen, ohne jedoch die empirische Basis des in den Interviews repräsentierten Wissens der Akteure zu verlassen (vgl. Bohnsack 2007): Indem in der Interpretation das

Augenmerk weniger darauf gerichtet wird, was im empirischen Material Thema wird, sondern vornehmlich, *wie* etwas thematisiert wird, werden Orientierungsrahmen herausgearbeitet, die im Wissen der Akteure repräsentiert sind, aber nicht reflexiv thematisiert werden (vgl. Bohnsack 2003: 41).

Dabei bezieht sich die dokumentarische Methode auf eine von Karl Mannheim etablierte Unterscheidung von drei Sinndimensionen (vgl. Endreß 2007: 82 ff., Bohnsack 2007; Nohl 2006: 8 f.): Auf der Ebene des immanenten Sinns wird mit der Dimension des ›objektiven Sinngehaltes‹ zunächst auf den notwendigen Bezug von Sinnsetzungen auf konventionalisierte Bedeutungen hingewiesen. Diese Sinngehalte basieren auf kommunikativ-generalisierten Wissensbeständen und können demzufolge interpretativ ohne Bezugnahme auf ein Subjekt und dessen Intentionen erschlossen werden. Demgegenüber kann der ebenfalls immanente, subjektiv gemeinte Sinn (der intentionale Ausdruckssinn) nur indirekt und näherungsweise erschlossen werden: im Rekurs auf alltägliche Verfahren des Fremdverstehens, in denen objektive Sinngehalte als ›Indizien‹ subjektiver Sinnsetzungen gedeutet werden (vgl. ähnlich Hitzler 1993: 224).

Von diesen beiden Formen immanenten Sinns wird drittens der Dokumentsinn unterschieden, der zunächst als Residualkategorie das jenseits der konventionalisierten Bedeutungen und subjektiven Absichten »faktisch ebenso Mitgeteilte oder nicht hinreichend Verschleierte« (Endreß 2007: 82) bezeichnet. Denn jenseits dessen, was im Rahmen von Sinnäußerungen subjektiv zum Ausdruck gebracht werden soll und auf welche objektiv verfügbaren Sinngehalte dazu rekurriert wird, lässt sich anhand einer Sequenz von Sinnäußerungen auch auf die Herstellungsweise dieser Äußerungen, auf einen Orientierungsrahmen schließen, in dem diese Sequenz verschiedener, aber Homologien aufweisender Sinnäußerungen insgesamt steht. Diese generativen Sinnorientierungen basieren zumeist auf ›atheoretischen‹ Wissensbeständen, die im Rahmen einer bestimmten Handlungspraxis erworben worden sind und alltäglich nicht kommunikativ expliziert werden müssen (ja oftmals nur mühsam explizierbar sind), da sie den an dieser Praxis beteiligten Personen unmittelbar verständlich sind. Insofern dieses Wissen ebenso auf gemeinschaftlicher Praxis beruht wie als Basis ›unmittelbaren‹ Verstehens gemeinschaftsstiftend wirkt, ist konträr zu ›kommunikativem‹ von ›konjunktivem Wissen‹ die Rede. Für Außenstehende sind diese Wissensbestände interpretativ durch komparative Sequenzanalyse zu erschließen (vgl. Nohl 2003a, 2003b): indem einerseits innerhalb eines Dokuments zwischen thematisch zusammengehörigen Sinnäußerungen nach impliziten Regelhaftigkeiten gesucht wird, die diese Sinnäußerungen verbinden, und andererseits die besonderen Merkmale des dabei erkennbaren Modus der Themenbearbeitung im Kontrast zu andersartigen Bearbeitungsformen herausgearbeitet werden.

Insofern die dokumentarische Methode besonderes Gewicht auf die Herausarbeitung habituell verankerter Orientierungsrahmen bzw. Denkweisen legt, fokussieren die Interpretationsverfahren vornehmlich die Herausarbeitung des Dokumentsinns. Eine Herausarbeitung der objektiven Sinngehalte ist allerdings Voraussetzung für diese Interpretation.[36] Die Herausarbeitung dieser beiden Sinndimensionen wird im Rahmen der Interpretation formal getrennt: Während die ›formulierende Interpretation‹ auf die Herausarbeitung des objektiven Sinngehalts abzielt, wird erst mit der ›reflektierenden Interpretation‹ die Herausarbeitung des Dokumentsinns angestrebt.

Bei der dokumentarischen Interpretation der Interviews wurden in dieser Arbeit in Anlehnung an das von Nohl (2006: 45 ff.) vorgeschlagene Verfahren folgende Interpretationsschritte vorgenommen: Erster Schritt im Rahmen der formulierenden Interpretation war eine thematische Grobstrukturierung der Interviews. Anhand dieser thematischen Verläufe (vgl. Bohnsack 1999: 135) wurden sodann zentrale Interviewstellen identifiziert, die a) in Bezug auf die Forschungsfragen von Relevanz erschienen oder b) für die Interviewten von (zentraler) Relevanz waren (was durch eine besonders engagierte und oder ausführliche Auseinandersetzung mit einem Thema, durch eine ›Fokussierungsmetapher‹ [vgl. ebd.: 45] kenntlich wird) und die c) in der Mehrzahl der Interviews behandelt wurden, sich also für eine komparative Analyse eignen. Die Interpretation der derart ausgewählten Sequenzen begann dann mit einer formulierenden Feininterpretation. Dabei wurden Ober- und Unterthemen identifiziert sowie thematische Zusammenfassungen der Passagen angefertigt. Diese Interpretationen dienen dazu, den ›objektiven‹ thematischen Sinngehalt der Passagen herauszuarbeiten, wobei diese Herausarbeitung immer schon Deutungsakte umfasst.

Im Rahmen der reflektierenden Interpretation einer Sequenz wurde zunächst die formale Textsortentrennung genutzt, wie sie Fritz Schütze (vgl. 1987) entwickelt hat. Erzählungen, also Passagen, in denen konkrete Handlungs- und Geschehensabläufe dargestellt werden, werden von Beschreibungen wiederkehrender oder im Sinne der Interviewten feststehender Sachverhalte sowie von Argumentationen, in denen Sachverhalte begründet, beurteilt, bewertet werden, bewusst unterschieden und unterschiedlich gedeutet. Dem Verständnis der dokumentarischen Methode nach korrespondieren diese unterschiedlichen Textsorten nämlich mit den analytisch unterschiedenen Sinnebenen: Da der Interviewte im Rahmen von Argumentationen besonders der Kommunikationssituation des Interviews Rechnung trägt und Begründungen liefert, von denen er annimmt, sie könnten den Interviewer überzeugen, rekurriert er vornehmlich auf objektive Sinngehalte bzw. kommunikative Wissensbestände. Erzählungen, in denen von

---

[36] Dagegen werden keine Verfahren zur Rekonstruktion des subjektiv gemeinten Sinns vorgelegt, Nohl hält diesen sogar schlichtweg für empirisch nicht erfassbar (vgl. Nohl 2006: 9).

konkreten Handlungspraxen berichtet wird, verweisen dagegen recht unmittelbar auf die an Handlungspraxen gebundenen dokumentarischen Sinngehalte bzw. auf atheoretische Wissensbestände. Beschreibungen verweisen, sofern sie der (verdichteten) Explikation feststehender oder wiederkehrender Handlungspraxen dienen, zumindest noch mittelbar auf dokumentarische Sinngehalte. Der Schwerpunkt der reflektierenden Interpretation liegt folglich vorrangig auf der Interpretation narrativer und beschreibender Passagen.[37] Im Rahmen der reflektierenden Interpretation kam dann die komparative Sequenzanalyse zum Tragen: Diese beruht auf dem Prinzip, im Vergleich der ersten, themensetzenden Äußerung mit der zweiten (später: der dritten, vierten etc.) anschließenden Äußerung den beiden (bzw. allen bisher betrachteten) Äußerungen zugrundeliegenden Orientierungsrahmen, jenen ›Modus Operandi‹ zu rekonstruieren, der beide Äußerungen gleichsam hervorbringt. Dazu wird anfangs gedankenexperimentell nach anderen Fortsetzungen der Sequenz gesucht, die adäquat erscheinen, im Text offensichtlich aber nicht gewählt wurden. Im Kontrast zu diesen wird der Orientierungsrahmen des Falls konturiert und an der Fortsetzung der Sequenz sukzessive überprüft. Geht man davon aus, dass ein Thema von einem Befragten gewöhnlich nur in einem zentralen Orientierungsrahmen bearbeitet wird, so müssten alle weiteren Elemente dieser Sequenz und themengleicher Sequenzen den entwickelten Rahmen bestätigen. Es gilt also, den zunächst tentativ entwickelten Rahmen solange zu variieren, bis mit ihm der Verlauf aller thematisch relevanter Sequenzen ›erklärt‹ werden kann. Sofern die Interpretation der entsprechenden Sequenzen in einem Fall abgeschlossen ist, werden gleiche thematische Sequenzen in anderen Fällen erschlossen und dahin gehend reflektiert, ob hier homologe oder heterologe Orientierungsrahmen vorliegen. Mit der Erschließung weiterer Fälle geht einher, dass die zunächst gedankenexperimentell konstruierten, heterologen Bearbeitungsrahmen eines Themas schrittweise durch empirische Vergleichshorizonte ersetzt werden können. Im Rahmen der Interpretation werden so sinngenetische Typen, abgrenzbare typische Orientierungsrahmen in Bezug auf ein Thema bzw. schlussendlich themenübergreifende Typen gebildet. Sinngenetische Typen können dabei als Habitus-Typen begriffen werden, da sie den jeweils typischen Modus operandi charakterisieren, der das Denken und Handeln der untersuchten Personen leitet.

Ganz im Sinne der erkenntnistheoretisch begründeten Präferenz der dokumentarischen Methode für Erzählungen als empirisches Material zur Rekonstruktion habituell verankerter Orientierungsrahmen bzw. Denkweisen erwiesen sich im Rahmen der Empirie insbesondere die Karriereerzählungen, in denen die

---

[37] Argumentative Passagen müssen nicht ignoriert werden. Sie sollten allerdings nicht als Angaben zu Handlungsmotiven verstanden werden. Vielmehr lässt sich an ihnen ablesen, *wie*, also mithilfe welcher generativen Muster, Handlungsweisen *gerechtfertigt* werden.

Befragten von der Entwicklung ihrer Selbständigkeit berichten, als besonders ertragreicher Zugang zu den das berufliche bzw. wirtschaftliche Handeln leiten- den Denk- und Handlungsweisen. Die Erschließung der erarbeiteten sinngeneti- schen Typen erfolgt deshalb ausgehend von einer Analyse der Karriereerzählun- gen (vgl. 5). Im Laufe der Auswertungen und der damit einhergehenden Theorie- arbeit zeichnete sich immer deutlicher ab, dass die Motive und Handlungsweisen eines bestimmten, bei den Kulturunternehmern endemisch vorkommenden Ty- pus weitreichende Referenzen auf romantische Sinnvorstellungen und Denkwei- sen enthalten, sich also am besten vor dem Hintergrund einer als romantisch zu bezeichnenden Denkweise begreifen lassen und dergestalt auch gegenüber funk- tionalistisch-zweckrationalen oder nichtromantischen, wertrationalen Vorstel- lungen anderer Unternehmer abgegrenzt werden können. Auf der Basis dieser romantischen Denkweisen erscheinen zwei Felder im Rahmen des Handelns der romantisch orientierten Kulturunternehmer im Kontrast zu den ›Vergleichsfäl- len‹ interessant: erstens die Rekonstruktion der Umgangsweisen mit der im romantischen Denken bedeutsamen Trennung des ›Eigenen‹ vom ›Fremden‹ (vgl. 6) im Rahmen unternehmerischen Handelns, das ja immer auch an Interes- sen anderer orientiert sein muss, und zweitens die Rekonstruktion der Deutungen in Bezug auf die Trennung von Arbeit und Leben im Rahmen romantischer so- wie außerhalb romantisch geprägter Denkweisen, da dem romantischen Denken ein Potential zur Entgrenzung innewohnt (vgl. 7).

4.3 Neuzeitliche Rationalität und romantisches Denken

Bevor allerdings die empirischen Ergebnisse vorgestellt werden, soll der letzte theoretische Baustein dieser Arbeit entwickelt werden: Eine Charakterisierung romantischen Denkens als *sensitizing concept*.[38] Die Entwicklung eines Konzep-

---

[38] Methodisch folge ich mit der Verwendung eines *senzitizing concepts* den Überlegungen von Kelle (2007) oder Meinefeld (2003) zum ›induktivistischen Selbstmissverständnis‹ qualitativer Forschung. Grundlegende Annahme dabei ist, dass Theorien nicht ›von selbst‹ aus dem Datenmaterial ›emergie- ren‹, sondern der Forschungsprozess eher durch ein durch ein ständiges (kreatives) ›Aneinander- Reiben‹ von auf verschiedenen Abstraktionsebenen angesiedelten Konzepten geprägt ist (Kaufmann 1999). Ein sensibilisierendes Konzept leitet dabei dabei den Blick des Sozialwissenschaftlers nur grob: »it gives the user a general sense of reference and guidance in approaching empirical instances. Whereas definitive concepts provide prescriptions of what to see, sensitizing concepts merely suggest directions along which to look.« (Blumer 1954: 7)
Für die vorliegende Arbeit heißt dies, dass der zunächst eher intuitive, am Material entwickelte und dann gegenwartsdiagnostisch plausibilisierte Eindruck, dass romantische Denkweisen prägend für das Handeln einiger Kulturunternehmer sein könnten, vor dem Hintergrund eines theoretischen Konzeptes der Merkmale romantischen Denkens überprüft und nachvollziehbar gemacht werden muss. Dabei geht es ebenso darum aufzuzeigen, ob und wie genau sich romantisches Denken im

tes romantischen Denkens war dabei ein ertragreiches, aber auch schwieriges Unterfangen. Denn ohne an dieser Stelle die Reflexion der Romantik in der Soziologie aufarbeiten zu können,[39] lässt sich festhalten, dass die Soziologie ihr lediglich einen untergeordneten Status zukommen lässt: Die typische Geisteshaltung des modernen Menschen ist nach der gängigen soziologischen Vorstellung vom Gedankengut der Aufklärung geprägt – also von jener Strömung, gegen die sich die Romantik explizit gewandt hat. Die Romantik wird, wenn überhaupt, als etwas Anti- oder Vormodernes Thema, in das sich der moderne Mensch allenfalls unter Preisgabe seiner Rationalität ›flüchten‹ kann.[40] Dass die Soziologie im Vergleich der Geisteswissenschaften über wenig Wissen zur Romantik verfügt, ist ein wenig überraschendes Resultat dieser Ausgrenzung der Romantik aus der Moderne, die erst jüngst relativiert wird (vgl. Reckwitz 2006).

Im Folgenden soll sich aus zwei Gründen zunächst einer Rekonstruktion der in der Soziologie zumeist als einzig modern geltenden rationalistischen Denkweise zugewendet werden, bevor Aspekte einer romantischen Denkweise im Rekurs auf vereinzelte soziologische sowie geschichts- und literaturwissenschaftliche Quellen erarbeitet werden: Zum einen ist es aufgrund der ephemeren Position der ›romantischen‹ Denkweise in der soziologischen Theoriebildung sinnvoll, diese zunächst residual zu erfassen, und zum anderen ist für die Analyse des empirischen Materials auch eine pointierte Vorstellung jener modernen Rationalität hilfreich, der gewöhnlich für wirtschaftliches Handeln dominante Bedeutung zugeschrieben wird.

---

partikularen Kontext unternehmerischen Handelns zeigt, ebenso wie andersherum plausibilisiert werden muss, inwiefern und bei welchen Unternehmern tatsächlich ein Fall romantischen Denkens vorliegt: Denn es handelt es sich bei den vorgenommenen Operationen nicht um Induktionen – also dem Schluss von einem Fall auf eine neue Regel. Vielmehr wird mit der Idee, dass ein Fall romantischen Denkens voliegen könnte, auf ein vorhandenes theoretisches Konzept zurückgegriffen und also vollzogen, was Reichertz (2003) qualitative Induktion nennt: Es geht darum, anhand einer Reihe von ›Indizien‹ zu klären, ob und wenn ja warum ein Fall von romantischem Denken vorliegt.

[39] Eine solche Aufarbeitung ist aber bislang noch nicht erfolgt. Inspirierend wären Klinger 1995 sowie Reckwitz 2006, Lichtblau 2002, Weiß/Helduser 1999, Weiß 1996, 1993, Gouldner 1984.

[40] Dies wird z. B. deutlich, wenn man das Stichwort ›Romantik‹ in Fachlexika sucht: In pädagogischen, literaturwissenschaftlichen und philosophischen Nachschlagewerken wird man sofort fündig (vgl. Matuschek 2007, Böhm 2000: 457 f., Behler 1992). In soziologischen Nachschlagewerken fehlt dagegen der Eintrag ›Romantik‹ selbst dort, wo die ›Aufklärung‹ als Epoche durchaus Beachtung findet (vgl. z. B. Hillmann 1994). Lediglich das ›Handwörterbuch‹ der Sozialwissenschaften‹ führt einen Eintrag zur Romantik (Honigsheim 1956). Ihre Aktualität wird hier aber bezeichnenderweise in der ›neoromantischen Tendenz‹ gesehen, sich durch Unterwerfung unter Hitlerismus, Mussolinismus, Katholizismus oder Sowjetismus von der modernen ›Last‹ der Selbstbestimmung zu befreien.

4.3.1 Neuzeitliche Rationalität

Besonders pointiert sind die Spezifika dessen, was in der Soziologie als neuzeitliche Rationalität begriffen wird, m. E. in Karl Mannheims Konservativismus-
Studie herausgearbeitet worden (vgl. Mannheim 1984: 78 ff.). Mannheim unterscheidet in seiner Rekonstruktion des neuzeitlichen Rationalismus zwischen
einer spezifischen *Denkintention* und einer mit dieser Denkintention korrespon-
dierenden *Erlebnisform* und nähert sich dem neuzeitlichen Rationalismus darüber, dass auch er zunächst relationistisch bestimmt ist, wovon sich dieser absetzt.

Die *Denkintention* des neuzeitlichen Rationalismus, die für Mannheim am
deutlichsten in der modernen Wissenschaft zu erkennen ist, befindet sich s. E.
zunächst in Gegnerschaft zu den erkenntnisleitenden Prinzipien der mittelalterlichen, aristotelisch geprägten Scholastik sowie zur Naturphilosophie der Renaissance: Am aristotelischen Weltbild wird nach Mannheim die *qualitative Aus-
richtung* bekämpft, d. h. die Idee, dass *verschiedene Gruppen von Dingen* von
ihnen innewohnenden *Zweckursachen verschiedener Qualität* bestimmt und nur
in Bezug auf diese zu erfassen sind. Demgegenüber wurde vom Positivismus ein
Denken gesetzt, welches alle Einzelerscheinungen durch *allgemeine Ursachen
und Gesetze* zu erklären sucht, diese Gesetze durch quantifizierende Abstraktion
gewinnt und die Welt insgesamt ohne Rücksicht auf Einzelqualitäten der Tendenz nach als Summe von Massen und Kräften darstellen möchte. Wichtigstes
Element dieses Versuchs, das qualitative Denken niederzuringen, ist dabei die
Mathematik gewesen, die zur Basis aller Naturerkenntnis erklärt wurde. An der
Renaissancephilosophie ist dagegen nach Mannheim das mit ›magischen‹
Denkweisen verwandte Element des Denkens in Analogien bekämpft worden.
Mannheim präzisiert diesen Aspekt nicht ausführlich, aber es ist unmittelbar
evident, dass auch das analogisierende Denken der Suche nach allgemeinen Ge-
setzmäßigkeiten im Weg steht: Erklärt doch diese Denkweise das Besondere
(spontan-assoziativ) mit einem anderen Besonderen und bietet damit ein Erklä-
rungsmuster an, das auf ein allgemeines, über dem Besonderen stehendes Gesetz
verzichtet.[41]

Der neuzeitliche Rationalismus ist in Abgrenzung zu diesen Denkweisen
durch eine Erkenntnisweise geprägt, welche die Dinge nur insofern erfassen will
(und ihnen auch nur so weit Interesse entgegenbringt), als allgemeingültige und
allgemein beweisbare Aussagen über sie getroffen werden können. Auf der Basis

---

[41] Es ist gleichsam jedoch plausibel, dass gerade die Pioniere des neuzeitlichen Rationalismus nach
Mannheim in der Tradition dieses Denkens standen, denn durch eine Rationalisierung und Abstraktion des in einer Analogie erkennbaren tertium comparationis konnte das Denken in Analogien
weiterentwickelt werden zum systematischen Vergleich, zur theoretischen und schlussendlich zur
mathematisch-formalen Beschreibung von Phänomenen.

einer (aus historischer Sicht: eigentümlichen) Verkopplung von Wahrheit und Allgemeingültigkeit findet damit nur noch eine im doppelten Sinne *allgemeine Erfahrung* Anerkennung: Nämlich eine Erfahrung, die unabhängig von konkreten Umständen ist und (prinzipiell) von jedem nachvollzogen werden kann. Mannheim deutet dies als Beschränkung des Erkenntnisinteresses auf abstrahierbare und vergesellschaftbare Erkenntnisse, eine Haltung, die zur Ablehnung jener Einsichten führt, die nur persönlich und konkret in engen Erfahrungsgemeinschaften zugänglich sind.[42] Die präferierte Erkenntnis ist dabei auch in einem doppelten Sinne abstrakt, nämlich unpersönlich und auf eine große Anzahl an Objekten bzw. einen abstrakten Objekttyp bezogen.

Die Durchsetzung dieser Denkintention fußt für Mannheim auf einer veränderten *Erlebnisform*, die er – wiederum ex negativo – als ein Zurückdrängen des ›pantheistischen‹ Welterlebens charakterisiert. Zentrale Ursache dieser Veränderung ist dabei für Mannheim die Entwicklung der modernen Wirtschaft, insofern hier ein homologer Wandel in den Erlebnisformen auszumachen ist: Indem die Warenerzeugung für einen anonymen Markt an die Stelle der Gütererzeugung für den Eigenbedarf getreten ist, tritt eine quantitative, auf den Warenwert bezogene Erlebnisweise gegenüber einer qualitativen, am Gebrauchswert der Güter orientierten Erlebnisweise in den Vordergrund. Da jeder Erlebnisform über ihren Entstehungsbereich hinaus Expansionstendenzen innewohnen, konnte sich diese im wirtschaftlichen Bereich entstandene Erlebnisform zur Grundform der Erfassung der Welt schlechthin entwickeln.[43] Wenig überraschend bestimmt Mannheim dann auch jene am stärksten in den sich entwickelnden Kapitalismus eingebundene Schichten (das Bürgertum und insbesondere die bürgerlichen Unternehmer) als jene soziale Gruppe, bei der sich diese konsequente Durchdringung der Welt mittels abstrakter Größen am dominantesten entwickeln konnte.

Die neuzeitliche Rationalität kennzeichnet also, dass sie nach allgemeingültigen, vom konkreten Erkenntnisobjekt und Erkenntnissubjekt abstrahierbaren, vergesellschaftbaren Erkenntnissen sucht. Gerade weil in der Moderne »das Rechenhafte jene Schicht im Bewusstsein ist, die allgemein demonstrierbar ist, so liegt das utopische Ideal der Erkenntnis in der sich im Mathematischen« für den ›modernen‹ Menschen[44] »unmittelbar darbietenden Evidenz« (Mannheim 1984: 80). Die von Mannheim dargestellte neuzeitliche Rationalität geht dabei nicht im Begriff der Zweckrationalität Webers auf, insofern sie auch im benannten dop-

---

[42] Die – in den meisten Kontexten – deutlich abwertende Konnotation des Begriffs *esoterisch* verweist auf genau diesen modernen Anspruch an ›ernstzunehmende‹ Erkenntnisse.

[43] Zwar sei die Möglichkeit nicht ausgeschlossen worden, die Welt anders als in einer abstrakten, rechenhaften Form (z. B. des Geldäquivalents) wahrzunehmen, die prinzipielle Möglichkeit einer konsequenten Durchdenkung der Welt rechenhafter Größen war jedoch gegeben und naheliegend.

[44] Dass diese Evidenz bereits eine Kulturleistung darstellt, zeigen z. B. die kulturvergleichenden Untersuchungen von Lurija (vgl. 1993: 70 ff.).

pelten Sinne abstrakte Wertbezüge kennt (Idealtypus ist hier der Kategorische Imperativ Kants). Mannheim verweist jedoch mit der Betonung der Abstrahierbarkeit und Vergesellschaftbarkeit auf eine Wissensform, die man als Regelwissen bezeichnen kann und die den idealen Hintergrund für die Proliferation zweckrationalen Handelns innerhalb einer Gesellschaft darstellt bzw. deren (zumindest rudimentäre) Existenz zweckrationales Handeln erst anderen Handlungsformen im Erfolg überlegen werden lässt.

4.3.2 Aspekte romantischen Denkens

Angesichts eines derart zugespitzten Blicks erscheint jedoch die Vermutung plausibel, dass man in einer so gearteten Skizze moderner Rationalität »nur einer Tendenz eingedenk war [...], der aber Komplementärerscheinungen von ähnlicher Wucht zur Seite stehen« (Mannheim 1984: 83). Es stellt sich tatsächlich die Frage, was »mit all jenen lebendigen Beziehungen und den ihnen entsprechenden Denkformen« geschah, »die durch diese konsequent werdende Abstraktion verdrängt worden sind« (ebd.). Nach Mannheim blieben diese zunächst in der gesellschaftlichen Peripherie im doppelten Sinne erhalten: zum einen in den intimen, nicht öffentlichen Beziehungen (also der Peripherie im Sinne geschützter sozialer Räume) und zum anderen im bäuerlichen Leben, im Leben des Adels und im Leben der Kleinbürger (also in der sozialstrukturellen Peripherie). Aus diesen Quellen speiste sich für ihn der Konservativismus im Allgemeinen sowie die (von ihm dem Konservativismus zugeschlagene) Romantik im Besonderen:

> »Es ist die soziologische Bedeutung der Romantik, dass sie als erlebnismäßige Reaktion gegen das aufklärerische Denken [...] die früheren, im Versinken begriffenen Lebenshaltungen und Inhalte aufgriff, bewusst herausarbeitete und dem rationalistischen Denkstil entgegensetzte. Die Romantik nahm sich gerade jener Lebensgebiete und Lebenshaltungen an, die nur als rudimentäre Unterströmungen noch weiterhin lebendig waren, über die der bürgerliche Rationalismus hinwegzuschreiten drohte. Sie machte sich zur Aufgabe, gerade diese zu retten, ihnen eine neue Dignität zu verleihen und ihren Untergang zu verhüten.« (ebd.: 84f.)

Damit erscheint die Romantik zunächst noch als Sammelbecken vormoderner Denkintentionen und Erlebnisformen, was die Tendenz verständlich macht, diese Bewegung als reaktionäre bzw. atavistische Bewegung in der Moderne zu deuten, die nichts Konstitutives zum Charakter des Zeitalters beigetragen hat. Doch Mannheim teilt keineswegs diese Auffassung: Er geht vielmehr davon aus, dass es zwar das Ziel der Romantiker gewesen sei, verdrängte, irrationale Lebensmächte zu retten, sie dabei aber übersahen, dass sie gerade durch die bewusste

Reflexion dieser Elemente gleichfalls eine Rationalisierungsleistung vollbrachten (ebd.: 85). Entgegen der Intention ihrer Protagonisten sei die Romantik deshalb eine Modernisierungsbewegung gewesen.[45]

Sucht man nach einer positiven Bestimmung der Merkmale romantischen Denkens, das vermeintlich ›alte‹ Denkweisen gegen moderne stelle, diese dabei aber selbst modernisierte, so stößt man immer wieder auf den Einwand, dass aufgrund einer grundsätzlichen Pluralität des romantischen Denkens nur eine Vielfalt an Romantizismen und nicht das Romantische an sich bestimmbar sei (vgl. Baumer 1973: 198). So sehr dies auch zutreffen mag, so unverzichtbar erscheint jedoch auf der anderen Seite eine grundlegende, wenn auch vage bleibende Charakterisierung der romantischen Denkweise, »to describe certain profound changes in *Weltanschauung* which did in fact take place during the period in question« (ebd.). Diese Weltanschauung soll im Folgenden in Bezug auf fünf Aspekte charakterisiert werden:[46] Sie wird zunächst (im engen Wortsinn von Weltanschauung) (1) als spezifische *Erkenntnisweise*, als Weise des Erfassens der und des Denkens über die ›Welt‹ beschrieben. Mit dieser Erkenntnisweise geht dabei ein (2) verändertes Denken über das *Subjekt* sowie seine Relation zur ›Welt‹ einher. Weiterhin ist für die romantische Denkweise (3) ein umfassender *Sinnanspruch* charakteristisch, den es in der Weltauseinandersetzung einzulösen gilt. Dieser Sinnanspruch erscheint (4) so überhöht, dass alle Versuche der Einlösung immer *fragmenthaft*, unvollendet, vorläufig bleiben müssen und daher immer auch Gegenstand distanzierter, ironischer Reflexion sind. Schließlich geht mit den genannten Aspekten (5) ein charakteristisches *Zeitverhältnis und Zeiterleben* einher.

(1) Versucht man, die romantische *Erkenntnisweise* zu charakterisieren, so stößt man zunächst auf eine programmatische Selbstbeschreibung Friedrich von Hardenbergs, die so häufig zitiert wird, dass sie als nahezu konsensueller Ausgangspunkt für die Untersuchung romantischen Denkens gelten kann: Romantisieren ist demnach »nichts als eine qualitative Potenzierung. [...] Indem ich dem Gemeinen einen hohen Sinn, dem Gewöhnlichen ein geheimnisvolles Ansehen, dem Bekannten die Würde des Unbekannten, dem Endlichen einen unendlichen Schein gebe, so romantisiere ich es.« (Hardenberg zit. nach Mannheim 1984: 147 f., vgl. auch Bohrer 1999: 75 f., Safranski 2007: 13) Mannheims Interpretation folgend ist damit das Zentrale an der ›Denktechnik‹ der Romantik, dass sie

---

[45] Ähnlich zeigte sich auch Max Weber irritiert darüber, dass die romantische Bewegung die letzten Dinge, die vom Intellektualismus verschont blieben, intellektualistisch in den Blick nahm – und dies dann noch als Weg zur Befreiung vom Intellektualismus deutete (vgl. Weber 1995: 24 f.).

[46] Dabei wird weder Anspruch auf Vollständigkeit erhoben, noch wird der Anspruch einer epochalen Charakterisierung verfolgt. Es sollen vielmehr Elemente einer Denkweise beschrieben werden, die in der Epoche der Romantik auf charakteristische Weise miteinander verbunden und prominent sichtbar gemacht wurden und deshalb als romantisch bezeichnet werden können.

einen Tatbestand auf eine höhere Begründungsebene hebt, als er einem gewöhnlich begegnet. Es sei typisch für romantisches Denken, dass es Tatbestände
nicht neu schaffe, sondern sie irgendwo ›auffange‹ und in einer spezifisch erhö-
henden (oder überhöhenden) Weise widerspiegele (vgl. Mannheim 1984: 147 f.).
Damit geht ein Erkennen, Anerkennen sowie eine dezidierte Nutzung ›ver-
fremdender‹ Wahrnehmungs-, Erlebnis- und Darstellungstechniken einher, in
denen sich ein grundsätzlicher erkenntnistheoretischer Wandel spiegelt: Das
Subjekt legt nicht mehr (nur) als Zusammenhänge entdeckendes Subjekt eine
vorhandene Ordnung frei, sondern es ›erzeugt‹ als Sinn schöpfendes Subjekt
seine (›eigene‹) Welt in Akten kontingenter Sinnzuschreibung (vgl. Reckwitz
2006: 213, Bohrer 1999: 52, 77, Gouldner 1984: 173). Nicht im »diskursiven
Denken, sondern im emotionalen Akt der Schau« (Honigsheim 1956: 26) wird
folglich die Grundlage der Erkenntnis gesehen, und damit das Besondere, Kon-
textspezifische, Subjektive und Zufallsbehaftete aufgewertet gegenüber dem
Allgemeinen, Abstrakten, Objektiven und Regelhaften (vgl. Mannheim 1984:
83 ff.). Diese Revolutionierung der Wahrnehmungs- und Erkenntnisweisen zielte
auf ein ›Aufsprengen‹ eines als möglichkeitslimitierend empfundenen, zweck-
rational-abstrakten und vernünftig-moralischen Blicks durch die Betonung des
›Eigenwerts‹ von Handlungen und Objekten und einer Prämierung des Zweckfreien (vgl. Reckwitz 2006: 208, Bohrer 1999: 79 f., Gouldner 1984: 170, Mannheim 1984: 81 ff., Baumer 1973: 203 f.). Im Zentrum der romantischen Erkenntnisweise steht damit der Versuch, durch die Etablierung einer legitimen Viel-
deutigkeit Optionsräume zu erschließen, sprich: der gewöhnlich fest gefügt erscheinenden rationalen Welt Gestaltungs- und Handlungschancen abzuringen
(vgl. Weiß 1993: 111, Gouldner 1984: 169 f., Göbel 2005: 182).

(2) Das Subjekt wird folglich im romantischen Denken als kreativ, schöpferisch, eigensinnig sowie irreduzibel und einzigartig gedeutet (vgl. Abels 2006:
148 ff., Reckwitz 2006: 204 ff., Eberlein 2000: 18 ff.). Im ›tiefen Inneren‹ des
Subjekts werden (zunächst verborgene) unerschöpfliche Potentiale vermutet, die
es im Sinne der Romantik zu entdecken und zu entfalten gilt. Die Relation des
Subjekts zur Welt besteht dergestalt in einer expressiv-schöpferischen Gestaltung von Welt einerseits sowie in einer erlebnisorientierten Auseinandersetzung
mit ihr andererseits. Die Welt ist Projektionsfläche für inneres Erleben, also Gegenstand der Selbstexpression, sowie Mittel der Generierung von Erlebnissen,
also Mittel der Selbstexploration. Die Sozialorientierung des romantischen Subjekts erweist sich dabei als prekär: Auf der einen Seite findet sich ein Lob der
Gemeinschaft und des gemeinschaftlichen Erlebens – denn konkrete Andere sind
Mittel der Generierung von Erlebnissen. In Abkehr von rationalistischen Vorstellungen gelten demgemäß auch gerade Erkenntnisse, die nur in engen Erfahrungsgemeinschaften zugänglich sind, als ›tiefe‹ und begehrenswerte Einsichten.

Auf der anderen Seite ist die Entwicklung der ›eigenen‹ Potentiale durch gesellschaftliche Überformung und durch das Unverständnis der Anderen stets bedroht – insbesondere, da das Fremdverstehen des ›inneren Kerns‹ des Subjekts nahezu unmöglich erscheint (vgl. Reckwitz 2006: 238 f., Henning 1989, Mannheim 1984: 85). Dergestalt kommt jenen konkreten Anderen, zu denen ›echte‹ Freundschafts- und Liebesbeziehungen bzw. auf ›echter Gemeinschaft‹ beruhende Beziehungen bestehen und mit denen Fremdverstehen durch Synchronisierung des Erlebens punktuell zu gelingen scheint, im romantischen Denken eine besonders idealisierte Bedeutung zu, während zugleich abstrakte ›gesellschaftliche‹ Andere als potentielle Bedrohung des Eigenen erlebt werden (vgl. Reckwitz 2006: 217 ff., van Dülmen 2001: 282 f., Tenbruck 1964: 447 f.).

Obwohl das Welterkennen kontingent gedacht wird und obwohl dem Individuum nahezu unerschöpfliche (und damit vielfältige) Potentiale zugeschrieben werden, zielt das romantische Denken tendenziell darauf, einen (3) allumfassenden Sinn bereitzustellen und damit im Gegenzug zu der (aus Sicht der Romantik) limitierten Geltung rationaler Erklärungsansprüche und ihrer mechanischen ›Zerstückelung‹ der Welt und des Subjekts die Einheit der Welt sowie des Subjekts wiederherstellen zu können. Sei es im Aufgriff des (mittelalterlichen) Organizismus, durch die Vorstellung der Vereinigung aller Wissenschaften in einer ›Universalpoetik‹, durch den Anspruch, Vernunft und Emotion zu vereinen, durch die Kritik an der bürgerlichen Sphärenteilung oder die Verwischung der Subjekt-Objekt-Trennung durch Animismus, Pantheismus und die Zuwendung zum Kindlichen: Die Überwindung von Dualismen und Sinnbegrenzungen, das ›Kitten von Rissen‹ in der modernen Welt durch die Einnahme einer holistischen Perspektive ist ein zentrales Anliegen des romantischen Denkens (vgl. Matuschek 2007: 665, Böhm 2000: 457, Weiß 1993: 101 f., 116 f., Gouldner 1984: 181, Baumer 1973: 204). Nicht zuletzt wird diese Vorstellung einer (wiederzugewinnenden) Einheit auch auf das Subjekt bezogen. Trotz der ihm innewohnenden vielgestaltigen Ausdrucksformen soll sich das Subjekt über alle Lebensbereiche hinweg möglichst ›unverstellt‹, frei von gesellschaftlicher Überformung (etwa durch Funktionalisierung und Rollenhandeln) und ›authentisch‹ bzw. kongruent äußern (vgl. Reckwitz 2006: 235, Weiß 1993: 98 ff., 116 f., Henning 1989: 44 ff.). Insbesondere im Zusammenhang mit der zuvor skizzierten erkenntnistheoretischen Wende lässt sich in einem doppelten Sinne von einer Tendenz der Entgrenzung bzw. Grenzüberschreitung sprechen, die romantischem Denken innewohnt: Zum einen geht es darum, Handlungsrestriktionen aufzulösen und in diesem Sinne rationale Begrenzungen zu überwinden, zum anderen strebt die Romantik eine Generalisierung von bestimmten Werten (etwa der Expressivität) über die modernen Sphärengrenzen hinaus an und experimentiert (oder spielt) so mit der Überwindung von aus Sicht der Romantik willkürlich

bzw. ›künstlich‹ erscheinenden Grenzsetzungen, die ein ›ursprünglich ungeteil-
tes‹ Leben sowie den unteilbaren Erlebnisstrom des Subjekts in verschiedene
Sinn- und Erlebnissphären ›zersplittern‹ lässt.

Gerade durch das Experimentieren mit Geltungsfragen macht das romantische Denken (gegen seine Intention) allerdings auf den unlösbaren modernen
»Kampf der Götter der einzelnen Ordnungen und Werte« (Weber 1995: 33) aufmerksam. Denn während der Rationalismus, wie Weber bemerkt, »die Vielgöt-
terei entthront« hat (bzw. verschiedenen ›Göttern‹ verschiedene ›Herrschafts-
sphären‹ zugewiesen hat), führt der holistische Anspruch romantischen Denkens
dazu, dass die vielen ›alten Götter‹ »ihren Gräbern« entsteigen und »untereinan-
der wieder ihren ewigen Kampf« (vgl. ebd.: 34) beginnen. Die Romantik macht
so ungewollt die (schmerzliche) Erkenntnis deutlich erkennbar, der sie sich nach
Weber nicht recht stellen mag: nämlich »daß etwas heilig sein kann, nicht nur:
obwohl es nicht schön ist, sondern: weil und insofern es nicht schön ist, [...] und
daß etwas schön sein kann nicht nur: obwohl, sondern: in dem, worin es nicht
gut ist [...] und [...] daß etwas wahr sein kann, obwohl und indem es nicht schön
und nicht heilig und nicht gut ist« (ebd.: 33). Da es den Romantikern also kurz
gesagt kaum gelingen kann, ihre eigenen (überhöhten) holistischen Sinnansprüche zu erfüllen, kommt (4) dem Fragmenthaften (als vorläufiger Annäherung an
ein nicht erreichbares Ziel) sowie der ironischen Distanz eine wichtige Funktion
innerhalb des romantischen Denkens zu.[47] Bohn sieht dementsprechend das
dynamische Element der Romantik in ihrer notwendigen Gespaltenheit, die sie
allerdings gerade deswegen vorantreibt, weil sie trotzdem Ganzheitlichkeit anstrebt, und er exemplifiziert diese Paradoxie an ihrem Verhältnis zum Wort: »Es
soll etwas gesagt werden, dem man doch auf der anderen Seite sprachliche Un-
einholbarkeit vindizieren muss. Emphatisch entzündet sich das Verlangen zu
sprechen an dem, was sich sprachlicher Bemächtigung entzieht.«[48] (Bohn
1987: 13 f.) Gerade das Ironische wird damit als Mittel erkennbar, das es erst
erlaubt, die uneinholbaren Ansprüche und Paradoxien des romantischen Denkens
in eine (immer mangelhaft bleibende) Praxis umzusetzen: indem nämlich mit
ironischer Distanz im Mangelhaften das Fragmentarische gesehen wird, also eine
zumindest bruchstückhafte Verwirklichung, in der das ›Ganze‹ als Abwesendes
andeutungsweise erkennbar wird (vgl. ebd.: 14 f., Matuschek 2007: 665).

---

[47] Für Weiß schlägt die Romantik sogar genau dort, wo sie versucht, aus ihrer ironischen Gebrochenheit hinauszukommen, in Totalitarismus um (vgl. Weiß/Helduser 1999: 13, 18, Weiß 1996: 216).
[48] »Das was man nicht nennen kann, ist ja doch immer das Liebste und Beste und eigentlich das, was
man meint. Warum spricht man dann so viel?«, notiert Dorothea Mendelssohn (zit. nach Brunschwig
1982: 290) angesichts ihres romantischen Freundeskreises verwundert und benennt dieses Element
romantischen Denkens damit ebenso, wie es ihr gleichzeitig unverständlich bleibt.

Die meisten der vorgenannten Aspekte spiegeln sich wiederum in einem (5) momentanistischen Zeiterleben (vgl. Reckwitz 2006: 209 ff., Bohrer 1999: 63 ff.) wider: Nicht ein bürgerlich-diszipliniertes, sondern nur ein zugleich dynamisches wie auf den Moment bezogenes Zeiterleben scheint der inneren Erlebnisdynamik des Subjekts und der Entfaltung seiner vielfältigen Potentiale angemessen, wie auch das fragmentarische Streben nach dem ›Unendlichen‹ sich immer nur in Momenten verwirklicht, über die es immer wieder hinauszuschreiten gilt. So mag es zwar sein, dass die aufklärerische Idee des Fortschritts in die romantische Sehnsucht nach dem Unendlichen Eingang fand (vgl. Baumer 1973: 199), die romantische Vorstellung von der Bewegung der Zeit entspricht in zentralen Elementen jedoch nicht der aufklärerischen: Sie kennt weder eine klare Ordnung noch eine deutliche Bewegungsrichtung. »Nicht als ein in sich ruhendes Sein, oder ein stetig gradliniges Fortschreiten wie in der Aufklärung wird das Leben nun aufgefasst, sondern als ein dauerndes Zeugen und Werden.«[49] (Kluckhohn 1966: 15) Eine solche auf das momentane Erleben ausgerichtete Orientierung führt dazu, dass das ›Sensationen‹ (im modernen wie im ursprünglichen Wortsinne) auslösende Neuartige prämiert wird. Im Gegensatz zum bürgerlichen Neuen, das sich als vernünftige Ordnung bewähren muss, steht das subjektiv und das emotionserregende Neue im Vordergrund. Im Verein mit der Technik des Romantisierens durch eine Verschiebung des Blickwinkels lässt sich so von einer »Dynamisierung des Bekannten« (Bohrer 1999: 76) sprechen. In einem etwas paradoxen Sinne tritt die Zeit damit im romantischen Bewusstsein also deutlicher ins Bewusstsein als in der Aufklärung, nämlich nicht obwohl, sondern gerade weil sich die romantische Wahrnehmung auf das Erleben des einzelnen Moments bzw. einer Abfolge von Momenten konzentriert:

> »Das Zeitproblem interessiert die Massen in der Epoche der Aufklärung nicht. Die Vernunft hat kein Alter, und die Menschen der Aufklärung sind sich des Dahinschwindens der Zeit nicht bewußt. Ihr Universum ist unbeweglich und vollkommen. Ihr Fortschritt ist eine Zuordnung in einen starren Rahmen, wo die einzelnen Stellungen bereits im Voraus gekennzeichnet sind. Die Romantiker dagegen fühlen, wie die Zeit vergeht. Sie fühlen, daß jeder Augenblick voller Möglichkeiten steckt und verzweifeln daran zu wählen. Aber wenn sie sich enthalten wählt die verrinnende Zeit für sie und überschattet ihre Seele mit Melancholie, die jene Ohnmacht, den Lauf der Zeit zu beeinflussen verkörpert. In dieser Impression ist ihre Philosophie begründet. Sie möchten mehrere Leben gleichzeitig leben. [...] Es bewirkt jene ewige Flucht zu einem immer ferneren, höheren Ideal, das die Gegensätze inmitten

---

[49] Bedenkt man, dass Kluckhohn diese Charakterisierung 1941 publiziert und durch eine Charakterisierung des Lebens als ›dauernder Kampf und Sieg‹ illustriert, erhält sie allerdings einen unangenehmen Beigeschmack.

einer unmöglichen, unmenschlichen, wundersamen Vollendung vereinen und dann die Verpflichtung zu wählen ersparen würde.« (Brunschwig 1982: 350)

Nimmt man die bislang genannten Aspekte zusammen, so deutet sich eine deutliche Affinität des Romantischen zum wertrationalen Handeln an: Sowohl die Ablehnung des Zweckrationalen und die Betonung des Handelns um der Sache willen als auch die schlichte Tatsache, dass das Romantische durch seine unerfüllbaren Ansprüche und seine ironische Gebrochenheit nicht durch den ›Erfolg‹ (im Sinne des Erreichens eines als erstrebenswert angesehenen Zustandes) zu legitimieren ist (wie zweckrationales Handeln), verweist nämlich auf eine unabdingliche ideelle Unterfütterung aller romantisch inspirierten Handlungen.

5   Karriereerzählungen, Denk- und Handlungsweisen

»Bevor man eine Leiter besteigt, sollte man sich vergewissern, dass sie an der richtigen Wand steht.« (Sprichwort, Herkunft unbekannt)

Alltagssprachliche Beschreibungen von Karrieren rekurrieren häufig auf die Metaphorik des Besteigens einer Leiter. Eine Karriere setzt diesem Bild nach ex ante identifizierbare, distinkte Positionen voraus (die Sprossen), die sich ordinal anordnen lassen. Beide Aspekte des alltäglichen Karriereverständnisses fanden sich anfangs auch im sozialwissenschaftlichen Karrierebegriff wieder: So sieht Mannheim (1970) das Charakteristikum karriereförmiger Berufserfolge darin, dass hier »Erfolgsgrößen a priori rationiert sind« (ebd.: 650). Damit ist eine Karriere allerdings nur dort möglich, »wo um die Machtverteilung nicht mehr gekämpft wird, sondern aufgrund gefallener Entscheidungen ein Plan ausgeführt werden kann. Mit einem Wort: genau dort, wo Rationalisierung und Bürokratisierung der sachlichen Aufgabenkreise a priori möglich ist« (ebd.: 651). Karriere setzt demnach als Form der »Bürokratensecurität« (ebd.: 676) formal-bürokratische Organisationen sowie rollenförmig vorstrukturierte Positionen innerhalb solcher Organisationen voraus. Im Rahmen des ›Denkens in Karrieren‹ werden diese Positionen als »Glied einer kürzeren oder längeren Kette« begriffen; nicht die einzelne Position an sich, sondern »ihr Platz in einer Sequenz« (Herzog 1975: 41) rückt ins Zentrum und bestimmt ihre Bedeutung. Karriere ist damit als eine besondere Form des Berufserfolgs zu verstehen: nämlich als eine hochgradig institutionell strukturierte und pfadabhängige. Der Ratschlag, sich zunächst zu vergewissern, an welcher Wand eine Leiter steht, verweist somit auf den Aspekt, dass man sich vor dem Einschlagen eines bestimmten Karrieresweges darüber orientieren sollte, wohin dieser führt. Damit wird deutlich, dass die klassische Karrierevorstellung auch mit einer bestimmten (bürgerlich-rationalen) Denkweise über Berufsverläufe korrespondiert: Es gilt, eine durch langfristiges strategisches Denken und Selbstdisziplinierung geprägte Haltung zu entwickeln, in der die berufliche Pflichterfüllung in der jeweiligen Position als Mittel zur Erreichung weiterer Positionen begriffen wird.

Der ›klassische‹ Karrierebegriff ist allerdings in zweifacher Hinsicht als ›enger‹ Karrierebegriff zu verstehen: Erstens bezieht sich ein ›weiter‹ soziologischer Karrierebegriff nicht ausschließlich auf Erwerbskarrieren (sondern z. B.

auch auf Krankheits-, Armuts-, oder Suchtkarrieren), und zweitens wird der Begriff auch jenseits einer Sequenz organisational definierter Positionen zur allgemeinen Charakterisierung von Verlaufsmustern genutzt. Karriere im letzteren Verständnis bezeichnet dann typische Formen der Bewegung einer Person durch ein soziales Milieu sowie die darin enthaltenen typischen individuellen Erfahrungen (vgl. Hermann 2004: 115). Ein solcher offener Karrierebegriff ist wiederum möglicherweise ein nützlicher Ansatzpunkt für (bislang vornehmlich an den ›Rändern‹ der Disziplin verortete[50]) Versuche, den Begriff der Karriere auf Erwerbsverläufe anzuwenden, die nicht als organisational strukturierte Positionssequenzen zu beschreiben sind (vgl. Hitzler/Pfadenhauer 2003: 10). Denn angesichts der einleitend skizzierten Veränderungen der Arbeitswelt scheinen klassische Karrieremodelle oft nicht mehr geeignet, berufsbiografische Verläufe zu erfassen, wie sie sich (auf den ersten Blick) auch wenig dazu eignen, Erwerbsverläufe von Freelancern oder Unternehmern zu beschreiben.

Die dementsprechend diskutierte Frage, ob und wenn ja welcher Karrierebegriff sich eignet, »Lebens(ver)läufe speziell in spätmodernen Gegenwartsgesellschaften erfahrungsadäquat zu modellieren« (ebd.), ist dabei aber nicht nur als wissenschaftsinterne Frage virulent: Denn in etwas anderer Form ist jeder einzelne ganz alltäglich gefordert, Vorstellungen und Darstellungsweisen zu entwickeln, um (veränderte) Erwerbsverläufe sinnhaft zu deuten und (in Form von Karriereerzählungen) darstellen zu können – Darstellungsweisen, die (wie die ›bürgerliche‹ Karrierevorstellung) mit spezifischen Denkweisen über Arbeit und Erwerbsverläufe korrespondieren und als sinnhafte Ordnung von Tatbeständen immer auch Wertorientierungen und Handlungsanweisungen einschließen.

5.1 Karriereerzählungen – zum Status des Materials

Sofern gerade Selbständige keine institutionell gesicherten Karrierewege beschreiten, stellt sich die Frage, wie sie selbst ihre ›Karrieren‹ (ihre berufsbiografischen Verläufe) darstellen und deuten sowie welche (andersartigen?) Denkweisen und Sinnsetzungen in diesen Darstellungen erkennbar sind: Ausgehend von der groben Prämisse, dass Karrieren unter Individualisierungsbedingungen immer weniger als etwas erscheinen, was man durchläuft, sondern als etwas, was es immer wieder neu zu entwerfen und zu stabilisieren gilt (vgl. Hitzler/Pfaden-

---

[50] Eine prominente Stellung kommt einem weiten Karrierebegriff im Rahmen der Systemtheorie Luhmanns zu. Hier wird angenommen, dass der Lebensweg des Individuums in einer funktional differenzierten Gesellschaft insgesamt als Karriere, als »Sequenz von selektiven Ereignissen, die Personen mit negativ oder positiv bewerteten Attributen verknüpfen bzw. solche Verknüpfungen lösen« (Luhmann/Schorr 1988: 278), gedeutet werden kann.

hauer 2003: 11 f.), versprechen gerade Karriereerzählungen, Aufschluss über erwerbsbezogene Denk- und Handlungsweisen zu geben.

Demgemäß werden zur Typisierung der Einzelfälle jene in ihrer Länge erheblich variierenden Erzählsequenzen als Zugang genutzt, welche die Interviewten im Anschluss an die einleitende Frage entwickelten, wie es dazu gekommen sei, dass sie sich in ihrer aktuellen Erwerbssituation befinden. Ergänzt werden diese Sequenzen durch berufsbiografische Erzählsequenzen, die sich im weiteren Verlauf der Interviews ergeben haben, sowie durch eine Analyse von Beschreibungen, in denen die Befragten Vorstellungen von der zukünftigen Entwicklung ihrer Erwerbstätigkeit entwarfen. Die Karriereerzählung dient dabei allerdings nur als Ausgangspunkt der Rekonstruktion der Denk- und Handlungsweisen der Selbständigen. Die Analyse wird also von diesem Zugang her auch sukzessive auf das gesamte Interview ausgedehnt.

Obwohl auch bei der Interpretation der Karriereerzählungen mit der dokumentarischen Methode ein narrationsstrukturell beeinflusstes Verfahren der Auswertung angewandt wurde, ist es für die hier vorgenommenen Analysen völlig unerheblich, ob und inwieweit die Struktur biografischer Narrationen analog zur Struktur der tatsächlich durchlebten Erfahrungen ist (vgl. Schütze 1983, 1984: 78 f., Flick 2007: 237 f.). Von gattungsanalytischen Verfahren inspiriert,[51] steht vielmehr die Frage im Vordergrund, welche *Typen von Karriereerzählungen* die Interviewten konstruieren, auf welche (gesellschaftlich verfügbaren) Sinnelemente und Denkweisen sie zum Aufbau einer (für den ›fremden‹ Interviewer nachvollziehbaren) (Karriere-)Erzählung sie rekurrieren sowie welche *habitualisierten Denkweisen und Sinnmuster* diese Erzählmuster implizit prägen. Das soziologisch Spannende an den in den Blick genommenen Karriereerzählungen liegt nämlich darin begründet, was Goffman in einem anderen Kontext als analytischen Vorteil eines offenen (wissenschaftlichen) Karrierebegriffs hervorgehoben hat: die Doppelseitigkeit des Begriffes. »Einerseits berührt er jene hoch und heilig gehaltenen Dinge wie das Selbstbild und das Identitätsgefühl; andererseits betrifft er die offizielle Stellung, rechtliche Verhältnisse sowie den Lebensstil.« (Goffman 1973: 137) Für eine Karriereerzählung bedeutet dies, dass diese zwangsläufig »zwischen dem persönlichen und dem öffentlichen Bereich, zwischen dem Ich und der für dieses relevanten Gesellschaft« (ebd.) oszilliert. Karriereerzählungen berichten in diesem Sinne davon, wie man sich vor dem Hintergrund seines Selbstbildes, ›seiner‹ Identität und ›eigener‹

---

[51] Die folgenden Analysen sind allerdings weit von der Detailgenauigkeit einer Gattungsanalyse entfernt. Auch die von Schütze (1984: 92 ff., 1983) rekonstruierten ›Prozessstrukturen des Lebenslaufes‹ stehen als basale, kognitiv und gesellschaftlich verfügbare ›logische Bausteine‹ der Gattung Stegreiferzählung nicht im Fokus des Analyseinteresses. Vielmehr wird auf einer ›höheren‹ Aggregationsebene nach typischen Formen der Erzählung erwerbsbiografischer Verläufe gesucht.

Ziel- und Wertvorstellungen im Hinblick auf relevant erscheinende gesellschaftliche Institutionen, soziale Gruppierungen sowie einen persönlichen sozialen
Nahraum positioniert hat und positionieren möchte. Karriereerzählungen beschreiben (auch jenseits institutioneller Rahmungen) Positions- bzw. Statusver-
änderungen über die Zeit und ordnen diese reflexiv in einen umfassenderen
Sinnkontext ein, um ein angemessenes Bild der gegenwärtigen (Erwerbs-)Posi-
tion zu entwerfen. Sie verweisen auf persönliche Entscheidungen, auf Umstände
und Zufälle, auf wahrgenommene und verstrichene Gelegenheiten und somit
nicht nur auf Werthaltungen, Präferenzen und Handlungsmotive, sondern auch
auf habituelle Prägungen wie auf (gesellschaftlich verfügbare) Vorstellungen
eines ›gelungenen‹ (Erwerbs-)Lebens, auf (säkulare) Weltanschauungen. Gewöhnlich enthalten die Erzählungen auch evaluative (argumentative und wer-
tende) Elemente, die Rückschlüsse erlauben, anhand welcher Maßstäbe und
Denkweisen Erfolg oder Misserfolg der eigenen Erwerbskarriere beurteilt wird.
Dergestalt bieten Karriereerzählungen einen privilegierten Zugang zu grund-
legenden Werthaltungen und Denkweisen, wenn sie weniger als Bericht von
biografischen Abläufen, sondern als sinnstiftende Darstellung des eigenen (Er-
werbs-)Lebens betrachtet werden.

5.2 Erzählte Karrieren: Denk- und Handlungsweisen selbständig Erwerbstätiger in der Kulturwirtschaft

Im Rahmen der komparativen Analyse der Karriereerzählungen zeigte sich als
auffälligstes Merkmal zunächst die Homogenität der Erzählungen der als Freelancer eingestuften Interviewpartner: Sie rekurrieren trotz offensichtlicher Abweichung von einer *Normalerwerbskarriere* auf die zentralen Elemente einer
klassischen Karrierevorstellung – Beruflichkeit und organisationelle Strukturierung – und bringen diese modifiziert zur Anwendung (vgl. 5.2.1.1). Ebenfalls an
beruflichen Sinnmustern orientiert, aber gerade in Opposition zu einer Orientierung an einem institutionell strukturierten Feld positionieren sich dagegen hier
als *berufsethische Unternehmer* bezeichnete Selbständige (vgl. 5.2.1.2). Bei zwei
Kulturunternehmern (KuD3, KuE1) sowie zwei Kleinstunternehmern (U1, U3)
wird ein erstes ›Motiv‹ (genauer: soziokulturelles Sinnmuster) erkennbar, das
hinter unternehmerischem Handeln steht: Offensichtlich motiviert gerade ein
*Widerspruch zwischen berufsethischen Vorstellungen und organisationellen
Rahmenbedingungen* des Erwerbsfeldes unternehmerisches Handeln, da Letzteres eine Erweiterung beruflicher Gestaltungsspielräume verspricht.[52]

---

[52] Dies macht nochmals deutlich, dass ein ›Abfragen‹ von Motiven nicht ausreicht, um die Genese
unternehmerischen Handelns zu begreifen, sondern eine Rekonstruktion komplexer Denkweisen und

Die weitaus größte Zahl der Kulturunternehmer räumt organisationellen Rahmenbedingungen und beruflichen Sinnmustern jedoch keine zentrale Rolle ein, ja distanziert sich teilweise sogar ausdrücklich von solchen Orientierungen. In diesen nichtberufsförmig orientierten Erzählungen lassen sich zwei Muster identifizieren, die Rückschlüsse auf eine unterschiedliche habituelle Verfasstheit zulassen und sich auch in unterschiedlichen wirtschaftlichen Handlungsweisen niederschlagen. Ein Teil der (Kultur-)Unternehmer (KuE2, KuM4, KuM5, U5) sowie einer der befragten Künstler (Kü1) konstruieren Stegreiferzählungen, die sich als *Professionalisierungserzählungen* begreifen lassen (vgl. 5.2.2): als Erzählung von einer stetigen Rationalisierung und Effektivierung der Unternehmung. Diese Erzählungen beginnen mit der Darstellung einer aus Liebhaberei – also amateurhaft im positiven Wortsinn – betriebenen Tätigkeit und schildern die schrittweise Umwandlung dieser Tätigkeit in eine wirtschaftlich erfolgreiche, geschäftlich-rational verfolgte Unternehmung. Dabei werden trotz einer hohen Identifikation und emotionalen Verbundenheit mit dem Erwerbsgegenstand Prozesse der Rationalisierung und Effektivierung in den Vordergrund gestellt und es wird eine klare Differenz zwischen einem Engagement aus Liebhaberei und der jetzigen geschäftlichen Tätigkeit etabliert. Diese hier als *Herzblut-Unternehmer* bezeichneten Unternehmer sind ihrem Unternehmensgegenstand emotional verbunden, versuchen aber trotzdem wie ein ›normaler Betriebswirt‹ zweckrational zu denken und zu handeln – was ihnen typischerweise auch vorwiegend, aber aufgrund bleibender emotionaler Verbundenheit nicht ausschließlich gelingt.

Die Dimension der Professionalisierung im alltagssprachlichen Sinne steht dagegen bei jenen Kulturunternehmern (KuD1, KuD2, KuE3, KuE4, KuM2, KuM3) im Hintergrund, deren diffus strukturierte Erzählungen auf ein *Herumprobieren und Experimentieren*, ein ›Sich-Durchwursteln‹ und ›Sich-Ausprobieren‹ als modus operandi verweisen (vgl. 5.2.3). In diesen Erzählungen wird keine eindeutige Dramaturgie aufgebaut, sondern von (vielfältigen) idiosynkratischen Anlässen und Gelegenheiten berichtet, die ein leidenschaftlich geprägtes, aber dennoch auf einen Markt bezogenes Engagement ermöglichten. Die Erzähler dieser Geschichten profilieren sich typischerweise als *Bastler*, die mehr oder weniger aus dem, womit sie sich ›sowieso‹ gerade beschäftigen, ›irgendwie‹ stets neue Produktideen generieren.

Neben diesen zentralen im Sample nachweisbaren Typen von Erzählungen bleiben einige wenige divergente Einzelfälle bestehen (vgl. 5.2.4): So erwiesen sich die Erzählungen von zwei Künstlern (Kü2, Kü3) als kaum integrierbar in die soweit entfaltete Typologie. Da das Sample der Künstler insgesamt zu klein ist,

---

Sinnmuster notwendig ist: Denn auch diese Unternehmer sprechen von Selbstverwirklichung und Selbstbestimmtheit, meinen damit aber offensichtlich eine ganz bestimmte Form *beruflicher* Selbstverwirklichung im Gegensatz z. B. zu selbstexpressiven Vorstellungen von Selbstverwirklichung.

um eine detaillierte Typologie zu entwickeln, ließ sich so nur feststellen, dass die
theoretisch vermutete Ähnlichkeit künstlerischer und unternehmerischer Denk-
und Handlungsweisen im Rahmen dieser Arbeit nicht bestätigt werden konnte.
Schließlich bieten zwei Unternehmer (U2, U4), die schlichtweg nur vom Erkennen einer Gewinngelegenheit und deren Wahrnehmung berichten, einen deutlichen Kontrast zu den durchweg wertrational und/oder affektuell fundierten Erzählungen der anderen Unternehmer.

5.2.1 Beruf, Berufung und Berufsethos

Alle berufsförmig verfassten Karriereerzählungen im Sample eint, dass einleitend auf drei zentrale Punkte einer berufsförmigen Erwerbsbiografie verwiesen
wird: auf die Berufswahl, auf einen Ausbildungsprozess und auf den Berufseinstieg. Die Erzählung der beruflichen Karriere im engeren Sinne knüpft dann an
diese Elemente an bzw. beginnt mit dem Einstieg in den Beruf. Dabei unterscheiden sich die berufsförmig verfassten Karriereerzählungen voneinander am
auffälligsten durch die Art und Weise, wie auf das Erwerbsfeld strukturierende
Organisationen Bezug genommen wird: So bilden Verweise auf organisationelle
Gegebenheiten in den Erzählungen der berufsethischen Unternehmer den Rahmen, vor dem die Entscheidung für eine unternehmerische Selbständigkeit plausibilisiert wird. Organisationen werden dabei vornehmlich unter dem Gesichtspunkt der Einschränkung der beruflichen Handlungsfreiheit thematisiert und die
Gründung eines Unternehmens zielt schlussendlich darauf, die Abhängigkeit von
Organisationen zu reduzieren (vgl. 5.2.1.2). Im Rahmen der organisationsnahen
Karriereerzählungen der Freelancer (vgl. 5.2.1.1) stellen Organisationen dagegen
das zentrale Element der Strukturierung der Erzählung dar. Die Etablierung von
tragfähigen Bindungen an Organisationen wird hier nicht als Hindernis, sondern
als zentrales Medium der Karriere reflektiert.

5.2.1.1 Organisationsnahe Karriereerzählungen: Freelancer

Sei es die Thematisierung des Berufseinstiegs im Anschluss an ein Volontariat
oder eine Hochschulausbildung, der Bericht von der Suche nach einem Volonta-
riatsplatz oder die Erzählung von der sich für Jonas Feldmann überraschend er-
gebenden Gelegenheit, Bilder an eine Tageszeitung zu verkaufen: Kennzeichnend für die Erzählungen der Freelancer ist zunächst, dass sie im Rahmen des
Berufseinstiegs immer ein Moment des ›Reinkommens‹, des ›Einsteigens‹, des
Etablieren von Kontakten zu relevanten Organisationen thematisieren, die das

Erwerbsfeld dominieren. Doch nicht nur am Beginn einer Freelancer-Karriere, sondern auch über den ganzen Verlauf der Karriere hinweg wird immer wieder berichtet, ob, wann und wie es gelang, organisationelle Kontakte zu etablieren und zu stabilisieren. Mit den Worten von Christoph Glaser formuliert: Angelpunkt der Erzählungen ist immer, ob und wie es gelingt, irgendwo »den Fuß in die Tür zu kriegen« (Fl5: 84) bzw. »ins Boot« (Fl5: 94) geholt zu werden. Freelancer-Karrieren werden nicht als Karriere im Sinne der Mannheimschen »Bürokratensecurität« (Mannheim 1970: 676) erzählt: Sie lassen sich nicht in der Erzählform eines institutionellen *Ablaufmusters* darstellen, also als Erzählungen von der »rechtzeitigen, beschleunigten, verzögerten, behinderten oder gescheiterten Abwicklung« eines »gesellschaftlichen oder organisatorischen Erwartungsfahrplans« (Schütze 1984: 92). Das typische biografische *Handlungsschema* (vgl. ebd.), auf das die Erzählungen rekurrieren, verweist jedoch immer darauf, in den ›Kreis‹ der bei Auftragsvergaben von Organisationen Beachtung findenden Freiberufler ›vorzudringen‹, sich also im Umfeld von Organisationen zu etablieren. Besonders auffällig zeigt sich dies in jenen Karriereerzählungen, in denen organisationelle Kontakte sehr mühsam etabliert werden müssen.

Fallbeispiel 1: Organisationelle Strukturierung der Karriereerzählung

Dagmar Fuhr (42) ist als freie Journalistin für Hörfunk und Fernsehen tätig sowie als Autorin von Sachbüchern und nicht auftragsgebunden produzierten Dokumentarfilmen. Ausgangspunkt ihrer Karriereerzählung ist der Verweis auf die leidenschaftliche Empfindung der Berufung, Journalistin zu werden. Ausgehend von diesem Berufungsempfinden berichtet sie von vielfältigen erfolglosen Versuchen, eine Volontariatsstelle zu bekommen, und stellt resümierend fest, dass es schon damals nur »über freie Mitarbeit und reinfuchsen« (Fl4: 10) möglich gewesen sei, eine solche Ausbildungsstelle zu bekommen. Ganz offensichtlich ist die Existenz organisationeller Kontakte aus ihrer Sicht schon für den Zugang zu einer praktischen Berufsausbildung als Journalist Voraussetzung. Der Rest ihrer Karriereerzählung befasst sich demgemäß mit der Beschreibung von Versuchen, Kontakte zu etablieren, sich ›reinzufuchsen‹.

Zunächst gelingt es ihr, durch eine Mischung aus Hartnäckigkeit und Zufall eine dreimonatige Hospitanz bei einer Lokalzeitung absolvieren zu dürfen. Zwar stellt dies für Fuhr rückblickend den ›Einstieg‹ in den Beruf dar, gleichwohl findet sie sowohl die formalen Bedingungen dieses Einstiegs als auch die inhaltlichen Ansprüche sowie das Renommee ihres Arbeitgebers enttäuschend: »Also erst mal als Freie, zwei Monate Praktikum und Hospitanz, und ich meine: °Lokalzeitung A°.[53] Das heißt, ich habe wirklich von der Misswahl in irgend einem Kurort bis zur Baustellenreportage irgendwie alles gemacht« (Fl4: 14). Nachdem Fuhr der Zugang zum Berufsfeld Journalismus zunächst weitgehend verwehrt bleibt bzw. nur aussichtslose Positionen zu erreichen sind, absolviert sie auf ›Geheiß‹ ihrer Eltern eine kaufmännische Ausbildung in einem Verlag

---

[53] Zu den verwendeten Transkriptionszeichen siehe Seite 268.

und schließlich ein Studium. Beides bildet in ihrer Erzählung jedoch nur den Hintergrund für ausführliche Erzählungen von immer neuen, scheiternden Versuchen, einen ›Zugang‹ zum Berufsfeld zu bekommen. Der Zugang zur Arbeit als freie Journalistin gelingt ihr schließlich durch das Erschließen organisationeller und personaler Kontakte: Über den sich damals etablierenden Bürgerfunk und einen »Volkshochschulkurs Radio« (Fl4: 40) (bzw. den Kontakt zu den Journalisten, die diesen Kurs leiten) erarbeitet sie sich die Möglichkeit, ehrenamtlich für den Krankenhausfunk zu arbeiten. Damit ist Fuhr mit einer Organisation in Kontakt, die zu diesem Zeitpunkt offenbar bei einer öffentlich-rechtlichen Rundfunkanstalt einen guten Ruf hatte: »Über den Krankenhausfunk landet man relativ schnell bei °Rundfunkanstalt A°. Damals. Damals war das so. Weil sehr viele gute Leute, Freie, vom Krankenhausfunk kamen. Wir hatten einen guten Namen da und es ging einfach ganz problemlos. Also dass ich irgendwie eine Kollegin hatte, die eine Stelle als Sekretärin bei °Rundfunkanstalt A° hatte, die sagte, hör mal, ich will da aufhören, hast du nicht Lust, dann schlag ich dich vor als Nachfolgerin.« (Fl4: 40 f.)

Durch diese Position als Sekretärin gelingt es ihr, ein Praktikum in der Rundfunkanstalt A zu absolvieren. »Ich hab dann erst zweieinhalb Jahre als Sekretärin gearbeitet, […] kannte dadurch die ganzen Leute schon und brauchte dann […] ein Praktikum für das Studium. Da hat dann der °Herr A° damals gesagt, klar, können Sie hier machen. Ich kenne Sie ja schon, ich weiß ein bisschen, wie Sie arbeiten.« (Fl4: 56)

Durch dieses Praktikum wird ihr schließlich der Einstieg in die freiberufliche Arbeit für diese Rundfunkanstalt trotz eines fachfremden Studiums und fehlenden Volontariats ermöglicht. Für Fuhr endet ihre Karriereerzählung im engeren Sinne dann auch damit, dass sie beschreibt, wie sie in diesem Praktikum auch die Arbeit für das Medium Fernsehen lernt und somit inzwischen für beide Medien produziert.

Deutlich wird insgesamt, dass hier eine stark institutionell gebundene Karriere erzählt wird. Obwohl Fuhr im Sample der Freiberufler eher noch durch eine Vielfalt an Tätigkeitsbereichen hervorsticht, ja zum Teil sogar Übergänge zu ›unternehmerischer‹ Tätigkeit erkennbar sind, insofern sie Projekte verfolgt, ohne einen Auftraggeber zu haben, ist sie in Bezug auf den Wunsch, als Journalistin tätig zu werden, völlig von der Herstellung und Erhaltung von Netzwerkkontakten abhängig. Ihre Erzählung ›dreht‹ sich folglich zunächst darum, wie es ihr gelingt, organisationelle Beachtung als freie Journalistin zu finden.

Neben schlussendlich immer personalen Kontakten zu Organisationen stellt das Renommee von Organisationen, für die man bereits tätig war, ein zentrales Karrieremedium für Freiberufler dar. Fuhrs ›Karrierestationen‹ werden in der Erzählung durch die kaum Renommee aufweisende Lokalzeitung A, durch das Engagement beim Krankenhausfunk (eine Organisation mit gutem Ruf) und schließlich ihre (zunächst) nichtjournalistische Tätigkeit für die (renommierte) Rundfunkanstalt A markiert, die schlussendlich den Einstieg in die freiberufliche journalistische Arbeit ermöglicht. Freelancer-Karrieren sind also aus Sicht der Freelancer *interorganisationell* strukturiert. Karrierestationen werden in den Erzählungen dadurch markiert, für welche Organisationen man bereits gearbeitet hat und als wie renommiert diese Organisationen gelten. ›Erfolgreiche‹ Freelancer-Karrieren sind demgemäß durch verkettete organisationelle Inklusionsmuster gekennzeichnet: Sofern es gelingt, ›reinzukommen‹, Kontakte zu relevanten Organisationen herzustellen und zu stabilisieren, dienen diese als Mittel der Etablierung weiterer Kontakte zu weiteren (renommierteren) Auftraggebern.[54]

Insgesamt ist damit festzustellen, dass sich die Erzählungen von Freelancern an den Erzählformen klassischer Berufskarrieren orientieren und fehlende Elemente durch ›funktionale Äquivalente‹ ersetzen: Für welche Organisationen man bereits schon gearbeitet hat, stellt den ›Ersatz‹ für die fehlenden interorganisationellen Karrierepositionen dar. Auch die im Vergleich zur ›klassischen‹ Karrierevorstellung fehlende Verfügbarkeit einer organisationell vorgegebenen bzw. interorganisationell vergleichbaren Rangfolge von Positionen findet in den Karriereerzählungen der Freelancer einen adäquaten Ersatz: Indem einzelne Auftraggeber in Bezug auf ihre Position in der Branche sowie die Qualität der eingeforderten Arbeiten in eine Rangfolge gebracht werden, auf welche die Freelancer mehr oder weniger explizit rekurrieren, werden interorganisationale Karrieren erzählbar, die sich in ihrer ›Logik‹ an klassischen Karrieremustern orientieren. Insbesondere bei den Fotografen Klaus Stenger und Jonas Feldmann sowie bei Christoph Glaser sind trotz der formalen Selbständigkeit derart stabile Bindungen[55] an Auftraggeber vorhanden, dass sie Berufskarrieren erzählen können, die in weiten Passagen kaum als Erzählungen von Selbständigen kenntlich werden. Die Erzählung von Feldmann illustriert diesen Umstand besonders gut:

Fallbeispiel 2: Am berufsförmigen Normalarbeitsverhältnis orientierte Erzählung

Jonas Feldmann, zum Zeitpunkt des Interviews 44, arbeitet überwiegend für die Tageszeitung B. Auf die Nachfrage, wie es dazu gekommen sei, entwickelt er eine kompakte Erzählung, die trotz faktischer Abweichung von einer berufsförmigen Normalerwerbskarriere deutlich an der Struktur einer solchen Karriere orientiert ist. Auch Feldmann beginnt seine Erzählung zunächst mit einer Erläuterung seiner Berufswahl. Er berichtet, dass sich sein privates Interesse für Fotografie so gut in eine erste Erwerbstätigkeit umsetzen ließ, dass das Ergreifen dieses Berufs nahelag:»Ich bin in den Beruf eingestiegen, zu einer Zeit, als ich mich privat für Fotografie interessiert habe. Da habe ich angefangen, einfach mal ein paar interessante Bilder gemacht, Unfallbilder, und alles, von dem ich dachte, dass es für die Zeitung interessant sein könnte. Hab das dann Zeitungen angeboten und war ganz erstaunt und entsetzt, dass die auf einmal meine Bilder druckten. Und das war praktisch der Beginn meiner Karriere.« (F11: 14)

---

[54] Die Omnipräsenz von ›Referenzkunden‹ auf den Internetseiten von Freelancern macht deutlich, dass dies keineswegs ein Phänomen ist, das nur auf journalistische Freiberuflichkeit zutrifft (vgl. 4.1.).

[55] Trotz ihrer Stabilität beruhen diese Bindungen auf Freiwilligkeit. Insofern sie einer rechtlichen Grundlage entbehren, sind sie jederzeit einseitig kündbar, auch wenn dies vonseiten der Freelancer ›moralisch‹ anders wahrgenommen wird.

Die folgende Schilderung seiner ›Karriere‹ zeichnet eine Inklusionsdynamik nach: Aus dem zufälligen Erstkontakt zu einer Redaktion (dem ›Reinkommen‹) ergibt sich der Kontakt zu einem anderen, größeren Arbeitgeber und damit eine deutliche Verbesserung der Auftragslage:»Ich hab dann erst für eine Redaktion gearbeitet, eine Zeit lang, auch nur relativ wenig Bilder gemacht. […] Dann hab ich irgendwann die Chance bekommen, für ein Anzeigenblatt zu arbeiten, dann hab ich also über mehrere Jahre hinweg sämtliche Redaktionen versorgt von diesem Anzeigenblatt, Innenstadt, Nord, Süd, Ost. Also für vier Blätter hab ich quasi komplett selbst fotografiert« (ebd.).

Eine anschließende detailreiche Beschreibung der ›handwerklichen‹ Dimension dieser Arbeit dient – in Orientierung am berufsförmigen Karrieremodell – offensichtlich der ›Konstruktion‹ einer ›Ausbildungszeit‹. Feldmann will verdeutlichen, dass er den Beruf (trotz formal fehlender Ausbildung) ›von der Pike auf‹ gelernt hat. Nach einer an diese Passage anschließenden Evaluation, in der Feldmann darlegt, dass ihm das Geldverdienen wichtiger gewesen sei als das Nachholen eines ›rein formellen‹ Abschlusses, berichtet er dann von seinem letzten ›Karriereschritt‹:»Mit dem Fotografieren, das hat sich weiterentwickelt. Ich hab irgendwann dann den Sprung gemacht, vom Anzeigenblatt zur Tageszeitung. […] Ja, und dann bin ich erst mal eine Zeit lang bei der °Tageszeitung A° gewesen, ein paar Wochen, da kam ich auch nicht so gut klar, und irgendwann, vor ungefähr dreizehn, vierzehn Jahren, war ich dann bei °Tageszeitung B° gelandet.« (Fl1: 18) Aus dieser Karriereerzählung lässt sich kaum auf die berufliche Selbständigkeit Feldmanns schließen. Ganz offensichtlich erzählt er von einer interorganisationellen Berufskarriere im alltagssprachlichen Sinne. Sowohl die quantitative Verbesserung der Auftragslage beim Wechsel von einer Redaktion als Auftraggeber zur Arbeit für vier Ausgaben eines Anzeigenblattes wie der offenbar als (qualitative) ›Weiterentwicklung‹ gewertete Sprung vom Anzeigenblatt zur Tageszeitung sind für Feldmann erkennbar Berufserfolge.

Insgesamt erzählt Feldmann die Aufstiegsgeschichte eines Autodidakten, die in einer seit über zehn Jahren stabilen Erwerbstätigkeit für einen zentralen Auftraggeber endet – eine Geschichte, die sich in ihrer Darstellungsweise kaum von einer ›klassischen‹ Berufskarriere unterscheidet, obwohl Feldmann weder eine Ausbildung absolviert hat noch jemals fest angestellt war und – wie später im Interview deutlich wird – auch nie ausschließlich, sondern immer nur vornehmlich für einen Auftraggeber arbeitet. Die Erzählung verweist somit auch auf eine *Normalisierungsstrategie* des Erzählers, auf eine habituelle Orientierung an einer ›ganz normalen‹ berufsförmigen Erwerbsbiografie mit ›sequentiell monogamen‹ Bindungen an Arbeitgeber. Diese normalisierende Darstellungs- und Deutungsweise, wie sie auch bei Glaser zu erkennen ist, korrespondiert mit Versuchen, die freiberufliche Tätigkeit möglichst äquivalent zu einem Normalarbeitsverhältnis zu gestalten, wenn dieses gegenwärtig schon nicht erreichbar scheint.

Demgegenüber lassen Dagmar Fuhr und Karsten Pickert deutliche Tendenzen erkennen, sich nicht zu eng an einzelne Organisationen zu binden. Die Karriereerzählungen dieser Freelancer wenden sich nach der Schilderung des Berufseinstiegs mehr und mehr von einer strikten organisationellen Strukturierung der Erzählung ab. Sie rekurrieren zusehends auf Vorstellungen des Berufs als Berufung; einer Berufung, der sie nur durch die Erarbeitung flexibler Bindungen an mehrere Auftraggeber und eine zumindest begrenzte Autonomie von einzelnen Organisationen nachgehen können. Offenbar korrespondiert diese Haltung mit einer selbstbewussten Abwendung von Normalitätsvorstellungen: So konstruiert Fuhr im Gegensatz zu Feldmann keine ›Ausbildungszeit‹ in ihrer Erzählung, die das ›fehlende‹ Volontariat ersetzt, sondern bekennt vielmehr mit Stolz, dass sie »eine der ganz wenigen ohne Volo« (Fl4: 48) sei.

Damit werden zwei unterschiedliche Deutungen freiberuflicher Selbständigkeit erkennbar, die mit unterschiedlichen Strategien der Ausgestaltung dieses zwischen Abhängigkeit und Selbständigkeit changierenden Erwerbsstatus korrespondieren: Während einerseits Strategien zur Stabilisierung organisationaler Bindungen, zur Stärkung (wechselseitiger) Abhängigkeiten erkennbar werden, die an der Vorstellung eines Normalarbeitsverhältnisses orientiert sind, streben andere Freelancer unter Bezugnahme auf berufsethische Wertvorstellungen eine Flexibilisierung von Bindungen, eine Reduktion von Abhängigkeit und eine Erweiterung beruflicher Gestaltungsspielräume an. Während eine ihren Wünschen zumindest halbwegs entsprechende Ausgestaltung des Arbeitsverhältnisses den vier bislang genannten Freelancern halbwegs gelingt, macht der Fall von Klaus Stenger dagegen deutlich, wie belastend eine freiberufliche Beschäftigung sein kann, falls es weder gelingt, die Freiberuflichkeit als (Mängel aufweisendes) Äquivalent einer Arbeitnehmertätigkeit zu rahmen, noch das Selbstbewusstsein eines Freiberuflers zu entwickeln, der sich durch sein selbständiges Agieren auf dem Markt inhaltliche Gestaltungsspielräume erarbeitet.

Ein (fast) normaler Job: Stabilisierung organisationeller Bindungen

Betrachtet man die evaluativen Anteile der Erzählungen der beiden am stärksten an einer Normalerwerbskarriere orientierten Freiberufler, so verweisen diese zunächst auf eine pragmatische Erwerbsorientierung: Karriereentwicklungen werden vornehmlich unter dem Gesichtspunkt der Stabilisierung und Verbesserung der Auftragslage bzw. des Einkommens beurteilt.[56]

Fallbeispiel 3: Pragmatische Erwerbsorientierung

Obwohl die Karriereerzählung von Feldmann ihren Ausgangspunkt in einer zunächst aus reiner Liebhaberei betriebenen Beschäftigung mit Fotografie findet, verweisen die eva-

---

[56] Die Angaben der Freelancer zu ihren Einkünften unterscheiden sich nicht gravierend. Die unterschiedlichen Orientierungen scheinen also nicht auf Differenzen im Einkommen zurückführbar.

luativen Elemente innerhalb seiner Erzählung darauf, dass eine Ausweitung bzw. Stabilisierung des Einkommens das zentrale Motiv seiner berufsbiografischen Entscheidungen darstellt. Als im Interview die Situation thematisiert wird, in der er sein erstes Foto verkaufte, wird zwar eine emotionale Beteiligung thematisiert, er distanziert sich jedoch lachend von der Rekapitulation seiner damaligen Perspektive und macht deutlich, dass sein heutiges Verhältnis zur Arbeit zweckrational-pragmatisch bestimmt ist: »F: [...] als ich das Bild gesehen habe, in der Zeitung, und da stand mein Name drunter, da war ich so was von stolz. Am Anfang hab ich auch sämtliche Bilder von mir ausgeschnitten und hab die schön eingeheftet und @.@ die Aktenordner dann in den Schrank gestellt und hab die dann ganz stolz vorgezeigt, weil dann überall mein Name drunter stand. Das hab ich dann aber nach einem halben Jahr aufgegeben, weil es dann einfach zu viel wurde @.@ [...] I: Was hat sich seitdem verändert, sind Sie immer noch stolz? F: Ich sag mal, von Stolz kann man sich nichts kaufen, also @.@« (Fl1: 26 ff.). Ganz in diesem Sinne bilanziert Feldmann auch in einer längeren Passage die Nachteile einer freiberuflichen Beschäftigung gegenüber einer Festanstellung und lässt damit deutlich erkennen, dass eine Festanstellung für ihn den wünschenswerten Normalfall darstellt.

Ähnlich stellt sich dies auch für Glaser dar. Auch sein Beginn der Karriereerzählung – die noch zu Schulzeiten stattfindende Arbeit bei einer Tageszeitung – würde durchaus Anknüpfungspunkte bieten, von einer emotionalen Bindung an die Tätigkeit als Journalist zu berichten. Er reflektiert diese Zeit jedoch genauso wie seine gegenwärtige freiberufliche Arbeit für eine Tageszeitung unter dem pragmatischen Gesichtspunkt des Einkommenserwerbs. Zwar hebt er deutlich die heutzutage dringendere Notwendigkeit des Einkommenserwerbs hervor, reflektiert beide Tätigkeiten jedoch im Hinblick auf dasselbe Kriterium: »Ich muss damit ja jetzt mein Geld verdienen. Das war ja früher anders, also zu Schulzeiten. Da war das ein schöner Nebenverdienst [...] und jetzt ist das mein Hauptverdienst.« (Fl5: 22 ff.) Angesichts dieser pragmatischen Haltung gibt sich Glaser auch leidenschaftslos in Bezug auf die Inhalte seiner Arbeit. So berichtet er, dass er und seine ›Kollegen‹ zu Schulzeiten bei der Arbeit für die Lokalzeitung sich ihre Themen »wirklich selbst aus den Fingern saugen mussten, was @auch nicht unbedingt leicht war in einer Kleinstadt@« (Fl5: 22). Demgegenüber ist er aus einer zweckrationalen Perspektive damit zufrieden, dass ihm gegenwärtig Themen zugeteilt werden: »Im Moment hab ich den Luxus, dass mir die Themen gegeben werden. [...] Insofern sind es höchstens zwei Stunden die Woche, wo ich mir wirklich Themen überlege. [...] Ist ganz praktisch, weil für diese zwei Stunden krieg ich natürlich keinen Cent.« (Fl5: 14)

Insgesamt sieht Glaser seine freiberufliche Tätigkeit nur als Durchgangsstadium zu einer Festanstellung. Er bringt eindeutig (wenn auch etwas selbstironisch gerahmt) eine ›konservative‹ Vorstellung in Bezug auf sein künftiges Erwerbsleben zum Ausdruck: »Ich denke mal, spätestens nach fünf Jahren bin ich so spießig geworden, dass ich eine feste Stelle und meine Sicherheiten und mein @Haus, mein Auto@ und keine Ahnung mein Sparbuch haben möchte.« (Fl5: 124)

Während die pragmatische Haltung Glasers sich ganz klar an der Perspektive orientiert, ›irgendwann‹ eine Festanstellung zu bekommen, thematisiert Feldmann diese Möglichkeit nicht. Möglicherweise berichten sie deshalb auch von unterschiedlichen Strategien beim Verfolgen des gleichen Anliegens, ihr freiberufliches Arbeiten derart zu stabilisieren, dass es einem Normalarbeitsverhältnis weitgehend ähnelt. Glaser – darin einem ›Normalarbeitsverhältnis‹ weitaus näher – versucht, seine Position innerhalb informeller Hierarchien in den Lokalredaktionen der Tageszeitung, für die er arbeitet, zu stabilisieren und orientiert sich dabei an von ihm wahrgenommenen informellen Rollenmustern und Erwartungen. Er thematisiert Normen, Werte und Erwartungshaltungen im Rahmen persönlicher, nicht austauschbarer Beziehungen. Feldmann dagegen begreift die Beziehung zu seinen Arbeitgebern offensichtlich als Marktsituation. Er sieht sich in Konkurrenz zu anderen Fotografen und sucht nach Marktlücken, und er orientiert sich an der von ihm wahrgenommenen Nachfrage einzelner Zeitungen und nicht an informellen Normen und Erwartungshaltungen. Die Kontakte zu Auftraggebern werden folglich nicht als persönlich, sondern als sachlich-anonym charakterisiert.

Fallbeispiel 4: Marktorientierte Spezialisierung vs. Orientierung an Hierarchien

Feldmann versucht, seine enge Bindung an einen vornehmlichen Auftraggeber durch eine Orientierung an der Nachfrage der jeweiligen Organisationen zu erreichen. Dies wird etwa deutlich, wenn er den Wechsel zwischen den beiden Tageszeitungen ausführlicher erläutert. Er schildert hier ausführlich die ›Marktlücke‹, auf die er sich spezialisiert, um sich an diesen Auftraggeber zu binden: »Da wurden freie Mitarbeiter gesucht, die leistungsfähig sind, belastbar. Die auch mal bereit sind, abends oder spät nachts herauszufahren, um irgendeinen Unfall oder ein brennendes Haus abzulichten für die Zeitung. Und da war also eine Marktlücke gewesen.« (Fl1: 20) Auch das Verhältnis zu anderen freiberuflichen Kollegen wird weitgehend marktförmig, als Konkurrenzverhältnis, das über die Qualität der Produkte zu beeinflussen ist, modelliert: »Da versucht man immer doch möglichst bessere Arbeit zu leisten als andere Kollegen, mehr Termine zu bekommen. Das sind also schon Mitbewerber, sag ich mal.« (Fl1: 38) Ähnlich beschreibt Feldmann seine gelegentlichen Verkäufe an andere Tageszeitungen als nachfrageorientiert: »Jedes Blatt hat eigene Präferenzen, eigene Vorgaben. Für die °Boulevardzeitung° muss halt alles bisschen derber, bisschen blutiger sein @sag ich mal@, aber wenn man von vornherein ein ganzes Spektrum von Bildern fotografiert, hat man immer entsprechende Szenen dabei.« (Fl1: 52) Kontakte zu Auftraggebern werden von Feldmann nur randständig thematisiert. Er personalisiert die Kontakte in seinen Erzählungen nicht und verweist auch nicht auf die Notwendigkeit, solche Kontakte zu ›pflegen‹.

Da der Preis von Pressebildern meist fixiert und selten Verhandlungsgegenstand zwischen Fotografen und Verlagen ist, ist kein reines Marktverhältnis etablierbar, in dem Leistungen auf der Basis weitgehend anonymer bzw. flüchtiger Beziehungen nur über den Marktpreis koordiniert werden (vgl. Hirsch-Kreisen 2005: 47 f.). Die anonym bleibende, auf Qualität und Konkurrenz verweisende Schilderung Feldmanns verweist jedoch auf eine hochgradig marktähnliche Wahrnehmung freier Mitarbeit durch Feldmann, obwohl er sich an einen zentralen Auftraggeber bindet. Lediglich in Rahmen einer Zusammenarbeit mit Fernsehjournalisten werden Formen des generalisierten Tausches erkennbar, die auf Vertrauen, Zugehörigkeit, Dauerhaftigkeit und Reziprozität beruhen: »Es gibt eine Kooperation mit einem Kollegen im Fernsehbereich, der hat eine 24-Stunden-Bereitschaft [...] Die decken das also 24 Stunden rund um die Uhr ab und rufen mich dann im Bedarfsfall an. [...] Das beruht auf Gegenseitigkeit. Wenn ich jetzt irgendetwas erfahre, rufe ich halt meine Kollegen entsprechend an.« (Fl1: 62 ff.) Nur diese Kooperation weist mit der Verpflichtung auf Reziprozität jenen Wertbezug auf, der über das Prinzip des Äquivalenztausches am Markt hinausreicht und typisch für netzwerkförmige Koordinationsformen ist (vgl. Hirsch-Kreinsen 2005: 50 f.).

Gegenüber dieser sachlichen Marktorientierung ist bei Glaser eine persönlichere Orientierung an den Präferenzen der verantwortlichen Redakteure ›seiner‹ Tageszeitung und damit an Hierarchien, informellen Rollenmustern und normativen Erwartungen erkennbar. Neben der Qualität seiner Arbeiten kommen in Bezug auf die Auftragsvergabe insbesondere Merkmale wie Verlässlichkeit und Loyalität gegenüber der Tageszeitung zur Sprache, die auf hierarchische Koordinationsformen (vgl. Hirsch-Kreinsen 2005: 48), also durch Normen und Rollenmuster geprägte persönliche und länger andauernde Austauschbeziehungen hinweisen. Glaser thematisiert dies ausführlich anhand der Situation, wie die Auftragsvergabe bei der Tageszeitung stattfindet: Jeder Redakteur habe eine Liste mit freien Mitarbeitern im Kopf, die er in einer bestimmten Reihenfolge anrufe, und nur wenn diese Mitarbeiter »merken, dass du für die da bist« (Fl5: 74), könne man seine Position auf dieser Liste halten oder verbessern. Entsprechend darf man Anfragen der Zeitung nur selten ablehnen, sollte nicht für direkte Konkurrenten des Auftraggebers arbeiten (oder dies zumindest nicht zugeben) und konstant gute Arbeitsqualität liefern. Diese Vorstellung verweist zwar auch darauf, dass prinzipiell ein Markt besteht, aufgrund der beim ›Einkauf‹ eines Freiberuflers immer erst ex post feststellbaren Qualität der Arbeit ›funktioniert‹ dieser Markt jedoch nur auf der Basis von Normen und Rollenmustern. Aus der Sicht Glasers spielen dabei sogar nichtfachliche Normen wie eine erwartete Loyalität gegenüber der Tageszeitung A eine Rolle, die der Vorstellung eines freien Marktes eklatant widersprechen. Glaser verfolgt entsprechend als Freiberufler eine ›Schönwetterpolitik‹, orientiert sich an betrieblichen Hierarchien und stellt im Zweifelsfall sogar fachliche Ansprüche unter Rücksicht auf Hierarchien zurück: »Wenn ich einen Tagesdienst mache, ist ein Aufgabenteil auch, fremde Artikel durchzulesen. So, jetzt hat meinetwegen ein Redakteur einen Artikel geschrieben und ich find den nicht gut oder würde das anders machen. Mit derartigen Forderungen bin ich dann ganz vorsichtig. [...] Weil gerade Journalisten sind da so was von eitel. Bin ich ja auch, ich hör ja auch nicht gerne Kritik. Und wenn dann irgendjemand ankommt und mir erzählt, das hast du aber scheiße gemacht, das musst du anders machen, dann wird erst mal wird ganz klar gekuckt, welche Hierarchie ist das. Also wenn der Chef das sagt, ist das sowieso klar, dann musst du es machen. Und wenn das ein guter Redakteur sagt, von dem du eine gute Meinung hast, dann bist du auch wesentlich kritikempfänglicher, als wenn der Praktikant kommt, ne. Und ich bin halt auch nur der freie Mitarbeiter.« (Fl5: 80)

Freiberufliche Erwerbsarbeit ist im Rahmen organisationell strukturierter Arbeitsfelder offensichtlich sowohl durch marktförmige als auch hierarchische

Koordinationsformen geprägt. Die Versuche, Auftragsbeziehungen zu stabilisieren, können strategisch an diesen Aspekten ansetzen. Sowohl die von Feldmann praktizierte marktorientierte Spezialisierung als auch die explizite Orientierung an hierarchischen Koordinierungsformen setzt aber die Zurückstellung eigener ästhetischer oder berufsethischer Werte voraus. Die Bereitschaft dazu verweist auf einen pragmatischen Habitus, insofern die berufliche Tätigkeit als ›ganz normaler Job‹ gedeutet wird. Von einer romantischen Werthaltung dieser Protagonisten ist folglich kaum etwas zu erkennen.

Trotz dieser auf eine ›Normalisierung‹ des Arbeitsverhältnisses gerichteten Strategien bleibt allerdings in beiden Fällen eine Diskrepanz zwischen der Wunschvorstellung, ein Normalarbeitsverhältnis zu haben, und der Berufsrealität bestehen. Feldmann ist es zwar gelungen, durch seine marktorientierte Spezialisierung auf den ›Blaulicht-Bereich‹ seit über zehn Jahren für einen Auftraggeber tätig zu sein, sodass er eine ›normale‹ Erwerbsbiografie erzählen kann. Diese Position muss aber gleichwohl permanent gegenüber Kollegen verteidigt werden. Zudem ist sich Feldmann durchaus bewusst, dass seine soziale Absicherung nicht das Niveau festangestellter Kollegen erreicht, was er auf der Basis eines vornehmlich auf Optimierung des Einkommens gerichteten pragmatischen Habitus als ›Zusatzkosten‹ eines Freiberuflers thematisiert:»Das bleibt ja letztendlich alles an mir hängen. Ich muss mein Fahrzeug selber stellen, ich muss dafür Sorge tragen, dass es in einem fahrbereiten Zustand ist, ich muss das Benzin selber bezahlen, ich muss meine Krankenversicherung selber bezahlen, ich muss meine Rentenversicherung selber bezahlen. Im Krankheitsfall muss ich letztendlich auch kucken, wo ich bleibe. Es zahlt mir also niemand etwas.« (Fl1: 102)

Trotz der engen Bindung an einen Auftraggeber bleibt für Feldmann außerdem die Notwendigkeit bestehen, sich durch die gelegentliche Arbeit für andere Auftraggeber nicht nur ein zusätzliches Einkommen zu erwirtschaften, sondern sich auch gegen eine allzu großen Abhängigkeit abzusichern. Ähnlich verzichtet Glaser nur deshalb zugunsten der Stabilisierung *eines* organisationellen Kontakts auf eine Marktorientierung, weil ihm eine Festanstellung in Aussicht gestellt wird:»Ich begebe mich gerade in sehr große Abhängigkeit von denen. Das lässt sich damit erklären, dass mir halt eine Festanstellung in Aussicht gestellt wurde [...] sonst wäre das, glaub ich, sehr dumm von mir.« (Fl5: 76) Die Orientierung an Hierarchien stellt in diesem Sinne eine Vorleistung dar, die Glaser im Vertrauen darauf erbringt, dass sich diese ›Investition‹ ›rentiert‹ – dies verweist auf eine klassische bürgerliche berufsorientierte Karrierevorstellung. Jenseits der möglichen zukünftigen Rentabilität scheint diese Strategie für Glaser aber auch aktuell eine gewisse Versorgungssicherheit zu schaffen, über deren Tragfähigkeit er sich jedoch nie ganz sicher sein kann.

Sowohl die Form der Karriereerzählungen als auch die rekonstruierten strategischen Handlungsweisen verweisen insgesamt auf Denkweisen, die Ähnlichkeit mit denen ›verberuflichter Normalarbeitnehmer‹ aufweisen: Es gilt, sich durch Orientierung an Hierarchien bzw. den Anforderungen der Arbeitgeber anpassungsbereit und loyal zu zeigen. Die strategische Orientierung beider Freelancer zielt vornehmlich darauf, sich in Orientierung an institutionellen Hierarchien bzw. der Orientierung an der Marktnachfrage eine bestimmte Position in Bezug auf das Feld strukturierende Organisationen zu erarbeiten und zu sichern, die sich langfristig ›auszahlt‹. Auch wenn sich nicht immer der erwünschte Erfolg einzustellen scheint, wird dabei recht genau kalkuliert, wo es sich möglicherweise lohnt, seine ›Leiter‹ anzulegen, in der Hoffnung, die erwünschten Stufen erklimmen zu können. Auch wo eine gewisse Stabilität der eigenen Position ohne Festanstellung erreicht wird, bleibt eine Festanstellung immer unerreichtes Vorbild. Da der erarbeitete Status gegenüber dieser Idealvorstellung immer defizitär bleibt, setzt dies permanente Positionssicherungsstrategien in Gang. Tatsächlich weisen die habituell an der Vorstellung eines Normalarbeitsverhältnisses orientierten Selbständigen damit Aspekte des unternehmerischen Selbst bzw. des Arbeitskraftunternehmers auf: Sie sehen sich permanent gezwungen, ihre Arbeitskraft in Bezug auf einen Markt bzw. Hierarchien zu optimieren, um ihren beruflich Status zu verbessern oder zumindest zu erhalten.

Beruf als (individuelle) Berufung: Flexibilisierung von Bindungen

Während eine Festanstellung für Glaser erklärtes Ziel ist und für Feldmann ein unerreichbares Ziel darstellt, an dem er seine Berufssituation misst, distanzieren sich Karsten Pickert und Dagmar Fuhr deutlich von einer Orientierung an einem Normalerwerbsverhältnis. So sieht sich z. B. Fuhr ausdrücklich »nicht in einer Festanstellung. [...] In meinem Leben nicht mehr« (Fl2: 99 ff.). Weiterhin eint die Karriereerzählungen von Fuhr und Pickert, dass sie beide eine emotionale Verbundenheit zum Journalismus bzw. zum Schreiben explizit als Ausgangspunkt ihrer Erzählungen wählen und an keiner Stelle Distanz zu dieser emotionalen Bindung an ihre Erwerbstätigkeit erkennen lassen. Wie bereits am Beispiel von Fuhr dargelegt (vgl. Fallbeispiel 1), kommt in den Karriereerzählungen Organisationen zunächst eine zentrale, die Erzählungen strukturierende Bedeutung zu. Auffällig ist jedoch, dass diese Erzählstruktur nicht (wie bei den Erzählungen der am Normalarbeitsverhältnis orientierten Freelancer) bis in die Gegenwart reicht: Sie bricht vielmehr in beiden Erzählungen ab, nachdem von den ersten erfolgreichen Etablierungsversuchen berichtet wurde. Im Anschluss ist nur noch vereinzelt von bestimmten und vielfach von unbestimmten ›anderen‹ Auftraggebern die Rede, vor allem aber von einzelnen Projekten, von persönlichen beruflichen Höhepunkten im Sinne inhaltlich besonders gelungener Werke. Die Berufskarriere kann offensichtlich ab einem gewissen Punkt nicht mehr sinnvoll als Sequenz der Erschließung oder Festigung organisationaler Zugänge beschrieben werden. Insbesondere die evaluativen Elemente innerhalb der Erzählungen verweisen nicht auf eine Orientierung am Markt oder an Hierarchien, sondern auf ein an ›eigenen‹ Interessen orientiertes berufliches Handeln. Vielfältige organisationale Zugänge und Kontakte stellen zwar den notwendigen Hintergrund zur Verwirklichung eigener Interessen dar, das Handeln dieser Freelancer zielt jedoch genau deswegen weniger auf die Stabilisierung von Bindungen an wenige Auftraggeber als auf die Etablierung vielfältiger flexibler Bindungen.

Dass eine berufliche Profilierung auf der Basis eigener Interessen die Etablierung flexibler Bindungen an plurale Auftraggeber aus Sicht der Freelancer umgekehrt auch erleichtert, selbst wenn sie vordergründig nicht marktorientiert ist, macht die Karriereerzählung von Pickert deutlich. Neben dem Hinweis auf eine Erschießung von persönlichen ›Spezialgebieten‹ rekurriert er nämlich mit der wiederholten Referenz auf die Bedeutung einer ›eigenen Handschrift‹ auf ein Spezialisierungsmuster, wie es im Bereich künstlerischer Tätigkeiten bekannt ist: die Entwicklung eines Personalstils.

Fallbeispiel 5: Thematische Profilierung und ›eigene Handschrift‹

Karsten Pickert (48), knüpft in seiner Karriereerzählung an dem frühen Empfinden einer Begeisterung für das Schreiben an und verweist auch innerhalb des Interviews immer wieder auf eine emotionale Bindung an seinen Beruf. Er absolviert zunächst eine journalistische »Grundausbildung« (Fl2: 54) an einer Journalistenschule und beginnt dann, sich einen Zugang zur praktischen Arbeit als Journalist zu erarbeiten. Dabei kommt ihm der Zufall zugute, dass zum Zeitpunkt seines Berufseinstiegs neue regionale Sendeformate etabliert wurden, die Freiräume boten, in denen er sich als Berufsanfänger in Form kleiner ›unbedeutender‹ Beiträge berufsrelevante Kompetenzen aneignen kann: »Die Sendung war neu, und von daher durfte im Prinzip jeder mal.« (Fl2: 19) Ausgehend von der Arbeit für eine Redaktion erschließt sich Pickert schrittweise ähnliche und schließlich auch zusehends ›anspruchsvollere‹ Tätigkeitsfelder.

Während der Schritt, für eine ähnliche Sendung zu arbeiten, unproblematisch erscheint und von Pickert nicht weiter erläutert wird, so ist die Suche nach ›anspruchsvolleren‹ Tätigkeitsfeldern offensichtlich weitaus voraussetzungsvoller: »Dann hab ich eben vorsichtig auch mal versucht, bei anderen Redaktionen Aufträge zu bekommen, und so nach vier, fünf Jahren fing es dann auch an, dass andere Redaktionen mal angefragt haben. Das war dann, wo ich ein bisschen eine eigene Handschrift, ein eigenes Spezialgebiet entwickelt habe.« (Fl2: 27) Erst eine thematische Spezialisierung und die Entwicklung einer ›eigenen Handschrift‹ ermöglichen die Etablierung pluraler Bindungen an Auftraggeber. Beide Spezialisierungsstrategien fallen für Pickert keineswegs zusammen: Denn während man trotz aller Spezialisierung gewöhnlich »nie alleine« (Fl2: 31) sei mit den Themen, auf die man sich konzentriert, erscheint die ›eigene Handschrift‹ als unverwechselbares persönliches Merkmal:»Also, es ist schon wichtig, Spezialgebiete zu haben, aber vielleicht auch, eine Art eigene Handschrift zu entwickeln, die wiedererkennbar ist.« (Fl2: 33)

Nicht nur die Rede von einer ›eigenen Handschrift‹ verweist bei Pickert auf eine persönliches Engagement im Rahmen seiner beruflichen Tätigkeit. Trotz offensichtlicher ›Marktvorteile‹ wird die thematische Spezialisierung von Pickert nämlich in keiner Weise als marktorientierte Spezialisierung gedeutet, die sich an der Nachfrage orientiert, sondern als persönliche Spezialisierung, die sich aus eigenen Interessen, der eigenen Biografie ableitet:»Ein Sache, auf die ich mich sehr früh spezialisiert habe, ist Fernsehen und Satire zusammenzubringen. [...] Weil ich selber Hobbykabarettist war, kannte ich ein paar Kabarettisten und hab mit denen dann zusammen kurze Fernsehsachen gemacht« (Fl2: 27). Ebenso betont er, dass auch der zweite Schwerpunkt seiner Arbeit, sozialpolitische Themen, aus einem »Interesse, was ich immer schon hatte« (Fl2: 29), resultiert. Insgesamt wird so eine Karriere erzählbar, in der die Entfaltung und Entwicklung der eigenen Fähigkeiten und Interessen synchron zum ›Markterfolg‹ verlaufen:»Am Anfang waren so Sachen, die eigentlich nicht sehr anspruchsvoll und reizvoll sind, wie so ein Nachrichtenfilm beim Fernsehen, vierzig Sekunden über irgendeine unwichtige Begebenheit [...]. Das fand ich aber schon relativ aufregend damals. Und mit den Fähigkeiten sind dann auch die Ansprüche gewachsen. Als ich dann eben dazu gelernt habe, habe ich mir mehr zugetraut und konnte dann auch bessere Sachen machen.« (Fl2: 121)

Aus Pickerts Sicht ist der Markt für Mitarbeit nicht frei organisiert, sondern hochgradig durch Redaktionen segmentiert. Ein ›Vordringen‹ in Marktbereiche, in denen man sich als Freiberufler noch keinen ›Ruf‹ erarbeitet hat, ist damit voraussetzungsvoll. Erst das sichtbare Hervortreten durch die Erschließung von Spezialgebieten sowie die Entwicklung eines identifizierbaren Personalstils ermöglicht es, bei anderen Redaktionen Aufmerksamkeit zu erregen. Im Gegensatz zur marktorientierten Spezialisierung, wie sie etwa bei Feldmann (vgl. Fallbeispiel 3) erkennbar wurde, wird von Pickert eine besondere, persönliche Spezialisierung vorangetrieben. Offenbar ermöglicht gerade diese ›persönliche‹ Spezialisierung die Etablierung netzwerkförmiger persönlicher Bindungen an Auftraggeber, während die marktorientierte Spezialisierung Feldmanns eben ›nur‹ zur Etablierung marktförmig-anonymer Kontakte führt[57] und sich im Rahmen des an

---

[57] Informationsökonomisch argumentiert liegt dies darin begründet, dass es angesichts der Relevanz der Erfahrungseigenschaften von Medienbeiträgen (ihre ›Qualität‹ ist erst nach dem Kauf feststellbar) sowie der prinzipiellen Unsicherheit in Hinblick auf ihre (sozial konstruierte) *ästhetische Qualität* (vgl. Rössel 2008) für verantwortliche Redakteure risikoärmer erscheint, ›bewährte‹ Freiberufler zu beauftragen. Während sich standardisierte Beitragsformen (Nachricht, Bericht oder Foto) noch recht gut ›anonym‹ auf dem Markt einkaufen lassen, da Anforderungen ex ante formuliert werden können und ihre Qualität ex post ›objektiv‹ bestimmbar ist, gilt dies kaum für freiere Berichtformen (wie Features, Kommentare oder Glossen), bei denen nicht ex ante kommunizierbaren Merkmalen zentrale Relevanz in Bezug auf ihre auch ex post kaum objektiv feststellbare Qualität zukommt.

Hierarchien orientierten Erwerbshandelns von Glasers schlicht keine erkennbare fachlich thematische Profilierung entwickeln lässt.

Gegenüber der stabilen thematischen Spezialisierung von Pickert ist bei Dagmar Fuhr eine dynamische Beziehung zu Themen und Themenfeldern erkennbar. Im Gegensatz zu Pickert schildert sie nicht, wie oder warum sie sich auf verschiedene Themenbereiche spezialisiert hat, vielmehr beschreibt sie, wie sie ihre Arbeitsbereiche so gestaltet, dass sie alle Themen, die sie *aktuell* interessieren, verwirklichen kann. Nur eine projektorientierte Arbeitsweise scheint für Sie ausreichende Spielräume zur Entfaltung der eigenen Interessen zu bieten.

Fallbeispiel 6: Projektorientierung: Offenhalten der Karriere

Dagmar Fuhr hat sich im Laufe ihrer Karriere ein breites Spektrum an medialen Verwertungsformen von Themen erschlossen – eine Tatsache, die sie jedoch nicht auf Marktzwänge, sondern immer auf eine Begeisterung für die ›Sache‹ zurückführt: »Es geht immer über die Themen. Also ich find ein Thema spannend und dann häng ich mich da rein. Und das kann dann mal nur eine Meldung werden oder mal ein Buch werden, das weiß ich am Anfang nie.« (Fl4: 79 ff.) Die Vielfalt ihrer Tätigkeitsbereiche entspringt damit einerseits der nachträglichen Suche nach einer ›Verwertungsmöglichkeit‹. Andererseits wird jedoch auch erkennbar, dass Fuhr sich mehr mit diesen vielfältigen Arbeitsweisen identifiziert als mit bestimmten thematischen Spezialisierungen. Wie sie nicht einzelne Themen, sondern »die Vielfalt der Themen […] einfach unglaublich spannend« (Fl4: 75) findet, so sieht sie auch in einer Vielfalt an Arbeitsweisen Potentiale zur Entfaltung ihrer Persönlichkeit: »Ich arbeite gerne unter Zeitdruck, das spricht für Radio und Fernsehen und gegen Bücher. Ich vertiefe mich gerne, vergrabe mich gerne mal in Themen, deswegen brauche ich immer Buchprojekte oder langfristige Recherchen. Ich bin, glaube ich, ein ziemlich kommunikativer Mensch, also biete ich Kurse und Seminare nebenbei an.« (Fl2: 75)

Im Gegensatz zur festen Bindung von Pickert an Themen folgt Fuhr spontaner jenen Themen, hinter denen sie spannende Geschichten vermutet, die sie emotional ansprechen: »[…] ich muss irgendwie relativ schnell so einen Funken haben, dass ich eine Geschichte sehe« (Fl4: 326). Vor dem Hintergrund eines nahezu ›endlosen‹ Potentials an Themen, die Fuhr entdeckt, erscheint ihr schon die zeitliche Begrenzung ihrer Tätigkeit an sich als schmerzliche Begrenzung ihrer Möglichkeiten: »Themen finden ist überhaupt kein Problem. Also, ich könnte verzweifeln da dran, wie viele Themen es gibt, die ich alle nicht machen kann.« (Fl2: 166) Es erscheint also folgerichtig, dass sie sich »nicht auf ein Medium und nicht auf ein Thema« (Fl4: 421) beschränkt: Denn eine solche Festlegung würde der dynamischen Konstruktion der eigenen Interessen deutlich widersprechen und die künftige Themenwahl unnötig limitieren.

Diese flexible Themenorientierung ist es jedoch auch, die Fuhr dazu führt, sich immer wieder neue Auftraggeber zu erschließen, um dort ›ihre‹ jeweils aktuellen Themen unterzubringen. Dass diese sukzessive Ausweitung der Auftraggeber auch zunehmende Einkommenssicherheit vermittelt und zur Verbesserung ihres Rufs als Journalistin beiträgt, ist dabei »ein Nebeneffekt, den ich gerne mitnehme« (Fl4: 218). Denn eigentlich steht für Fuhr die Erhaltung der Tätigkeitsvielfalt im Vordergrund: »Der Beweggrund ist diese Vielfalt an Themen und Arbeitsweisen, die mir einfach Spaß macht. Und was ich ganz wichtig finde, ist, dass man sich nicht so auf eine Redaktion konzentriert. Also man fängt irgendwann an, sich halt nur noch um sich selber und um die eigenen Themen und die eigene Redaktion zu drehen. Und ich genieße einfach diesen Blick über den Tellerrand.« (ebd.) Fuhr fällt es vor diesem Hintergrund nicht schwer, sich immer neue Auftraggeber zu suchen, da dies ebenso wie das Offenhalten der Themen für eine von ihr wertgeschätzte Abwechslung sorgt.

Zwar ist es auch Pickert nicht nur aus ›strategischen‹ Gründen wichtig, sich nicht zu sehr auf die Arbeit für eine Redaktion zu konzentrieren, immer »mehrere Eisen im Feuer zu haben« (Fl2: 25). Auch er sieht die Gefahr, »dass man vielleicht doch irgendwann mal zu wenig Abwechslung in seiner Arbeit hat« (Fl2: 48). Im Gegensatz zu Fuhr fällt ihm der Wechsel von Auftraggebern allerdings in der »Praxis schwer, grade wenn man sich irgendwo wohl fühlt oder lange schon irgendwo ist«. Denn »natürlich hat man dann viele Vorteile, wenn man die Arbeitsabläufe kennt, die Redakteure kennen einen. Es ist in vieler Hinsicht bequem« (Fl2: 48). Während also die Konzentration auf gewisse Themen bei Pickert die ›Gefahr‹ beinhaltet, dass eine Verfestigung seiner Beziehungen zu Auftraggebern entsteht, scheint diese ›Gefahr‹ bei Fuhr nicht gegeben. Ihre Orientierung an wechselnden Themen sorgt dafür, dass sie gar nicht in ›Verlegenheit‹ kommt, zu stabile Kontakte zu einzelnen Auftraggebern aufzubauen.

Wie sich Pickert zur Flexibilisierung von Bindungen zwingt, so erfordert die Orientierung Fuhrs an immer neuen Themen ein permanentes Offenhalten der Karriere. Dieser Strategie des Offenhaltens der Karriere entspricht jedoch, dass beide ab der ersten Etablierung im Feld nicht mehr eine organisationell strukturierte Karriere, sondern eine *Projektkarriere* erzählen: Insofern sich das berufliche Handeln nicht auf das Erreichen und Stabilisieren organisationell bestimmter Positionen richtet, sondern auf eine Verwirklichung eigener Ansprüche und auf eine persönliche Profilierung, kann nur noch von besonders spannende Projekten, von einzelnen Erfolgen und ›Highlights‹ berichtet werden, nicht aber vom Durchlaufen einer organisationell bestimmten Positionssequenz.

Sowohl Fuhr als auch Pickert weisen also im Gegensatz zu Glaser oder Feldmann eine deutliche Abneigung gegenüber einer Orientierung an organisationellen Vorgaben oder Marktgegebenheiten auf. Sie versuchen nicht, stabile Bindungen zu Auftraggebern aufzubauen, sondern im Gegenteil, diese Bindungen flexibel und plural zu gestalten. Ihre ablehnende Haltung gegenüber einer Festanstellung resultiert dabei nicht nur aus dem Wunsch, die Arbeit möglichst an die ›eigenen‹ Interessen und Lebensgegebenheiten anpassen zu können, sondern auch aus jener besonders bei Fuhr erkennbaren leidenschaftlichen Hingabe an den Beruf des Journalisten an sich, die Max Weber als Berufung charakterisierte:

Fallbeispiel 7: Die Freiheit der Freien: Beruf als (individuelle) Berufung

Nimmt man die Begründungen in den Blick, warum eine freiberufliche Beschäftigung von Fuhr und Pickert einer Festanstellung vorgezogen wird, so werden von beiden zunächst jene fast klischeehaften Motive benannt, auf welche die meisten Studien zu selbständiger Erwerbsarbeit rekurrieren: So geben sie an, die Selbständigkeit ermögliche ›selbstbestimmtes Arbeiten‹ und eine ›flexible Zeiteinteilung‹. Allerdings finden sich in beiden Interviews Hinweise, dass die prinzipielle Möglichkeit der ›freien Zeiteinteilung‹ faktisch nur äußerst begrenzt realisiert werden kann. So wird z. B. für Pickert ein geplanter Urlaub angesichts eines Auftragsangebots zu etwas, dass man sich bewusst ›leisten‹ muss: »Es kommt ja dann schon mal vor, dass man Urlaub geplant hat und dann ruft kurz vorher ein Redakteur an und sagt, willst du nicht das machen. Und ich hab dann eben nein gesagt, und ich habe mir das geleistet.« (Fl2: 65) Ähnlich wird der von Fuhr hervorgehobene »freie Tagesablauf« (Fl4: 89) dadurch konterkariert, dass sie bei privaten Verabredungen oft nicht souverän über ›ihre‹ Zeit zu verfügen scheint: »Also ich kann eigentlich immer nur ganz kurzfristig zusagen. Also Kino morgen kann ich zusagen, Kino nächste Woche geht nicht. Weiß ich einfach nicht, ob ich an dem Tag arbeiten muss.« (Fl4: 266)

Es wäre allerdings zu kurz gegriffen, die Wertschätzung von Gestaltungsspielräumen als reine Ideologie abzutun, auch wenn ihre tatsächliche Nutzung für *freizeitliche* Aktivitäten einen seltenen Luxus darstellt. Denn sowohl Pickert als auch Fuhr scheinen diese prinzipiell vorhandenen Spielräume als Basis einer *erweiterten beruflichen Autonomie* zu nutzen. Keine festen Arbeitszeiten zu haben ermöglicht Fuhr etwa den Luxus, eigenen Projekten nachzugehen, wobei sie als Ausgleich für diese Autonomie dann auch bereit ist, ihr Privatleben weitgehend den Anforderungen ihrer Auftraggeber unterzuordnen: So leistet sie sich zum Zeitpunkt des Interviews etwa den (beruflichen) ›Luxus‹, wie eine Position als freiberufliche Auslandskorrespondentin zu erarbeiten, und plant, fortan regelmäßig zwischen Deutschland und Schweden zu pendeln. Insofern sie damit ihre Freiheit, wichtigen Arbeitgebern nicht zur Verfügung zu stehen, genügend ausreizt, fühlt sie sich umgekehrt in der Pflicht, während ihrer Anwesenheit in Deutschland besondere Präsenz zu zeigen: »Im Moment, durch diese Schweden-Geschichte, muss ich halt auch wirklich präsent sein. Also wenn das Studio anruft, muss ich auch ja sagen. Und kann dann nicht sagen, ach nö, da wollt ich jetzt wohl mal ins Kino.« (Fl4: 266)

Die vorhandenen Freiräume werden also vornehmlich zur beruflichen Selbstverwirklichung genutzt. An dieser Stelle knüpfen dann auch die zentralen Begründungen an, warum keine Festanstellung angestrebt wird: Gerade das, was für Pickert das Reizvolle am Beruf des Journalisten ausmacht, kann seines Erachtens nämlich in einer Redakteurstätigkeit kaum verwirklicht werden, »weil die selber kaum zum Machen kommen. [...] Und das finde ich eigentlich den größten Reiz an dem Beruf, eben wirklich selber rauszugehen, Ideen zu haben und dann nachher auch ein fertiges Produkt zu haben. Also, das ist überhaupt der Reiz, von der ersten Idee bis zum letzten Feinschnitt sozusagen ein Produkt zu machen. Dieses Ganzheitliche. Und als Redakteur verwaltet man ja eigentlich eher die Sachen von anderen.« (FL2: 94) Das Erlebnis der Auseinandersetzung mit der Welt wie das ›ganzheitliche‹ Verwirklichen einer eigenen Idee als schöpferische Leistung wird von Pickert dem (emotionslosen) ›Verwalten‹ der

›Sachen von anderen‹ gegenübergestellt. Auch Fuhr müsste im Rahmen einer Festanstellung ihres Erachtens gerade das aufgeben, was sie so reizvoll an ihrem Beruf findet: »Also erst mal könnte ich diese Vielfalt dann überhaupt nicht weitermachen. Ich wäre festgelegt auf Dienste und Aufgaben anstatt auf Themen. Themen, die ich mir selber suchen kann. Ich hab mich auch mal ein paar Jahre auf ein Thema konzentriert oder so was, aber diese Freiheit hätte ich ja überhaupt nicht mehr [...] weil du in den Diensten steckst.« (F14: 89 ff.) Sofern man ›in den Diensten steckt‹, einen Medienbetrieb ›am Laufen‹ halten muss, verhindern durch Betriebslogiken auferlegte Relevanzen also eine Entfaltung der (individualistischen) journalistischen Berufung.

»Ohne diesen seltsamen, von jedem draußenstehenden belächelten Rausch, diese Leidenschaft« (Weber 1995: 26), ohne die (objektiv nicht beweisbare) Voraussetzung, dass ein Thema an sich die Mühe wert ist, eine journalistische Arbeit, »um ihrer selbst willen« (ebd.) getan sein will, kurz: ohne jene Motive, die Max Weber mit dem Begriff der Berufung zu fassen suchte, ist die Motivation von Fuhr und Pickert, keine Festanstellung anzustreben, also kaum verständlich. So begründet Fuhr auch ihre Themenwahl über die Empfindung, dass »ich es unglaublich wichtig finde, dass wir da mehr drüber erfahren« (F14: 326). In einem ähnlichen Sinne spricht sie davon, dass sie »Menschen eine Stimme geben« möchte und ihr demgemäß ein Thema besonders wichtig sei, »wenn ich merke, dass da Themen sind, die sonst kein anderer machen würde« (F14: 364). Im Zweifelsfalle stellt Fuhr so die innere Notwendigkeit, ein Thema einem Publikum zugänglich zu machen, sogar über die Möglichkeit, Einkünfte zu erwirtschaften: »Ich mach auch viele Sachen, die gar kein Geld bringen. Also Bücher schreiben bringt kein Geld, das ist einfach nur fürs Renommee. Vielleicht entwickelt sich das im Nachhinein weiter, dass man dann daraus wieder Vorträge machen kann oder so. Es rentiert sich dann irgendwann vielleicht, aber das hab ich auch nie durchgerechnet. Ich hab auch Filmprojekte schon gemacht für lau, und einfach gesagt, ich mach das jetzt. Wenn wir den Film verkaufen können und da ein bisschen Geld reinkommt, ist das gut. Wenn nicht, das Thema ist es wert. Ich häng mich da auch so rein.« (F14: 83 ff.) Deutlich wird, dass Fuhr das reine Kalkulieren, ob sich ein thematisches Engagement auszahlt, nicht relevant findet, sofern sie sich dazu berufen fühlt, ein entdecktes Thema ›ans Licht‹ zu bringen. Sie geht zwar davon aus, daraus auch irgendwie beruflichen Nutzen zu ziehen, dieser Nutzen ist aber nicht Gegenstand konkreter Kalkulationen.

Der Schwerpunkt in der Ausgestaltung des diffusen freiberuflichen Arbeitsverhältnisses liegt augenscheinlich sowohl bei Fuhr als auch bei Pickert darin, durch flexible Bindungen an Auftraggeber Spielräume zur Realisation einer empfundenen Berufung zu erlangen. Während Max Weber (1995: 45) (vor dem Hintergrund der damals proliferierenden neoromantischen Bewegungen) noch eine disziplinierte Orientierung an der Sache an sich forderte und sich entschieden gegen eine Hingabe an die ›Götzen‹ der ›Persönlichkeit‹ und des ›Erlebens‹ wandte, wird in den hier rekonstruierten Fällen deutlich, dass eine empfundene Berufung zu einem mit Elementen der Persönlichkeit und des Erlebens verbunden Wahlvorgang geworden ist. Weitaus individualistischer als es Weber gemeint hat, geht es Fuhr und Pickert im Rahmen eines Berufes als Berufung nämlich darum, dass »jeder den Dämon findet und ihm gehorcht, der seines Lebens Fäden hält« (ebd.): Augenscheinlich stellen berufsspezifische Wertmuster nur noch ein Sinnreservoir dar, aus dem unter Bezugnahme auf ›individuelle‹, auf die eigene Persönlichkeit oder Biografie verweisende Elemente eine gleichsam berufsbezogene wie individuelle Berufung konstruiert werden kann.[58]

Genau diese individuelle ›Interpretation‹ berufsspezifischer Werte führt auch zur Ablehnung organisationeller Begrenzungen und damit zur Attraktivität beruflicher Selbständigkeit: Denn während es mit einer Berufung, wie sie Weber im Sinn hatte, durchaus vereinbar wäre, ›in Diensten‹ zu stecken, fügt sich der ebenso berufsethisch geprägte wie individualistische Habitus von Pickert und Fuhr nur schwer in hierarchische und funktionslogische Abhängigkeiten in Organisationen. Für Fuhr und Pickert geht es nämlich nicht darum, einen Beruf gut zu erledigen, sondern darum, ihrer *persönlichen* Berufung zu folgen, ihrer Person und ihren Vorstellungen und Werten gerecht zu werden. Die berufliche Orientierung wird damit zu idiosynkratisch (und bei Fuhr zu momentbezogen), um sich dem Positions- und Hierarchiedenken sowie den Sachzwängen in Organisationen zu fügen. Deutlich wurde allerdings auch, dass gerade eine individualistisch konstruierte Berufung nicht nur zur Abwehr von Marktanforderungen genutzt werden kann (vgl. Betzelt 2006: 41, Gold/Fraser 2002), sondern auch zur persönlichen Profilierung, zur Erarbeitung von Renommee im Rahmen der nicht reinen Marktgesetzen folgenden freiberuflichen Arbeitsmärkte nützlich ist: Offenbar ermöglicht ein solcher Habitus nämlich durch die zum Teil gegen Tendenzen des Marktes gerichtete persönliche Profilierung indirekt den Aufbau netzwerkförmiger Bindungen, die wiederum Voraussetzung für die Realisation individuell konstruierter berufsbezogener Werthaltungen darstellen.

Romantische Werthaltungen werden allerdings auch bei diesen Selbständigen nur begrenzt erkennbar. Am deutlichsten zeigen sie sich noch in dem von Fuhr und Pickert formulierten Drang, eigene Themen zu realisieren und der damit einhergehenden Ablehnung, sich fremden (organisationellen) Relevanzen unterzuordnen. Insbesondere die quasi-unternehmerischen Buch- und Filmpro-

---

[58] Im Sinne einer Umkehrung des Verhältnisses von Beruf und Individuum erfolgt eine *selektive Selbstbindung* an berufsspezifische Werte (vgl. Schnell 2009: 224 ff., 2007: 228 ff.). Diese individuelle Konstruktion einer Berufung (als ›innerem‹ Beruf) ist dabei das *Gegenteil* von dem, was Voß (2001) als *Individualisierung des (›äußeren‹) Berufs* beschreibt: nämlich eine *tauschwertorientierte* Spezialisierung, wie sie etwa bei Jonas Feldmann (vgl. Fallbeispiel 3) erkennbar wurde.

jekte von Fuhr verweisen darauf, dass die Eigenwertigkeit eines Themas offensiv gegen zweckrationale Limitationen durchgesetzt wird und dergestalt der zweckrationalen Ordnung der institutionalisierten Arbeitswelt Spielräume abgerungen werden. Als Hinweis auf umfassende Sinnansprüche lässt sich der Anspruch Pickerts deuten, den ›ganzheitlichen‹ Schaffensprozess von der Generierung einer Idee bis zur Fertigstellung des Werks realisieren zu können, wie die Wertschätzung des ›selber Rausgehens‹ gegenüber dem Verwalten von Beiträgen auf eine Aufwertung des authentischen Welterlebens gegenüber rollenhaftem Handeln verweist. Bei Fuhr verweist zudem das Offenhalten der Karriere, die Nichtfestlegung auf Themen und Arbeitsweisen unter Bezugnahme auf wandelbar modellierte Interessen sowie das ›endlose‹ Potential an ›eigenen‹ Themen auf romantische Sinnelemente. Schließlich wird in den erzählten Projektkarrieren weniger eine bürgerlich-disziplinierte Zeitstruktur reflektiert, sondern eine momentbezogene Orientierung, die immer Platz für neue Projekte bietet. Es geht (bildlich gesprochen) weniger darum, eine Leiter zu besteigen, als vielmehr darum, immer neue größere und kleinere Gipfel zu bezwingen.

Definitionskämpfe: Scheitern einer klaren Ausgestaltung

Damit sind zwei Muster erkennbar geworden, den undefinierten Status freiberuflicher Erwerbsarbeit sowie damit verbundene erwerbsbiografische Handlungsstrategien auszulegen. Zum einen findet eine Orientierung am Normalarbeitsverhältnis statt: Es wird versucht, gesicherte Einkünfte zu erzielen auf der Basis stabiler Beziehungen zu einem Arbeitgeber bzw. über den Erwerbsverlauf betrachtet ›sequentiell monogamer‹ Beziehungen zu einigen wenigen Arbeitgebern. Die Bezeichnung *Freelancer* mit der historischen Konnotation des Söldners im Dienste jeweils eines Herrschers erscheint hier zutreffend. Zum anderen wird berufliche Selbständigkeit vor dem Hintergrund eines individualisierten Professionsverständnisses gedeutet und gestaltet: Dem Modell der klassischen Professionen folgend, versuchen diese treffender als *Freiberufler* zu bezeichnenden Selbständigen, sich berufliche Autonomiespielräume zur ›freien‹ Berufsausübung zu erarbeiten. Sie rekurrieren dabei auf individuell kombinierte, aber berufsspezifisch geprägte Wertmuster und versuchen, flexible Bindungen zu einer Vielzahl von Auftraggebern aufzubauen. Wie die Erarbeitung von beruflicher Autonomie ohne institutionelle Absicherung begrenzt bleibt, so kann auch die Annäherung an das Modell des Normalarbeitsverhältnisses auf der Basis einer selbständigen Beschäftigung immer nur annäherungsweise realisiert werden und ist jederzeit durch Rückschritte bedroht.

Gleichwohl erlauben beide Deutungsweisen freiberuflicher Arbeit offensichtlich die Entwicklung klarer Handlungsstrategien und Handlungsmöglichkeiten. Gegenüber diesen klare Orientierung bietenden Deutungen gelingt es Klaus Stenger nicht, die Diffusität seines Arbeitsverhältnisses aufzulösen, geschweige denn dieses eindeutig zu gestalten: Er erlebt immer wieder Situationen, die den Aufbau eines Selbstverständnisses als Selbständiger untergraben und profitiert gleichzeitig nicht von einem ausreichend normalarbeitsähnlichem Arbeitsverhältnis. Dies führt nicht nur zu (drastisch dargestellten) Konflikten zwischen ihm und seinem ›Arbeitgeber‹, sondern im Endeffekt auch zu einer offensichtlichen Orientierungslosigkeit Stengers, der trotz anhaltender Unzufriedenheit keine alternative Handlungsstrategie entwickelt:

Fallbeispiel 8: Anhaltende Diffusität des Arbeitsverhältnisses

Klaus Stenger (42) ist als freier Fotograf zum Zeitpunkt des Interviews nahezu ausschließlich für die Tageszeitung B tätig. Er hat ein Fotodesign-Studium absolviert und dabei ein ausgeprägtes künstlerisches Selbstverständnis entwickelt. Dieses Selbstverständnis bildet den Hintergrund, vor dem Stenger seine gegenwärtige Arbeit als Fotojournalist weitgehend verächtlich beurteilt. Er kann sich nicht annähernd mit den Produkten seiner Arbeit identifizieren: »Das ist ein unheimlicher Stress, ein unheimlicher Hype, der da gemacht wird, wegen gar keiner Inhalte. Wenn ich mir die Zeitung ankucke, da lache ich mich tot am nächsten Tag. Da steht nur Scheiße drin. Gut, das ist auch nicht für Leute wie mich gemacht, gar keine Frage. Aber ich muss schon sagen, ich hab wirklich ein richtiges moralisches Problem damit, seit so viel Jahren bei diesen Zeitungen zu arbeiten und zu sehen, was ich eigentlich damit anrichte. Oder, umgedreht gesagt, ich frage mich manchmal, was mache ich aus meinem Leben?« (Fl3: 94)

Den entscheidenden Wendepunkt, ab dem seine Erzählung durch eine ständige Diskrepanz zwischen seinen Ansprüchen und seiner beruflichen Realität geprägt wird, liegt dabei in der Adaption der Versorgerrolle mit seinem Eintritt in die Vaterschaft: »Vorher war mir halt irgendwie meine Arbeit wichtig oder dass ich das mache, was mir Spaß macht. Und ich hatte da keinerlei Ängste, so finanziell. [...] Das hat sich sehr geändert, dadurch dass ich irgendwie jetzt eine Frau hatte, die ein Kind gekriegt hat. Plötzlich hab ich mich so, ja, Geld muss ran einfach.« (Fl3: 32) Nachdem er zunächst mit diversen ungelernten Arbeiten Geld verdient, versucht er eine Arbeit zu finden, die wenigstens ›irgendwie‹ mit Fotografie zusammenhängt, und wird er als freier Fotograf für die Tageszeitung A tätig, trennt sich jedoch von dieser nach einer gerichtlichen Auseinandersetzung um seine Arbeitsbedingungen bzw. seinen Selbständigkeitsstatus. Nach einigen Umwegen beginnt er für die Tageszeitung B in einer ähnlichen Position zu arbeiten. Obwohl er dort etwas besser bezahlt wird als zuvor, ist Stenger anhaltend unzufrieden mit seinem Beschäftigungsverhältnis, was sich in ausführlichen Schilderungen von Auseinandersetzungen mit seinem ›Arbeitgeber‹ niederschlägt. Gegenstand der geschilderten Konflikte ist dabei immer der unklare Beschäftigungsstatus Stengers, der formell selbständig, faktisch aber hochgradig abhängig von der Tageszeitung B ist, die Stenger sogar ein (extrem niedriges) ›Grundgehalt‹ zahlt. Er hat er zwar das Gefühl, ein bisschen unabhängiger zu sein als seine festangestellten Kollegen, er kann diese Unabhängigkeit faktisch jedoch häufig nicht durchsetzen:»Das ist nichts, was Bestand hat. Weil, wenn das so wäre und wenn man das so schlucken würde, wenn ich sagen würde, morgen kann ich nicht [verstellte Stimme, brüllend] Hier Klaus, da haben wir Termine. [/] Ich sag, ja, ich hab morgen auch einen Termin. Da verdien ich 1.000 Euro. [...] Aber, da ist der knallhart. [...] Wenn ich ihm sage, pass auf, morgen geht gar nichts und übermorgen auch nicht [...], dann kann ich da drauf gehen, dass ich den folgenden Monat, nachdem ich das gesagt hab, 1.000 Euro weniger verdiene oder 800. So, dann überlegst du dir das natürlich.« (Fl3: 160 ff.) Ganz offensichtlich wird in dieser geschilderten Situationen ein Machtkampf um die Definition des beruflichen Status von Stenger ausgetragen, den dieser nicht gewinnen kann, da er finanziell abhängig von der Tageszeitung B ist. Während Stenger in dieser Passage schildert, dass es ihm nicht gelingt, sich als freier Fotograf zu positionieren, macht eine andere Erzählung deutlich, dass er faktisch weder ein klares Selbstverständnis als ›Quasi-Angestellter‹ noch als Selbständiger entwickeln kann:»Ich komme morgens zur Arbeit, Konferenz. Oh, Klaus, heut sind gar keine Termine, die nächsten Tage sieht es auch sehr mau aus. Geh du doch mal nach Hause und leg mal so richtig schön eine Woche die Füße hoch. Das zeigt ja, erst mal, dass man nicht als freier Fotograf gesehen wird, sondern als Festangestellter, der gar nix anderes zu tun hat. Das ist Punkt eins, aber, wenn hier jemand krank wird, Klaus, dann meld ich mich bei dir.« (Fl3: 223) Stenger schildert hier zunächst, dass er mit dem Selbstverständnis eines Angestellten ›morgens zur Arbeit kommt‹ und erwartet, dass es Arbeit für ihn gibt. Dieses Selbstverständnis wird jedoch dadurch gebrochen, dass Stenger nach Hause geschickt wird, weil es keine Termine gibt. Dabei wird seinem Empfinden nach zugleich ein Bild gezeichnet, dass er auch nichts anderes zu arbeiten hätte, also die ›Füße hochlegen könne‹. Dies empört Stenger, da ihm damit gleichzeitig signalisiert wird, dass er ebenso wenig als freier Fotograf angesehen wird und sich folglich für ›Notfälle‹ bereitzuhalten habe. Als dieser ›Notfall‹ dann tatsächlich durch Krankheit eines Kollegen eintritt, inszeniert sich Stenger wiederum als freier Fotograf, welcher der Tageszeitung B aufgrund anderer Verpflichtungen nicht immer zur Verfügung stehen kann:»Da hab ich gesagt, pass auf. Ich hab morgen einen Arzttermin, hab übermorgen einen Termin, wo ich fotografieren muss und hab in drei Tagen auch irgendwas. War alles nicht wahr. So, einfach, um dem mal zu zeigen, dass das nicht geht, dass du, wenn du zur Arbeit kommst [schlägt auf den Tisch], an dem Tag gesagt kriegst, meine Leute haben ja hier genug, geh mal nach Hause. Aber wenn, dann rufen wir dich an. Das geht nicht.« (Fl3: 225) Ganz offensichtlich ist sich Stenger nicht klar darüber, welche Rolle er bei seiner Arbeit für die Tageszeitung B einnehmen soll: Wäre er wirklich freier Fotograf, dann käme er nicht ohne Auftrag ›zur Arbeit‹, wäre er fest angestellt, würde er nicht nach Hause geschickt, und würde seine Selbständigkeit anerkannt, könnte man nicht erwarten, dass er sich ›zur Verfügung‹ hält. Seine Inszenierung, er habe als freier Fotograf noch viele andere Termine, führt aber auch nicht zu einer Verbesserung der Situation, da er faktisch eben nicht über genügend andere Aufträge verfügt. Das Ende seiner Erzählung macht demnach auch deutlich, dass seine Gegenwehr erfolglos bleibt:»°Kollege A° kam irgendwann wieder, zwei Wochen später, Klaus, der °Kollege A° ist wieder da, kannst ja irgendwie jetzt mal die Füße hochlegen. Ich dachte, ich höre nicht richtig.« (ebd.)

Ganz deutlich wird zwischen Stenger und seinem zentralen Auftraggeber ein Machtkonflikt um die Ausgestaltung des diffusen Status von Stengers Selbständigkeit ausgetragen. Stenger entwickelt im gesamten Interview keine konsistente Perspektive, wie sein Arbeitsverhältnis klarer ausgestaltet werden könnte: So werden weder Strategien zur weiteren Stabilisierung der Bindung an die Tageszeitung B erkennbar – etwa durch die Zurschaustellung von Loyalität und Einsatzbereitschaft – noch thematisiert er die Möglichkeit, sich durch die Akquise weiterer Auftraggeber unabhängiger von der Tageszeitung B zu machen. Er verliert sich vielmehr in Machtkämpfen mit seinem zentralen Auftraggeber, die er nie zu seinen Gunsten entscheiden kann – möglicherweise auch, da er selbst keine Präferenz für eine eindeutig ›freie‹ oder ›abhängige‹ Selbständigkeit entwickelt. Demgemäß repräsentiert seine Erzählung weder den Habitus des pragmatischen Jobbers, noch lassen sich Hinweise darauf finden, dass Stenger tatsächlich versucht, sich Spielräume für die Realisation seines berufsethisch-künstlerischen Selbstverständnisses zu erarbeiten. Vielmehr gibt er sich auf der Basis eines gekränkten oder enttäuschten Selbstverständnisses als Künstler als unbequemer, seine Situation skandalisierender Mitarbeiter: Über das ganze Interview hinweg macht er deutlich, dass er sich mit rechtlichen Mitteln und Verweigerungsstrategien gegen eine als ungerecht empfundene Behandlung zur Wehr setzt. Seine Arbeitsbiografie ist demnach durch eine von ihm selbst kaum beeinflussbare Verlaufskurve geprägt, während die Erzählungen aller anderen Freelancer durch biografische Handlungsschemata geprägt sind (vgl. Schütze 1984: 92 f.). Diese begreifen sich also trotz aller Einschränkungen als (zumindest begrenzt souveräne) Gestalter ihrer Arbeitsbiografien.

5.2.1.2 Berufsethische Unternehmer

Wie bei den ihren Beruf als Berufung interpretierenden Freelancern in Medienberufen deutlich wurde, konfligieren individuell angeeignete berufsethische Werthaltungen und ein damit verbundener berufsethischer Habitus zum Teil deutlich mit organisationalen Anforderungen. Für die hier als ›berufsethische Unternehmer‹ bezeichneten Selbständigen gilt ganz ähnlich, dass der Drang, berufsförmig verfasste, individuell angeeignete Wertvorstellungen zu verwirklichen, zentrale Ursache der Gründung einer eigenen Firma sowie der Entwicklung und Herstellung eigener Produkte oder Dienstleistungen ist: So gründen Ulrike Kemper und Oliver Steinke (KuE1, U3) aus einer freiberuflichen Selbständigkeit heraus ein Unternehmen, um berufsspezifische Wertvorstellungen verwirklichen zu können, Friedrich Sterk (U1) gibt seine abhängige Beschäftigung zugunsten einer Selbständigkeit auf, um seine Vorstellungen ›professioneller‹ Arbeit verwirklichen zu können, und für Michael Mohr und Katrin Sommer (KuD3) ist direkt im Anschluss an ihr Design-Studium klar, dass ihr während dieses Studiums entwickeltes berufliches Selbstverständnis überhaupt nur im Rahmen unternehmerischer Selbständigkeit realisiert werden kann.

Die Erzählungen der berufsethischen Unternehmer eint zunächst, dass standardisierten Ausbildungswegen, formalen Abschlüssen sowie zum Teil einer im Berufsleben erworbenen Spezialisierung eine zentrale Bedeutung für das Selbstverständnis und das Verständnis der eigenen Arbeit zukommt. Sofern zuvor eine abhängige oder freiberufliche Tätigkeit ausgeübt wurde, findet sich in den Erzählungen zudem ein ›Wendepunkt‹, an dem der Entschluss zur unternehmerischen Selbständigkeit begründet wird durch die Unmöglichkeit, individuell angeeigneten beruflichen Standards und Werten im Rahmen einer freiberuflichen Tätigkeit oder einer abhängigen Beschäftigung zu genügen. Ab dem Zeitpunkt der unternehmerischen Gründung fehlt dagegen zumeist eine klare Erzählstruktur. Von einzelnen Prozessen im Rahmen des Aufbaus der Firma wird meist nur auf Nachfrage berichtet; diese erscheinen offensichtlich zu schwierig zu beurteilen, um als Erfolgs- oder Misserfolgsgeschichte erzählbar zu werden. Obwohl oftmals vieles darauf hindeutet, dass prinzipiell eine Erfolgsgeschichte erzählt werden könnte, bleiben alle Unternehmer vorsichtig in der Beurteilung ihrer ›Karriere‹: Zumeist bewerten sie schon das reine wirtschaftliche Überleben als Erfolg, weisen jedoch immer darauf hin, dass dieser Erfolg unsicher bzw. jederzeit gefährdet ist.

Im Rahmen der berufsspezifischen Wertvorstellungen lassen sich bei den berufsethischen Unternehmern zwei unterschiedliche Wertekomplexe ausmachen: Sterk und Steinke folgen technisch-naturwissenschaftlichen Berufsnormen und rekurrieren als zentralen Wert *auf technische Rationalität* im Sinne der Entwicklung einer optimalen Lösung für ein gegebenes Problem. Demgegenüber stehen bei Mohr und Sommer sowie bei Kemper ästhetisch-expressive Werte im Vordergrund.

Fallbeispiel 9: Berufsethisch motiviertes Unternehmertum: technische Rationalität

Oliver Steinke, zum Zeitpunkt des Interviews 34, unterscheidet in seiner Karriereerzählung zwischen »zwei Selbständigkeiten« (U3: 3): Er berichtet zunächst von seiner ersten freiberuflichen Selbständigkeit als IT-Berater, die noch neben seinem Informatik-Studium erfolgte. Die Struktur der Erzählung entspricht dabei zunächst der bereits herausgearbeiteten Struktur von ›klassischen‹ Freelancer-Karrieren: Nachdem sich Steinke auf der Basis eines ersten Auftrags selbständig gemacht hat, wird er von Auftraggeber zu Auftraggeber weiterempfohlen, wobei er insofern eine erfolgreiche Karriere erzählt, als er darauf verweist, dass die von ihm bearbeiteten Aufträge immer umfangreicher und interessanter wurden und seine Auftraggeber immer renommierter. Nach Abschluss seines Studiums beginnt er jedoch, höhere Ansprüche an seine Arbeit zu entwickeln, die sich zusehends auf Firmen aus dem Energiesektor konzentrierte: »Jetzt bist du ja eigentlich ein fertig ausgebildeter Informatiker, jetzt wäre es doch eigentlich auch eine Idee, dann ein wirkliches Konzept zu erarbeiten, das du als Produkt irgendwie auf den Markt bringen kannst.« (U3: 15) Denn die freiberufliche Arbeit bot augenscheinlich nicht ausreichende Spielräume, fachlich zufriedenstellende Lösungen wiederkehrender Probleme zu erarbeiten: In seinem Sinne ist es nämlich »eigentlich total unsinnig, dass genau diese Probleme bei jedem Energieversorger halt unabhängig voneinander gelöst werden« (ebd.). Auf der Basis seiner im Rahmen freiberuflicher Arbeit erworbenen Kompetenzen beschließt er, »mal wirklich was Grundlegendes zu machen. […] Du hast ja in diesem Projektgeschäft immer das Problem, dass die Lösung nie die Optimallösung ist, die du machen kannst, weil die Leute halt nur begrenzt Geld investieren wollen. […] Und man kann leider nie so seine, seine Idealvorstellung verwirklichen.« (U3: 27) Deutlich wird, dass Steinke die fachliche Orientierung an einer Optimallösung aus technisch-fachlicher Sicht zu einem persönlichen Anliegen wird, dass er ›seine Ideallösung‹ verwirklichen möchte. Da jedoch kein einzelner Kunde im Projektgeschäft die Entwicklung dieser Optimallösung finanzieren möchte, muss Steinke seine Ideallösung auf eigene Kosten entwickeln, in der Hoffnung, dass er »diese Lösung dann aber an viele verkaufen kann« (U3: 27).

Auf ganz ähnliche Motive rekurriert auch Friedrich Sterk. Im Rahmen seiner jahrelangen Arbeit im Bereich der Schadensanalyse hat er das Ethos entwickelt, sich stellende technische Probleme möglichst umfassend zu lösen. Ganz offensichtlich fehlte nach einem Einstieg eines Großkonzerns im zuvor mittelständischen Unternehmen, in dem Sterk beschäftigt war, zusehends der Spielraum dazu; dieser wird zugunsten ökonomischer Effizienzansprüche aufgelöst: »das ist sehr auf Geld gerichtet, der Arbeitsinhalt wird immer mehr an den Rand gedrückt, das macht am Ende keinen Spaß mehr« (U1: 22). Die Gründung Sterks ist folglich dadurch motiviert, sich gegen ökonomische Zwänge Spielräume zu erarbeiten, in denen man auf der Basis fachlicher Motive für den Kunden gelegentlich »sogar noch mehr macht, als man muss« (U1: 34).

Es geht beiden Unternehmern mit der Gründung ihres Unternehmens also um eine Entlastung des an beruflichen Standards orientierten Handelns von ökonomischen und organisationalen Zwängen, um Spielräume zu bewahren für die Erarbeitung von technisch optimalen Lösungen.[59] Nun ist es beiden Unterneh-

---

[59] Etwas überraschend wirkt dabei die Tatsache, dass es zur Entwicklung einer technisch rationalen Lösung des ökonomischen Schutzraums eines eigenen Unternehmens bedarf. Sie beruht jedoch schlicht auf einer Differenz zwischen ökonomischer und technischer Rationalität, auf die bereits Weber pointiert hinwiesen hat: Technische und ökonomische Rationalität sein zwar am Prinzip des »›kleinsten Kraftmaßes‹: Optimum des Erfolges im Vergleich mit den aufzuwendenden Mitteln« orientiert. »Aber: in anderem Sinn. Solange die Technik in unserem Wortsinn reine ›Technik‹ bleibt, fragt sie lediglich nach den für diesen Erfolg, der ihr als schlechthin indiskutabel zu erstreben gegeben ist, geeignetsten und dabei, bei gleicher Vollkommenheit, Sicherheit, Dauerhaftigkeit des Erfolges vergleichsweise kräfteökonomischsten Mitteln.« (Weber 2005: 4 f.) Im Sinne technischer Rationalität, so das Beispiel von Weber, ist es also nur eine Frage der Eignung des Materials für die nicht

mern nicht möglich, nur technischer Rationalität zu folgen und wirtschaftliche Rationalitäten auszublenden. Zumindest suchen sie aber nach einer temporären Entlastung von wirtschaftlichen Rationalitäten, um eine technische Lösungen zu entwickeln, die sich späterhin (hoffentlich) auch als ökonomisch tragfähig erweist. Ganz in diesem Sinne hofft Steinke darauf, dass es »im Endeffekt für die Kunden günstiger und für mich hoffentlich rentabel« (U3: 27) wird. Dass er dieses unternehmerische Risiko auf sich nimmt, liegt aber weniger in einer besonderen Gewinnerwartung als in der beruflichen Werthaltung begründet, dass die Verwirklichung technisch rationaler Lösungen angestrebt werden sollte.

Bei den beiden berufsethisch motivierten ›Kulturunternehmern‹ steht demgegenüber die Verwirklichung *expressiver Werte* im Vordergrund. Von den im Weiteren als Herzblut- (vgl. 5.2.2) oder bastelnde Unternehmer (vgl. 5.2.3) bezeichneten (Kultur-)Unternehmern unterscheidet sie dabei nicht zwangsläufig die formale Ausbildung in einem ›kulturwirtschaftlich relevanten‹ Berufsfeld, sondern das dabei entwickelte explizit berufliche Selbstverständnis:

Fallbeispiel 10: Berufsethisch motiviertes Unternehmertum: expressive Werte

Ulrike Kemper beginnt die Erzählung, wie es zur Gründung ihres Unternehmens kam, mit einem Verweis auf ihr Studium der angewandten Kulturwissenschaften, in dem sie ›schon‹ das Fach Museum belegt hat. Sowohl neben dem Studium als auch danach arbeitete sie als freie Mitarbeiterin für Museen. Ihre unternehmerische Tätigkeit begreift sie als Fortsetzung dieser. Ausschlaggebender Wendepunkt für den Wechsel in die unternehmerische Selbständigkeit ist ihrer Erzählung nach (neben der Unzufriedenheit mit dem geringen Einkommen) eine fachliche Auseinandersetzung mit dem örtlichen Museumspädagogen:»Na ja, und dann hab ich mich mit dem Museumspädagogen gezankt. [...] Ich meine, das merken Sie vielleicht auch, °Stadt A° hat ja eine sehr traditionelle Auffassung von Kultur, was die Museen angeht. Und das hat mich immer unheimlich geärgert. Da gibt es eine Million Programme für Kinder. Für kleinere Kinder für mittelgroße Kinder, für ältere Kinder. So, und nichts für Erwachsene. Oder immer nur die klassischen Führungen: Jetzt kucken sie links, jetzt kucken sie rechts. Da dacht ich, mein Gott, das kann man doch nicht machen. Und dann hab ich einfach gedacht, ich mach das mal selbst.« (KuE1: 55 ff.) Offensichtlich hat Kemper im Rahmen ihres Studiums sowie in ihrer Arbeit für Museen individuelle, fachlich begründete Vorstellungen davon entwickelt, wie ›man‹ (als Museumspädagogin) ansprechende Programme für Erwachsene gestalten sollte, die sich im Rahmen der organisationellen Strukturen in °Stadt A° kaum umsetzen ließen, sondern unternehmerische Selbständigkeit erforderten. Denn nur die Unabhängigkeit von öffentlichen Institutionen ermöglicht Kemper die Verwirklichung eigener Ideen, die ihr in den bürokratischen Strukturen städtischer Institutionen nicht möglich erscheint. Eine Rückkehr in diese erscheint demgemäß undenkbar: »Wenn ich

---

zur Disposition stehenden Zwecke, ob ein Maschinenteil aus Eisen oder aus Platin gefertigt werden sollte – im Sinne wirtschaftlicher Rationalität natürlich nicht.

sehe, wie sehr da die Regularien den Alltag bestimmen, da hätte ich keine Lust mehr zu. Also bis die da einen Bleistift kaufen dürfen, wie viele Anträge man da schreiben muss und so.« (Ku3: 672) Gerade diese Möglichkeit, ihre Ideen zu verwirklichen, begreift sie zudem als zentralen Marktvorteil ihres Unternehmens gegenüber öffentlichen Institutionen. Denn in Letzteren »kannst du dich mit deinen Ideen nicht so einbringen. Das sehe ich ja auch, ich will jetzt ein Programm machen, ein neues, mit dem Kaiser. Ich hab so schöne Kontakte und ich kriege tatsächlich ein original Grammophon, was hundert Jahre alt ist. Weißt du, und dann will ich mir ein eigenes Kostüm schneidern. […] Und wir haben tatsächlich den Wein ausgegraben, den der Kaiser vor hundert Jahren getrunken hat. Das macht ja keiner. Wer soll sich bei der Stadt als Festangestellter da hinsetzen und sich solche Mühe geben? Das machst du nur, wenn du selbständig bist. Und das ist natürlich das, was unheimlich Spaß macht.« (KuE1: 327 ff.) Ganz offensichtlich ist es damit insgesamt nicht nur der Anspruch, moderne Kulturveranstaltungen zu entwickeln, der Kemper treibt, sondern auch das eigene Erleben, die eigene Emotionalität, das eigene Vergnügen an der Entwicklung (und Durchführung) dieser Veranstaltungen. So wird es sicher ein ›Highlight‹ ihres den Besuch von Kaiser Wilhelm in Stadt A re-inszenierenden ›Kaiserprogramms‹, den ›echten‹ damals verkosteten Wein (aus einem neueren Jahrgang) präsentieren zu können; zunächst ist es aber auch für Kemper selbst eine emotional berührende Situation, als es einer Freundin gelingt, diesen Wein ›aufzutreiben‹: »Also als die Christina den zum ersten mal hatte, wir waren ganz, wir waren total, ich glaub uns standen wirklich die Tränen in den Augen.« (KuE1: 357 ff.)

Die Erzählung von Michael Mohr und Katrin Sommer, die zusammen das ›Label‹ Sommer & Mohr betreiben, verweist noch deutlicher auf die Verbindung von beruflicher Identität und Selbständigkeit. Sie beschreiben einleitend, dass sie beide in Holland Design studiert haben, wo das Studium »gar nicht zusammen mit der Industrie, sondern auf ganz freies Produktdesign« (KuD3: 115) ausgerichtet gewesen sei. Es sei demzufolge im Studium nicht darum gegangen, kunden- oder marktorientiert massenproduktionstaugliche Produkte zu entwerfen, »es ging eigentlich hauptsächlich darum, dass man seinen individuellen Stil entwickelt.« (KuD3: 120 ff.) Auf der Basis eines solchen Selbstverständnisses als freier Designer ist es für Mohr und Sommer eine habituelle Selbstverständlichkeit, immer eigene Ideen und Produktvorstellungen ›im Kopf‹ zu haben, und diese auch umsetzen zu wollen: »Wenn man halt als Designer so unterwegs ist, dann denkt man immer über irgendwas nach. […] Man sieht irgendwas, und dann denkt man immer direkt, oh, das ist ja ein tolles Detail. Ah, so was könnte ich mir auch vorstellen. […] Und so fing das dann halt irgendwann an, dass ich im Kopf so eine kleine Serie Taschen entworfen hatte, und dann auf einmal dachte: Ja, warum soll man die nicht einfach umsetzen?« (KuD3: 190) Designer zu sein, wird für Mohr und Sommerfeld zur den gesamten Alltag umfassenden ›Daseinsform‹ schlechthin. Im Rahmen dieses Selbstverständnisses erscheint eine Selbständigkeit als einziger Weg, die alltäglich-beiläufige und expressiv-individualistische Weise der Entwicklung und Realisierung von Ideen, die sie im Studium erlernt haben, weiterzuführen. Und obwohl sie momentan kein ausreichendes Einkommen durch ihr eigenes Label erwirtschaften, sondern immer »irgendwie noch einen Nebenjob« (KuD3: 224) brauchen, halten sie am Selbstverständnis eines freien Designers fest und setzen in ihrer Hoffnung, sich zu etablieren, schlicht auf Zeit.

Bei den beiden technisch orientierten Unternehmern ist keine Orientierung an romantischen Wertmustern erkennbar. Demgegenüber richtet sich die unternehmerische Tätigkeit von Ulrike Kemper zumindest begrenzt auf die Verwirklichung ›romantischer‹ Werthaltungen. So ist nicht nur im Rahmen der Erarbeitung der Programme, sondern auch bei ihrer Durchführung das (Mit-)Erleben von Emotionen eine zentrale Motivation für Kemper: »Das ist schon schön, wenn man so sieht, dass die Leute staunen, dass sie Spaß haben.« (KuE1: 593) Sofern es gelingt, bei ihren Kunden Emotionen zu wecken, ist dies eine direkte Anerkennung der Arbeit Kempers, denn ganz im Sinne eines ›Aufsprengens‹ einer rational-wissenschaftlichen Sicht auf Kultur(-geschichte) geht es Kemper darum, Geschichten zu erzählen. Ihre Programme sollen ein Nach- bzw. Miterleben evozieren und weisen durch ihren Detailreichtum gelegentlich sogar Züge einer Reinszenierung historischer Ereignisse auf. Dabei ist deutlich der Stolz erkennbar, mit den eigenen Veranstaltungen »wirklich was Besonderes« (KuE1: 149) geschaffen zu haben. Kemper geht das (ihr eigentlich gar nicht behagende) Risiko unternehmerischen Handelns dabei ein, um sich mit genau den Dingen befassen zu können, zu denen sie sich auch emotional hingezogen fühlt: »Es ist immer auch viel Arbeit, und ich hab auch viel Angst. Aber ich weiß auch, dass ich genau das mache, was ich möchte, und wo mein Herz so schlägt.« (KuE1: 335) In diesem Sinne sucht sie auch ›Selbstverwirklichung‹ in der Arbeit, ohne dass sie jedoch ihre Arbeit tatsächlich als expressiven Ausdruck ihrer ›Persönlichkeit‹ begreift. Da nicht die romantische Vorstellung eines kreativen, nach Expressionsmöglichkeiten suchenden Selbst vorherrscht, das nach Ausdruck strebt, ist das unternehmerische Handeln nur begrenzt dynamisch: Kemper hat mit der Gründung ihres Unternehmens ein genau definiertes Feld erschlossen und wünscht sich zukünftig vor allem eine Stabilisierung dieser Position.

Trotz der Bindung an das Berufsbild des Designers erscheint die Unternehmung von Mohr und Sommer dynamischer angelegt und auf die Produktion immer neuer, unterschiedlicher Designobjekte ausgelegt. Im Rahmen des Versuchs, sich als Designer zu etablieren, ist jedoch zunächst eine pragmatische Festlegung auf bestimmte Designobjekte notwendig, die jedoch sukzessive aufgelöst werden soll: »Weil wir haben auch direkt am Anfang gesagt, wir fangen zwar mit Taschen an, aber wir wollten das so langsam ausweiten. Also so größeres Angebot halt an Produkten halt irgendwie liefern.« (KuD3: 313) Demgemäß erscheint die Festlegung auf ein Produkt als notwendige Limitation ›endloser‹ kreativer Potentiale, die nicht zuletzt darin begründet liegt, das Sommer und Mohr ihre Objekte gegenwärtig noch selbst anfertigen müssen und nur über sehr begrenzte Produktionsmittel verfügen bzw. nur begrenzte Produktionsverfahren beherrschen: »Man kann auch alles nicht selber können. Genau, da ist es dann halt, wo man irgendwann dahinter kommt, dahinter kommen muss. [Seufzen] Weil man stellt sich das manchmal immer so vor.« (KuD3: 343 ff.) Insofern Mohr und Sommer eine langfristige Etablierung als Designer anstreben, wird zwangsläufig eine bürgerliche Zeitperspektive eingenommen und etwa gegenüber Abnehmern auf Messen in jeder Hinsicht Stabilität und Verlässlichkeit demonstriert. Im Prinzip stellen die damit verbundenen Festlegungen immer Einschränkungen der eigenen kreativen Potentiale dar, die jedoch in Kauf genommen werden, um sich eine Position zu erarbeiten. Insofern wird bei Sommer und Mohr eine romantische Selbstkonzeption unlimitierter, expressiver Potentiale erkennbar, der in ihrem Selbstverständnis als freien Designern zentrale Bedeutung zukommt. Diese wird jedoch durch eine (auferlegte) Orientierung an bürgerlichen Tugenden und Wertvorstellungen begrenzt.

Trotz der deutlichen Differenz zwischen romantischen und technisch-rationalen Werthaltungen weist die durchgängige Wertorientierung der berufsethischen Unternehmer darauf hin, dass unternehmerisches Handeln aus subjektiver Perspektive zunächst einmal nicht Symptom eines »Übergreifens marktökonomischer Mechanismen« (Bröckling 2007: 37) ist und keineswegs in direktem Zusammenhang mit einer einseitigen Ökonomisierung der eigenen Arbeitsfähigkeiten steht (Voß/Pongratz 1998: 140 ff.). Vielmehr scheint unternehmerisches Handeln gegenüber abhängigen Erwerbstätigkeiten und freiberuflichem Erwerbshandeln subjektiv durch die Chance ausgezeichnet, berufsspezifische Wertvorstellungen verwirklichen zu können. Das heißt selbstverständlich nicht, dass die hervorgebrachten Produkte nicht trotzdem so gestaltet werden müssen, dass sie auch am Markt erfolgreich sind. Offensichtlich bietet unternehmerisches Handeln aber subjektiv einen temporären Schutzraum gegenüber einem direkten Durchschlagen institutioneller oder ökonomischer Logiken auf das berufliche Handeln und ermöglicht Spielräume zur Entwicklung individueller Antworten auf die Frage, wie den (nicht völlig negierbaren) Markt- bzw. Kundenanforderungen unter gleichzeitiger Berücksichtigung individuell angeeigneter berufsethischer Werthaltungen begegnet werden soll. Der von Loer gesuchte ›Habitus des Freimuts‹ ist hier als berufsspezifischer Habitus zu bestimmen.

5.2.2 Professionalisierungserzählungen: Vom Amateur zum Herzblut-Unternehmer

»Denn nichts ist für den Mensch als Menschen etwas wert, was er nicht mit Leidenschaft tun kann.« (Weber 1995: 26)

In den Karriereerzählungen der hier als Herzblut-Unternehmer charakterisierten Selbständigen tritt das Agieren zwischen ›persönlicher‹ Wertbindung und dem gleichzeitig vorhandenen Handlungsproblem, ökonomische Erfolge erzielen zu müssen, besonders augenfällig in den Vordergrund: Die *Professionalisierungs-erzählung* (im alltagssprachlichen Sinn) verweist nämlich gerade darauf, wie eine zunächst affektiv geprägte, aus Liebhaberei, also (im besten Sinne) amateurhaft betriebene Tätigkeit zusehends Erwerbszwecken dienen soll bzw. muss und dergestalt sukzessive rationalisiert wird. Im Rahmen ihrer Karriereerzählung setzen diese Selbständigen an einer in der Jugend oder Kindheit begründeten emotionalen Hingabe sowie einem aus Enthusiasmus und Liebhaberei betriebenen amateurhaften Engagement an, von dem sie sich aus heutiger Sicht allerdings distanzieren, da ihnen ihr damaliges Engagement inzwischen auch im pejorativen Sinne amateurhaft vorkommt. Denn sei es, dass die zunächst amateurhafte Tätigkeit derart erfolgreich ist, dass die stetige Expansion des Unternehmens eine Rationalisierung und Effektivierung erzwingt wie bei Markus Kottke (U3), dass von sich aus der Anspruch entsteht, aus dem leidenschaftlichen Engagement eine geschäftlich erfolgreiche Unternehmung zu machen wie bei Gregor Dreyer (KuM4), oder dass angesichts einer Veränderung in der bisher hauptberuflich ausgeübten anderweitigen Tätigkeit die Perspektive naheliegend erscheint, sein bisheriges ›Spielbein‹ zum ›Standbein‹ zu machen, wie bei Wilhelm Regner (KuE2): In allen Erzählungen findet sich ein Wendepunkt, an dem nicht nur »aus Hobby […] Berufung« sondern auch »aus Spaß Ernst« (Website U3: 2) wurde. Der Hauptteil der Erzählungen ist der Entwicklung ab diesem mehr oder weniger deutlich zu fixierenden Wendepunkt gewidmet: Es wird vornehmlich von intentional vorangetriebenen Professionalisierungsbemühungen sowie von Professionalisierungserfolgen berichtet, also von Bemühungen, eine zusehends rationale, geschäftliche Sicht auf die zuvor aus reiner Leidenschaft betriebenen Aktivitäten zu entwickeln, sowie von (auf dieser Rationalisierung basierenden) geschäftlichen Erfolgen. Dabei werden der einleitend angedeuteten ›amateurhaften‹ Haltung erstens genuin bürgerliche Tugenden gegenübergestellt: Verlässlichkeit, Arbeitsmoral und Disziplin sowie eine auf die langfristige Etablierung des Unternehmens ausgerichtete Orientierung werden als Voraussetzung für geschäftlichen Erfolg hervorgehoben. Zweitens wird aber auch eine zusehends marktorientierte und zweckrationale Haltung in Bezug auf die eigenen Produkte bzw. Dienstleistungen markiert: Wo vorher persönliche und emotionale Motive im Vordergrund standen, werden nun die Bedürfnisse und Ansprüche von Kunden reflektiert und antizipiert, und wo wertrationales Handeln dominierte, wird zusehends auch zweckrational der geschäftliche Erfolg bestimmter Handlungsweisen geprüft. Dabei ist es den Unternehmern wichtig, klarzustellen, dass ihnen die Sache, für die sie sich engagieren, immer noch an sich wichtig ist, dass sie aber eben gleichzeitig wie ›normale Unternehmer‹ (und das soll heißen: wie Betriebswirte) ihr Handeln von Wirtschaftlichkeitskalkülen leiten lassen. Dabei können fast alle Herzblut-Unternehmer zum Zweck der ›Professionalisierung‹ ihrer Leidenschaft auf bereits erworbenes betriebswirtschaftliches Wissen sowie die habitualisierten Denkweisen eines ›Normalunternehmers‹ (eines Betriebswirts) zurückgreifen: Sie wissen aus eigener Anschauung, welche Denk- und Handlungsweisen bei der Leitung eines Wirtschaftsbetriebs gewöhnlich prägend sind und ordnen ihr leidenschaftliches Engagement für die Sache dem Primat dieser Prinzipien unter.

5.2.2.1 Emotionalität, Wertrationalität, bürgerliche Tugenden

Die Bedeutung bürgerlicher ›Tugenden‹ bzw. einer bürgerliche Arbeitsmoral sowie rationalen Kalküls wird besonders deutlich von zwei Unternehmern hervorgehoben, die sich mit ihren Unternehmungen im Rahmen der Techno-Szene etabliert haben, sowie vom Musiker Dario Gaartz (vgl. Fallbeispiel 12). Diesen dreien ist es sehr wichtig, deutlich zu machen, dass sie von Anfang an mit größerer Ernsthaftigkeit und einem professionelleren Anspruch an ›ihrer‹ Sache gearbeitet haben als andere – und zumindest für die beiden Unternehmer ist genau dies auch der ›Schlüssel‹ zu ihrem Erfolg. Die Betonung einer bürgerlich-disziplinierten Arbeitshaltung wird dadurch noch einmal besonders akzentuiert, dass beide Unternehmer sowie der Musiker Gaartz sich in einer ›Szene‹ engagieren (und habituell von dieser abgrenzen), deren Protagonisten sie eine hedonistische und momentorientierte Haltung zuschreiben.

Fallbeispiel 11: Herzblut-Unternehmer und bürgerliche Arbeitsmoral

Wilhelm Regner (42), Inhaber einer Künstler- und Veranstaltungsagentur, sieht den Ausgangspunkt seiner unternehmerischen Tätigkeit in seiner frühen Jugend und seiner familiären Sozialisation: Über seine in der Gastronomie arbeitende Mutter kommt er in Kontakt zu Diskothekenbetreibern und beginnt, sich im ihn emotional faszinierenden ›Nachtleben‹ durch besonderen Fleiß und besondere Einsatzbereitschaft – so seine Deutung – eine Berufskarriere vom Gläserspüler zum Leiter des Abendgeschäftes zu erarbeiten. Schon die Schilderung des ›Einstiegs in die Branche‹ macht deutlich, dass Regner sich zwar emotional von einer Tätigkeit in der Nachtszene angesprochen fühlt, trotzdem aber bürgerliche Tugenden als Grundlage beruflichen Erfolgs ansieht. Neben der Arbeit in der ›Nachtszene‹ absolviert er eine Lehre in einem Hotel. Wichtiger für seine Unternehmerkarriere ist jedoch, dass er in der Freizeit mit der sich damals etablierenden Acid-House-Szene in Kontakt kommt, wobei er von Anfang an die Begeisterung für diese Szene mit naivem Geschäftssinn verbindet: »Dann kam Ende der Achtziger, Anfang der Neunziger diese Acid-House Zeit, wo ich dann nach London gefahren bin und mir die Smileys geholt habe und Acid-T-Shirts. Und bin da auch in Clubs gegangen und bin dann hier wieder zurückgekommen, und habe in Diskotheken diese Buttons verkauft an Freunde. Das war total irre. Ich bin dann in dieser Szene auch wirklich groß geworden. Hab auch etliche Jahre damit verbracht, mit einer riesen Freundesclique durch ganz

Europa und die ganze Welt zu feiern« (KuE2: 19). Regner lernt dabei Mitarbeiter von Agenturen sowie Veranstalter kennen und beginnt, sein Freizeitvergnügen mit (lustvoll gedeuteter) Arbeit zu verbinden. Er entwickelt dabei eine Werthaltung, die ihn prägend bleibt: »Das war dieser Grundstein für mich, wo ich später auch gesagt habe, es bringt mir auch persönlich was. Weil mein Motto war immer, wenn andere Menschen glücklich sind, wenn die Spaß haben, dann befriedigt mich das.« (KuE2: 21) Die Erfahrung, positive Emotionen evozieren zu können, wird für Regner zum zentralen Anreiz, sich ›amateurhaft‹, aus Liebhaberei in der Techno-Szene zu engagieren – neben seiner Lehre sowie seiner späteren Arbeit als Filialleiter einer Kosmetikkette. Als sich jedoch jener Freundeskreis auflöst, in den er bei seinem wochenendlichen Engagement eingebunden war, und gleichzeitig eine berufliche Neuorientierung aufgrund von Umstrukturierungen bei der Kosmetikkette notwendig wird, beschließt er, sein Hobby zum Beruf zu machen: Er gründet seine Agentur und versucht, »diese Energie, die ich damals in diese Wochenenden reingesteckt habe, meine innere Flamme, […] in meine Firma mit rüber zu transportieren« (KuE2: 70).

Obwohl Regner sich der ›Szene‹ noch sehr verbunden fühlt, grenzt er sich mit seinem geschäftlichen Handeln fortan deutlich von einem szenetypischen Habitus ab: »Bei uns in der elektronischen Szene ist es leider so, wir arbeiten manchmal mit Menschen zusammen, die nicht so ganz zuverlässig sind. Oder die sich überwiegend im Nightlife rumtreiben, die montags nicht vor sechzehn Uhr ans Telefon können. Ich bin auch am Wochenende unterwegs, aber wir haben uns gewisse Geschäftsprinzipien gemacht. Ab zehn bis abends um sechs, von montags bis freitags ist das Büro besetzt und ich bin immer erreichbar.« (KuE2: 25) Dementsprechend zieht er mit seinem Büro auch in das Industriegebiet einer Kleinstadt, um arbeiten zu können, ohne dass »ständig Hinz und Kunz« (KuE2: 25 ff.) aus der Szene zu Besuch kommen. Er achtet darauf, dass seine Mitarbeiter der ›elektronischen Szene‹ nicht zu nahe stehen. Seine Unternehmensführung sieht er durch seine Erfahrungen als Filialleiter der Kosmetikkette geprägt, die ihm für seine aktuelle Tätigkeit »wirklich sehr, sehr viel geholfen« (KuE2: 23) habe.

Es entspricht dieser Haltung, dass Regner Emotionen im Rahmen seiner Geschäftstätigkeit kontrolliert einsetzt, also Gefühlsarbeit im Sinne von Hochschild (1990: 30 f.) leistet. So schildert er ausführlich, dass er in Konfliktsituationen Contenance zu wahren sucht und im Sinne einer dezidierten Kundenorientierung die Interessen von Künstlern, Veranstaltern oder Werbepartnern vertritt, selbst wenn er »auf der anderen Leitung denkt, wasch dir mal den Kopf, ne.« (KuE2: 167) Der kontrollierenden Emotionsarbeit steht dabei evozierende Emotionsarbeit gegenüber, wenn Regner am Wochenende für gute Stimmung seiner Künstler sorgen muss. Diese evozierende Emotionsarbeit empfindet Regner aber nicht als Arbeit, sie ist vielmehr ein verbleibender Raum für die Verwirklichung der eigenen (expressiven) Wertvorstellung, Spaß haben zu wollen.

Insgesamt wird deutlich, dass Regner noch mit »Herzblut« (KuE2: 108) bei der Sache ist – die hohe Arbeitsbelastung Regners (der neben dem wochentäglichen Bürogeschäft fast jedes Wochenende mit Künstlern unterwegs ist) ließe sonst auch kaum bewältigen. Gleichwohl sieht er die Grundlage seines Geschäftserfolges aber in einer langfristig orientierten, verlässlichen und disziplinierten Arbeitsweise, in der Emotionen kontrolliert werden; diese hebt er rückblickend als für seine gesamte prägend Berufskarriere hervor.

Während Regner mit der Gründung seines Unternehmens punktuell ›umschaltet‹ von einer vornehmlich aus Lust an der Sache betriebenen Tätigkeit zu einem professionellen Unternehmen, so ist bei Gregor Dreyer (32) die Professionalisierung des von ihm produzierten Veranstaltungsmagazins für die Techno-Szene ein langsamer Prozess gewesen. Dreyer produziert sein Magazin zunächst aus Leidenschaft und ohne ›ernstere‹ geschäftliche Interessen zu verfolgen, nämlich »um auszugehen, und dann, wenn du in den Clubs warst, hast du natürlich eine Karte bekommen, konntest du dann frei saufen oder so und hast denen dafür eine Anzeige gegeben.« (KuE4: 22) Auch inhaltlich war die Produktion des Heftes von affektiven Motiven bestimmt, wovon er sich aus heutiger Sicht amüsiert distanziert: »Ist ja auch lustig, wie wir damals geschrieben haben. Also früher haben wir kein Blatt vor den Mund genommen« (KuE4: 28 ff.). So hätten sie etwa sehr negativ über Clubs geschrieben, die ihnen nicht gefielen, etwas, was er sich heute sicherlich »dreimal überlegen« (ebd.) würde. Während das Heft zu Beginn »wie ein Tagebuch« gewesen sei, in dem er »immer alles drin gehabt hat« (KuE4: 39), was ihn persönlich bewegte, so beginnt er mit der Zeit, zusehends geschäftlich darüber zu denken und distanziert sich von den anderen Mitwirkenden am Magazin, da ihm diese »ein bisschen zu planlos« (KuE4: 41) erscheinen. Dies führt er vor allem auf seine familiär vermittelten Erfahrungen als ›Unternehmer‹ zurück: Denn Dreyers Eltern besitzen einen CD-Vertrieb, in dem er schon früh mitarbeitet und dessen Schallplatten-Abteilung er bald eigenständig leitet. Deshalb habe er »schon sehr früh gewusst, dass es halt auch einen ganz normalen Job gibt, und nicht nur Party, weil ich halt mit neunzehn schon den Plattenvertrieb hatte« (KuE4: 41). Folglich trennt er sich von seinen Mitstreitern und beginnt das Heft ›professioneller‹ zu machen und zusehends als »Profit-Center« (KuE4: 43) zu deuten. Dreyer macht sodann über weite Teile des Interviews hinweg deutlich, dass das Heft zusehends zweckrational im Hinblick auf die Interessen der Anzeigenkunden (nicht der Leser aus der Szene) optimiert wurde. Diese Rationalisierung geht auch mit einer Distanzierung von seiner Begeisterung für die Sache einher: »Also ich sehe mich als reinen Geschäftsmann, jetzt mittlerweile. Natürlich mit der Liebe zur elektronischen Musik, auf jeden Fall.« (KuE4: 94 ff.) Aus dieser Perspektive als ›reiner Geschäftsmann‹ verliert das Unternehmen jedoch zusehends an Reiz, da es aktuell keine Herausforderung für sein ›geschäftsmännisches‹ Denken mehr darstellt. Die bestehende wertrationale Bindung, die ›Liebe‹ für die elektronische Musik hindert Dreyer jedoch daran, sein Unternehmen zu verkaufen. So wartet er gegenwärtig »auf eine gute Ablöse«, auf eine Gelegenheit, das operative Geschäft an jemanden zu delegieren »dem ich hundertprozentig vertrauen kann« (KuE4: 123).

Beide Unternehmer berichten von der Transformation einer emotional und expressiv geprägten Tätigkeit in eine wirtschaftlich rentable Unternehmung. Dabei wird eine enge Verknüpfung alltags- und lebenspraktischer Entwürfe mit der Unternehmung erkennbar (vgl. Brosziewski 1994: 216): Bei beiden Unternehmern entsteht die Grundlage des eigenen Unternehmens im Rahmen einer lebensstilistischen Präferenz für eine bestimmte Szene, einer (langjährigen) Sozialisation in dieser Szene und schließlich durch ein momentbezogenes, emotional motiviertes Engagement: »Diese Anfänge von dieser elektronischen Musik, das war so ein energetischer Sog, dem konnte man sich gar nicht entziehen. Also das war so faszinierend. Damals hat man sich ja irgendwie auch gar keine Gedanken gemacht irgendwie, was dann morgen mit dieser Musik passieren könnte« (KuE2: 70). Ganz offensichtlich bleibt diese affektive Hingabe, die Orientierung am momentanen Erleben in seiner unmittelbaren Intensität jedoch nur eine begrenzte Zeit erhalten. Im selben Maß, wie die unmittelbare Faszination für die Szene abnimmt, nimmt bei den Herzblut-Unternehmern eine wirtschaftlich-zweckrationale Sicht auf das eigene Engagement Gestalt an: Der im Rahmen der familiären und/oder beruflichen Sozialisation bereits erworbene geschäftsmännische Habitus eines ›normalen Unternehmers‹ (eines Betriebswirts) kommt sukzessive zur Geltung. Unmittelbare eigene Emotionalität spielt eine untergeordnete Rolle oder wird zum Gegenstand rationaler Kontrolle. Insofern Regner von dem Versuch berichtet, seine ›innere Flamme‹ mit in die Firma zu nehmen oder Dreyer seine Charakterisierung als ›reiner Geschäftsmann‹ eilfertig dadurch ergänzt, dass gleichwohl noch eine ›Liebe zur elektronischen Musik‹ bestehe, wird allerdings deutlich, dass die Rationalisierung der Unternehmung auf zwei Ebenen verläuft: So werden einerseits zusehends zweckrationale Motive erkennbar, Einkommen bzw. Gewinne zu optimieren, andererseits werden *affektuelle Motive* offenbar *in wertrationale Motive transformiert* und bleiben damit auf einer höheren Rationalisierungsebene bestehen: Nicht mehr die unmittelbare, emotionale Hingabe, sondern die demgegenüber deutlich rationalisierte *abstrakte Wertschätzung einer Sache* tritt in den Vordergrund. So wandelt sich die unmittelbare emotionale Hingabe Regners, der eigene Spaß an Szeneveranstaltungen, zur wertrationalen Haltung, dass es ihn befriedige, wenn andere ihren Spaß haben. Eine Rationalisierung emotionaler Motive, die mit Koppetsch und Burkart (2002) so beschrieben werden kann, dass, basierend auf biografischen Erfahrungen, eine ›Treuhänderschaft‹ für expressive Werte übernommen wird.

Dass in beiden Fällen eine bürgerlich-betriebswirtschaftliche Langsicht, die auf die Erwirtschaftung von Gewinnen ausgerichtet ist, eine emotionale, momentanistische Orientierung auf Dauer ablöst, wird auf der Ebene der Erzählstrukturen insbesondere dadurch erkennbar, dass lebensgeschichtliche Ereignisse im Laufe der Erzählung anfangs als Verlaufskurven (den Akteur überwältigende Ereignisse) gedeutet werden, später aber biografische Handlungsschemata dominieren (also von geplanten Ereignissen sowie deren gelingender oder misslingender Verwirklichung berichtet wird) (vgl. Schütze 1984: 92 f.). Ist es anfangs etwa der ›energetischen Sog‹ der Szene, dem man sich nicht entziehen konnte, so berichten beide im Weiteren, wie sie sich unternehmerische Ziele setzten, zielstrebig an der Verwirklichung arbeiteten und Erfolge erreichten. Beide Unternehmer berichten also, wie sie unter Rückgriff auf einen bürgerlich-betriebswirt-

schaftlichen Habitus Kontrolle über die eher >zufällig< und >eigendynamisch<
entstandenen Unternehmungen übernehmen.

5.2.2.2 Rationalisierung und Handlungsmacht

Während bei Regner und Dreyer die Rationalisierung der unternehmerischen
Tätigkeit parallel zum wachsenden geschäftlichen Erfolg der Unternehmung
verläuft, werden bei Markus Kottke (U5) sowie bei Dario Gaartz (Kü1) differente Verhältnisse erkennbar. Kottkes Unternehmung entwickelt aus seiner Sicht
ein derart schnelles, eigendynamisches Wachstum, dass sie ihm permanent >über
den Kopf zu wachsen< droht. In diesem Zusammenhang berichtet er von einer als
notwendig erlebten, nachlaufenden Rationalisierung. Dario Gaartz Erzählungen
machen dagegen deutlich, dass die stetige Rationalisierung seiner musikalischen
Unternehmungen darauf zielt, den bislang ausbleibenden materiellen Erfolg zu
ermöglichen. Sein Handeln ist demnach von einer vorauseilenden Rationalisierung des Handelns sowie einer vorauseilenden Orientierung am Markt geprägt.
Beiden geht es jedoch mit der Rationalisierung ihres Handelns darum, Gestaltungsmacht zu erlangen. Während Kottke versucht, Kontrolle über die durch
seine eigene Leidenschaft >losgetretene< Verlaufskurve, die >unaufhaltsame<, ihn
>überwältigende< Expansion seines Unternehmens zu erhalten, versucht Gaartz
durch die Entwicklung adäquater Handlungsschemata (wirtschaftlichen) Erfolg
planmäßig herbeizuführen, obwohl er weiß, dass dies nur begrenzt möglich ist.

Fallbeispiel 12: Nachholende und vorauseilende Rationalisierung

Markus Kottke (36), gelernter Maurer sowie Wohnungs- und Grundstückskaufmann,
entwickelt seine unternehmerische Karriere ungeplant aus seinem Hobby: der Zucht
exotischer Pflanzen. Um dieses Hobby zu finanzieren, begann er in einer »Nacht- und
Nebelaktion, so irgendwie am Wochenende, noch halb einen im Tee gehabt« (U5: 11),
für Zuchtzwecke in großen Mengen eingekaufte Samen in kleinen Portionen über ein
Internetauktionshaus zu vertreiben. Als er feststellt, dass eine große Nachfrage besteht,
>packt< ihn neben dem Reiz, selbst mehr Pflanzen besitzen zu wollen, auch geschäftli-
cher Ehrgeiz: »Dann wollte man es auch irgendwie wissen. Und immer mehr Pflanzen
haben.« (U5: 15) In der Darstellung Kottkes entwickelt sich eine ungeplante Wachs-
tumsdynamik: »Die Sachen, die ich eingestellt hab, sind immer verkauft worden, und das
wurde immer mehr. [...] Ich wusste ich nicht mehr, wohin mit dem ganzen Kram.«
(U5:19) Er mietet sich ein Gewächshaus »mit sechshundert Quadratmetern«, aber da es
»natürlich auch wieder mehr wurde«, muss er erneut vergrößern: »Jetzt sind es fünf Häu-
ser, jetzt bin ich bei achteinhalbtausend Quadratmetern und hab immer noch keinen
Platz.« (U5: 19) Es gelingt Kottke offenbar nicht, das Wachstum seiner Firma zu begrenzen: »Das ist das Problem auch immer, sobald ich dann Kohle hab, investiere ich es

wieder in neue Pflanzen. […] das ist halt wie so ein Garten halt auch hier, wenn man hier durchflitzt.« (U5: 109) Da sein Betrieb für ihn wie (s)ein Garten ist, steht in Bezug auf die Expansion seines Betriebes weniger betriebswirtschaftliche Vernunft, sondern seine Sammelleidenschaft im Vordergrund:»Das Schlimme ist immer, wenn ich dann irgendwie Olivenbäume hier stehen habe, dann verkauf ich teilweise ein paar davon gar nicht, dann mach ich erst mal ein ›Verkauft‹-Schild dran, damit die erst mal für mich da sind.« (U5: 29) Das stetige Wachstum des Betriebs zwingt ihn zur Professionalisierung, nicht nur in Bezug auf die Anmietung weiterer Gewächshäuser, sondern auch in Bezug auf den Einkauf, den Vertrieb, die Rechtsform seiner Firma und auch die Einstellung von Mitarbeitern. Insgesamt wird die typische Haltung des Herzblut-Unternehmers erkennbar: Insofern er ausführlich von anstehenden Rationalisierungsmaßnahmen berichtet und den Erfolg seines Unternehmens durch die Darstellung des Unternehmenswachstums belegt, wird deutlich, dass ›normales betriebswirtschaftliches Denken‹ eine wichtige Referenzfolie für ihn darstellt. Gleichwohl ist es ihm aber wichtig, sich von ›normalen Händlern‹ durch seine Leidenschaft abzugrenzen: So würden etwa die Großhändler, bei denen er einkauft, merken, dass er ›anders‹ sei als ›normale‹ Händler:»Ich lauf da rum wie ein kleines Kind. Die lachen sich immer tot, wenn ich da durch die ganzen Töpfe flitze und meine Schilderchen dran mache. Weil, das merken die auch, ich mach das schon mit Leidenschaft, da bin ich echt mit Leib und Seele dabei.« (U5: 29)

Dario Gaartz (31) beginnt seine Erzählung mit der biografischen Verankerung seiner emotionalen Begeisterung für Musik, die ihn seit Kindheitstagen präge. Diese emotionale Begeisterung für Musik führte zu einem amateurhaften Engagement, bei dem eine naive Vorstellung eines Popstar-Daseins leitend gewesen sei: Man»mag das Chaos, mag Sex, Drugs and Rock'n'roll« (ebd.). Diese naive Sicht ist jedoch aus Gaartz' heutiger Sicht»ungefähr das Gegenteil von dem, was man als Musiker machen soll« (ebd.). Vielmehr seien Arbeitsmoral und Disziplin gefragt:»Man muss sich wirklich sehr diszipliniert da ransetzen, da ist sehr viel Arbeit hinter. Am Anfang muss man die ganzen kleinen Clubs durchtingeln, CDs selber machen, Auftritte organisieren, Booking, da wird's dann schon irgendwann etwas komplizierter und verlangt dann auch jedem einzelnen Mitglied in der Gruppe sehr viel Disziplin ab.« (Kül: 15)

Als Hinweis auf eine starke Rationalisierung des Handelns ist der in der Karriereerzählung von Gaartz auffällig dominierende Modus der Beschreibung zu verstehen: Obwohl er nach seiner Erwerbsbiografie gefragt wird, berichtet er von allgemeinen Regeln, wie *man* als Musiker Erfolg erreichen kann, und reflektiert vor allem, wie es gelingen kann, mit *eigener* Musik (die gegenüber ›reproduzierter‹ Musik höher bewertet wird) Markterfolge zu erzielen. Dabei wird deutlich, dass die Orientierung am Markt zu einer hochgradigen Rationalisierung sogar genuin künstlerisch-expressiver Tätigkeiten führt: Gaartz beginnt nämlich, auch die eigentlich als ›Spielbein‹ fungierende, Eigenkompositionen spielende Band (und nicht nur seine ›Standbein-Tätigkeit‹ als ›reproduzierender Musiker‹) zusehends als rational zu optimierendes Produkt zu betrachten: So gelte auch hier,»dass man nicht nur Musik macht, um seine Erfüllung zu garantieren, […] man muss auch einfach kucken, dass man ein Produkt abliefert, was auf dem Markt Absatz findet.« (Kül: 118) Gerade weil der kommerzielle Erfolg ausbleibt, werden fremde Ansprüche zusehends Leitlinie der ›eigenen‹ künstlerischen Produktion: So müsse man schon»bei den Texten aufpassen, wie du schreibst. Wie ein Produzent so schön sagt, auch der Depp muss es verstehen. [...] Deswegen sag ich, dass wir in der Hinsicht eigentlich gar keine Künstler sind, sondern eigentlich Handwerker. Wir haben so ein bisschen gelernt, wie man Songs so zusammensetzen kann, dass sie eingängig sind [...] das kann man wirklich ganz strukturell angehen, und das hat wenig damit zu tun, dass man sich in den Proberaum setzt, [...] den Kopf nach hinten in den Nacken legt und dann einfach sich irgendwo so fließen lässt.« (Kül: 120 ff.) Diese künstlerische Hingabe an die Kreativität des Moments begreift er zwar als »eigentlich wahre Kreativität«. ›Echte‹ Künstler, die »einfach nur ihr Ding durchziehen« (Kül: 132) und ›wahre Kreativität‹ ausleben, bekämen allerdings »ihr Geld meistens erst, wenn sie mit dem Arsch schon in der Kiste liegen« (Kül: 124). Die rationalisierende Begrenzung der eigenen Kreativität scheint Gaartz also notwendig, wenn man (zu Lebzeiten) finanziell erfolgreich sein möchte.

Gerade der Vergleich der Rationalisierungsprozesse bei Kottke und Gaartz macht deutlich, dass die zunächst amateurhaft verfolgten Tätigkeiten ihren ›Charakter‹ in unterschiedlichem Umfang im Rahmen einer rationalisierten Unternehmung verändern. Kottkes Leidenschaft für exotische Pflanzen sowie seine emotionale Getriebenheit, immer mehr Exemplare besitzen zu wollen, steht nur begrenzt im Widerspruch zur Rationalisierung seines Unternehmens sowie zu einem vorhandenen geschäftsmännischen Habitus. So ist es zwar ökonomisch irrational, dass er als Pflanzenhändler bestimmte Pflanzen nicht verkaufen möchte, sondern seiner ›Sammlung‹ zuführt. Vermutlich würde auch eine deutliche Reduzierung seines Lagerbestandes die Rentabilität seines Unternehmens steigern. Die zunehmende Professionalisierung seiner Firma sowie die Effektivierung von Unternehmensabläufen, die er anstrebt, kollidieren jedoch keineswegs grundsätzlich mit seiner Leidenschaft für die Sache, ebenso wie geschäftlicher Ehrgeiz und die ›Manie‹, immer mehr Pflanzen zu ›haben‹, sogar harmonieren.

Demgegenüber erscheint die romantische Künstlervorstellung, die Gaartz im Prinzip treibt, nur schwer mit der Rationalisierung seiner Tätigkeit vereinbar: »Entweder man verwirklicht sich selbst und ist halt der Künstler, oder man kuckt halt, dass man ein Produkt erstellt.« (Kül: 130) Zwar meint Gaartz, eine ›Produktform‹ gefunden zu haben, in der man »einigermaßen so die beiden Sachen zusammenpappen kann« (ebd.), dies geht seiner Vorstellung nach aber mit einer Begrenzung des künstlerischen Anspruchs einher. Sofern Gaartz davon spricht, »möglichst viel schon in Eigenregie zu machen und nicht zu viel dem Produzenten zu überlassen« (Kül: 118), wird deutlich, dass er die Marktgängigkeit seines Produkts vorauseilend herstellen möchte, um zumindest selbst die Abstimmung künstlerischer Ansprüche mit antizipierten Marktanforderungen vornehmen zu können. Obwohl damit im Sinne der Arbeitskraftunternehmer-These die Erstellung eines vermarktungsfähigen (Halb-)Fertigproduktes (Voß/Pongratz 1998) im Vordergrund steht, wird deutlich, dass Selbstrationalisierung gegenüber Fremdrationalisierung weiter reichende Gestaltungsspielräume verspricht. Wie grundlegend die freiwillige Antizipation von Markterwartungen die künstlerische Tätigkeit trotzdem beeinflusst, wird aber daran erkennbar, dass sogar die Musikstilistik der ›eigenen‹ Band im Rahmen der strategischen Überlegungen, »welche Nische man mit der Musik belegen kann« (Kül: 116), verändert wurde.

5.2.2.3 Unbeständigkeit unternehmerischer Motive

Die Struktur der Erzählungen macht insgesamt deutlich, dass die Handlungen, welche schlussendlich zur Entwicklung ›neuer‹ Produkte oder zur Erschließung ›neuer‹ Märkte führen, in allen Fällen von leidenschaftlicher Verbundenheit mit dem Unternehmensgegenstand getragen werden. Sie basieren auf affektuellen Motiven. Insofern den eigentlichen Neuerungsaktivitäten aber die ausdrückliche Intention fehlt, einen kontinuierlichen Einkommenserwerb zu erwirtschaften, wie umgekehrt mit der zunehmend wirtschaftlich-rationalen Inblicknahme der ›innovativen‹ Aktivitäten die Innovationsneigung schwindet, ist es schwierig, überhaupt eine eindeutige Phase unternehmerischen Handelns bei den Herzblut-Unternehmern zu identifizieren. Die Merkmale unternehmerischen Handelns treten *sequentiell* auf: Es ist den Herzblut-Unternehmern zunächst gleichgültig, ob mit den jeweiligen Aktivitäten ein nennenswertes Einkommen erwirtschaftet werden kann – sie sind es *zunächst* auch *an sich* wert, unternommen zu werden. Erst sofern sich (unerwartet) Aussichten auf eine Gewinngelegenheit abzeichnen, wird im Weiteren (unter Bezugnahme auf oftmals in anderen Kontexten angeeignete ›geschäftsmännische‹ bzw. ›betriebswirtschaftlich-bürgerliche‹ Denkweisen) die zunächst aus Leidenschaft betriebene Tätigkeit in eine wirtschaftlich rentable Unternehmung transformiert, die dem dauerhaften Einkommenserwerb dienen soll. Mit der Überhandnahme der betriebswirtschaftlichen Betrachtungsweise nimmt jedoch die Tendenz, innovativ zu sein, ab. Rückblickend betrachtet und funktionalistisch gedeutet trägt die Leidenschaft für die Sache die Innovation also so lange, bis sie ihre Funktion, (auch) den Einkommenserwerb zu sichern, übernehmen kann.

Insofern zu Beginn der Unternehmung eine spezifische biografische und/ oder soziale Konstellation jenen »Habitus des Freimuts« zu evoziert, den Loer (2006: 31) für Unternehmer als typisch erachtet, ist es plausibel zu argumentieren, dass die ›Ursache‹ des unternehmerischen Handelns in der leidenschaftlichen, wenig Rücksicht auf Rationalitätskalküle nehmenden Handlungsphase liegt, in der die ›Innovation‹ entwickelt wird. Zwar bedarf es im Weiteren der betriebswirtschaftlichen Nutzung der Innovation, um aus ihr eine wirtschaftlich produktive Neuerung zu machen und das neuerungsorientierte Handeln in unternehmerisches Handeln zu transformieren. Die dabei handlungsleitende geschäftsmännische Denkweise vermag jedoch allein keine weiteren unternehmerischen Handlungen zu evozieren. In den Interviews wird insofern ein enger Konnex zwischen unternehmerischem Handeln und affektiven sowie wertrationalen Motiven erkennbar: Wie der ursprüngliche Antrieb zur Entwicklung und (tentativen) Verwirklichung der jeweiligen Produkte bei den ›Herzblut-Unternehmern‹ affektuell sowie wertrational begründet ist, so korrespondieren unternehmerische Weiterentwicklungen (sofern diese überhaupt stattfinden) mit ursprünglich affektiven, jetzt ins Wertrationale transformierten Motiven. Dies wird etwa erkennbar, wenn Regner darlegt, warum er gelegentlich eigene Veranstaltungen organisiert, obwohl sein Hauptgeschäftsfeld (Künstlerbetreuung) sowohl risikoärmer als auch wirtschaftlich ertragreicher ist: »Wenn du da als Veranstalter dann da durch gehst und siehst irgendwelche wildfremden Leute, die stehen dann abends da und du gehst an denen vorbei und die nicken nur. Und ich glaube, manchmal macht man es nur wegen dem Nicken. Das ist dann irgendwie die Befriedigung, wo ich sage, egal ob du jetzt irgendwie Kohle verdient hast, die Leute sind hier heute Abend und sie haben Spaß.« (KuE2: 102) Die durch Nicken signalisierte Anerkennung, dass er eine »coole Party« (ebd.) veranstalte, ist auf der Basis der wertrationalen Haltung, anderen ihren Spaß ermöglichen zu wollen, ein ausreichender (emotionaler, als Befriedigung erlebter) Anreiz, zumindest gelegentlich unternehmerisch tätig zu werden. Dreyer beklagt sich demgegenüber genau über das Fehlen eines direkten Kontaktes zu seinen Lesern, welcher wertrationales Handeln emotional befriedigend machen würde.

Insbesondere der Vergleich der Erzählungen von Dreyer, Regner sowie Christian Schmidt und Sebastian Becker (KuM5) macht deutlich, dass Affekte und Werthaltungen, die unternehmerischen Freimut evozieren, auch an spezifische biografische Phasen bzw. soziale Kontexte gebunden sein können, in denen affektuelle Bezüge sowie wertrationale Haltungen stabilisiert werden. So ist Regner – trotz aller Rationalisierungsprozesse – noch stark in der Szene verwurzelt. Die im Rahmen eigener Veranstaltungen empfangene Anerkennung aus der Szene ist für Regner offensichtlich noch die Anerkennung relevanter Anderer und somit emotional bedeutsam, auch wenn er keine persönlichen Beziehungen zu den Anerkennung zollenden Personen unterhält. Wo allerdings – wie bei Dreyer – jene das unternehmerische Handeln ursprünglich befördernden Kontexte in der alltäglichen Lebenspraxis deutlich an Relevanz verloren haben (er berichtet, nur noch höchst selten in der ›Szene‹ unterwegs zu sein), wird das wirtschaftliche Handeln fast ausschließlich zweckrational reflektiert und mündet schließlich in eine reine Bewirtschaftung eines ursprünglich auf der Basis affektueller und wertrationaler Motive lancierten Produktes.

Nicht nur im Vergleich zu Regner, sondern auch im Vergleich zu Schmidt und Becker, die ein ganz ähnliches Heft wie Dreyer produzieren, fällt dabei auf, dass bei Dreyer die Rationalisierung sowie Distanzierung von der Szene besonders ›fortgeschritten‹ ist. So berichten Schmidt und Becker zwar ebenfalls, dass man im Rahmen der Produktion nur begrenzt ›Feedback‹ aus der Szene erhalte, gleichzeitig berichten sie jedoch noch mit Stolz von konkreten Situationen, in denen sie diese Anerkennung erfahren: »Es gibt halt bestimmte Foren im Internet, wo man halt mal raufkuckt, und da melden sich halt auch Leute zu Wort, die dann einfach schreiben: Hey, das hab ich schon im °Clubscene° gelesen. Oder irgendwie: Vielleicht steht es ja im nächsten °Clubscene°. Oder: Wendet euch mal an die °Clubscene°, vielleicht können die darüber ja mal einen Artikel schreiben oder so was. Also das ist halt schon ziemlich cool, wenn man so was liest.« (KuM5: 153) Gleichzeitig gehen beide davon aus, dass sie die Zeit zum unternehmerischen Handeln nutzen müssen, solange sie noch in der Szene engagiert sind. Denn wenn »momentan auch ein Riesen-Spaßfaktor dabei ist« (KuM5: 70), das wollen sie möglicherweise »mit fünfzig auch gar nicht mehr machen« (KuM5: 68). Offenbar wird antizipiert, dass das Engagement als Herzblut-Unternehmer nur auf der Basis einer Verbindung umfassender alltags- und lebenspraktischer Entwürfe mit der Unternehmung funktionieren kann und dass dieses Engagement gerade in einer durch Jugendlichkeit als mentale Disposition (vgl. Hitzler 2006) geprägten Szene lebensphasenspezifisch begrenzt sein könnte.

Insgesamt wird deutlich, dass bei den ›Herzblut-Unternehmern‹ eine affektuelle und wertrationale Bindung an einen bestimmten, zuvor amateurhaft ausgeübten Tätigkeitsbereich besteht. Im Rahmen gezielt vorangetriebener Rationalisierungsprozesse verändert sich die Bindung einerseits dahin gehend, dass affektuelle Motive in wertrationale Motive transferiert werden, und andererseits dahin gehend, dass das Handeln der Akteure zusehends zweckrationalen, wirtschaftlichen Logiken folgt. Gerade das deutliche Auftreten ›bürgerlicher‹ Sinnelemente begrenzt die Dynamik unternehmerischen Handelns maßgeblich: Die Neigung, es an den Tag zu legen, erweist sich damit als unbeständig, nimmt mit dem Abbau affektueller und wertrationaler Bindungen an das Handlungsfeld ab. Die freimütige Haltung, die im Rahmen des amateurhaften Engagements kenntlich wird, ist offenbar nicht so ›tief‹ verankert, wie dies die Habitustheorie ›verlangt‹, sondern an die Stabilisierung durch spezifische (soziale) Kontexte gebunden.

Gleichwohl bleibt eine basale wertrationale Bindung an das Tätigkeitsfeld unabdingliche Grundlage des bewirtschaftenden Handelns: Denn die mehr oder weniger bewusst getroffene Entscheidung, das ›Hobby‹ oder die eigene ›Leidenschaft‹ zum Gegenstand des Einkommenserwerbs zu machen und die darin liegende Perspektive, ›Arbeit‹ und ›Leben‹ miteinander zu verknüpfen, bildet (trotz aller Rationalisierung) die Grundlage dafür, dass die Unternehmung subjektiv lohnend erscheint. Offensichtlich engagieren sich Herzblut-Unternehmer häufig in ›objektiv-geschäftlich‹ nur begrenzt rentablen oder für Außenstehende kaum zugänglichen Geschäftsfeldern, die ein hohes Engagement und eine persönliche Bindung an den Unternehmensgegenstand voraussetzen. Sofern Rationalisierungs- sowie biografische Prozesse zu einer vollständigen Auflösung der affektuellen Bindungen und Wertbindungen an das Tätigkeitsfeld führen, destabilisiert dies das basale Arrangement, auf dem das wirtschaftliche Handeln dieser Unternehmer beruht – ein Aufgeben der Unternehmung erscheint dann naheliegend. Gerade da einem bürgerlichen Verständnis folgend ein nur sehr begrenzt dynamisches, auf stabile Etablierung in einem Markt orientiertes Unternehmen aufgebaut wird, kann das Unternehmen auch kaum an eine Verschiebung eigener Interessen angepasst werden. In diesem Sinne ist es für Herzblut-Unternehmer unabdinglich, ihre ›innere Flamme‹ für eine Sache zu bewahren.

Doch inwieweit lässt sich bei den Herzblut-Unternehmern von einem romantisch inspirierten Unternehmertum sprechen? Romantische Subjekt- und Arbeitsvorstellungen sind kaum zu erkennen: Es geht den Herzblut-Unternehmern – abgesehen von Gaartz – kaum darum, eigene Potentiale zu entfalten und expressiv zum Ausdruck zu bringen, und selbst bei Gaartz nehmen diese Konzepte einen sehr prekären Status ein: Denn obwohl hier deutlich die Konzeptionierung eines kreativen, schöpferischen Selbst zu erkennen ist, wird diese Subjektkonzeption als naiv verworfen und durch ein bürgerliches Arbeitsethos, eine bürgerliche Zeitorientierung sowie eine dezidiert zweckrationale Orientierung an antizipierten Erwartungen des Marktes überformt. Wie bei Gaartz eine Vielzahl bürgerlicher Sinnvorstellungen die ›Entfaltung‹ eines künstlerisch-expressiven Selbstverständnisses weitgehend unterbinden, so sind auch bei den weiteren Herzblut-Unternehmern romantische Sinnelemente höchstens von unternehmensgeschichtlicher Relevanz: So stellte das Magazin für Dreyer einmal ein Medium der Selbstexpression dar, dies ist jedoch zum Zeitpunkt des Interviews nicht mehr der Fall. Im Rahmen eines bürgerlich-disziplinierten Zeitempfindens geht es allen Unternehmern mehr um den Aufbau und Erhalt eines stabilen und rentablen Unternehmens als um fragmentarisch bleibende, dynamische Selbstexpression. Es gilt, die einmal aus Leidenschaft begonnenen Unternehmungen »zu pflegen mit der Zeit«, auf dass man »dann Früchte erntet« (KuM5: 31), so die genuin bürgerliche Ansicht der Herzblut-Unternehmer.

5.2.3 Bastelerzählungen: Dilettantismus und Projektemacherei

»Ein Mann, der Herrn K. lange nicht gesehen hatte, begrüßte ihn mit den Worten ›Sie haben sich gar nicht verändert‹. ›Oh!‹, sagte Herr K. und erbleichte.« (Brecht 1997: 231)

Im Gegensatz zu den linear verlaufenden Erzählungen der Herzblut-Unternehmer, in denen einer klaren Erzähllinie folgend von der Entstehung, Optimierung und Stabilisierung eines unternehmerischen Vorhabens berichtet wird, sind die Erzählungen der bastelnden Unternehmer durch unübersichtliche Strukturen geprägt. Wo die Herzblut-Unternehmer die zunehmende Relevanz von Handlungsmustern und die zusehende Kontrolle möglicher Verlaufskurven durch die stetige Rationalisierung ihrer Unternehmung hervorheben, bleiben die Erzählungen der bastelnden Unternehmer ambivalent: Der Großteil der Karriereerzählungen setzt sich aus einer Folge in sich geschlossener Erzählungen von einzelnen Projekten zusammen, die im Rahmen einer nicht projektförmig organisierten Struktur – dem Unternehmen der bastelnden Unternehmer – koordiniert werden. Dabei wird einerseits von der spontanen, unvorhersehbaren und gelegenheitsorientierten Entstehung vielfältiger Ideen und Projekte berichtet (und somit von einer ›Hingabe‹ an diffus bleibende Verlaufskurven), andererseits aber von der gezielten Verfolgung und (mehr oder weniger erfolgreichen) Realisierung einzelner Projekte (also von klaren Handlungsschemata im Rahmen einzelner Projekte). Insofern ist weder eine Dominanz von Verlaufskurven noch von Handlungsmustern prägend: Das gezielte Ergreifen und Nutzen sich bietender Gelegenheiten, die hartnäckige Verfolgung bestimmter Ideen und Projekte sowie ein bewusstes Sich-treiben-Lassen stehen vielmehr in einem stetigen Spannungsverhältnis, das im Modus des ›Sich-Durchwurstelns‹ unter Bezugnahme auf eigene Ansprüche sowie auf das, was ›gerade zur Hand ist‹, bewältigt wird.

In diesem Sinne ist hier von Bastelerzählungen bzw. bastelnden Unternehmern die Rede: Denn den Bastler kennzeichnet gerade, dass er einerseits »seine Arbeiten nicht davon abhängig« macht, »ob ihm die Rohstoffe oder Werkzeuge erreichbar sind«, die zur Realisation einer Idee idealerweise verfügbar sein müssten. »Die Welt seiner Mittel ist« vielmehr prinzipiell »begrenzt, und die Regel seines Spiels besteht immer darin, jederzeit mit dem, was ihm zur Hand ist, auszukommen« (Lévi-Strauss 1973: 30). Im Rahmen der Idee, jeweils mit dem auszukommen, was verfügbar ist, sind die Handlungsweisen des Bastlers damit aber andererseits stets durch Mittel inspiriert, welche ihm nun mal gerade zuhanden sind. Insofern diese Mittel immer heterogen sind, »weil ihre Zusammensetzung in keinem Zusammenhang zu dem augenblicklichen Projekt steht, wie überhaupt zu keinem Projekt, sondern das Ergebnis aller sich bietender Gelegenheiten ist, den Vorrat zu erneuern oder zu bereichern oder mit den Überbleibseln von früheren

Konstruktionen [...] zu versorgen« (ebd.), bieten sie dem Bastler jedoch immer heterogene Möglichkeiten, sind also inspirierend, aber nicht determinierend.

Dass sich Handlungsmuster und Verlaufskurven in den Bastelerzählungen verquicken und mehr von den idiosynkratischen Anlässen vielzähliger Einzelprojekte berichtet wird, als dass eine einheitliche Erzählung entwickelt wird, kann man also als erzählstrukturellen Niederschlag eines insgesamt bastlerischen Habitus begreifen, der zwischen einem aktivistischen Ergreifen von Handlungsmöglichkeiten und einer ›flanierenden‹, sich (hellwach) treiben lassenden, auf Inspiration hoffenden Geisteshaltung oszilliert. Es fällt den bastelnden Unternehmern dementsprechend auch schwer, konkrete Zukunftsvorstellungen zu entwerfen. Zum Teil geht die Frage nach längerfristigen Entwicklungszielen der Unternehmung völlig an ihren Relevanzen vorbei. So lehnt etwa Barbara Abels die Frage, was sie in zwei Jahren machen werde, dezidiert ab, da sie ihr in Bezug auf ihre ›Persönlichkeit‹ bzw. das Leben schlechthin unzutreffend erscheint: »Ich mag diese Frage nicht. Ich weiß nicht, was ich in zwei Jahren mache. Nee, ich bin auch nicht so. Das ist halt auch dieses: ›Was machen Sie in fünf Jahren, wo stehen sie beruflich in fünf Jahren?‹ Weiß ich doch nicht. @.@ [...] Es kann so viel passieren, das Leben ist so unglaublich ...« (KuD1: 544 ff.)

Wo die Zukunft als Raum für unklare, kommende Projekte empfunden wird, ist auch die Vergangenheit nur schwer in Bezug auf ihre heutige bzw. zukünftige Bedeutung zu beurteilen. Demgemäß bleiben die evaluierenden Elemente der Erzählungen sehr tentativ: Wirtschaftlich betrachtet sehen es die bastelnden Unternehmer schon als Erfolg, mit ihren Basteleien ein für den Lebensunterhalt ausreichendes Einkommen zu erwirtschaften. Wirtschaftliche Erfolgsgeschichten werden jedoch nicht erzählt, da die Dauerhaftigkeit des Erfolgs stets unsicher erscheint. Auch qualitativ erscheint eine Bewertung der eigenen Karriere nur begrenzt möglich: Da die Entwicklung des Unternehmens nicht im Rahmen eines bürgerlich-disziplinierten Zeitempfindens verortet wird, in dem Entwicklungsrichtung, Entwicklungsziel sowie einzelne klar definierbare Stationen auf dem Weg zum Ziel ex ante identifizierbar sind und damit geplante Entwicklungsschritte ex post als erreicht oder noch ausstehend bewertet werden können, wird kein wirklicher Karriereverlauf erzählbar. Genau deswegen wird vermutlich nur von einzelnen Projekten erzählt, die nur tentativ (nämlich: vom jeweils aktuellen, wandelbar modellierten Standpunkt aus) summarisch bewertbar sind.

Obwohl demzufolge in den Erzählungen weder retrospektiv von einer klaren Entwicklung erzählt wird noch prospektiv eindeutige Entwicklungsperspektiven eröffnet werden, ist zugleich ein diffus bleibender Anspruch, sich jedenfalls ›irgendwie‹ weiterentwickelt zu haben und besonders: sich noch weiterentwickeln zu wollen, omnipräsent. Die bastelnden Unternehmer markieren sehr deutlich, dass weitere, wenn auch nicht benennbare Entwicklungen anstehen:

»Ich bin noch nicht am Ende, oder ich lass mich noch nicht irgendwo eingrenzen. [...] Ich hab noch ganz viele Ideen und ich freu mich einfach darauf, das ich noch mehr machen kann« (KuD2: 300 ff.), betont in diesem Sinne zum Beispiel Miriam Leihs. Eingrenzungen oder Festlegungen erscheinen den bastelnden Unternehmern als Bedrohung der angestrebten ›Weiterentwicklung‹, eine stabile Weiterführung des Unternehmens würde bedeuten, »dass wir hier am Ende sind« (KuM3: 308 ff.), so Gerrit Kluge. So schwer es also diesen Unternehmern fällt, Klarheit über die bisherige sowie über die zukünftige Entwicklung herzustellen: Das Verdikt, sich nicht verändert zu haben, würde gerade die bastelnden Unternehmer (wie Brechts Herrn K.) also erschrocken erbleichen lassen.

Im Rahmen einer deutlichen Orientierung an Veränderung ist die Zukunft Projektionsfläche für eine Vielzahl nicht vorhersehbarer Projekte. Als Konstante im Rahmen dieses (teils emphatisch zum Ausdruck gebrachten) Veränderungsdrangs dient dabei das eigene oder gemeinsam mit wenigen anderen betriebene Unternehmen. Demgemäß ist für Alexander Mahler die Fortexistenz des zusammen mit Kluge und einer dritten Person betriebenen Unternehmens wünschenswert. Auf die zusammenfassende Nachfrage des Interviewers, wenn also nichts Außergewöhnliches passiere, würden sie ›das‹ auch noch in zehn Jahren machen, stellt er jedoch klar, dass ›das‹ »dann hoffentlich nicht mehr so, wie es jetzt ist« (KuM2: 776), sein sollte. Nicht die Stabilisierung des Unternehmens auf der Basis einer unternehmerischen Idee (wie bei Herzblut-Unternehmern) steht also im Vordergrund, die Kontinuität des Unternehmens ist vielmehr an das stetige Vorhandensein neuer, reizvoller Anschlussprojekte gebunden.

Diese Offenheit des Unternehmens für vielgestaltige Projekte und der Drang, immer neue Projekte zu etablieren, ist damit keineswegs Folge ökonomischer Notwendigkeiten, sondern ergibt sich aus der Vorstellung, man verfüge über vielfältige Potentiale und wandelbare Interessen, die grundsätzlich an das Unternehmen anschlussfähig sein müssen. Dies wird besonders bei Christian Barthel erkennbar: Auf die Frage, was der Name seiner Firma, Luudim, bedeute, antwortet er zunächst scherzhaft, dies stehe als Akronym für »lasst uns gefälligst unser Ding machen«[60] (KuM1: 309 ff.). Obwohl scherzhaft gemeint, trifft die Erklärung den Kern der Sache: Offensichtlich stellt die Firma für Barthel einen gegen Fremdeinmischungen zu verteidigenden Freiraum dar, in dem er (gemeinsam mit ›Freunden‹) genau das verwirklichen möchte, was (gerade) sein bzw. ihr ›Ding‹ ist. Die ernsthafte Erläuterung der Namensfindung, die Barthel später bietet, verdeutlicht dementsprechend die offene Konzeptionierung des Unternehmensgegenstandes: Denn Barthel erklärt schlussendlich, er habe schlicht nach einem ›bedeutungslosen‹ (offenen, gegenstandsneutralen) Namen gesucht,

---

[60] Im Zuge der Anonymisierung wurde sowohl das (vermeintliche) Akronym als auch seine Langform verändert. Während der Sinn erhalten wurde, ist sprachliche Eleganz verloren gegangen.

um jederzeit auch andere Produkte als sein aktuelles Produkt unter diesem Namen verkaufen zu können. Der Entwurf einer Firma als Möglichkeitsraum für
die Verwirklichung vielfältiger Interessen erfordert, das Unternehmen als Leer-
stelle zu konzipieren, die prinzipiell Raum für verschiedenste Projekte bietet.

5.2.3.1 Bastler als (universelle) Dilettanten

Angesichts des offensichtlichen Fehlens klarer Erzählstrukturen werden von den
bastelnden Unternehmern unterschiedliche Erzählformen entwickelt, die zwischen einem detailreichen, verschlungenen Bericht von vielzähligen Projekten
und ihren jeweiligen idiosynkratischen Anlässen sowie nur rudimentären bis gar
keinen Karriereerzählungen schwanken. Extreme im Rahmen des Samples markieren dabei die Erzählungen von Miriam Leihs (KuD2) und Gerrit Kluge
(KuM3): Während Leihs schlicht konstatiert, das, was sie jetzt mache, ›schon
immer‹ gemacht zu haben, konstruiert Kluge eine ausufernde, einen Großteil des
Interviews umfassende Erzählung der Projekte, in die er bisher involviert war.
    Kluge berichtet umfassend von zufälligen Gegebenheiten, die er nutzt, um
›sich‹ bzw. seine ›Potentiale‹ auszuprobieren und zu entfalten. In seinem Bericht
wird ein emotional aufgeladener *Dilettantismus*[61] kenntlich, mit dem er sich in
unterschiedlichen Kontexten engagiert und den er im Sinne eines permanenten
›Learning by Doing‹ zum Prinzip seiner eigenen Weiterentwicklung erhebt. Obwohl Kluge nicht immer angeben kann, was ihm der Erwerb bestimmter Fähigkeiten genutzt hat oder noch nutzen wird, geht er davon aus, dass es an sich eine
›gute Sache‹ ist, im Rahmen vielfältiger Projekte vielfältige Fähigkeiten zu er-
werben und sich dergestalt ein zusehends größeres Feld an Möglichkeiten zu
erschließen. Er sammelt also (wie dies den Bastler kennzeichnet) Versatzstücke,
getreu der Devise, dass ›man nie weiß, für was man sie noch gebrauchen kann‹,
vertraut auf Gelegenheiten, seine gesammelten Ressourcen für zweckmäßige
Unternehmungen nutzen zu können, und erfreut sich daran, Herausforderungen
mit dem, was ihm gerade zur Hand ist, zu bewältigen. Dass Kluge insgesamt die
ausführlichste Erzählung im Rahmen des Samples entwickelt, liegt vermutlich
daran, dass er die Erzählungen von diversen Projekten, in denen er sich enga-

---

[61] Um Missverständnissen vorzubeugen: Die Charakterisierung des *Arbeitsmodus* der bastelnden
Unternehmer als dilettantisch ist analytisch und nicht pejorativ gemeint. Es soll nicht gesagt werden,
dass die von den Unternehmern erstellten Produkte professionellen Ansprüchen nicht genügen. Die
bastelnden Unternehmer verfolgen allerdings nicht den Anspruch, professionell zu arbeiten, sondern
die Idee, sich und ihre Fähigkeiten immer wieder neu auszuprobieren und Ideen selbst dann umzusetzen, wenn es an den dazu ›eigentlich‹ nötigen Kenntnissen, Fähigkeiten oder Werkzeugen fehlt.

giert, am ehesten zu einer ›großen‹ Erzählung von der stetigen, experimentellen Weiterentwicklung seiner Fähigkeiten verbindet.

Fallbeispiel 13: Eigene Weiterentwicklung durch bastelnden ›Dilettantismus‹

Gerrit Kluge (34) ist in der Firma Daumenkino vornehmlich für die Tonproduktion der Trickfilme zuständig. Er beginnt seine Erzählung mit dem Hinweis auf seine Jugend, »die ganz stark durchs Musikmachen dominiert war« (KuM3: 35), und berichtet von da ab detailliert von seiner beruflichen Entwicklung. Zunächst interessiert sich Kluge für ein Musikstudium, verwirft diesen Plan jedoch, als er die Arbeitsbedingungen in einem Orchester kennenlernt: »Dann hab ich gemerkt, das ist ja furchtbar. Das ist ja so ein Dienst unten in so einem Orchestergraben. [...]. Dass das dann mal irgendwann so trist, so verbeamtet endet, das wollte ich nicht.« (KuM3: 43 ff.) Dabei klingt eine antiinstitutionelle Grundhaltung an, eine Abneigung, im Rahmen einer größeren Organisation seinen ›Dienst‹ zu verrichten, an die er im Rahmen seiner weiteren Erzählung immer wieder anknüpft, um seine Entscheidung gegen eine ›verbeamtete‹ und für eine projektorientierte Arbeitsbiografie zu begründen. Enttäuscht von den Möglichkeiten als Musiker wendet Kluge sich der Tontechnik zu. Er beginnt ein Studium der Tontechnik, vernachlässigt es aber schnell, da man im Studium nichts ›für die Praxis‹ lernen könne. Eine Entscheidung, in der er dadurch bestärkt wird, dass er gleichzeitig Vater wird und sich verpflichtet fühlt, ein Einkommen zu erwirtschaften. Da der Zugang zu Tonstudios nur über längere unbezahlte Praktika möglich scheint und er sich im Gegensatz zu den an institutionellen Karrieren orientierten »Funktionärstypen« (KuM3: 75) nicht vorstellen kann, für große Medienanstalten zu arbeiten, stürzt ihn die Jobsuche in eine »kleine Krise« (KuM3: 67), bis er das Angebot bekommt, an einer Kunsthochschule als Tutor für Filmton zu arbeiten. Er begeistert sich zusehends für das Arbeitsfeld Filmton, nicht zuletzt, da er »plötzlich ein wahnsinniges Equipment« nutzen und sich »da dann austoben konnte« (KuM3: 87 ff.). Dabei wird ein engagierter, aber dilettantisch-experimentell bleibender Arbeitsmodus erkennbar, der in der weiteren Erzählung zum bestimmenden Element wird: »Ich hab da tierisch viel gelernt. Also tierisch viel falsch gemacht, klar, aber ich wusste es ja immer noch besser als die Studenten. Und da konnte ich ziemlich viel herumexperimentieren. Ich musste [...] wirklich oft das Rad neu erfinden.« (KuM3: 103)

Seine weitere Erzählung ist davon geprägt, dass er von mehr oder weniger zufällig entstehenden Gelegenheiten berichtet, sich in diversen Projekten zu engagieren und dabei experimentell-dilettantisch zu lernen. Dabei ist Kluge vornehmlich in die Entwicklung zweier Firmen – Hörwerk und Daumenkino – eingebunden, wobei sein Engagement bei Hörwerk zusehends geringer geworden ist, da hier (im Gegensatz zu Daumenkino) letztlich keine neuen spannende Projekte mehr entwickelt worden sind. Gleichwohl berichtet Kluge von einzelnen herausfordernden Projekten, an denen er im Rahmen dieser Firma beteiligt war. So etwa, als sie zufällig den Auftrag erhielten, den Ton eines Kinofilms zu produzieren. Da dies »totale Pionierarbeit« (KuM3: 208) für alle Beteiligten war, wurde dieser Auftrag völlig unterschätzt: »Also für Geräuschaufnahmen, haben wir gedacht, brauchen wir zehn Tage [...] und wir waren nach drei Wochen immer noch nicht fertig. Wir waren Tag und Nacht damals im Studio und haben aufgenommen. Dann brauchten wir plötzlich Schritte auf Gras, sind dann nachts in den Stadtpark und haben uns einen Quadratmeter Erde geholt und lauter so Sachen. @.@ Das war wirklich sehr lustig.« (KuM3: 218 ff.) Die unprofessionelle, aber mit höchstem Einsatz vorangetriebene Vertonung des Kinofilms wird von Kluge im Stil eines lustigen Abenteuers erzählt. Sie erscheint (damals wie heute) als amüsantes und aufregendes Unterfangen.

Die Firma Daumenkino entsteht aus einem der zufälligen projektorientierten Engagements Kluges, das sich aufgrund des Erfolges als Sequenz von Projekten stabilisiert. So lernt Kluge die beiden anderen Protagonisten durch seine Arbeit als Tontutor kennen, wo er sie bei der Erstellung eines Werbespots für einen Wettbewerb unterstützt. Angespornt vom Erfolg dieses Spots und auf der Basis eines Angebots, Kinospots zu produzieren, wird die Firma als loser Projektzusammenhang gegründet und ist in der Folge in verschiedenen Geschäftsfeldern tätig. Immer wieder wird in den Schilderungen der Projekte erkennbar, dass diese eine ›Herausforderung‹ für Kluge darstellen, die er dilettantisch-bastelnd bewältigt und seine Fähigkeiten weiterentwickelt: »Ich hab an Anfang des Studiums ein bisschen Musik gemacht, hab dann aber mein eigenes Musikmachen völlig aufgegeben. [...] Das hat sich dann eigentlich erst so ergeben, bei unserem ersten größeren Job mit Daumenkino. Zu der Zeit hab ich nur in Geräuschen gedacht, und dann hab ich gemerkt, das funktioniert überhaupt nicht, da muss man Musik haben, für diesen Werbespot. Mist, wie mach ich denn das? Dann hab ich nur so ein altes Keyboard gehabt, [...] und des Ding hab ich dann ausgepackt, und hab dann mit diesem einem Keyboard die Musik für diese sechs Kinospots gemacht. Ham wir sechs Kinospots gemacht, und die poplige Musik kam @aus meinem einen Keyboard raus@.« (KuM3: 262) Obwohl die Qualität seiner Arbeit seiner Einschätzung nach zusehends zugenommen hat, bewertet es Kluge positiv, dass sich an seiner hier als dilettantisch bezeichneten Arbeitsweise insgesamt nichts ändert: »Das Schöne finde ich, dass ich bei meiner Arbeit immer noch merke, dass ich immer noch Räder neu erfinden muss.« (KuM3: 528) Insgesamt liegt für Kluge also der größte Reiz seiner Arbeit in der Möglichkeit, seine Potentiale durch eine bastlerisch-dilettantische Herangehensweise stetig zu entfalten. Das Rad immer wieder neu zu erfinden (also das, wovon einem sprichwörtlich abgeraten wird, da erprobtes Wissen verfügbar ist, auf das zurückgegriffen werden könnte), wird für Kluge zu einem wertgeschätzten Arbeitsmodus. Die stetig neuen Projekte, die in der Firma Daumenkino entstehen, sind willkommener Anlass, sich ständig weiterzuentwickeln, wobei die Ansprüche an diese Projekte steigen: Insbesondere geht es Kluge darum, Unabhängigkeit von Aufträgen zu erhalten und bestenfalls einen »kleinen Wurf zu landen vielleicht, mit einer eigenen Serie« (KuM3: 445). Im Rahmen der Entfaltung eigener Fähigkeiten wächst der Wunsch, umfassende Gestaltungsmacht über die eigenen Produkte zu erlangen, auch wenn dieses Vorhaben im Rahmen der Filmwirtschaft aufgrund der Bedeutung weniger ›System Houses‹ (vgl. S. 64) nicht einfach zu verwirklichen ist. Hinter den Status der bereits erreichten relativen inhaltlichen Autonomie im Rahmen von Auftragsproduktionen führt für Kluge jedenfalls kein Weg mehr zurück: »Als reiner Dienstleister möchte ich nicht arbeiten.« (KuM3: 316)

Insgesamt wird erkennbar, dass sich Kluge im Rahmen der Herausforderungen verschiedenster Projekte dilettantisch Kompetenzen aneignet, die weit über einzelne hoch spezialisierte Aufgabenbereiche hinausreichen, die man als Toninge-

nieur im Rahmen eines größeren Betriebs übernehmen würde. Hier sind die
Möglichkeiten, Einfluss auf das Produkt zu nehmen und sich mit dem fertigen
Produkt zu identifizieren, gering, wie seine Beschreibung des Arbeitsalltags in
einer Fernsehanstalt deutlich macht, für die er gelegentlich arbeitet: »Tageweise
geht das, aber im Grunde denk ich, das ist alles ein großes Kaspertheater. [...]
Also diese Hierarchien, die es da gibt, diese Pseudo-Hektik, die da so im Fernsehen künstlich aufgebaut wird, für einen Trash der da hinten rauskommt, also
ein Produkt, zu dem ich« nicht stehen könnte ...« (KuM3: 284) Obwohl Kluge
auch in der Firma Daumenkino meistens einen klaren Aufgabenbereich bearbeitet, bleibt er innerhalb dieses Bereiches universeller Dilettant, da er nicht für
einzelne Produktionsschritte, sondern für die Gestaltung des gesamten Tons zuständig ist. Auf der Basis einer flexiblen Arbeitsteilung[62] ist es jenseits von
Hierarchien offenbar möglich, Produkte gemäß der eigenen Vorstellung bzw.
einer gemeinsam entwickelten Vorstellung folgend zu produzieren. Gerade die
Vielfältigkeit der anfallenden Aufgaben führt außerdem dazu, dass Kluge weiterhin Möglichkeiten der dilettantischen Weiterentwicklung findet. »Der Dilettant«, so die treffende Beschreibung Max Webers, »unterscheidet sich vom
Fachmann nur dadurch, dass ihm die feste Sicherheit der Arbeitsmethode fehlt.«
(Weber 1995: 13) Genau diese fehlende Sicherheit ist es, die Kluge sucht, da sie
seine Erwerbstätigkeit erlebnisreich macht, nicht zur bürokratischen Routine
›erstarren‹ lässt.

Sein bastlerischer Habitus, der Drang, stetig etwas Neues auszuprobieren,
um sich dabei stetig neu auszuprobieren, führt letztlich zu dem Wunsch, unternehmerisch zu agieren. Denn selbst die Arbeiten für jene Auftraggeber, die den
Protagonisten der Firma Daumenkino weite Gestaltungsspielräume lassen, werden auf die Dauer zu Routinearbeit: »Wir können es auch nicht ewig machen,
wie wir es jetzt machen. Das ist zwar gut, aber es nervt auch langsam ein bisschen, da so diese Dinger runterzuholzen.« (KuM3: 455) Freimut ist dabei etwas,
was diesem Habitus direkt innewohnt, da die erworbene bastlerisch-dilettantische Haltung die ›Moral‹ in sich trägt, dass es reizvoll ist, sich neu auszuprobieren, ohne umständliche Vorbereitungen den Sprung ins Ungewisse mit der Empfindung zu wagen, dass die Herausforderungen schon ›irgendwie‹ mit dem, was
zur Hand ist, bewältigt werden können.

Während Kluge von vielfältigen Projekten berichtet und auch immer die
Bedeutung sich bietender Gelegenheiten und Anlässe herausstellt, ist in Leihs
Darstellung ihr Unternehmen von Anfang an schlichtweg ein Rahmen, in dem
sie all das verwirklicht und ausprobiert, was ihr ›so in den Sinn kommt‹. Ihre

---

[62] So macht Kluge z. B. »ein Praktikum in der Bildbearbeitung« (KuM3: 378), als in einem Projekt
wenig Tonarbeiten anfallen. Hinweise auf flexible Arbeitsteilung im Sinne einer potentiellen Zustän-
digkeit aller für alles finden sich bei allen kulturwirtschaftlichen Kleinstunternehmen im Sample.

Tätigkeit im Rahmen ihres Unternehmens ist für sie identisch mit dem, was sie ›schon immer‹ gemacht habe: nämlich ›irgendwie‹ bastelnd und gestaltend tätig sein. Auf der Basis solcher Deutungen ist keine Entwicklung zu erzählen; vielmehr kann Leihs nur einen bestimmten Zustand bzw. Arbeitsmodus beschreiben:

Fallbeispiel 14: Identität von Unternehmung und Person

Miriam Leihs (42) ist verheiratet und Muter von zwei Kindern. Sie stellt in Handproduktion Designobjekte für Eltern und Kinder her. Auf die Frage, wie es zur Gründung ihres Unternehmens gekommen sei, antwortet sie nicht mit einer Erzählung, sondern mit einer schlichten Beschreibung: »Also ich mache das eigentlich schon immer, das, was ich so mache. Ich habe schon immer irgendwie, auch schon als kleines Mädchen, viel genäht, gebastelt und gemalt, und habe schon immer gedacht, ich müsste mal was für Kinder machen.« (KuD2: 13) Sie stellt eine kontinuierliche Beziehung zwischen den Aktivitäten ihrer Kindheit und ihrer aktuellen gewerblichen Tätigkeit her und nivelliert damit alle Unterschiede. Die im Anschluss an diese Beschreibung einsetzende Erzählung bleibt rudimentär: Leihs berichtet lediglich, dass sie sich »vor sechs Jahren mit einer Freundin selbständig« gemacht hatte, sich von dieser trennte und alleine »unter neuem Namen selbständig gemacht« (KuD2: 15) hat.

Wenngleich Leihs ihre gegenwärtige Tätigkeit zunächst als etwas, was sie ›schon immer‹ machen wollte, darstellt, wird im Laufe des Interviews eine enge Verknüpfung von persönlichen Lebensumständen und unternehmerischer Tätigkeit erkennbar. So berichtet Leihs auf Nachfrage, eine Ausbildung als Schauwerbegestalterin absolviert und in diesem Beruf gearbeitet zu haben. Erst nachdem sie »fünf Jahre nur Mutter« (KuD2: 45) gewesen ist, macht sie sich mit ihrer damaligen Freundin selbständig. Die vage Konzentration ihres Unternehmens auf Kindersachen ist dabei vor dem biografischen Hintergrund entstanden, dass sie als Mutter sowieso ganz viel für ihren Sohn selbst gemacht hat, »weil ich erst mal nicht das Geld hatte. Und zum zweiten hab ich halt gemerkt, die Sachen, die es gibt, sind sowieso immer das Gleiche. […] Und dann hab ich gedacht, nee, jetzt nähst du dem mal eine Bettwäsche, dann hab ich dem Handpuppen selber genäht, und so kam das dann.« (KuD2: 111) Die eigene, lebensphasenspezifische Konsumvorstellung ist also Vorlage für die Kreation eigener Produkte. Leihs produziert all das, was ihr gefällt, zufällig ›unterkommt‹ und nachgefragt wird: »Ich hab dann was im Kopf, und dann setz ich das halt um, so wie ich mir das vorstelle.« (KuD2: 77) Es verwundert deshalb auch nicht, dass Leihs ihre Produkte als Selbstexpression begreift, wie auch an ihrem Firmennamen erkennbar wird: »Das ist Madame Leihs, einfach, das bin ich, was es hier in meinem Laden zu sehen gibt.« (KuD2: 77)

Offensichtlich geht diese Identifizierung von Person und Unternehmung mit der dargestellten ›statischen‹ Karriereerzählung einher, da keine klare Entwicklung erzählbar ist. Trotzdem wird der Status, ›einfach man selber zu sein‹ bzw. ›einfach zu machen, was einem in den Sinn kommt‹, aber hochgradig dynamisch gedeutet: Leihs geht z. B. davon aus, »dass ich mich für mich irgendwo noch mal wieder weiterentwickelt hab« (KuD2: 49), ohne dies allerdings spezifizieren zu können. Die weitgehende Identität von Unternehmen und Person erzwingt außerdem ein Offenhalten der Unternehmung: »Ich weiß nicht, wo es uns alles so hinbringt. Aber das ist gut. […] Bei uns schwirren so viele

Ideen im Kopf, weiß ich nicht.« (KuD2: 268) Dieses offene Selbstverständnis macht es notwendig, jederzeit bereit zu sein, sich auch dilettantisch an neuen Aufgaben auszuprobieren. Verbunden mit dem Vertrauen, vielfältig ›befähigt‹ zu sein, ermöglicht dies den freimütigen Umgang mit der unklaren Zukunft: »Es ist egal, welches Werkzeug ich in die Hand nehme, was ich mach. Ich trau mich an alles ran. Deswegen denk ich, irgendwas mach ich schon. Und deswegen hab ich keine existentiellen Ängste.« (KuD2: 675)

Die hohe Affinität von Leihs ›Lebenswelt‹ und ihrer ›Produktwelt‹ ist es schließlich, die ihre Produkte mit einer besonderen, sich nicht auf den ersten Blick erschließenden Bedeutung auflädt, mit der sie ihre Kunden »von hinten durch die Brust ins Herz« (KuD2: 656) treffe. Denn sofern ihre Kunden außer dem ›eigentlichen‹ Produkt »noch was anderes mitnehmen, wenn die hier zu uns kommen, nämlich diese Liebe zum Detail« (KuD2: 412) sowie das Gefühl, etwas »von früher, was es einfach auch gar nicht mehr so gibt« (KuD2: 418), erlebt bzw. erworben zu haben, so ist dies für Leihs nichts ›Aufgesetztes‹: »Das ist jetzt nicht nur für die Kunden gemacht, sondern das leben wir auch. Das ist auch bei uns zu Hause so, das zieht sich so ein bisschen auch wie so ein roter Faden durch unsere ganze Familie und durch unsere Produkte.« (KuD2: 422) Leihs Unternehmung ist also Teil eines umfassenden lebensstilistischen Entwurfes, was in ihrem Sinne die glaubwürdige Aufladung ihrer Produkte mit emotionalen Sinngehalten ermöglicht.

»Nur beim Dilettanten decken sich Mensch und Beruf«, so die auf Peter Altenberg gemünzte Feststellung von Egon Friedell (1992: 133), die hervorragend auf das Unternehmen von Miriam Leihs passt. Sie deutet ihre Unternehmung als Spielraum, ihren Wünschen und Leidenschaften zu folgen. Insofern diese Leidenschaften wandlungsfähig und unvorhersehbar sind, kann ihnen nur im Rahmen eines *prinzipiell* bastlerisch-dilettantisch bleibenden *Arbeitsmodus* nachgegangen werden.

Auffällig an Leihs Beschreibung ihres Unternehmens ist allerdings die weitgehende Ausblendung aller von ihr nicht beeinflussbaren Gegebenheiten. Durch diese Auslassung entsteht das etwas irritierende Bild einer selbstgenügsamen Bastelei. Marktbedingungen oder Kundenwünsche, die möglicherweise den eigenen Vorstellungen widersprechen, werden allenfalls randständig thematisiert. So berichtet sie zwar, dass Ansprüche von Kunden die Entfaltung ihrer Kreativität verhindern können, insgesamt weisen die Beschreibungen von Leihs aber die Tendenz zur Harmonisierung des Verhältnisses der eigenen Ansprüche und der Anforderungen von Kunden auf, eine Harmonisierung, die auf dem festen Glauben beruht, dass das, was man selber mit Leidenschaft macht, ›irgendwie‹ von ›irgendjemand‹ schon honoriert werden wird: »Ich denk mir, ein Erfolgsrezept ist: Das was man macht, muss man mit Leidenschaft machen. Vielleicht auch zum Teil ohne Rücksicht. Man muss einfach seinen Weg gehen. Ne, und wenn man den geht, dann wird man auch sehen, dass man auch davon was erntet – wenn es gut ist. Muss natürlich auch irgendwo gut sein.« (KuD2: 424 ff.)

Obwohl Leihs nicht nur selbstgenügsam vor sich hin basteln kann, sondern ihre Tätigkeit faktisch immer auf einen Markt bezogen ist, sieht sie es als Ideal an, den eigenen Leidenschaften zu folgen, und geht davon aus, dass eine ausreichende Anzahl an Kunden die dabei entstehenden Produkte schon wertschätzen werde. Schlussendlich bleibt in der Formulierung von Leihs aber offen, wer beurteilt, ob eine eigene, mit Leidenschaft verfolgte Sache tatsächlich ›gut‹ ist. Das von Leihs insgesamt gehegte Bild des ›selbstgenügsamen Bastlers‹ verdeckt tendenziell die Tatsache, dass unternehmerisches Handeln immer soziales Handeln ist, also auf die Interessen anderer bezogen seien muss (vgl. 2.2.4).

5.2.3.2 Projektemacherei: Basteln an Anerkennung

Die umfassende Identifikation von Leihs mit ihrer Unternehmung sowie die damit einhergehende Invisibilisierung der Marktbezogenheit ihres Handelns stellt allerdings im Sample eine Ausnahme dar. In den meisten Erzählungen wird deutlich markiert, dass bastelnd-unternehmerisch nach etwas gesucht wird, das soziale Akzeptanz erfährt und gewinnbringend am Markt verwirklichbar ist:

Fallbeispiel 15: Basteln an sozialer und marktvermittelter Anerkennung

Sehr deutlich zeigt sich die Orientierung an den typischen Interessen anderer in den Projekten von Christian Barthel (35). Denn seine Idee zur Produktion eines Gutscheinbuches, das neben gastronomischen Stätten auch Kunst und Kultur einer Stadt präsentiert, rekombiniert bastlerisch mehrere zufällig zuhandene Dinge, antizipiert dabei allerdings von Anfang an auch relevante Interessen anderer: Barthel ›stößt‹ seiner Erzählung nach zufällig auf ein ›klassisches‹ Gutscheinbuch und findet die darin zu erkennende Interessenverknüpfung einleuchtend: »[...] die Idee ist an sich ja fantastisch. Weil der Käufer des Buches hat was davon, der Gastronom hat was davon, wenn man da noch Geld verdient mit, ist es ja quasi eine Win-win-win-Situation, alle freuen sich, toll.« (KuM1: 127) Gleichzeitig erscheint ihm die konkrete Realisierung dieser Idee in Bezug auf sich selbst bzw. sein soziales Umfeld unpassend: »Ich hab mich einfach gefragt, warum sind die Dinger so hässlich? Also warum müssen die so bescheuert aussehen, und warum ist da dreißig Mal essen gehen drin. Weil, wer geht im Jahr dreißig Mal essen? Und hab dann gedacht, wenn man das jetzt so adaptieren würde, auf mich selber oder auf Freunde, was machen die im ganzen Jahr? Die gehen ins Kino, die gehen ins Theater, die gehen was essen oder trinken, gehen mal schwimmen, was weiß ich. Und man sucht halt die schönsten Orte einer Stadt heraus, dann müsste das doch auch funktionieren.« (KuM1: 131) Ganz offensichtlich wird hier von Beginn an unternehmerisch mit den typischen Interessen anderer ›gerechnet‹. Das eigene Interesse Barthels kommt dabei nicht nur insofern ins Spiel, als der eigenen Konsumvorstellung folgend ein Produkt entwickelt wird, das ihm (und seinen Freunden) gefällt, sondern auch insofern er ein weiteres Interesse, das in seinem engsten, künstlerisch orientierten Freundeskreis gehegt wurde,

bastelnd mit dem Prinzip eines Gutscheinbuches kombiniert: »Wir haben immer überlegt, wie man auch Kunst von Leuten eigentlich mal in die Öffentlichkeit bringen kann.«
(KuM1: 169) So entsteht die Idee, das Gutscheinbuch mit den Arbeiten lokaler Künstler
zu illustrieren, denn »plötzlich gab es so ein Medium, was von der Idee gut ist. Und dann
haben wir gedacht, so, jeder Teilnehmer hat eine Seite, wenn wir dann einfach noch mal
eine Seite dazupacken, das wird dann auch nicht mehr die Welt kosten. Und das Ganze
wird plötzlich schöner, es wird angenehmer, wenn ich es mir ankucke. […] Und wir tun
den Künstlern was Gutes, wir tun dem Käufer was Gutes, wir tun uns was Gutes, eigentlich schon wieder alles schön.« (ebd.) Obwohl Barthel immer wieder zum Ausdruck
bringt, dass er zufällig und ›unschuldig‹ »wie die Jungfrau zum Kinde« (ebd.) zu diesem
Projekt gekommen ist, basiert dieser Zufall auf der rationalen Koordinierung antizipier-
ter fremder sowie eigener Interessen. Die Betonung des Zufälligen verweist vermutlich
vornehmlich darauf, dass Barthel vom Umfang des Erfolges und damit von der Treff-
sicherheit seiner Antizipation der Interessen bestimmter sozialer Gruppen überrascht ist.
So erweist sich die Konzeption seines Gutscheinbuches im Nachhinein als »wahrer
Goldgriff« (KuM1: 145), da es sich offenbar ausreichend von einer (von ihm erst später
entdeckten) überraschend großen Konkurrenz unterscheidet. Damit wird auch deutlich,
dass das unternehmerische Handeln Barthels, obwohl es von Anfang an auf soziale Anerkennung und wirtschaftlichen Erfolg ausgerichtet ist, Züge dilettantischen Bastelns
trägt: Ebenso wie er keine Marktanalyse vornimmt, bevor er sein Projekt startet, steht es
anfangs für ihn in einer Reihe anderer Projekte, die er einfach ›aus Spaß‹ neben seinem
Studium gemacht hat. Er »hatte eigentlich auch die Hoffnung, dass ich nach dem ersten
Buch dann mein Studium einfach weitermachen kann« (KuM1: 187). Der überraschend
deutlich eintretende soziale und wirtschaftliche Erfolg eröffnete ihm so einerseits die
»tolle Gelegenheit, plötzlich zu sagen, okay, wenn das funktioniert, dann hab ich jetzt
einfach meinen Job« (KuM1: 187). Obwohl er damit andererseits aber auch daran gebunden war, »das einfach wirklich ernst zu nehmen« (KuM1: 189), führt die Entscheidung für eine ›ernsthafte‹ Fortführung des Projektes nicht dazu, dass Barthel sein Produkt lediglich etabliert und rationalisiert, wie dies etwa im Sinne der Herzblut-Unternehmer wäre. Vielmehr bastelt er stets an neuen Ideen, ebenso wie er offensichtlich auch
nicht nur wirtschaftlichen Interessen in Bezug auf das Gutscheinbuch folgt. So ist etwa
das Experimentieren Barthels mit einer CD, die einem seiner Bücher beilag, um auch
Musik aus einer Stadt präsentieren zu können, vornehmlich dem eigenen Spaß an der
Realisation einer CD geschuldet und wird aus ökonomischer Perspektive als irrationales
Handeln gedeutet: »Ich bin auch ein bisschen bescheuert, also allein die CD hat glaub
viertausend Euro gekostet. Und du verdienst dadurch ja kein Pfennig Geld mehr oder
so.« (KuM1: 265)

Im Rahmen eines stetigen Abwägens ›betriebswirtschaftlicher‹ und auf Selbstexpression beruhender Motive bleibt auch offen, ob die nach der Einschätzung Barthels eigentlich viel zu schnell erfolgte Expansion des Unternehmens vollzogen wurde, weil er
Freude an der sozialen Anerkennung, am ›Ruhm‹ an sich findet oder weil ihm diese Anerkennung langfristig in Gewinne umwandelbar erscheint: »Also, aus wirtschaftlicher
Sicht hätten wir eigentlich viel langsamer wachsen müssen und hätten mehr davon gehabt. Weniger Arbeit, mehr Geld, aber dafür dann weniger Ruhm, ne? […] Aber es ist ja
schon auch ein Image, also ich versuch da ja schon, eine Marke aufzubauen, die irgend-

> wann funktioniert. [...] Das wirkt utopisch, aber dass viele Leute einfach den Namen Luudim kennen, und irgendwas positiv damit verbinden.« (KuM1: 768 ff.) Ob hier der ›Ruhm‹ als ›Image‹ legitimiert oder das ›Image‹ durch ›Ruhm‹ geadelt wird, ist kaum zu bestimmen. Erkennbar wird jedenfalls, dass neben dem wirtschaftlichen Erfolg auch soziale Anerkennung an sich eine (wenn auch untergeordnete) Rolle spielt.

Deutlich wird damit, dass der bastelnde Unternehmer als dilettantischer Bastler noch nicht ausreichend bestimmt ist. Da die bastelnden Unternehmer auch immer an der sozialen Akzeptanz ihrer Projekte sowie an der Erwirtschaftung von Gewinnen auf der Basis dieser Anerkennung arbeiten, vermischen sich Ansprüche auf ›Selbstverwirklichung‹ mit auf soziale Anerkennung und vor allem auf Erwirtschaftung von Gewinnen ausgerichteten Motiven. Wenngleich es schwierig ist, die Gewichtung dieser Anteile im Einzelnen herauszuarbeiten, so ist es den bastelnden Unternehmern jedenfalls erkennbar wichtig, sich auch im Erfolgsfall nicht als rationalistisch-rechnende ›professionelle‹ Unternehmer darzustellen, sondern das Experimentelle, Dilettantische, ja teils auch völlig Irrationale ihrer Handlungen demonstrativ herauszustellen. So gibt sich Barthel trotz aller Rationalität, die im Rahmen der Entwicklung seines Gutscheinbuchs erkennbar wurde, betont impulsiv und spontan: »Also genau wie ich auf die Idee mit dem Buch von jetzt auf gleich in fünf Minuten gekommen bin, kann mir das auch nächste Woche wieder passieren, dass irgendwas kommt, wo ich sag, ach du Scheiße, wie geil, das muss ich machen.« (KuM1: 683) Trotz aller Gewinninteressen und rationaler Abwägungen bleibt das unmittelbar unternehmerische Handeln also hoch emotional motiviert. Barthel ist genau in diesem Sinne auch stolz, mit seiner Firma einen Arbeitsrahmen für Leute geschaffen zu haben, die sich ebenso wie er in eigenen Projekten ausprobieren wollen, und findet Gefallen an einer irrationalen Darstellung dieser Denkweise: »Und schön ist, dass da viele Verrückte um mich herum sind, die genauso denken. Die auch so einen totalen Hau-Mich haben.« (KuM1: 685) Obwohl der Versuch, eigene Ideen umzusetzen, viel Arbeit und Disziplin erfordere, »man sich da schon selber in'n Arsch treten muss, wenn man etwas will« (KuM1: 689), ist dies für ihn keinesfalls gleichbedeutend damit, rational zu planen: Man solle vielmehr »möglichst naiv an solche Sachen rangehen und es einfach versuchen« (ebd.). Zweckrationale Planung – wie sie in Form von Marktanalysen oder der Erstellung sogenannter Businesspläne zum Methodenreservoir des professionellen Unternehmers gehört – wird damit abgelehnt und durch eine eher intuitive Vorgehensweise ersetzt.

Damit ist es naheliegend, die bastelnden Unternehmer vor dem Hintergrund der historischen Figur des Projektemachers zu beschreiben, die Stanitzek (2004) skizziert.[63] Der Projektemacher ist eine Figur, die in der frühen Moderne (im 16. und 17. Jahrhundert) »in den Turbulenzen des westeuropäischen Übergangs von der ständischen zur funktional differenzierten Gesellschaft« (ebd.: 29) auftaucht, und eine Zeit lang ebenso endemisch auftritt, wie sie als beunruhigende Gestalt »mit einem dichten Netz an Negativzuschreibungen überzogen« (ebd.: 31) wird. Wie der Projektemacher mit seinen visionären, aber dilettantisch entworfenen Plänen im Zwischenraum zwischen dem Amateur bleibenden Hobby-Bastler und der Figur des professionellen Entwicklers und Entdeckers (des Ingenieurs oder Gelehrten) agiert, so agiert auch der bastelnde Unternehmer immer im Grenzfeld zwischen professionellem Unternehmer und Hobby-Bastler:

> »Der Projektmacher kann einerseits nicht als Ingenieur oder Gelehrter, als seriöser Betreiber seriöser Geschäfte gesehen werden, denn er improvisiert notwendigerweise, und deshalb besteht Grund, seine Solidität zu bezweifeln. Ebensowenig lässt sich ihm andererseits nachsagen, daß er einer privaten Phantastik nachhinge. Denn obwohl er bastelt, ist er nicht auf den Bastler reduzierbar. Er agiert auf soziale Gelegenheiten hin, anstatt blindlings auf dem von seinen idiosynkratischen Vorlieben definierten Feld mit den dort verfügbaren Optionen zu spielen. So sehr seine ›Methodik‹ die des Bastlers bleibt, so wenig teilt er die Selbstgenügsamkeit der Beziehung des bastelnden Individuums auf sein Material und die von diesem nahegelegten Anschlüsse. Der Projektmacher tritt aus dieser leerlaufenden Selbstbezüglichkeit heraus und mit seinen Plänen auf den Plan [...]. Er bastelt auch immer an der sozialen Akzeptanz seiner Bastelei.« (ebd.: 46)

Dass die Position des Projektemachers prekär bleibt, sein Auftreten bekämpft wurde, liegt u. a. darin begründet, dass er die künstliche Biopolarität der Unterscheidung zwischen Hobbybastler und professionellem Entdecker deutlich macht, auf der Identität und soziale Rolle sowohl des professionellen Entdeckers als auch des Bastlers beruhen.[64] Der professionelle Entdecker bedarf des dilet-

---

[63] Stanitzek spricht vom *Projektmacher*. Insofern die bastelnden Unternehmer meist vielzählige Projekte verfolgen, erscheint Projektemacher passender (vgl. Krajewski 2004a: 8).

[64] Wie Lévi-Strauss (1973) bemerkt, ist der Unterschied zwischen diesen Figuren »nicht so absolut, wie man ihn sich vorzustellen versucht wäre« (ebd.: 33). Vielmehr ist eine systematische Invisibilisierung bastelnd herausgeforderter Zufälle im Rahmen der professionellen Entwicklung von Neuerungen erkennbar: So sucht der Ingenieur oder Wissenschaftler durch die Zurschaustellung routinierter Materialbeherrschung, die Hervorhebung rational-kontrollierbarer Methoden und eine ex post konstruierte logisch-systematische Darstellung des Entdeckungszusammenhangs zu verbergen, wie sehr auch seine Arbeitsweise darauf beruht, mögliche Lösungswege aus einem unüberschaubaren Konglomerat von Wissensbeständen und Techniken experimentell zu erschließen. Der professionelle Entdecker kann den Zufall der Entdeckung schlussendlich nur zielgerichtet herausfordern (vgl. Lévi-Strauss 1973: 45). Die Rolle des Zufalls im Rahmen von Entdeckungen wird meist erst mit zeitlichem Abstand im Rahmen von *Entdeckungsmythen* thematisiert, wobei er hier wiederum als *reiner*

tantischen Bastlers als Gegenbild, wie sich der Bastler umgekehrt zur Konturierung seiner Figur von der peniblen und konservativen Methodik, dem beschränkten Blick und der ›kalten‹ Logik des Professionellen absetzt. Der Projektemacher irritiert diese Ordnung, indem er sich weder darauf beschränkt, Amateur zu bleiben, noch sich als Dilettant aus Prinzip jemals die Arbeitsweise des Professionellen aneignet (und dessen Spezialisierung und Festlegung folgt). Ein Irritationspotential, das auch die bastelnden Unternehmer aufweisen: Auch sie beschränken sich nicht darauf, ›privat‹ zu basteln, eben nur ein ›Hobby-Horse‹ zu reiten. Sie besitzen vielmehr die ›Impertinenz‹, ihr Steckenpferd in die öffentliche Arena des Marktes zu führen – ohne gleichzeitig Anstalten zu machen, die penible Methodik der professionellen Unternehmer zu übernehmen (etwa Marktanalysen vorzunehmen oder Businesspläne zu schreiben) oder sich wie die Herzblut-Unternehmer zumindest auf ein Projekt zu beschränken und an seiner Rationalisierung zu arbeiten. Trotz einzelner Differenzen[65] zum historischen Vorbild scheint die instabile Figur des Projektemachers damit die Orientierungsweise der bastelnden Unternehmer am besten zu beschreiben.

Gerade die (teils auch explizit zur Schau gestellte) naiv-dilettantische und bastelnd-experimentelle Haltung der bastelnden Unternehmer sowie der Verweis auf irrationale, kreativ-expressive Elemente, die weiterhin leitend für das unternehmerische Handeln sein sollen, ist jedoch nur auf der Basis ausreichender ›wirtschaftlicher‹ Anerkennung tragfähig. Der individualistisch-romantische Gestus, ›einfach naiv und voller Leidenschaft sein eigenes Ding zu machen‹, ist zumindest im Rahmen *eines* Projektes kaum aufrechtzuerhalten, sofern es nicht gelingt, im Verfolg der eigenen Idiosynkrasien auch ein ausreichendes Einkommen zu erwirtschaften. Wie an der Erzählung von Barbara Abel erkennbar wird, ermöglicht aber gerade die Projektstruktur der Unternehmungen das projektbezogene Scheitern dieses Anspruches, ohne dass die generelle Orientierung, mit etwas ›ganz Eigenem‹ zu reüssieren, Schaden nimmt. Denn was im Einzelfall nicht geklappt hat, mag ja unter Ausschöpfung anderer ›eigener‹ Potentiale und Wünsche in zukünftigen Projekten durchaus erfolgreich sein:

Fallbeispiel 16: Probleme der Verknüpfung eigener und fremder Interessen

Barbara Abels (30), alleinerziehende Mutter eines Kindes, ist als bastelnde Unternehmerin bzw. als Projektemacherin einzuordnen, da sie trotz eines einschlägigen Kommuni-

---

Zufall Thema wird – man denke an die überlaufende Badewanne des Archimedes oder die angeblich vergessene Bakterienkultur, in der Fleming einen Penicillin produzierenden Schimmelpilz entdeckte.
[65] So wartet der bastelnde Unternehmer im kulturwirtschaftlichen Sektor beispielsweise nicht »antichambrierend im Vorzimmer der großen Geldgeber, um Kapital für seine Ideen einzuwerben« (Krajewski 2004b: 175). Er macht sich vielmehr selbst an die Umsetzung seiner (meist nicht besonders kapitalintensiven) Pläne, um die soziale Akzeptanz seiner Produkte zu testen.

kationsdesign-Studiums keine berufsförmige Identität entwickelt, sondern bastelnd an vielfältigen Projekten arbeitet. Das Studium deutet sie dementsprechend weniger als einen Weg zur fachlichen Spezialisierung denn als Möglichkeit, »eine Handschrift zu entwickeln, sich auszuprobieren« (ebd.). Abels eignet sich im Studium eine Arbeitsweise an, die sich nur im Rahmen einer Projektkarriere fortsetzen lässt: Denn sie lernt hier, Gestaltungskonzepte auf der Basis eigener Leidenschaften zu entwickeln und projektförmig umzusetzen – eine Arbeitsweise, die sich kaum in die ›normale‹ Arbeitswelt transferieren lässt: »Die Leute sind halt aus dem Studium gewöhnt, dass sie stundenlang Konzepte entwickeln können. Dass sie wochenlang Bilder auswählen. Ich hab mal in einer Werbeagentur gearbeitet. [...] Da hast du irgendwie keine Tage, um Bilder auszuwählen, da suchst du irgendwie ein paar Bilder, eine Stunde, und dann wird aussortiert und dann ist fertig. Und an der Uni ist das irgendwie, ja, und ich hab das und das gemeint, und die Intention meiner Arbeit ... Das interessiert kein Schwein.« (KuD1: 46) Demgegenüber sieht Abels im Rahmen ihres Hobbys, Kleidung zu entwerfen und zu nähen, die Möglichkeit, der gewohnten Arbeitsweise zu folgen: »Ich hab halt immer mehr genäht, und hab dann halt auch Läden gefragt und gesehen, das kannst du ja verkaufen. Und ich hab ganz klassisch Gestaltungskonzepte gemacht, wie ich das vom Studium her gewohnt war.« (KuD1: 36)

Sie macht sich folglich selbständig, um im Rahmen einer Selbständigkeit ihren Ideen auf gewohnte Weise nachgehen zu können. Seit ihrem Schritt in die Selbständigkeit ist es ihr jedoch kaum gelungen, ein ausreichendes Einkommen durch die Verwirklichung ihrer ›eigenen‹ Vorstellungen zu erzielen. Dies führte dazu, dass sie sich sukzessive von eigenen Vorstellungen abgewendet hat und nun versucht, Kleidung zu produzieren, die dem ›Massengeschmack‹ besser entspricht: »Ich hab viel Unikate gemacht am Anfang, und da bin ich jetzt von weg und produziere immer mehrere Größen und werde ein bisschen mainstreamiger. Weil ich zwar total Bock hab, außergewöhnliche Sachen zu machen, aber es kauft ja keiner.« (KuD1: 137 ff.) Damit, dass sie sich zusehends von ihren ›eigenen‹ Vorstellungen entfernt, tritt jedoch ein Problem in den Vordergrund, das in anderen Interviews kaum thematisiert wird: Die im Rahmen ihrer Tätigkeit notwendige Selbstdarstellung und die Präsentation ihrer Arbeiten läuft ihrem Empfinden nach Gefahr, zu einer ›unauthentischen‹ Selbstinszenierung zu werden: »Du musst dich die ganze Zeit darstellen, du musst total aufpassen, wie du dich darstellst. [...] Das ist total anstrengend, auf Dauer. Und du möchtest ja auch, also ich möchte auch authentisch bleiben.« (KuD1: 319 ff.) Offensichtlich geht die Selbstdarstellung an die Grenze dessen, was Abels vor dem Hintergrund eines Anspruchs auf ›Authentizität‹ zu leisten bereit ist. Es ist anzunehmen, dass eine ›authentische‹ Selbstdarstellung dadurch zum Problem wird, dass eigene Ansprüche zugunsten einer Marktorientierung zurückgestellt werden und die Identifikation mit den Produkten brüchig wird.

Trotz leidenschaftlichen Einsatzes und einer zunehmenden Orientierung an einer antizipierten Nachfrage gelingt es Abels nicht, ein ausreichendes Einkommen zu erwirtschaften. Zum Zeitpunkt des Interviews hat sich Abels vielmehr erst von einer langwierigen Erkrankung erholt, die ihres Erachtens auf Überarbeitung zurückzuführen ist. »Leidenschaft« und »Manie« (KuD1: 213) hätten sie dazu getrieben, deutliche Erschöpfungssymptome zu übersehen. Vor diesem Hintergrund versucht Abels, ihre Leidenschaft zu ›bremsen‹ und eine rein pragmatische Entscheidung über die Fortführung ihres

›Projektes‹ zu treffen. »Also ich kann mir gut vorstellen, dass es einen Punkt gibt, wo ich sag, ich mach Selbständigkeit nicht mehr hauptberuflich. Dass ich allein der Notwendigkeit heraus, irgendwie meine Existenz zu sichern, sag, ich mach jetzt einen Job. [...] Aber ich kann mir nicht vorstellen, mit den anderen Sachen ganz aufzuhören.« (KuD1: 525) Obwohl ihr gegenwärtiges Projekt also zu scheitern droht, bleibt für sie das Basteln an eigenen Projekten eine existentielle Notwendigkeit. Sie hält demgemäß auch an der Zielvorstellung fest, »dass ich damit mal richtig viel Geld verdiene. Und zwar genau mit dem, was ich machen möchte. Ne, und wenn es jetzt nicht die Mode ist, dann ist es irgendwas anderes in dem Bereich, Musik oder vielleicht sogar mal Kunst? Wer weiß, ich wollte ja früher mal Künstlerin werden.« (KuD1: 217) Dass der Erfolg mit einem eigenen Projekt bisher ausbleibt, führt also nicht zu einer völligen Abwendung vom Ziel, mit etwas ›ganz Eigenem‹ Geld zu verdienen, sondern vielmehr zu einer Verschiebung dieses Ziels in eine offene Zukunft. Abels sieht dabei immerhin noch den Trost, mit ihren eigenen Projekten trotz des wirtschaftlichen Scheiterns »eine Spur zu hinterlassen« (KuD1: 341), also etwas geschaffen zu haben, was andere wahrnehmen und wertschätzen. Es bleibt für Abel bislang aber auch im negativen Sinn »der größte Lohn, wenn ich irgendwie ein Mädel durch die Stadt laufen sehe, die was von mir anhat. Oder wenn jemand in den Laden kommt und sagt, genau das hab ich immer gesucht, juchhu.« (KuD1: 333)

Anhand der Erzählung Abels wird in ein bestimmtes Kennzeichen des Denkens in Projekten als »zeitlimitierte Ordnungen« (Luhmann 1990: 338) erkennbar, das die bastelnden Unternehmer von den Herzblut-Unternehmern unterscheidet: nämlich dass ein Projekt im Falle seines Scheiterns abgebrochen werden kann, ohne die ganze ›Karriere‹ als Projektemacher beenden zu müssen (vgl. Lehmann 2004: 54). Projekte setzen nicht nur einen »Beobachter voraus, der sie überdauert und Anfang und Ende beobachten kann« (ebd.: 337), die Deutung einer Unternehmung als Projekt schützt den ›Beobachter‹ (den Unternehmer) vielmehr auch davor, zu großen Schaden durch das Scheitern eines Projektes zu erfahren. Die Annahme der bastelnden Unternehmer, man könne sich ja noch in vielen weiteren Projekten versuchen, da man ›in sich‹ viele Potentiale trage, nimmt dem Scheitern des Projektes die Absolutheit. Ganz in diesem Sinne ist es Abels wichtig, den Impuls, sich immer wieder naiv-dilettantisch an der Verwirklichung eigener Projekte zu versuchen, zu erhalten. Erkennbar wird dies anhand ihrer Erläuterung eines auf ihrer Internetseite wiedergegebenen ›Mottos‹:

»»Es ist nie zu spät, eine glückliche Kindheit zu haben‹ heißt es, es ist nie zu spät, um dieses Feuer zu leben, was du als Kind hast. Du gehst da so unbedarft in Sachen rein. Das ist völlig okay, wenn man manchmal naiv ist, und unbedacht. Das fehlt vielen. Die sind sehr konstruiert. Und dieses Glück, was du verspürt hast, das hast du ja auch verspürt, weil du auf die Sachen zugegangen bist, total offen warst und Begeisterung gezeigt hast. Und das darf man nicht verlieren.« (KuD1: 517)

Für den Projektemacher bedeutet dies: Es ist auch nie zu spät, aus ›authentischer Leidenschaft‹ naiv-unbedarft, dilettantisch-bastelnd ein neues Projekt zu starten.

5.2.3.3 Persistenz unternehmerischer Motive

Man könnte annehmen, dass der bastlerische Habitus und die damit verbundene etwas dilettantisch und ›irrational‹ bleibende, neuerungsorientierte Arbeitsweise ein vorübergehendes Phänomen darstellt. Es liegt nahe, die geschäftliche Ernsthaftigkeit der Unternehmungen der bastelnden Unternehmer zu bezweifeln und anzunehmen, dass diese mit zunehmendem Alter schon noch ›zur Vernunft‹ kommen werden und sich der effektiven Bewirtschaftung etablierter Produkte zuwenden, anstatt sich immer wieder an neuen Projekten zu versuchen. Und tatsächlich könnte der zum Ausdruck gebrachte Wunsch, sich ein bisschen (kindliche) Naivität zu bewahren, wie auch die Betonung des Irrationalen und Dilettantischen als Hinweis verstanden werden, dass die bastelnden Unternehmer einer jugendlichen Denkweise (vgl. Hitzler 2006) folgen – also (ex negativo bestimmt) keineswegs mehr kindlich sind, gleichwohl aber nicht völlig ›erwachsen‹ bzw. ›vernünftig‹ sein wollen: Das Handeln der bastelnden Unternehmer steht »in einem komplizierten Zusammenhang von ›eigenen‹, nicht etwa von individuellen, sondern einfach von nicht-erwachsenen-typischen Werthaltungen« (Hitzler 2006: 89). Ganz im Sinne der Diagnose, dass sich eine solche Mentalität von der Bindung an eine Lebensphase löst, ist jedoch keineswegs erkennbar, dass sich die bastelnden Unternehmer mit zunehmendem Alter von dieser Denkweise abwenden. Zudem ist sie im unternehmerischen bzw. projektemacherischen Kontext auch kaum als »Geisteshaltung dezidierter Selbstentpflichtung« (ebd.) zu begreifen. Vielmehr zeichnet sich ab, dass Dynamik und Erfolg des unternehmerischen Handelns davon leben, dass die bastelnden Unternehmer in Teilen eine vom ›ernsten Erwachsenentum‹ abweichende bastelnd-dilettantische, emotionale und naiv-visionäre Mentalität bewahren, gleichzeitig aber den Anspruch an sich stellen, ihre Projekte mit geschäftlicher Ernsthaftigkeit zu verfolgen. Der möglicherweise entstehende Eindruck, dass die Haltung der bastelnden Unternehmer juvenilem Leichtsinn entspringt, ist demgemäß weniger angesichts des Lebensalters einiger Unternehmer unangemessen. Er ist vielmehr angesichts der engen Verknüpfung des bastlerischen, ›verrückten‹, freimütigen Habitus, immer wieder ›naiv‹ ein neues Projekt ausprobieren, mit geschäftlicher Ernsthaftigkeit unzutreffend.

Gerade die Protagonisten der Firma Partytravel lassen erkennen, dass auch im Rahmen eines langjährigen unternehmerischen Engagements eine bastelnde, emotionale und neuerungsorientierte Haltung bewahrt werden kann, und dass sich solche Motive mit einer begrenzten Rationalisierung des Unternehmens verbinden lassen. Zwar tendieren die Protagonisten der Firma dazu, eine Veränderung der Arbeitsweise hin zu mehr Professionalität, Seriosität und Rationalität im Rahmen ihrer Firmengeschichte herauszuarbeiten, sie legen jedoch gleichwohl Wert darauf, sich eine gewisse ›irrationale‹ Begeisterung für die Schöpfung neuer Events bewahrt zu haben. Sie agieren demgemäß weiterhin projektemacherisch zwischen dilettantischem Bastlertum und seriösem Unternehmertum:

Fallbeispiel 17: Dr. Jekyll und Mr. Hyde – Persistenz der Projektemacherei

Timo Klinger (44) und Benno Sahlmann (37) betreiben seit etwa 15 Jahren gemeinsam das Unternehmen Partytravel. Für Sahlmann beginnt seine Karriere damit, dass er zu Schulzeiten als Cocktailbarmann im ›Nightpower‹ zu arbeiten beginnt, einem als Diskothek gestalteten Zirkuszelt. Er begeistert sich für die aufkommende Techno-Kultur, baut sich erste Kontakte zu Szenepersönlichkeiten auf und verwirklicht schon bald ›bastlerisch‹ eine eigene unternehmerische Idee: Er ›importiert‹ die Idee einer ›Afterhour-Party‹[66] aus Spanien. Die Erfahrung damit, »sehr viel Geld« (ebd.) zu verdienen und gleichzeitig mit Freunden und Bekannten aus der Szene ›Spaß‹ haben zu können, trägt dazu bei, dass er sein Engagement auch parallel zu seinem betriebswirtschaftlichen Studium verfolgt und sich nach Abschluss des Studiums mit Klinger selbständig macht.

Klinger berichtet demgegenüber nicht von einem ›Aufwachsen‹ in der Szene, sondern von einem ›Konversionserlebnis‹. Er ist nach einer Ausbildung zum Außenhandelskaufmann zunächst für ein großes Chemieunternehmen tätig, bevor er über eine Freundin das ›Nightpower‹ kennenlernt. Mit dem Kennenlernen der Szene bzw. der Arbeit in dieser tut sich für ihn eine neue ›Welt‹ auf. Es findet ein tief greifender »Wechsel im Werteverständnis« (KuE3a: 15) statt, insofern er Alternativen zur Arbeit in der »Tretmühle« (ebd.) eines Großunternehmens entdeckt: Die Arbeit in der Szene ist in einen gemeinschaftlichen Sinnkontext eingebunden, nämlich die »Family, die sich um Nightpower gruppierte« (ebd.), sowie in die »Kulturform« (KuE3a: 19) der Techno-Szene insgesamt, in der er sich »von Anfang an relativ gut aufgehoben« (ebd.) fühlt. Außerdem muss er »nicht in so einem abgesteckten Rahmen« (KuE3a: 34) wie beim Verkauf von Chemikalien arbeiten, sondern hat »extremen Spielraum« (KuE3a: 27), um »eine Inszenierung zu machen« (ebd.). Emotionale Motive sind schlussendlich ausschlaggebend dafür, dass Klinger seine Arbeit in der Chemiebranche aufgibt, und ein Unternehmen in der Techno-Szene gründet: Er erlebt es als befriedigend, »diesen Prozess zu erleben, von der Idee bis schlussendlich dann, Türen auf, Leute rein. Und wenn dann da unten irgendwo da eine Masse von, von dreitausend oder viertausend Leuten drin ist, das kickt. Und das ist dann auch irgendwo, ja, was heißt eine Sucht, aber es macht einfach Spaß.« (ebd.)

Nach der Gründung der gemeinsamen eigenen Firma organisieren Klinger und Sahlmann zunächst lokale Veranstaltungsreihen, ein Tätigkeitsfeld, das jedoch zusehends durch bastelnd entwickelte Innovationen verlagert wird: So entwickelt sich aus den pro-

---

[66] Eine Afterhour beginnt nach den eigentlichen Tanzveranstaltungen in den frühen Morgenstunden und ist auf das gesellige ›Ausklingenlassen‹ des Wochenendes angelegt.

duzierten Handzetteln (›Flyer‹) für die eigenen Veranstaltungen der erste Party-Guide der Szene. Dilettierend – ohne das entsprechende Know-how – und bastlerisch – aus dem, was sowieso gerade da ist – wird so ein Magazin kreiert, das zu einem zeitweise sehr erfolgreichen Unternehmensprojekt avanciert. Ähnlich ungeplant erfolgt auch die Weiterentwicklung der eigenen Events. So entsteht die fortan prägende Idee, Techno-Events mit Reisen zu kombinieren, schlicht aus der privat mit Freunden entwickelten Vorstellung, »mal am Wochenende keine Party zu machen, sondern mal rauszufahren, ein bisschen Skifahren zu gehen und abends auszugehen [...]. Das kam bei allen, die dabei waren, gut an. Und wir hatten halt auch Spaß und dann haben wir das natürlich dann gleich noch mal gemacht.« (KuE4a: 7) Was zunächst »als Privatveranstaltung für uns gedacht« war, entwickelt sich zum größten und kommerziell erfolgreichsten Event der Firma, als den Protagonisten der Firma sukzessive das Potential dieser Event-Reise bewusst wird.

Die Entwicklung vielfältiger weiterer Produkte erfolgt im Rahmen der Firma in einem ähnlich informellen Rahmen. Da Arbeit und Privatleben sowieso nicht voneinander abgegrenzt werden, man »das Partytravel-Thema [...] auch nach Feierabend weiter« (KuE3a: 62) lebt, entstehen neue Ideen beim geselligen Zusammensein mit Gleichgesinnten und werden aus Spaß an der Sache umgesetzt. »Also das ist zunächst wirklich irgendwo ein Spinnen, und dann denkste kurz drüber nach, und überlegst dir richtig, kann man es realisieren? Und wenn's nicht allzu spinnert ist und zu abwegig, dann haben wir es in der Regel gemacht.« (KuE3a: 64) Wenn sich nach einem ersten ›Testlauf‹ der Erfolg eines solchen neu entwickelten Produktes abzeichnet, wird im Weiteren zielstrebig an seiner Vermarktung gearbeitet, wobei zusehends eben auch die Interessen Dritter (z. B. von Sponsoren) in die Projekte integriert werden (vgl. dazu auch Euteneuer/Niederbacher/Ritterskamp 2009, Euteneuer/Niederbacher 2007a).

Obwohl die Firma durch das Scheitern eines sehr risikoreichen Großevents beinahe insolvent geworden wäre und obwohl die Arbeit professioneller und rationaler geworden ist, markieren beide Protagonisten der Firma deutlich, dass die Entwicklung und Umsetzung von immer neuen Produktideen für sie bis heute reizvoll geblieben ist: »Wenn die Zeiten besser sind, oder in dem Moment, wo sie besser wurden, verfolgst du natürlich auch wieder Visionen. [...] Sicherlich wehrt man sich dann anfangs und sagt immer, ich will jetzt so bleiben, aber da musste schon ganz schön langweilig drauf sein.« (KuE3a: 69) Auch in der Außendarstellung ist es beiden offensichtlich wichtig, einen zwar seriös-geschäftsmännischen Eindruck zu vermitteln, andererseits aber eigene ›Exotik‹ nicht zu verstecken: So resümiert Klinger, dass sie inzwischen mehr Aufmerksamkeit auf ein seriöses Auftreten richten, sich damit ihr Image aber nur von »chaotischen Exoten vielleicht eher so in Richtung organisierte Exoten« (KuE3a: 113) verschoben habe. Denn schlussendlich lebt die Firma weiterhin davon, besondere, aus dem Rahmen fallende Events anzubieten: »Das ist ein bisschen Dr.-Jekyll-und-Mr.-Hyde-mäßig, aber das macht ja auch Spaß. Also wir verstecken uns ja jetzt nicht irgendwo hinter einer Maske, sondern unsere Geschäftspartner erleben uns dann ja auch schon in freier Wildbahn. Die sind dann auch mal bei den Partys dabei und die kriegen schon ganz schnell spitz, dass wir halt jetzt nicht irgendwo so uniform sind.« (KuE3a: 123) Für die Protagonisten der Firma besteht offenbar immer noch ein großer Reiz, sich und ihre Firma als etwas Besonderes, etwas ›Exotisches‹, nicht ›Uniformes‹ zu präsentieren. Gleichwohl bestehen jedoch Bedenken, ob die Arbeit für die Techno-Szene dauerhaft möglich bleibt: So bezweifelt etwa Klinger, dass er auch im Alter noch ›glaubhaft‹ für die Szene sei: »Also darf ich da noch rumspringen, ohne dass die sagen, hör mal, was macht denn der Zivilfahnder hier, oder der Opa?« (KuM3a: 92) Die projektorientierte Orientierung der Unternehmung bietet allerdings die Perspektive, den Unternehmensschwerpunkt zu verlagern und z. B. Reisen für andere Zielgruppen zu organisieren. In diese Richtung zielt der zum Zeitpunkt der Interviews unternommene Versuch, ein Reise-Event für Singles über vierzig zu entwickeln. Eine Arbeit, die beide Unternehmer auch emotional erfüllen würde, denn bei ihnen ist eine ›Treuhänderschaft für expressive Werte‹ zu erkennen, die auf andere Zielgruppen übertragbar ist: »Da kommt man wieder so ein bisschen auf die Werte zu sprechen. Also wenn du hundertfünfzig Leute hast, denen du das Grinsen nicht mehr aus dem Gesicht kriegst, das ist ein bestätigendes Gefühl.« (KuE3a: 85)

Ganz offensichtlich bleibt trotz aller Rationalisierung eine Differenz in den Arbeits- und Denkweisen zwischen den bastlerischen Unternehmern und den Herzblut-Unternehmern bestehen, die sich auch in der Einschätzung durch Regner widerspiegelt: So attestiert er den Protagonisten der Firma Partytravel hohen Enthusiasmus und gute Ideen, sieht aber »immer ein Manko an Organisation, an Perfektion« (KuE2: 320). Aus der Sicht eines Herzblut-Unternehmers haftet dem Handeln der bastelnden Unternehmer also auch etwas bastelnd-dilettantisches im negativen Sinne an. Letztlich muss aber auch Regner einräumen, dass die ›unperfekte‹ Arbeitsweise der bastelnden Unternehmer diesen geschäftlich nicht allzu sehr schadet. Denn trotz der im Sinne von Regner manchmal doch nicht perfekten Organisation wohnt den Events der Firma Partytravel offenbar eine charismatische Anziehungskraft inne, der sich viele Szenegänger nicht entziehen können: »Letztendlich sagen alle, ach, na ja, komm, das ist dann wieder so ein geiles Wochenende, wo irgendwie alles drunter und drüber läuft« (KuE2: 332), und würden immer wieder auf Events der Firma Partytravel kommen. Möglicherweise trägt manche Unperfektion im Sinne Regners gerade zur charismatischen Aufladung der Events der Firma bei, da diese, insofern sie nie ganz ›glatt‹ ablaufen, immer die Ausstrahlung von etwas Verrücktem, Zusammengebasteltem und damit ›Authentischem‹ bewahren.

5.2.3.4   Romantisches Unternehmertum?

Sucht man nach einem romantischen Unternehmertypus, so wird man am ehesten bei den bastelnden Unternehmern fündig. Hier finden sich umfassende Hinweise auf romantische Denkweisen, wenngleich diese im Vergleich zur idealtypischen Charakterisierung (vgl. 4.3.2) – u. a. aufgrund der projektemacherischen Orientierung am Erfolg der eigenen Basteleien – ›pragmatisch‹ begrenzt bleiben:

Ist (1) die *romantische Weltanschauung* bzw. *Erkenntnisweise* durch eine Aufwertung des ›qualitativen Denkens‹, also durch das Besondere, Subjektive, Differente hervorhebende Sichtweisen geprägt, so spiegelt sich dies bei den bastelnden Unternehmern darin wider, dass sie mit Stolz betonen, Produkte zu entwickeln und herzustellen, die etwas Besonderes, Außergewöhnliches, (subjektiv) Neues darstellen. So bemerkt Klinger, dass ihre Firma dafür bekannt sei, »mit exotischen Ideen zu kommen« (KuE3a: 117), und Abels sieht ihre zentrale (bislang aber ›verkannte‹) Fähigkeit darin, dass sie »schon wirklich außergewöhnliche Sachen machen« (KuD1: 477) könne. Selbst Barthel, dessen Gutscheinbuch dem Prinzip nach anderen Gutscheinbüchern ähnelt, betont, (ästhetisch-thematisch) erkennbar etwas Andersartiges kreiert zu haben. Dass die bastelnden Unternehmer nach der Verwirklichung ›besonderer‹ Produkte streben, lässt sich dabei nicht als ausschließlich marktorientierte Strategie werten: Denn der Wunsch, etwas ›ganz Besonderes‹ zu schaffen, kann zu einem Marktvorteil führen, er kann aber auch hinderlich für den Erfolg von Produkten sein (wie bei Abels, deren Kreationen ihrer Deutung nach zu ausgefallen sind). Die Schöpfung besonderer Werke wird auch im letzteren Fall weiterhin als eigener Anspruch erhoben, von dem man nur ungern Abstand nimmt.

Die Suche nach dem Besondern, Differenten ist dementsprechend auch keineswegs rational geleitet. Die bastelnde Entdeckung des Neuen ähnelt vielmehr romantischen Erkenntnisweisen, insofern beim ›Basteln‹ vorhandenes Material, vorhandene Tatbestände aufgegriffen und quasi verfremdend durch eine Veränderung des Blickwinkels zu subjektiv neuen Schöpfungen verbunden oder in neue Kontexte integriert werden. Betrachtet man die Erzählungen, wie Produktideen entstehen, so wird jedenfalls kein rational-diskursives Denken erkennbar, das darauf zielt, eine ›objektiv‹ identifizierbare Marktlücke zu entdecken. Vielmehr berichten die bastelnden Unternehmer vom plötzlichen, eingebungsartigen ›Auftauchen‹ emotional und intuitiv überzeugender Produktideen und somit gewissermaßen von einem als »emotionalen Akt der Schau« (Honigsheim 1956: 26) zu bezeichnenden Erkenntnisprozess. Sie vertreten zudem die Ansicht, dass es der spontanen, emotionalen Begeisterung für die eigene Idee zu folgen gilt, die durchaus ›naiv‹ ausprobiert werden sollte, anstatt sie allzu lange zu reflektieren. Häufig ist dabei die eigene Konsumvorstellung Maßstab der Qualität wie Treiber der Entwicklung und Realisation von neuen Produkten.

Schließlich ist auch eine Betonung des Eigenwerts von Handlungen zu erkennen, ebenso wie es insgesamt darum geht, Optionsräume zu erschließen. Obwohl immer auch gewirtschaftet werden muss, geht es den Unternehmern etwa darum, sich in Bereichen engagieren zu können, in denen man sich »austoben« (KuM3: 90; KuE3a: 31) kann, in denen also ausreichend Spielräume zur Verwirklichung der jeweiligen idiosynkratischen Wertvorstellungen bleiben, um die

Erschließung von Märkten, in denen man »sich sehr gut verwirklichen« (KuE3a: 85) kann. Häufig lassen sich auch Beispiele finden, in denen die bastelnden Unternehmer sich die Verwirklichung eigener Vorstellungen, eigener Ideen schlichtweg ›leisten‹, obwohl damit kein oder kaum Gewinn zu erwirtschaften ist. Auch wenn es manchmal nur in Bezug auf Kleinigkeiten[67] gelingt, Gestaltungs- und Handlungschancen durch ein ›Aufsprengen‹ von Zweckrationalität zu erreichen, ist dieser ›kleine Spaß‹, den man sich gönnt, die gelegentliche ›Verrücktheit‹ offenbar von großer Bedeutung für die Zufriedenheit mit einer in großen Teilen dann doch routiniert ablaufenden Arbeit: »Viele Sachen sind Routine dabei, immer wieder dieselben Abläufe. [...] Und deshalb, da ist das quasi wie so eine eigene Belohnung, dass man immer noch was selber was macht, wo man zumindest eine halbe Stunde am Tag irgendwie Freude entwickelt dran.« (KuM1: 267)

Auch in Bezug auf (2) die *Subjektvorstellung*, die Konzeptionierung der eigenen Person und ihr Verhältnis zur Welt orientieren sich die bastelnden Unternehmer an romantischen Konzepten: Sowohl die Quasi-Naturalisierung der eigenen Interessen und Fähigkeiten (›das hab ich schon immer gemacht‹ bzw. ›schon immer machen wollen‹) als auch Formulierungen wie die von Klinger, dass einem die Fähigkeit zur Schöpfung von Events »schon irgendwie so im Blut liegt« (KuE3a: 209), verweisen auf die Konstruktion eines ›inneren‹, zum Ausdruck drängenden Potentials. Ebenso, wie ihre Produkte etwas Besonderes darstellen, ist es den Unternehmern wichtig, »nicht irgendwo so uniform« (KuE3a: 123) zu sein. Auf der Basis einer Identifizierung mit den eigenen Produkten sowie eines expressiven Arbeitsverständnisses bedingen sich die Schöpfung besonderer Produkte und persönliche Besonderheit offenbar wechselseitig.

Der Reiz der Kreation immer neuer Produkte liegt offenbar in einer expressiv-schöpferischen Gestaltung der Welt, wenngleich das Maß der Identifikation mit den eigenen Produkten und das Maß, in dem diese quasi-künstlerisch als Ausdruck der eigenen Persönlichkeit begriffen werden, sehr unterschiedlich ist. Am deutlichsten folgt Leihs einer ›künstlerähnlichen‹ Konzeption: So spiegelt sich für sie nicht nur ihre Person vollständig in ihren Produkten (»das bin Ich, was es hier zu sehen gibt« [KuD2: 77]), sondern sie deutet ihre Produkte als einzige im Sample auch als »Mischung aus Kunst und Design« (KuD2: 580). Obwohl sich die meisten bastelnden Unternehmer dezidiert nicht als Künstler

---

[67] So berichtet Barthel mit Begeisterung, dass er sich den Spaß ›gönnt‹, gelegentlich mit einem Freund zusammen eigene Bilder unter einem Pseudonym in einem seiner Bücher unterzubringen. Obwohl dies »an sich total paradox« (KuM1: 679) ist, da er durch die Veröffentlichung unter einem Pseudonym auf den einzigen rationalen Vorteil, den eine solche Veröffentlichung bewirkt, verzichtet (nämlich seinen Namen als Künstler bekannt zu machen), freut er sich »halt im stillen Kämmerchen mit einem Freund, dass wir beide Peter Panther sind oder so. Dass wir irgendwie so bekloppt sein dürfen, unter einem fremden Namen Bilder zu veröffentlichen.« (KuM1: 681)

begreifen, geht es ihnen aber gleichwohl darum, kreativ »etwas zu schaffen« (KuE3a: 27) und »eine Spur zu hinterlassen« (KuD1: 341), der Welt also etwas Besonderes, Persönliches hinzuzufügen. Vielfach sympathisieren die bastelnden Unternehmer mit einer künstlerischen Arbeitsweise, empfinden eine Selbststilisierung als Künstler aber als vermessen.[68]

Wie im romantischen Subjektverständnis angelegt, geht es den Unternehmern allerdings nicht nur darum, eigenes (Geschmacks-)Empfinden und Erleben in der Kreation eigener Produkte zu Ausdruck zu bringen, vielmehr ist auch die tätige Auseinandersetzung mit der Welt oft auf die Evozierung von Emotionen ausgerichtet. Das unternehmerische Handeln an sich, die stetige eigene Weiterentwicklung in Auseinandersetzung mit der ›Welt‹ wird dergestalt als aufregendes Erlebnis beschrieben: »Also, ich kann heute sagen, ich hab mit Afrikanern gearbeitet, mit Asiaten auf einem ganz abgefahrenen Niveau irgendwo auch. Und ich war in einem afrikanischen Gerichtssaal und das sind einfach Erlebnisse, die sind gigantisch. Das macht halt extrem viel Spaß.« (KuE3b: 157) Ähnlich wie Kluge die erlebnisreiche Herausforderung sucht, ›Räder‹ neu erfinden zu müssen, wird von vielen bastelnden Unternehmern betont, dass das ständige Dazulernen durch Ausprobieren (das ständige ›Dilettieren‹) die Arbeit zu einem alltäglichen Erlebnis mache. Ganz in diesem Sinne avanciert die stellenweise auch als bereits zu routiniert beschriebene Arbeitspraxis bei Barthel an anderen Stellen zu einem ihn herausfordernden ›alltäglichen Ausnahmezustand‹: »Und einfach dieser Wahnsinn. Du lernst halt von morgens bis abends. Jeden Tag sind es irgendwelche Baustellen, die du da vorher noch nicht gehabt hattest, und du kannst nicht sagen, mach du mal, sondern musst dich meistens erstmal selber reinknien. Das ist schon anstrengend, aber an sich ist das das Schönste der Welt.« (KuM1: 297)

Auch die etwas prekäre Sozialorientierung des romantischen Subjekts ist bei den bastelnden Unternehmern zu erkennen. Insofern die generierten Produkte immer auch selbstexpressiv sind, ist die soziale Anerkennung der Produkte nicht nur wirtschaftlich bedeutsam, sondern wird zu einer sehr ›persönlichen‹ Angelegenheit. Sei es, dass Leihs sich durch Ansprüche von Kunden ›eingeengt‹ fühlt oder dass Barthel die Firma als Schutzraum konstruiert, in der er mit Freunden ohne Rücksicht auf fremde Ansprüche ›sein Ding‹ machen möchte, oder dass bei der Firma Daumenkino deutliches Unverständnis gegenüber und Kritik an den

---

[68] So wird etwa die Gestaltung von Events von Klinger mit der Tätigkeit eines Regisseurs verglichen, eine Selbstdeutung als Künstler jedoch gleichzeitig dementiert: »Ich mein, ich mag mich da jetzt nicht irgendwo mit einem Theaterregisseur oder so vergleichen, aber es ist schon irgendwo halt ein Schauspiel, was du inszenierst.« (KuE3a: 341) Offenbar unterscheidet für die bastelnden Unternehmer gerade das Rechnen mit fremden Interessen ihre unternehmerische Tätigkeit deutlich von »irgendwelchen lustigen Kunstprojekten, die nur einem selber eigentlich guttun, keinem anderen« (KuM1: 765).

Vorstellungen von Auftraggebern geäußert wird: Es ist für die bastelnden Unternehmer nicht nur von wirtschaftlicher Bedeutung, Anerkennung für ihre Produkte zu erfahren; sofern das Besondere ihrer Produkte nicht ›verstanden‹ und anerkannt wird, ist dies vielmehr eine insgesamt ›krisenhafte‹ Erfahrung. Zwar ist es aufgrund der Angewiesenheit auf Einkommen nicht ausreichend, lediglich soziale Anerkennung für die eigenen Produkte zu erhalten, die vielfältigen Berichte über solche Anerkennungsformen verweisen jedoch darauf, dass auch Formen nicht-monetärer Anerkennung einen deutlichen Ansporn für die Kreation stetig neuer Produkte darstellen: In nahezu allen Interviews wird von der emotionalen Bedeutung der Freude von Kunden an den ›eigenen‹ Produkten berichtet bzw. davon, dass die derart erfahrene Anerkennung der ›halbe Lohn‹ für die eigene Tätigkeit sei. Pointiert bringt dies etwa Leihs zum Ausdruck: »Ich möchte auch manchmal den Leuten meine Sachen schenken, weil ich merke, wie die sich freuen. Echt. Das ist das Schlimme. Aber das geht ja auch nicht.« (KuD2: 97) Damit bleibt auch für den romantischen Unternehmer das Verhältnis zwischen dem ›Eigenen‹ und dem ›Fremden‹ spannungsreich: Einerseits gilt es, sich von ›fremden‹ Vorstellungen ›frei‹ zu machen, um das ›Eigene‹ zur Entfaltung zu bringen, andererseits muss im unternehmerischen Handeln (im Gegensatz zum idealiter ›rücksichtslosen‹ künstlerischen Handeln) mit den Vorstellungen anderer ›gerechnet‹ werden, um wirtschaftlich erfolgreich zu sein und die emotional bedeutsame Anerkennung relevanter Anderer zu erlangen. Im Rahmen einer weitergehenden Rekonstruktion des wirtschaftlichen Handelns der bastelnden Unternehmer scheint demgemäß eine genauere Analyse dieses Verhältnisses sowie der Strategien zur Vermittlung des ›Eigenen‹ und des ›Fremden‹ bedeutsam (vgl. 6.2).

(3) *Holistische Orientierungen* sind bei den bastelnden Unternehmern nur auf einer sehr pragmatischen Ebene anzutreffen. So folgen sie natürlich nicht mystischen Vorstellungen ›ganzheitlichen‹ Welterkennens. Gleichwohl ist deutlich erkennbar, dass Sphärengrenzen bewusst irritiert werden. Schon der Anspruch, etwas ›ganz Eigenes‹ in der Arbeit zu verwirklichen, sich möglichst ›ungehemmt‹ in vielfältigen Projekten zu ›entfalten‹ und zu ›verwirklichen‹, deutet auf eine gewisse Irritation klassischer Sphärengrenzen hin. Deutlich wird diese Grenzverwischung etwa in der Erzählung Klingers, in der das konversionsartige Erlebnis eine zentrale Rolle spielt, dass Erwerbsarbeit durchaus in einen durch Gemeinschaftsempfinden geprägten Sozialkontext einer »Family« (KuE3a: 15) sowie in den umfassenderen Sinnkontext einer »Kulturform« (KuE3a: 19) integriert sein kann. Ein Umstand, der auch dazu führt, dass für ihn Arbeit und ›Leben‹ nicht wirklich trennbar erscheinen. Diese Einbettung der Arbeit in umfassendere gemeinschaftliche Sinnkontexte sowie die damit einhergehende Verschränkung von Arbeit und Leben ist bei dem szenebezogenen Unternehmen Partytravel besonders ausgeprägt, findet sich aber

auch bei anderen bastelnden Unternehmern. Weiterhin weist auch die erkennbare Ablehnung funktionalisierten Rollenhandelns Ähnlichkeiten zu holistischen Vorstellungen auf. So heben die bastelnden Unternehmer hervor, dass es ihnen wichtig sei, sich unverstellt in ihrer Arbeit äußern zu können: Sie möchten in Kontexten agieren, in denen man sich nicht »hinter einer Maske« (KuE3a: 123) verstecken muss, sondern »authentisch« (KuD1: 319) bleiben kann. Auch diese gut in den Rahmen romantischer Vorstellungen passende Tendenz zur Verwischung von Grenzen zwischen Arbeit und Leben wird im Folgenden noch einmal eingehender betrachtet (vgl. 7).

Die (4) *ironische Distanzierung* von den eigenen Werken ist jenes Element romantischen Denkens, das bei den bastelnden Unternehmern am wenigsten erkennbar wird. Insofern die bastelnden Unternehmer keine überhöhten Sinnansprüche an ihre Produkte stellen, erscheint eine ironische Distanz gegenüber den von ihnen realisierten Produkten kaum nötig. Obwohl sich die bastelnden Unternehmer nicht von ihren bisherigen ›Schöpfungen‹ distanzieren, wird erkennbar, dass diese oft nur eine *fragmenthafte* Realisierung ihrer Ideen und Vorstellungen darstellen. Die bereits herausgearbeitete Betonung, noch lange nicht ›am Ende zu sein‹, verweist darauf, dass die bastelnden Unternehmer – obwohl sie nicht unzufrieden mit ihren bisherigen Produkten sind – immer der Anspruch treibt, ihre Ideen noch etwas umfassender zu verwirklichen, die eigenen Produkte weiterzuentwickeln oder mit einem neuen Produkt eine neue eigene Idee umzusetzen, da sie sich inzwischen selbst weiterentwickelt haben. In einem gewissen Sinne kommt in der romantischen Vorstellung des Fragmenthaften genau diese Haltung zum Ausdruck, zwar nicht unzufrieden mit, aber eben auch nicht ›befriedigt‹ von der Umsetzung seiner Vorstellungen zu sein.[69]

All dies führt schließlich zu einem (5) *romantischen Zeitverhältnis*, das sich schon in den Erzählstrukturen der ›Karriereerzählungen‹ widerspiegelt. So ist die eigene ›Karriere‹ durch ein ständiges, in seiner Richtung nicht klar festlegbares und wechselhaftes »dauerndes Zeugen und Werden« (Kluckhohn 1966: 15) geprägt. Die Sorge, irgendeinen absehbaren ›Status‹ nicht zu erreichen, ist den bastelnden Unternehmern ebenso fern, wie das Leiden darunter, dass viele ihrer Ideen aufgrund von Zeitmangel nicht umgesetzt werden können, in den Interviews allgegenwärtig ist. Sofern bei den bastelnden Unternehmern Überlegungen erkennbar werden, ihre Produktion bzw. das Alltagsgeschäft zu rationalisieren, zielt dies immer darauf, Zeit (und finanzielle Ressourcen) zu gewinnen, die zur

---

[69] Nur fragmenthaft realisiert ist z. B. für Barthel die Idee, lokale Künstler zu fördern und die lokale Stadtkultur zu präsentieren. So ist eine geplante, über das Buch hinausreichende Internet-Plattform zur Präsentation der Werke lokaler Künstler bislang nur sehr unzureichend realisiert worden. Im Prinzip soll aber das Buch schrittweise um eine Online-Plattform für Künstler und Musiker ergänzt werden, bis »diese Gutscheine gar nicht mehr diese Hauptbedeutung haben« (KuM1: 163).

Entwicklung und Etablierung neuer Produkte genutzt werden können. Denn das zentrale Problem der bastelnden Unternehmer ist, dass sie oftmals im Alltagsgeschäft ›stecken bleiben‹ und keine Zeit zur Entwicklung neuer Produkte finden: »Eine Stunde am Tag Zeit, das würde schon reichen. Aber selbst das funktioniert nicht, weil tausend andere Sachen da irgendwie rumliegen, die einfach wichtiger in dem Moment sind, als schon wieder ein neues Fass aufzumachen. So dass man dann sagt, ich muss es leider einfach wieder weglegen. Und dann hast du halt Schubladen noch und nöcher, wo du so Ideen drin hast. Und eigentlich denkst du, das müsstest du eigentlich alles mal gemacht haben. Oder willst es machen. Und dass du aber nicht dazu kommst.« (KuM1: 435)

5.2.4 Marginalia und Kontraste

In die bisher entwickelte Typologie nicht einzuordnen waren zwei Unternehmer (U2, U4) sowie zwei Künstler (Kü2, Kü3). Insbesondere die Erzählungen der Künstler waren nicht eindeutig ins Gesamtsample einzuordnen. Entgegen der in der Literatur gehegten Annahme einer zunehmenden Ähnlichkeit künstlerischer und unternehmerischer Mentalitäten bestanden nämlich gerade zwischen Künstlern und den bastelnden Unternehmern deutliche Unterschiede: Künstlerische Tätigkeiten sind nämlich ausgeprägt *berufsförmig* verfasst und gerade nicht an *universeller* (bastlerisch-dilettantischer) Kreativität orientiert. Die Erzählungen von Carolin Quast (Kü2) und Werner Kreft (Kü3) weisen durch den Bezug auf ein Berufungsempfinden, auf eine künstlerische Ausbildung sowie auf den Kunstbetrieb strukturierende Institutionen mehr Ähnlichkeiten mit den Erzählungen der Freiberufler auf als mit denen der Unternehmer.

Auch die Denk- und Handlungsweisen der beiden verbleibenden Unternehmer bieten einen deutlichen Kontrast zu den bisher herausgearbeiteten unternehmerischen Mentalitäten. Beide Unternehmer berichten nämlich nahezu ausschließlich von der rationalen Entwicklung eines Produktes und seiner effizienten Bewirtschaftung. Obwohl beide von einem ›privaten‹ Anlass berichten, der den Anstoß zur Entwicklung des Produktes gibt, und obwohl Carsten Perl sogar ein Produkt herstellt, was man seiner Ansicht nach »stark über den Kopf der Leute, die dahinter sind, verkauft« (U2: 75), erscheint die Identifikation bzw. die emotionale Verbundenheit mit dem ›eigenen‹ Produkt gering. Vielmehr begreifen sich beide Unternehmer als kalkulierende Geschäftsmänner, die eine Marktlücke aufgespürt haben und diese nun effizient bewirtschaften wollen:

Fallbeispiel 18: Geschäftsmänner: Rationale Erschließung einer Gewinngelegenheit

Carsten Perl (30) verweist in seiner Karriereerzählung zunächst auf sein betriebswirtschaftliches Studium sowie auf die Berufstätigkeit seiner Schwester als Önologin. Die Idee,
ein Schaumwein-Getränk zu entwickeln, sei vor dem Hintergrund dieser beruflichen
Spezialisierungen entstanden, als er sich mit seiner Schwester über die Marktentwicklung
bei alkoholischen Getränken unterhalten habe. Sie hielten es für erfolgversprechend, etwas
ähnliches wie Alcopops für eine gesundheitsbewusste Klientel mit »Fokus auf Frauen so ab
Mitte zwanzig aufwärts« zu entwickeln: »Und zu der Zeit waren Schaumweine sehr stark
im Kommen, besonders Prosecco. Und dann kamen wir auf die Idee, man müsste mal
kucken, ob man nicht was mit Schaumwein machen kann« (U2: 7). Im Gegensatz zum
emotional motivierten, naiv-praktischen Vorgehen der bastelnden Unternehmer wird hier
diskursives Denken, eine durch Analogieschlüsse und Differenzsetzungen geprägte, auf
abstrakte Marktkenntnisse bezogene Produktsuche erkennbar.

Perl ist auch keineswegs so begeistert von der entwickelten Idee, dass er sie um ›ihrer
selbst willen‹ experimentell-naiv realisiert, wie dies für bastelnde Unternehmer typisch
wäre. Erst als er mit der Kreation eines »fiktiven Getränks« (U2: 11) an einem Ideen-
wettbewerb teilnimmt und die Jury ein konkretes Produkt sehen will, entwickelt er tatsächlich ein Getränk. Er entwickelt also zuerst ein Marketing-Konzept, bevor er (ge-
zwungenermaßen) ein Produkt kreiert, das zu diesem Konzept passt.

Dieser zweckrational orientierten Denkweise entsprechend wird auch die emotionale
bzw. ›persönliche‹ Aufladung des Produktes als zweckmäßige Art und Weise gedeutet,
wie man ›heutzutage‹ Produkte verkaufe: »Dieses Produkt lebt ja durch die Geschichte,
die drum herum ist. Heute gehen Sie in einen Laden, zu jedem Produkt wird Ihnen der
Händler irgendeine Geschichte erzählen. Weil er heute über Geschichten verkauft.«
(U2: 79) Da man ›heute über Geschichten verkauft‹, muss also auch Perl eine Geschichte
entwerfen und nutzt seinen ausgefallenen Nachnamen sowie seinen familiären Hintergrund als Ausgangsmaterial zur zielgerichteten Konstruktion einer Geschichte, die das
Produkt ›Perl-Wein‹ emotional aufladen soll: »Die Geschichte ist dann klassisch: Ärzte-
kinder, die eine hat die Weinschiene eingeschlagen, und dann kamen die auf die Idee,
weg von dem ganzen Chemie-Kram, hin zu einem absoluten Premium-Produkt und stellen Sie sich vor, die heißen auch noch Perl.« (U2: 83 ff.) Diese rational konstruierte Geschichte bleibt Perl als zweckdienliches Element aber eher ›äußerlich‹. Dies wird z. B. an
der Ablehnung des offenbar vorhandenen Kundenwunsches deutlich, dass ›der Chef persönlich‹ doch dieses eng mit seiner Person verbundene Produkt ausliefern sollte: »Also
es gibt viele Kunden, die schon fast beleidigt sind, wenn man nicht persönlich ausliefert.
Das mach ich aber nicht mehr, weil es krank ist, weil es zu aufwendig ist.« (U2: 75) Obwohl der zentrale Aufhänger für die emotionale Aufladung seines Produktes also seine
Person sein soll, ist es Perl lästig, die beim Kunden geweckte Erwartung, dass dieses
Produkt besonders eng mit seinem ›Schöpfer‹ verbunden ist, praktisch aufrechtzuerhalten. Insofern Perl den Aufbau eines ›ganz normalen‹ Betriebs anstrebt, wird gerade das,
was er marketingstrategisch als besondere Eigenart seines Produktes sieht (dass es eine
»Seele« [U2: 79] habe und über seinen ›Kopf‹ verkauft werde), problematisch. Perl versucht also als ›Geschäftsmann‹, romantisches Unternehmertum zu imitieren. Es fehlt ihm
aber dauerhaft an einem Grund, die Mühen dieser Inszenierung auf sich zu nehmen.

> Denn schlussendlich ist es sein Ziel, sich mit diesem Produkt »als Global Player«
> (U2: 145) auf dem Markt zu etablieren, und nicht, sich selbst zu verwirklichen oder als
> kreative Persönlichkeit Anerkennung zu erlangen.

Diese als reine ›Geschäftsmänner‹ zu bezeichnenden Unternehmer bieten einen deutlichen Kontrast zu allen anderen unternehmerisch handelnden Personen im Sample. Denn während bei allen anderen Unternehmern ein Bezug auf Werthaltungen und bei den bastelnden Unternehmern sogar auf unmittelbare Affekte erkennbar ist, scheint es bei diesen beiden Unternehmern weitgehend austauschbar, welches Produkt sie im Rahmen ihres Unternehmens produzieren und vertreiben, da ihr Handeln weitgehend zweckrational bestimmt ist. So berichtet Majewski, dass er und sein Geschäftspartner schon lang die Idee hatten, »uns selbständig zu machen, und es war bloß die Frage, womit« (U4: 18). Das Beispiel von Perl deutet jedoch darauf hin, dass es vor dem Hintergrund eines solchen zweckrationalen Selbstverständnisses schwierig ist, sich dauerhaft als Produzent eines ›Produktes mit Seele‹ (eines emotional aufgeladenen, im romantischen Sinne innovativ-besonderen Produktes) zu inszenieren, da es dem reinen Geschäftsmann schlicht am Motiv fehlt, dieses oft mit unrentabler, aus Leidenschaft betriebener Arbeit verbundene Bild aufrechtzuerhalten. Beide streben auch nicht nach der Verwirklichung weiterer Innovationen, sondern wollen das entwickelte Unternehmern vornehmlich betriebswirtschaftlich stabilisieren.

5.3 Romantischer Geist und unternehmerisches Handeln

Inwieweit lassen sich aus dem bisher Erarbeiteten nun Rückschlüsse auf eine Verbindung zwischen unternehmerischem Handeln und romantischem ›Geist‹ ziehen? Fasst man die rekonstruierte Typologie der Denk- und Handlungsweisen selbständiger Erwerbstätiger zusammen und schätzt das Maß des an den Tag gelegten unternehmerischen Handelns ein, so ergibt sich folgendes Bild: (1) Am wenigsten Neigung zum unternehmerischen Handeln im Sinne dieser Arbeit zeigen die *reinen Freelancer*: Jene (Schein-)Selbständigen, die sich an der Vorstellung eines berufsförmig organisierten Normalarbeitsverhältnisses orientieren. Diese versuchen zweckrational-strategisch, mittels einer dezidierten Marktorientierung und/oder Orientierung an institutionellen Hierarchien stabile Beziehungen zu einem oder einigen wenigen Auftraggebern aufzubauen, um ihr Einkommen zu verbessern bzw. zu stabilisieren. Das Handeln dieser Freelancer ist keineswegs unternehmerisch, sondern entspricht der historischen Referenz des Wortes Freelancer: Sie sind (überspitzt formuliert) willfährige ›Söldner‹, die sich offensiv an einer Nachfrage orientieren und/oder die Gunst eines bestimmten

Auftraggebers erlangen und erhalten müssen. Bezüge auf romantische Werte lassen sich kaum erkennen, ebenso wie Wertrationalität oder Affektivität insgesamt keine Rolle im beruflichen Handeln der reinen Freelancer spielt. (2) Unternehmerähnlicher (gelegentlich sogar unternehmerisch) agieren dagegen jene Freelancer, die treffender als *Freiberufler* zu bezeichnen sind: Selbständige, die auf der Basis individualistisch angeeigneter, idiosynkratischer berufsethischer Werthaltungen versuchen, flexible Bindungen zu einer Vielzahl von Auftraggebern aufzubauen, um berufsethische Wertvorstellungen realisieren zu können. Auf der Basis dieser Wertvorstellungen entsteht gelegentlich eine Disposition, freimütig zu handeln, da die Realisierung berufsethischer Werte manchmal Anreiz genug darstellt, einer ›Sache‹ auch ohne Auftraggeber (und trotz unklarer materieller Erfolgsaussichten) nachzugehen. Die Disposition, freimütig zu handeln, ist bei Freiberuflern im Rahmen eines berufsethischen Habitus verankert. Professionalität (im soziologischen Verständnis) ist also der Treiber für diese Form freiberuflicher Selbständigkeit. Im Rahmen der individualistischen Konstruktion eines ›inneren Berufes‹ (einer Berufung) werden romantische Werthaltungen bei den hier untersuchten Journalisten und Fotografen aber lediglich vage erkennbar. (3) Die bei den Freiberuflern in Ansätzen erkennbare berufsethische Disposition zu unternehmerischen Handlungen wird bei *berufsethischen Unternehmern* so prägend, dass sie den Schritt zur Gründung eines Unternehmens wagen. Dabei wurde dank der Einbeziehung von Unternehmern außerhalb der Kulturwirtschaft deutlich, was vermutlich auch in Bezug auf die Freiberufler gilt: Inwiefern und in welchem Maß romantische Werte eine Rolle spielen, hängt schlicht davon ab, ob und in welchem Maß romantische Werte in verschiedene Berufsverständnisse integriert sind bzw. integrierbar erscheinen. Offensichtlich ist dies bei sogenannten Kulturberufen begrenzt möglich, in technisch-naturwissenschaftlichen Berufsfeldern jedoch kaum. Insofern ist die Disposition zum unternehmerischen Handeln bei berufsethisch motivierten Unternehmern nicht ursächlich an romantische Werte (aber ursächlich an eine wertrationale Haltung) gebunden. Je stärker allerdings auf die romantischen Vorstellungen der Selbstexpressivität und der Entfaltung vielfältiger ›innerer‹ Potentiale Bezug genommen wird, umso deutlicher ist eine Tendenz zu erkennen, immer wieder subjektiv ›neuartige‹ Produkte auf dem Markt zu realisieren. (4) Der (wie alle vorgenannten Typen) nicht nur im kulturwirtschaftlichen Sektor anzutreffende *Herzblut-Unternehmer* rekurriert auf zwei Elemente: Einerseits ist der *innovative* Teil des unternehmerischen Handelns (die Etablierung der Neuerung) bei ihm durch Liebhaberei begründet, ist auf eine amateurhafte, aber ambitionierte Zuwendung zu einer bestimmten Sache zurückzuführen. Den Denk- und Handlungsweisen eines Liebhabers der Sache (also sowohl wertrationalen als auch affektuellen Motiven) folgend realisiert der Herzblut-Unternehmer eine innovative Idee. Diese Tätigkeit wird andererseits jedoch im Rekurs auf einen (oftmals im Rahmen der beruflichen oder familialen Sozialisation erworbenen) Habitus eines ›Geschäftsmanns‹ als Geschäftsidee identifiziert und strategisch *rationalisiert*. Affektuelle Motive treten dabei zusehends in den Hintergrund, werden in wertrationale Haltungen transformiert sowie durch zweckrationale Haltungen ergänzt. Insbesondere in jenen Fällen, in denen sich jene sozialen Kontexte auflösen, welche das liebhaberische Engagement hervorbrachten und stabilisierten, neigt der Herzblut-Unternehmer dazu, zum reinen Geschäftsmann zu werden, der sein etabliertes Produkt ›nur noch‹ bewirtschaftet. Romantische Haltungen sind vor dem Hintergrund eines insgesamt rational und bürgerlich geprägten Habitus nur äußerst begrenzt zu erkennen. Zwar rekurrieren die Unternehmer insbesondere im Rahmen genuin unternehmerischer Handlungen auf eine gewisse irrationale Leidenschaft, und gelegentlich sind für die Anfangsphase des noch amateurhaften Handelns expressive Motive ex post identifizierbar – insgesamt sind die Herzblut-Unternehmer aber weitgehend ganz bürgerliche, rational kalkulierende Betriebswirte und eben nicht romantisch inspirierte Unternehmer, die dauerhaft Neues schaffen möchten. Ihr unternehmerisches Handeln erweist sich also als transient. (5) Von tatsächlich romantischem Unternehmertum kann daher nur im Falle der *bastelnden Unternehmer* die Rede sein. Im dem aus Prinzip dilettantischen Habitus der Bastler ist jener Freimut, den unternehmerisches Handeln erfordert, fest verankert. In Verbindung mit einer romantischen Subjektkonzeption und romantischen Denkweisen bietet dies die Grundlage für einen stetig nach der Platzierung von Neuerungen strebenden Unternehmer. Dieser im Rahmen des Samples ›unternehmerischste‹ Unternehmertyp muss als Projektemacher zwar immer in Hinblick auf einen Markt (bzw. auf ›kapitalisierbare‹ Bedürfnisse anderer) agieren, er strebt gleichwohl aber expressive Selbstverwirklichung und damit die stetige Verwirklichung von Neuerungen an und findet unmittelbaren Gefallen an einem experimentell-bastlerisch (und damit: ambitioniert, aber prinzipiell dilettantisch) bleibenden Arbeitsmodus. Die Handlungen der bastelnden Unternehmer bleiben sowohl affektuell als auch wertrational geprägt, wenngleich zweckrationale Denk- und Handlungsweisen zwangsläufig auch zur Anwendung kommen. Romantische Denkweisen und unternehmerisches Handeln korrelieren in diesem Typus insofern hochgradig, als es erkennbar romantische Werthaltungen in Kombination mit einem bastlerischen Habitus sind, die für die Persistenz unternehmerischen Handelns sorgen. Zumindest im Rahmen des hier gewählten Samples erweist sich die Figur des romantisch motivierten bastelnden Unternehmers als im kulturwirtschaftlichen Sektor endemische Figur.

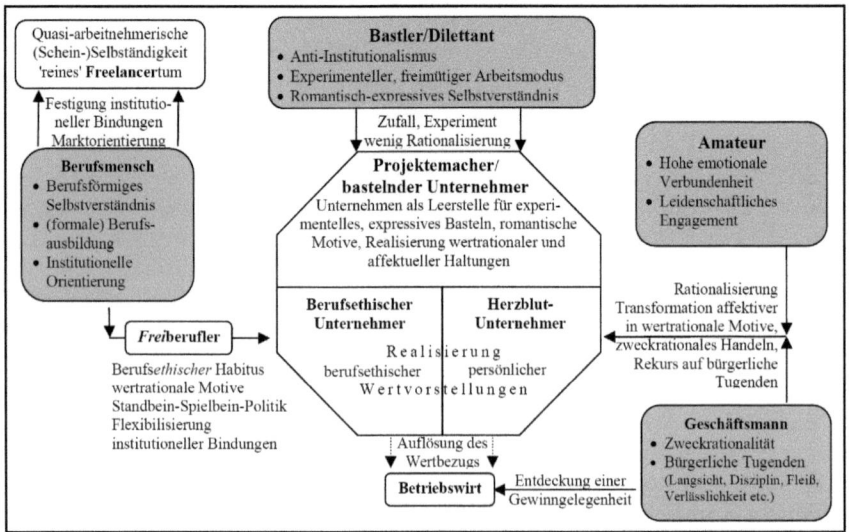

Abbildung 11: Denk- und Handlungsweisen selbständig Erwerbstätiger

Abbildung 11 fasst die herausgearbeiteten Figuren (weiße Formen) sowie die zentralen Denkweisen und habituellen Formationen, aus denen sich diese herausbilden (grau unterlegte Formen), zusammen und skizziert die ›Logiken‹ der Entwicklungen (Pfeile) hin zu den jeweils typischen Formen der Gestaltung selbständiger Erwerbsarbeit. Deutlich wird bei der Betrachtung dieser Typen insgesamt, dass (1) *verschiedene habituelle Prägungen, Denkweisen und soziale sowie biografische Situationen* jenen *Freimut erzeugen*, der unternehmerisches Handeln ermöglicht. Abgesehen von den ›reinen‹ Betriebswirten, die eine biografische und/oder sozial geprägte Gelegenheit zum Austesten einer (mutmaßlich) entdeckten Gewinngelegenheit nutzen und sodann nur noch als Betriebswirte agieren, wird (2) erkennbar, dass *unternehmerisches Handeln* in den hier untersuchten Fällen *durch wertrationale und affektuelle Handlungsmotive evoziert wird.* Oftmals erscheinen also tatsächlich ›andere‹, genuin nichtkapitalistische Motive eine zentrale Rolle in Bezug auf unternehmerisches Handeln zu spielen, da Wertrationalität und Affektualität die Etablierung einer Innovation so lange tragen können, bis erkennbar wird, ob mit dieser auch ein Einkommen zu erwirtschaften ist. Gleichwohl sind diese ›anderen‹ Denk- und Handlungsweisen eben nicht zwangsläufig romantisch geprägt. (3) Es wird allerdings deutlich, dass insbesondere *im kulturwirtschaftlichen Sektor romantische Denkweisen und Werthaltungen relevant sein können.* Diese zeigen sich allerdings (a) gerade nicht bei jenen reinen Freelancern, deren Denkweisen am ehesten der Figur des

Arbeitskraftunternehmers entsprechen, und so gut wie gar nicht bei den Herzblut-Unternehmern, die aus Liebhaberei heraus eine Idee verwirklichen und im Rahmen eines bereits erworbenen Habitus eines Geschäftsmanns darin eine Gewinngelegenheit entdecken. Im Rahmen von ›Kulturberufen‹ finden sich (b) dagegen je nach Berufsbild stärker oder schwächer ausgeprägte Referenzen auf romantische Denkweisen (sehr begrenzt bei Journalisten, etwas deutlicher bei der Museumspädagogin, sehr deutlich bei den beiden Designern). Die strikte Bindung an einen Beruf sowie oftmals vorhandene, das berufliche Tätigkeitsfeld strukturierende institutionelle und organisationelle Strukturen (bei den Designern etwa: Messen, Modeshows, relevante Magazine, Handelsketten etc.) begrenzen allerdings oftmals die Entfaltung eines romantischen Selbstverständnisses. Deutlich ist ein Konnex zwischen romantischen Denkweisen und unternehmerischem Handeln schließlich (c) bei jenen bastelnden Unternehmern zu erkennen, die jenseits beruflicher Orientierungsmuster und Werthaltungen und jenseits der damit einhergehenden Limitationen (tendenziell dilettantisch) an der stetigen Realisierung eigener Ideen basteln. Auf der Basis eines bastlerischen Habitus gelingt diesen Unternehmern (mehr oder weniger zufällig) ein geschäftlicher Erfolg, der sie darin bestätigt, ihre romantischen Denkweisen und Wertvorstellungen durch die dauerhafte Entwicklung und Umsetzung immer neuer eigener Produkte zu realisieren. Auffällig ist damit, dass *romantische Denk- und Handlungsweisen (5) im kulturwirtschaftlichen Sektor keineswegs so vorherrschen, wie theoretisch angenommen wird*, dass sie gleichwohl aber dort nahezu endemisch vorkommen. Obwohl unternehmerisches Handeln auch im Rahmen des kulturwirtschaftlichen Sektors also nicht zwangsläufig romantisch geprägt ist, entstehen aber (6) gerade dort, *wo sich ausgeprägt romantische Denkweisen mit einem bastlerischen Habitus vereinen, ungemein dynamische, auf stetige Innovation ausgerichtete Unternehmungen*. Kurz: Unternehmerisches Handeln tritt auch im kulturwirtschaftlichen Sektor unabhängig von romantischen Werthaltungen auf. Wo sich jedoch romantischer ›Geist‹ und Unternehmertum ›kreuzen‹, entsteht eine auffällig dynamische Unternehmerfigur.

6 Romantisches Wirtschaften

Wie sich die soziologische Debatte insgesamt gegen die einseitige Beschreibung des Unternehmers als rationaler Entscheider richtet, so erscheint auch in dieser Studie der Unternehmer als eine »gegen die Unentrinnbarkeit der bureaukratischen rationalen Wissens-Herrschaft (mindestens: relativ) immune Instanz« (Weber 2005: 166). Die im Rahmen der Auswahl der Interviewpartner leitende Vorstellung, dass die Kulturunternehmer ein eigenes Projekt (eigenständig, auf eigene Rechnung) verfolgen, wurde nämlich empirisch insofern präzisiert, als die Rede von der Umsetzung eigener Projekte insbesondere von den bastelnden Unternehmern selbst in einem *spezifischeren* Sinn genutzt wird: Ein eigenes Projekt zu verfolgen heißt für sie vor allem, eigene Wertvorstellungen oder ästhetische Vorstellungen umzusetzen, den eigenen Affekten zu folgen und persönlich etwas zum Ausdruck zu bringen, eine ›Spur‹ in der Welt zu hinterlassen. Wie dies Weber vermutete, aber nicht weiter verfolgt hat, kann sich eine Analyse wirtschaftlichen Handelns von Unternehmern folglich nicht auf die Rekonstruktion zweckrationalen Wirtschaftens begrenzen, sondern muss der Frage nachgehen, wie sich zweckrationale, affektuelle und wertrationale Bestimmungsgründe des Handelns im unternehmerischen Handeln verbinden. Im Bezug auf die bereits verwendete webersche Handlungstypologie wird deshalb zunächst eine (erweiterte) Typologie wirtschaftlichen Handelns entwickelt, vor deren Hintergrund die bereits erarbeiteten Erkenntnisse nochmals differenzierter dargestellt werden können (6.1). Sodann gilt es zu klären, wie sich das Verhältnis von ›eigenen‹ Ideen und ›fremden‹ Marktanforderungen insbesondere für die bastelnden Unternehmer darstellt, sowie, welche Handlungsweisen und Strategien zur Bewältigung von Spannungen zwischen dem Eigenen und dem Fremden zur Anwendung kommen (6.2).

6.1 (Erweiterte) Typologie wirtschaftlichen Handelns

In der bisherigen empirischen Darstellung ist auf die Unterscheidung Webers zwischen zweckrationaler, wertrationaler, affektueller und traditionaler Orientierung des Handels zurückgegriffen und insbesondere die Bedeutung wertrationaler und affektueller Orientierungen für das wirtschaftliche Handeln der Unternehmer herausgearbeitet worden. Damit wurde unterstellt, dass es ebenso affektuell oder wertrational bestimmtes wirtschaftliches Handeln gibt wie zweckrationales. Eine Annahme, die theoretisch nicht völlig unproblematisch ist: Wirtschaftlich orientiert ist nach Weber nämlich ein Handeln, das »seinem gemeinten Sinn nach an der Fürsorge für ein Begehr an Nutzleistungen orientiert ist«[70] (2005: 43). Von Wirtschaften spricht er aber nur, insofern ein Handeln nicht nur beiläufig, sondern *primär* auf eine solche Fürsorge ausgerichtet ist.[71]

Angesichts der Tatsache, dass in Bezug auf gewisse wertrationale und affektuell orientierte Handlungen der Unternehmer Zweifel ob ihrer primären wirtschaftlichen Orientierung angemeldet werden können, verwundert es nicht, dass Weber vornehmlich ›rationales Wirtschaften‹, also zweckrational orientiertes wirtschaftliches Handeln, thematisiert und selbst in einer genaueren Betrachtung differenter Formen wirtschaftlicher Orientierung lediglich traditional und zweckrational orientiertes Wirtschaften einander kontrastierend gegenüberstellt (vgl. Weber 2005: 48 f.). Obwohl Weber den »Einschlag traditionaler Orientiertheit« (ebd.) im Wirtschaften seinerzeit noch für relativ bedeutsam hielt, kommt traditional orientiertes Wirtschaften zudem nur als Residuum und Gegenbild zur typisch modernen, zweckrationalen Wirtschaftsweise in den Blick.[72]

Dem zweckrationalen Wirtschaften kommt damit eine hervorgehobene Bedeutung im Rahmen des weberschen Begriffssystems zu, die nochmals dadurch unterstrichen wird, dass Weber eine weitere Differenzierung zwischen formaler und materialer Rationalität des Wirtschaftens vornimmt, also zwei Subtypen zweckrationalen Wirtschaftens identifiziert: Formal rational ist wirtschaftliches Handeln in dem Maße, in dem die »jeder rationalen Wirtschaft wesentliche ›Vorsorge‹ sich in rechenhaften, zahlenmäßigen Überlegungen ausdrücken kann und ausdrückt« (Weber 2005: 60). Material rational meint dagegen jenes wirtschaftliche Handeln, das sich mit der formalen Rechenhaftigkeit des Ablaufs des Wirtschaftens nicht begnügt, sondern über diesen hinaus die Ergebnisse des Han-

---

[70] Als Nutzleistung gelten ihm dabei: von einen angebbaren Personenkreis wertgeschätzte »Chancen gegenwärtiger oder künftiger Verwendungsmöglichkeiten« (Weber 2005: 47).
[71] Insofern der Wunsch, Wertvorstellungen zu verwirklichen, im Rahmen unternehmerischen Handelns teilweise im Vordergrund steht, könnte bezweifelt werden, ob das Handeln der Unternehmer tatsächlich immer primär wirtschaftlich orientiert ist. Es erscheint aber zweckmäßig, dieses Kriterium nicht zu eng auszulegen und davon auszugehen, dass das Handeln der Unternehmer zumindest so gewichtig an der Bereitstellung von Nutzleistungen orientiert ist, dass es jenseits der Frage, ob es primär daran orientiert ist, sinnvoll erscheint, von wirtschaftlichem Handeln zu sprechen.
[72] So ist die Feststellung, dass wirtschaftliches Handeln traditional oder zweckrational bestimmt sein kann, für Weber insbesondere Anlass für eine Thematisierung der Entfaltung rationalen Wirtschaftens »aus dem Schoße der instinktgebundenen, reaktiven Nahrungssuche oder der traditionalistischen Eingelebtheit überlieferter Techniken und sozialer Gewohnheiten« (ebd.), also für die Herausarbeitung jenes Rationalisierungsprozesses, der in der Verdrängung traditionaler durch rationale Bestimmungsgründe des (wirtschaftlichen) Handelns kenntlich wird.

delns – die Versorgung von gegebenen Menschengruppen mit Nutzleistungen – wertrational bemisst. Damit räumt Weber dem Wertrationalen zumindest insoweit Raum ein, als er anerkennt, dass die Ergebnisse zweckrationalen Wirtschaftens wertrational beurteilt werden können. Wenn allerdings wertrationale Urteile in Bezug auf die *Ergebnisse* wirtschaftlichen Handelns denkbar sind, warum sollte dann nicht auch wertrational orientiertes wirtschaftliches Handeln schlechthin denkbar sein? Wäre es nicht überhaupt sinnvoll, alle vier Handlungsorientierungen auf wirtschaftliches Handeln anzuwenden, wo doch nahezu alle soziologischen Untersuchungen unternehmerischen Handelns nahelegen, dass eine rein zweckrationale Beschreibung der (zumindest: wirtschaftlich orientierten) Handlungsweisen von Unternehmern zu kurz greift?

Bevor jedoch ein Vorschlag zur differenzierteren Betrachtung insbesondere wertrationaler Orientierungen im wirtschaftlichen Handeln sowie ihres Zusammenhangs mit affektuellen und traditionalen Bestimmungsgründen erarbeitet wird, sei nochmals kurz rekapituliert, wie Weber die vier Grundorientierungen des Handelns fasst und – wichtiger noch – wie er sie in Beziehung zueinander setzt (vgl. Weber 2005: 17 ff.): (1) Traditionales Handeln ist nach Weber durch eingelebte Gewohnheit bestimmt. Es steht als streng traditionales Handeln an der Grenze des sinnhaften Handelns überhaupt und geht im Falle eines dumpfen Befolgens eingelebter Gewohnheiten zum reaktiven Sich-Verhalten über. Sofern jedoch von einer bewussten Bindung an das Gewohnte, einer bewussten Entscheidung für die Tradition gesprochen werden kann, nimmt es die Form wertrationalen Handelns an. (2) Affektuelles Handeln ist durch aktuelle Affekte und Emotionslagen bestimmt. Als hemmungsloses Reagieren steht es ebenfalls an der Grenze zum reaktiven Verhalten. Im Rahmen einer ›Sublimierung‹, einer bewussten ›Entladung‹ oder Evozierung von Gefühlen kann es wiederum in wertrational oder gar zweckrational orientiertes Handeln übergehen. (3) Wertrationales Handeln ist durch bewussten Glauben an den (unbedingten) Eigenwert des Handelns bestimmt. Als solches ist es unabhängig vom Erfolg des Handelns, wenngleich Erfolge trotzdem angestrebt werden können. Vom affektuellen Handeln unterscheidet es sich nach Weber durch die bewusste Herausarbeitung der ›Zwecke‹ bzw. des Sinns des Handelns. (4) Zweckrationales Handeln ist schließlich durch Erwartungen des Verhaltens von Objekten und anderen Menschen und die Nutzung dieser Erwartungen als Bedingungen für angestrebte Ziele bestimmt. »Zweckrational handelt, wer sein Handeln nach Zweck, Mittel und Nebenfolgen orientiert, und dabei sowohl die Mittel gegen die Zwecke, wie die Zwecke gegen die Nebenfolgen, wie endlich die verschiedenen möglichen Zwecke gegeneinander rational abwägt.« (Weber 2005: 18)

Eine genauere Betrachtung dieses letzten Aspekts des zweckrationalen Handelns ist für eine weitere Differenzierung hilfreich: Weber unterscheidet hier zunächst Mittel, Zwecke (intendierte Folgen) und (unintendierte, zum Teil auch unerwünschte) (Neben-)Folgen. Er macht weiterhin deutlich, dass innerhalb dieser Trias wiederum wertrationale Elemente ins Spiel kommen können, indem etwa die Entscheidung zwischen »konkurrierenden und kollidierenden Zwecken und Folgen« ihrerseits wertrational orientiert sein kann – die Zwecke, Mittel und Nebenfolgen eben nicht nur nach dem Prinzip des Grenznutzens gegeneinander abgewogen werden können. Zweck- und wertrationales Verhalten können demnach also in verschiedenen Verhältnissen zueinander stehen. Sucht man also nach Differenzierungen und Übergängen zwischen zweck- und wertrationalem Handeln, so kann man an der Trias von Zweck, Mittel und Folgen ansetzen bzw. an den drei von Weber genannten Abwägungen der a) Mittel gegen die Zwecke b) der Zwecke gegen die Nebenfolgen sowie c) der Zwecke gegeneinander (wobei Letzteres einen abstrakten Meta-Zweck wie Profitmaximierung voraussetzt). Jede dieser Abwägungen kann prinzipiell zweckrational oder wertrational vonstatten gehen. Nicht alle der prinzipiell möglichen acht (2^3) Permutationen erscheinen jedoch sinnvoll: Vielmehr scheinen diese Elemente hierarchisch zueinander zu stehen, also die Darstellung einer schrittweisen Zweck- oder Wertrationalisierung zu ermöglichen. So lassen sich folgende vier Typen konstruieren: (1) Sofern der Sinn des Handelns vollständig im ›Eigenwert‹ des Handelns liegt, die Zwecke des Handelns also wertrational fixiert und nicht disponierbar sind, kann keine Rücksicht auf Nebenfolgen genommen werden und es können keine Mittel abgewogen werden (das Reden von Mitteln ergibt vielmehr kaum Sinn, da die Mittel und der Zweck in eins fallen). (2) Sofern der Sinn des Handelns in den in ihrem Wert als absolut gesetzten Zwecken (den intendierten Folgen) liegt, kann nur begrenzt Rücksicht auf Nebenfolgen genommen werden, es können aber Mittel zur Erreichung des gesetzten Zwecks zweckrational disponiert werden, um den Zweck (unter Vermeidung von durch ›Handlungstechnik‹ umgehbaren Nebenfolgen) bestmöglich zu verwirklichen. (3) Sofern die Wahl der Zwecke nur wertrational begrenzt ist, kann sowohl das Verhältnis von Mitteln und Zwecken als auch von Zwecken und Nebenfolgen zweckrational reflektiert werden. Denn eine gewisse Toleranz in Bezug auf die Varianz der Zwecke ist vonnöten, will man Nebenfolgen (systematisch) kontrollieren bzw. vermeiden. (4) Liegt der Sinn des Handelns in einem abstrakten, rechenhaften ›Meta-Zweck‹ (wie ›Gewinnoptimierung‹), so können alle drei Abwägungen zweckrational vollzogen werden: Zwecke und Mittel sind disponierbar; unter Einbezug der Nebenfolgen kann die effektivste Mittel-Zweck-Kombination ausgewählt werden.

Abbildung 12 fasst das bislang Zusammengetragene zusammen. Die Abstufungen zwischen zweckrationalem (Typ A) und wertrationalem Handeln (Typ B) im weberschen Sinne sind dabei als ›Untertypen‹ mit AAA, AAB, BBA und

BBB gekennzeichnet, die Pfeile symbolisieren die möglichen Übergänge, die Weber nennt.

Sich-Verhalten	C traditionales Handeln	B wertrationales Handeln	Sinn liegt im Handeln
	↳ eingelebte *Gewohnheit*	↳ Glaube an *Eigenwert* des Handelns	
	◁dumpfes ›Sich-Verhalten‹ bewusste Bindung an das Gewohnte▷	BBB: Zwecke sind gesetzt keine Rücksicht auf Nebenfolgen Mittel ist (auch) der Zweck	
	D affektuelles, emotionales Handeln ↳unmittelbare Gefühlslagen ◁hemmungsloses Reagieren auf Reiz bewusste ›Sublimierung‹▷	BBA: Zwecke sind gesetzt kaum Rücksicht auf (Neben-)Folgen Mittelwahl zweckrational	
		A zweckrationales Handeln ↳ Abwägen von Zweck, Mittel, Folgen	Sinn liegt im Erfolg
		AAB: Wahl der Zwecke ist wertrational be- grenzt, Rücksicht auf Nebenfolgen Mittelwahl zweckrational	
		AAA: Zwecke werden in Bezug auf ›objektiven‹ Nutzen abgewogen Rücksicht auf Nebenfolgen Mittelwahl zweckrational	
	›irrationales‹ Handeln kein Abwägen und Entscheiden	›rationales‹ Handeln Abwägen von Alternativen, Entscheiden	

Abbildung 12: Bestimmungsgründe sozialen Handelns im Anschluss an Weber

Interessant an den markierten Übergängen ist im Kontext dieser Arbeit vor allem eines: Gewöhnlich versteht man unter Rationalisierung die *Verdrängung* affektueller, wertrationaler und traditionaler Orientierungen durch zweckrationale Haltungen. Rationalisierung geht in diesem Verstande zwangsläufig mit einer Abwendung von traditionellen Vorstellungen, einer Kontrolle von Affekten oder einer Aufgabe von Werthaltungen einher. Begreift man Rationalität jedoch schlicht als ein Handlungsalternativen generierendes, abwägendes und schließlich eine Alternative auswählendes Entscheidungs- und Begründungsverfahren (vgl. S. 9), so erscheinen auch weitere von Weber markierte Übergänge als Rationalisierungsprozesse. Denn im Übergang von affektuellem und traditionalem Handeln zum wertrationalen Handeln wird das zuvor schlicht gegebene Handlungsmotiv in ein reflexiv zugängliches, auf Entscheidungen zurückführbares und kommunikativ begründbares Motiv transformiert. Insofern werden Rationalisierungsprozesse erkennbar, in denen Affektualität und Traditionalität nicht durch Zweckrationalität aufgelöst werden, sondern bei denen Wertrationalität als Reservoir fungiert, in dem affektuelle und traditionelle Elemente auf der Reflexionsstufe der bewussten Zuwendung und Wertschätzung *bewahrt* werden können. Sofern die Romantik also nicht als antimoderne Bewegung zu begreifen ist, sondern (wie Weber und Mannheim vermuteten) zwar darauf abzielte, ›vormoderne‹ Affekte und traditionale Orientierungen zu bewahren, dies aber nur mit modernen Mitteln auf der Stufe der bewussten, reflexiven Zuwendung erreichen konnte, so erscheint die bei Weber angedeutete Möglichkeit der Transformation affektueller und traditionaler Orientierungen in wertrationale Haltungen als adäquate Beschreibung romantischer Rationalisierungsprozesse – genuin andersartiger Rationalisierungsprozesse allerdings, als sie Weber thematisierte.

Versucht man, die erarbeiteten Bestimmungsgründe sozialen Handelns auf wirtschaftliches Handeln zu übertragen, so fällt die Ähnlichkeit des Typs AAA mit der weberschen Vorstellung der formal rationalen wirtschaftlichen Orientierung sowie des Typs AAB mit dem der material rationalen wirtschaftlichen Orientierung auf. Sofern alle genannten Abwägungen zweckrational entschieden werden, kann man von formal rationalem wirtschaftlichem Handeln sprechen, sofern die Ergebnisse des wirtschaftlichen Handelns (auch) wertrational beurteilt werden, kann dies material zweckrationales wirtschaftliches Handeln heißen.

Doch warum sieht Weber davon ab, weitere Bestimmungsgründe sozialen Handelns auf den Bereich des Wirtschaftens zu übertragen? Anders gefragt, kann man sinnvollerweise von affektuellem oder wertrationalem Wirtschaften sprechen? Prinzipiell ist denkbar, dass wirtschaftliches Handeln durch Affekte beeinflusst wird, wenngleich dies selten die dominierende bzw. alleinige Orientierung sein wird. Die organisatorische Verstetigung des wirtschaftlichen Handelns in Form eines Wirtschaftsbetriebs legt nämlich eine bewusste Reflexion auch solcher Handlungsweisen nahe. Somit ist davon auszugehen, dass dieser Handlungstypus im Prinzip empirisch vorfindbar ist, jedoch von so geringer ›Halbwertzeit‹, dass er gewöhnlich im reflexiven, verstetigten Stadium vorzufinden ist – also bereits überführt wurde in die Form des wertrationalen Wirtschaftens (sofern Emotionalität das Ziel der Handlung ist oder das Ziel der Handlung maßgeblich bestimmt). Dieser Übergang (in Abbildung 13 mit α gekennzeichnet), diese Form der Rationalisierung affektueller Motive kann man mit Weber als ›Sublimierung‹ bezeichnen. Traditionale Formen wirtschaftlichen Handelns wiederum betrifft nicht das Problem der Verstetigung. Es ist aber davon auszugehen, dass auch sie in modernen Marktwirtschaften zunehmend bewusst reflektiert werden müssen, da ihnen gegenüber (womöglich leistungsfähigeren) Handlungsalternativen Legitimität in der Form zugesprochen werden muss, dass das ›Bewährte‹ oder ›gute Alte‹ bewusst gegenüber dem Neuen bevorzugt wird, womit der Übergang zum wertrationalen (konservativ fundierten) wirtschaftlichen Handeln markiert wäre – ein Rationalisierungsprozess, den man als ›Konservierung‹ (β) bezeichnen könnte. In Anlehnung an die Unterscheidung zwischen formal rationalem und material rationalem wirtschaftlichem Handeln sowie in

Aufgriff der oben erarbeiteten Typologie können die sich in diesen Prozessen herausbildenden Formen wertrationalen Wirtschaftens nochmals in zwei theoretische Typen differenziert werden: Zum einen können wirtschaftliche Handlungen final wertrational orientiert sein, soll heißen: in Bezug auf ihr Handlungsziel wertrational ›fixiert‹, in ihrer Mittelwahl jedoch zweckrational orientiert. Zum anderen können wirtschaftliche Handlungen auch essentiell wertrational bestimmt sein, also: in Mitteln und Zielen wertrational ›fixiert‹. Schließlich bleibt noch der von Weber vornehmlich thematisierte, klassische Rationalisierungsprozess (γ), der auf die Ablösung traditionaler, wertrationaler oder affektueller Einschläge wirtschaftlichen Handelns durch zweckrationale Orientierungen zielt – ein insofern mit Umbrüchen einhergehender Prozess, als hier Werthaltungen verabschiedet und Affekte kontrolliert (bzw. ›unterdrückt‹) werden müssen.

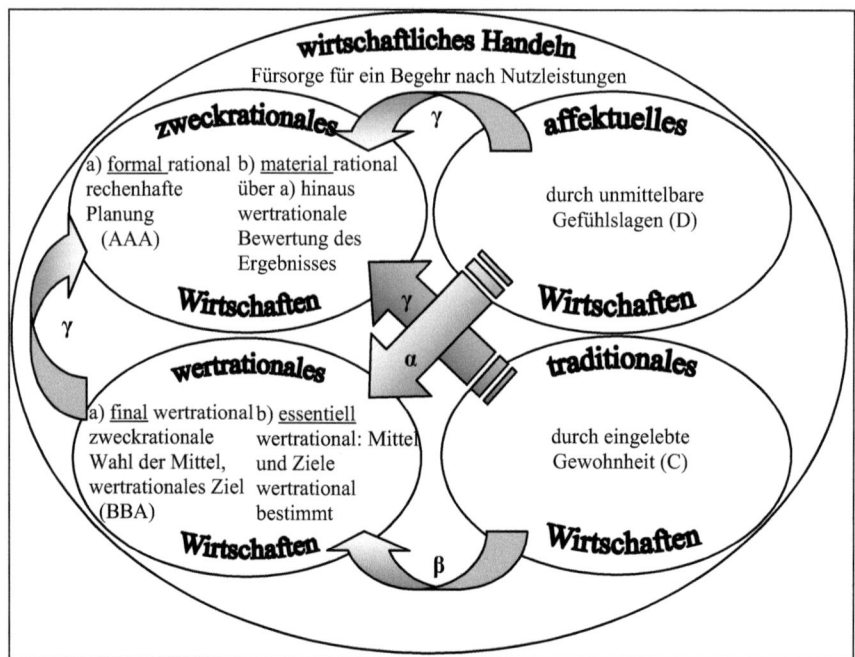

Abbildung 13: Erweiterte Typologie wirtschaftlichen Handelns

Theoretisch ist also denkbar, dass aus traditional und affektiv orientierten Formen wirtschaftlichen Handelns wertrationale Formen wirtschaftlichen Handelns hervorgehen, die so stabil sind, dass sie das Handeln dauerhaft bestimmen. Gerade die romantische Denkweise scheint dabei eine Affinität zu solchen Formen der

Rationalisierung (qua ›Konservierung‹ bzw. ›Sublimierung‹) aufzuweisen. Und tatsächlich lassen sich die hier theoretisch skizzierten Handlungsorientierungen sowie die Übergänge zwischen ihnen in den empirischen Daten finden: Während die reinen Geschäftsmänner und die reinen Freelancer vornehmlich formal rational orientiert sind, ist schon bei den berufsethisch beeinflussten Freiberuflern eine material rationale Haltung zu erkennen, insofern sie ganz offensichtlich die Ergebnisse ihrer wirtschaftlichen Handlungen in Bezug auf idiosynkratisch zusammengestellte berufsethische Wertvorstellungen reflektieren: etwa wenn sie Wert darauf legen, für gewisse Themen Öffentlichkeit zu schaffen oder ›Menschen eine Stimme zu geben‹. Sofern Dagmar Fuhr unternehmerisch handelt, wird hier sogar final wertrationales wirtschaftliches Handeln insofern erkennbar, als sie unabhängig von konkreten wirtschaftlichen Erfolgsaussichten eine Nutzleistung produziert, im Rahmen der Verfolgung dieses gesetzten Ziels jedoch zweckrational vorgeht. Letzteres gilt ebenso für das Handeln der berufsethischen Unternehmer, denn auch hier scheinen gewisse Zielsetzungen des unternehmerischen Handelns wertrational fixiert, ohne dass dies diese Unternehmer daran hindert, die gesetzten Ziele mit zweckrational disponierten Mitteln zu verfolgen.

Sowohl bei Herzblut-Unternehmern als auch bei den bastelnden Unternehmern wird (reflexiv-retrospektiv) die Bedeutung affektueller Handlungsmotive erkennbar: So steht im Rahmen der Etablierung von Neuerungen oftmals die von Barthel, Regner, Klinger oder Sahlmann beschriebene Haltung im Vordergrund, dass etwas schlicht so ›geil‹ ist oder war, dass man es einfach machen muss(te), dass einen ein unmittelbares emotionales Bedürfnis in etwas ›hineinzieht‹, ohne dass man dies reflektiert. Um jedoch auf der Basis einer solchen affektiven Motivation langfristig die Etablierung einer Neuerung zu verfolgen, erscheint eine Rationalisierung (bzw. Sublimierung) der affektuellen Motive, ihre Transformation in eine essentiell bzw. final wertrationale Orientierung unabdinglich.[73]

Traditionalen Orientierungen kommt allerdings kaum Bedeutung im Rahmen des Handelns der romantischen Unternehmer zu. Es finden sich lediglich bei den Designern einzelne Haltungen, die auf eine bewusste Zuwendung zu und

---

[73] Gut nachvollziehen lässt sich dies etwa anhand der (betriebswirtschaftlich irrationalen) Produktion einer CD durch Barthel: Hier wird auf der Basis einer affektuellen Haltung – dass er »Bock« (KuM1: 531) darauf hat, dass Musik in seinem Gutscheinbuch ist – die essentiell wertrationale Idee, eine CD beizulegen, entwickelt und auch verwirklicht. Mit zunehmendem Abstand vom ursprünglichen affektuellen Anreiz wird dann von Barthel in den Folgejahren allerdings nur noch final wertrational gehandelt: So rationalisiert er die Mittel und bietet die Musik nur noch zum Download an. Wenngleich das wertrationale Ziel, Musik anzubieten, damit noch erreicht wird, liegt darin schon ein erkennbarer Kompromiss in Bezug auf die vorher nicht infrage stehenden Mittel, der nur durch Sublimierung der ursprünglichen emotionalen Motiven möglich wird: Denn die elektronische Bereitstellung von Musik ist affektuell nicht so befriedigend, wie tatsächlich eine eigene CD für sein Buch zu produzieren.

›Idealisierung‹ von traditionellen Produktionsmethoden (Handarbeit) verweisen. Gleichwohl zeigt dies die Möglichkeit der wertrationalen Aufladung wirtschaftlichen Handelns durch Konservierung, die in anderen wirtschaftlichen Bereichen (z. B. im Kunsthandwerk) durchaus von Relevanz sein kann.

Insgesamt ist also erkennbar, dass insbesondere bei den bastelnden sowie den Herzblut-Unternehmern zweckrationale, wertrationale und vorübergehend auch affektuelle Haltungen im Rahmen des unternehmerischen Handelns koexistieren und aufeinander abgestimmt werden müssen. Bei den Herzblut-Unternehmern schreiten die erkennbaren Rationalisierungsprozesse allerdings so weit voran, dass bei ihnen nur noch material-rational die Ergebnisse ihres weitgehend betriebswirtschaftlich (und immer weniger unternehmerisch) orientierten Handelns wertrational beurteilt werden. Demgegenüber bleibt der zunächst *immer* affektuelle Anreiz, etwas Neues, Eigenes umzusetzen, bei den bastelnden Unternehmern bestehen. Einer romantischen Geisteshaltung folgend, durchlaufen bei diesen immer neue Ideen die beschriebenen Rationalisierungsprozesse der Sublimierung und klassischen Rationalisierung, wobei sie mit zunehmender Rationalisierung zwar wirtschaftlich bedeutsamer für die Unternehmung werden, aber gleichsam emotional unattraktiver. Den bastelnden Unternehmern kommt somit besondere Relevanz im Rahmen der Frage zu, wie koexistierende unterschiedliche Orientierungen wirtschaftlichen Handelns im Rahmen eines eigenen Unternehmens (strategisch) aufeinander abgestimmt werden.

6.2 Das ›Eigene‹ und das ›Fremde‹

Fragt man zunächst allgemein danach, wie das (im romantischen Denken immer prekäre) Verhältnis von ›eigenen‹ und ›fremden‹ Ansprüchen von den Unternehmern konstruiert wird, so wird erneut eine deutliche Differenzierung zwischen Herzblut-, berufsethischen sowie bastelnden Unternehmern erkennbar. Denn auch fremde Ansprüche (etwa: modeartig geprägte Konsumvorstellungen der Zielgruppe oder die nicht immer mit berufsethischen Werten in Einklang zu bringende Nachfrage von Konsumenten und Auftraggebern) werden von diesen Gruppierungen sehr unterschiedlich rezipiert:

Die *Herzblut-Unternehmer* kennzeichnet eine klare Kundenorientierung, eine geschäftsmännische Orientierung an den Bedürfnissen zahlungskräftiger Zielgruppen. So gestaltet etwa Dreyer sein Magazin so, dass es den Bedürfnissen seiner Anzeigenkunden entgegenkommt, und Regner findet es selbstverständlich, sich an den wandelnden Bedürfnissen des Szenepublikums zu orientieren und »zu sehen, wie man diese Bedürfnisse befriedigen kann« (KuE2: 305).

Bei den *berufsethischen Unternehmern* ist dieses Verhältnis dagegen deutlich ambivalenter, ohne dass diese jedoch eine Orientierung an Kundenbedürfnissen ablehnen: So ist es etwa Kemper wichtig, *auch* eigene berufsethische Ansprüche und Vorstellungen zu verwirklichen, auf der anderen Seite orientiert sie sich aber auch an ihr unverständlich (also: ›fremd‹) bleibenden Kundenwünschen und Vorstellungen. Sie berichtet etwa, dass sie nächtliche Führungen mit Fackeln durch einen Binnenhafen anbietet und diese sich enorm erfolgreich entwickelt haben, obwohl sie diese selbst offenbar kaum wertschätzt. Ebenso plant sie gezielt etwas ›reißerischere‹ Veranstaltungen, »weil, da zucken die Leute einfach drauf. Das finden die irgendwie toll.« (KuE1: 732) Ganz offensichtlich fällt es ihr nicht schwer, sich an ihr fremd bleibenden Bedürfnissen zu orientieren.

Gegenüber dieser offensiven Marktorientierung bzw. distanziert-gleichgültigen Orientierung an dem, was ›die Leute irgendwie toll finden‹, distanzieren sich die *bastelnden Unternehmer* sehr deutlich von einer Orientierung an ›fremden‹ Anforderungen und Bedürfnissen. So begreifen sich etwa Klinger und Sahlmann mit ihren Reisen als ›Trendsetter‹, die Konsumwünsche *prägen*, anstatt sich an diesen zu orientieren, und auch Leihs und Abels verneinen eine Orientierung an Moden, Trends und Kundenbedürfnissen explizit.[74]

Mit der Abwehr von Kundenanforderungen und Markttrends und dem Anspruch, immer wieder etwas ganz Besonderes, Neues, Eigenes zu realisieren, geht dabei häufig ein gewisses Sendungsbewusstsein und eine Tendenz zur Selbstcharismatisierung einher, die wiederum jenen Unternehmern fehlt, die sich offensiv an ›fremden‹ Bedürfnissen orientieren. Dies steht zudem in einem engen Zusammenhang mit der Beurteilung des Marktes sowie der ›Angst‹ vor möglichen Konkurrenten oder ›Nachahmern‹: Während etwa der ›reine Geschäftsmann‹ Majewski seine Geschäftsidee möglichst schnell verwirklicht, damit ihm niemand anderes zuvorkommt, und Dreyer und seine Mitstreiter während der Entwicklung seines Magazins »immer beobachtet haben, was mit der Konkurrenz war« (KuM4: 47), sehen sich alle bastelnden Unternehmer als charismatische Vorreiter einer neuen Idee weitgehend ›außer Konkurrenz‹. Besonders gut ist dies bei Leihs erkennbar: »Da sind Leute, die probieren auch, so was zu machen. Ich hör dann auch schon mal, oh, ja, da gibt es ja jetzt viele, die so Sachen

---

[74] Deutlich tritt die Ablehnung ›fremder‹ Ansprüche z. B. bei Mahler hervor. So berichtet er, dass er sich kein Fernsehen mehr ansehe, um frei von Einflüssen etwas Eigenes produzieren zu können: »Weil, ich denk, das ist alles so eine Inzucht und da kommen dann irgendwann nur noch so Medienkrüppel raus. @.@ Weil jeder irgendwie das gleiche macht dann.« (KuM2: 632 ff.) Weiterhin zeigt er Unverständnis für ›Einmischungen‹ von eigentlich schon weitgehende Spielräume gewährenden Auftraggebern: »Also da war zum Beispiel etwas, was der Redakteurin zu unemotional war. Wo ich gesagt hab, das ist Quatsch, also das geht überhaupt nicht.« (KuM2: 454 ff.) Die Vorstellung, Trickfilme »mit eigenen Charakteren und einer eigenen Ideologie, was wir glauben, was sinnvoll ist für Kinder« (KuM2: 416), zu produzieren, setzt deshalb voraus, wirtschaftlich eigenständig zu agieren.

machen wie du. Da sträuben sich meine Nackenhaare. Weil ich finde, das stimmt nicht. Das hat auch nichts mit eingebildet sein zu tun. Ich glaube schon, sagen zu können, das macht keiner, das was ich mache. Und das ist auch das Gute. Auch wenn es immer Leute gibt, die meine Sachen auch kopieren wollen, das wird keiner so hinkriegen. Und wenn, dann mach ich halt was Neues.« (KuD2: 527) Konkurrenzprodukte »von Frauen oder irgendwelchen Leuten, die jetzt auch meinen, kreativ zu sein« (KuD2: 521), können aus ihrer Sicht immer nur mehr schlechte als rechte Kopien der von ihr erstellten ›Originale‹ sein: »Das Gute ist eben, die Leute, die eine Frau Leihs wollen, die kaufen auch nicht woanders.« (KuD2: 531) Insofern Leihs nahezu einen künstlerischen Originalitätsanspruch erhebt und charismatisch (spontan-argumentationslos) von der Überlegenheit ihrer Werke überzeugt ist, macht sie sich keine Sorge um Konkurrenz.

Eine solche selbstcharismatisierende Überzeugtheit von der Besonderheit und Überlegenheit der eigenen Produkte ist allerdings kaum durchzuhalten, sofern sich diese Einschätzung nicht sozial bewährt. Diese für charismatische Entwürfe unabdingliche Bewährung suchen die bastelnden Unternehmer einerseits im wirtschaftlichen Erfolg, andererseits aber auch in erlebter, nicht monetär vermittelter Anerkennung durch Kunden oder relevante Andere. Es muss sowohl die mit dem ›Bauch‹ gefühlte »Resonanz der Leute« stimmen, aber »genauso mit dem Kontostand« (KuE3b: 41) Erfolg gemessen werden, wie dies Klinger formuliert.

6.2.1 ›Doppelte Buchführung‹

Mit den Schlagworten ›Bauchgefühl‹ und ›Kontostand‹ bringt Klinger eine Denkweise auf den Punkt, wie sie typisch für die romantisch motivierten Unternehmer, in Ansätzen aber auch über die berufsethisch motivierten Professionellen und Herzblut-Unternehmer bis hin zu den Freiberuflern erkennbar ist und die man im metaphorischen Sinne als ›doppelte Buchführung‹ bezeichnen kann: Diese Denkweise kennzeichnet, dass jeder ›Geschäftsvorfall‹ – analog zur doppelten Buchführung – doppelt erfasst wird, in zweierlei ›Büchern‹ bilanziert wird. Insbesondere in rückblickend-evaluativen Passagen wird nämlich bei den bastelnden Unternehmern wie den berufsethischen Unternehmern nahezu immer eine Bilanzierung aus zwei Blickwinkeln erkennbar: Einerseits die rational-rechenhafte Beurteilung des wirtschaftlichen Ergebnisses, andererseits eine emotionalen Charakter aufweisende Bilanz des ›subjektiven Erfolges‹, eine Idee umgesetzt zu haben (und damit: Werte realisiert zu haben) sowie nichtmonetäre Anerkennung für seine Produktentwürfe erlangt zu haben. So berichtet etwa Mohr in Bezug auf eine zurückliegende Unternehmung, die Designlampen produzierte, einerseits von einem enormen Erfolg in Bezug auf die soziale Anerkennung relevanter Anderer, andererseits jedoch vom ausbleibenden geschäftlichen Erfolg: »Das war so ein Hype, aber das war eher so ein Hype von ... Es gibt halt Produkte, die in der Presse oder im Allgemeinen Aufsehen erregen, die aber dann produktionstechnisch nicht so lukrativ sind.« (KuD3: 150) Dieser halbe Erfolg reicht nicht aus, die Unternehmung weiterzuführen, wird aber in der rückblickenden Bilanz eindeutig als Erfolg als Designer (sowie als geschäftlicher Misserfolg) gerahmt: »Klar, es war ein Erfolg. Natürlich. Du wurdest halt schon als Designer gefeiert. Aber schöner wäre es natürlich gewesen, wenn dann auch irgendwann dein Produkt auch wirklich irgendwie den Markt dann mal erreicht hätte.« (KuD3: 179)

Doppelte Buchführung kennzeichnet damit eine Geisteshaltung, in der differente Denkweisen – formal-rechenhafter wirtschaftlicher sowie subjektiver, affektuell und wertrational zu bestimmender Erfolg – ›nebeneinander‹ laufen, ohne sich gegenseitig zu irritieren oder zu durchdringen. Die Unternehmer wechseln ihre Denkstandorte, springen zwischen zwei Betrachtungsweisen und wägen die beiden zunächst unabhängig voneinander hergestellten Bilanzen (wenn überhaupt) erst anschließend ab. Dieses sequentielle Wechseln zwischen verschiedenen Denkweisen wird im sprachlichen Handeln der Unternehmer häufig explizit markiert. Dabei ist selten ein ausgeglichenes Verhältnis der Denkweisen zu erkennen. Gewöhnlich wird nämlich nur das Heraustreten aus *einer* quasi-natürlichen Denkweise in eine andere, etwas fremd bleibende Denkweise markiert und nicht umgekehrt: Während die bastelnden Unternehmer und die berufsethischen Unternehmer die Veränderung ihres Denkstandortes genau dann anzeigen, wenn sie ihre idealistische Denkweise suspendieren und einen rein betriebswirtschaftlichen Standpunkt einnehmen, also bewusst markieren, dass sie die Dinge ausnahmsweise rein »aus wirtschaftlicher Sicht« (KuM1: 763) betrachten oder eine gewisse Argumentationsweise aufbauen, »um jetzt so mal eben nur wirtschaftlich zu denken« (KuD3: 202), wird von den Herzblut-Unternehmern der Bruch umgekehrt genau dann markiert, wenn sie nicht betriebswirtschaftlich denken: So berichtet Regner aus betriebswirtschaftlicher Perspektive, dass er sich immer wieder dabei »ertappt« (KuE2: 102), unrentable Veranstaltungen aus wertrationalen Motiven durchführen zu wollen, dass er es also (wider Willen) ›nicht lassen kann‹, sie auch anders als rein betriebswirtschaftlich zu beurteilen.

6.2.2 ›Träger‹ und ›Modulation‹

Die Beurteilung des unternehmerischen Erfolges im Hinblick auf verschiedene Referenzrahmen ermöglicht – wie bereits herausgearbeitet – freimütiges unternehmerisches Handeln, da selbst im Falle ausbleibender marktwirtschaftlicher

Erfolge der subjektive Erfolg der Unternehmung häufig noch gegeben scheint: Wenn zum Beispiel ein neu entworfenes Reise-Event der Firma Partytravel scheitern sollte, ist das »dann vielleicht professionell gesehen kein Erfolg gewesen, aber zumindest hatten wir Spaß bei der Sache« (KuE4: 141). Weiterhin ermöglicht die doppelte Bilanzierung jedoch auch unterschiedliche ›strategische‹ Handlungsweisen: Neben der bereits bekannten Standbein-Spielbein-Strategie, bei der ideell ›rentable‹ Tätigkeiten durch wirtschaftlich rentable, aber ideell unrentable Tätigkeiten ›quersubventioniert‹ werden, ist gerade bei den bastelnden Unternehmern ein Geschäftsmodell zu erkennen, das ohne die Umweghandlung auskommt, reizlosen reinen ›Brottätigkeiten‹ nachzugehen, um dann erst die Verwirklichung eigener (unrentabler) Vorstellungen anzugehen. Diese versuchen nämlich häufig, beide Aspekte in einer Tätigkeit, in einem Produkt zu vereinen. Dies nimmt oft eine Form an, die man metaphorisch mit einem ›Träger und Modulation‹-Modell beschreiben könnte: Wie die Datenübertragung mittels elektromagnetischer Wellen auf eine stabile Trägerwelle angewiesen ist, auf die Informationen durch eine Veränderung der Trägerwelle ›aufmoduliert‹ werden können, so suchen die bastelnden Unternehmer häufig nach einer tragfähigen Geschäftsidee, um sodann eigene Wünsche und (Wert-)Vorstellungen auf diese tragfähige Produktidee ›aufzumodulieren‹. Am deutlichsten erkennbar wird diese Strategie in der Unternehmung von Barthel: So ist das Gutscheinheft für ihn nur ein (tragfähiges) »Medium, was von der Idee gut ist« (KuM1: 169). Sein persönliches Anliegen ist aber, auf der Basis dieses tragfähigen Mediums »eine Plattform zu schaffen, dass wir jungen Künstlern aus der Stadt auch die Möglichkeit geben, ihre Werke einfach vorzustellen.« (KuM1: 157) Das Medium Gutscheinbuch wird als wirtschaftlicher Träger genutzt, dem eigene Wünsche und Wertvorstellungen aufmoduliert werden, die allein nicht wirtschaftlich tragfähig wären. Die bastelnden Unternehmer, die einer solchen Strategie folgen, streben gewöhnlich danach, die Anteile des Eigenen zu erhöhen, das im Rahmen eines wirtschaftlich tragfähigen Produktes umgesetzt wird. Sie können dies jedoch nur dadurch erreichen, dass sie die wirtschaftliche Tragfähigkeit ihrer Unternehmung verbessern, ihr Unternehmen effizienter gestalten, um Ressourcen freizusetzen, die zur Realisation eigener Ideen genutzt werden können. Wirtschaftliche Effizienz ist in diesem Sinne also immer nur Mittel, das dem Zweck dient, (noch mehr) eigene Vorstellungen zu verwirklichen.

6.2.3 Netzwerke, Kooperationen, Freundschaften

Wenngleich im Rahmen einer Träger-Modulations-Strategie der Etablierung eines wirtschaftlich tragfähigen Produktes pragmatisch Vorrang vor der Realisierung eigener Vorstellungen zukommt, sind grundlegende Elemente der eigenen Vorstellungen von Anfang an in das Produkt integriert bzw. ›aufmoduliert‹. Die Herstellung eines Produktes, auf das über seine reine notwendige Funktionalität hinaus Wertvorstellungen ›aufmoduliert‹ sind, setzt allerdings aus mehreren Gründen voraus, dass diese Werthaltungen von möglichst vielen Beteiligten ›verstanden‹, demoduliert bzw. decodiert werden: (1) Sofern nicht alle notwendigen Leistungen vom bastelnden Unternehmer selbst erbracht werden können, ist es pragmatisch-ökonomisch insbesondere zu Beginn von Unternehmungen notwendig, Unterstützer und Kooperationspartner zu finden, die auf der Basis geteilter Werte, einem Verständnis der ›aufmodulierten‹ Vorstellungen und einer Begeisterung für das Produkt der bastelnden Unternehmer bereit sind, Leistungen unentgeltlich oder gegen einen geringeren Lohn als üblich zu erbringen. So produziert Barthels sein erstes Buch auch deshalb in Zusammenarbeit mit Freunden, die seinen Idealismus teilen und seine Idee verstehen, weil dies den Aufwand rechtfertigt und das finanzielle Risiko minimiert: »Also wir haben einfach gesagt, wir können nicht viel zahlen, wir müssen alle ein bisschen zurückstehen sozusagen.« (KuM1: 229) Auch sofern die Produktion erfolgreich angelaufen ist, also ein relativ stabiles Einkommen erwirtschaftet wird, das die Zahlung regulärer Löhne ermöglicht, bleibt es (2) nötig, dass die Beteiligten auf der Basis geteilter Werte bereit sind, mehr Arbeit in die Produktion zu investieren, als ›formal-rational‹ nötig wäre, um den besonderen Charakter im Sinne der bastelnden Unternehmer zu erhalten bzw. auszubauen: So wäre es sicherlich möglich, ein ähnlich wirkendes Produkt wie Barthels Gutscheinbuch herzustellen, ohne sich die (betriebswirtschaftlich: irrsinnige) Mühe zu machen, jedes Jahr »mit knapp zweihundert Künstlern« (KuM1: 171) aus den verschiedenen Städten, in denen Barthels Bücher erscheinen, zu verhandeln – die Besonderheit des Produktes im Sinne von Barthel würde dadurch aber zerstört. Sofern die Überzeugtheit der bastelnden Unternehmer von ihren eigenen Vorstellungen zunächst auf Selbstcharismatisierung beruht, bedarf es schließlich (3) der Bewährung dieser Ideen im direkten Unternehmensumfeld, um diese charismatische Überzeugtheit aufrechterhalten bzw. stetig neue, charismatisch legitimierte Ideen verfolgen zu können. Die bastelnden Unternehmer suchen dementsprechend nach einem Umfeld, das sie in ihrem Impuls, eigene Vorstellungen zu verwirklichen, unterstützt, das Verständnis für ihre Ideen aufbringt und sich von ihrer unmittelbar empfundenen Begeisterung anstecken lässt. Es besteht also die Notwendigkeit, nach Mitarbeitern, Geschäftspartnern,[75] Kooperationspartnern und (sofern nötig) Auf-

---

[75] Zu welchen Problemen es führt, wenn Geschäftspartner nicht dieselbe Werthaltung teilen, verdeutlicht der Konflikt zwischen Barthel und seinem früheren Geschäftspartner, der Barthels Schilderungen zufolge rein betriebswirtschaftlichen Perspektiven folgte: Barthel berichtet, dass es zwar gelegentlich hilfreich gewesen sei, dass sein Partner »immer diesen ganzen Enthusiasmus weglassen

traggebern[76] zu suchen, die das besondere ›Eigene‹ der Produkte der bastelnden Unternehmer nachvollziehen können, ihre Werthaltungen teilen, ihren charismatischen Produktentwürfen vertrauen und dergestalt im Sinne der Unternehmer handeln, diese unterstützen oder ihnen als Auftraggeber entsprechende Freiräume lassen. Diese Anforderung an alle beteiligten Personen führt dazu, dass die bastelnden Unternehmer oftmals in auffällig kleinen, aber dafür stabilen, dauerhaften und auf geteilten Sinn- und Wertvorstellungen basierenden Netzwerken agieren. Die oft gehegte Annahme, dass Arbeit in der Kulturwirtschaft durch intensive, aber flüchtige Kooperation in sehr großen Netzwerken geprägt sei, ist damit in Bezug auf die bastelnden Unternehmer falsch. Dieses Ergebnis ist allerdings insofern nicht ganz neu, als Gernot Grabher (2004) bereits auf die Bedeutung unterschiedlicher Typen von Netzwerken in Regionalökonomien wie der Kultur-, aber auch der Softwarewirtschaft hingewiesen hat. Er differenziert drei Netzwerktypen mit unterschiedlichen Funktionen und damit einhergehend unterschiedlichen ›Beziehungslogiken‹ zwischen den Beteiligten: (1) Auf *connectivity* beruhende Netzwerke sind vornehmlich auf sachlich-themenzentrierten Informationsaustausch ausgerichtet. Sie werden von Grabher mit dem Modell eines ›Clubs‹ beschrieben, in den man jederzeit ein- und austreten kann. Hier können sich zwar engere, nicht ephemere Bindungen bilden, die Form der Interaktion in diesen Netzwerken ist aber eher auf die Konstituierung vielzähliger ephemerer Bindungen sowie den Austausch sachlicher Informationen angelegt. (2) Auf *sociality* beruhende Netzwerke sind vorrangig beruflich-geschäftlich orientiert. Private Elemente werden allerdings gezielt und strategisch als ›soziales Schmiermittel‹ eingebracht. In diesen Netzwerken wird also ein Sozialverhalten gepflegt, wie es für halbanonyme, bürgerliche Formen der Interaktion typisch ist. Es geht hier zwar nicht um den anonymen Informationstausch, sondern um persönliche Interaktion, gleichsam ist wirkliche Privatheit aber fehl am Platze. Als Metapher für diese Interaktionsform dient Grabher die ›(Groß-) Stadt‹. (3) Auf *communality* beruhende Netzwerke sind lang andauernde, intensive Kontakte, in denen (oftmals auf der Basis einer ›oberflächlichen‹ Gemeinsamkeit oder einer gemeinsamen Interessenlage) Vertrauen erarbeitet werden

---

hat und gesagt hat, das sind die Zahlen« (KuM1: 241). Es sei aber dauerhaft z. B. nicht tragbar gewesen, immer wieder zu debattieren, ob Kunstbilder in die Bücher gehören: »Alle andern fanden, es ist klar, dass das da rein gehört, dass es gar nicht anders geht. Weil sonst sind wir genau das gleiche Gutscheinbuch wie jedes andere auch. Und unsere Ziele waren ja überhaupt gar nicht dieses, das ist einfach nur ein Gutscheinbuch. […] Aber er hat es halt nur aus der finanziellen Sicht gesehen: Zeit bedeutet Geld, wir müssen viel Zeit opfern, um das zu realisieren mit den Künstlern.« (ebd.)
[76] So werden Spielräume in der Produktion von Auftragsfilmen durch die Firma Daumenkino auf der Basis einer »fast freundschaftlichen Beziehung« (KuM2: 152) zu den verantwortlichen Redakteuren möglich, »die uns ein Vertrauen zu uns haben und wissen, dass wir so am besten arbeiten« (KuM2: 158).

kann und Kooperation stattfindet, ohne dass Privatheit entsteht. Grabher vergleicht diese mit dem Modell der Nachbarschaft.

Vergleicht man die Netzwerkbeziehungen der verschiedenen identifizierten Typen von Selbständigen, so lässt sich in gewisser Weise an die Aufteilung Grabhers anknüpfen: Während (1) bei den reinen Freelancern fast nur auf *Konnektivität* (connectivity) beruhende Netzwerke erkennbar werden, wird diese Logik der Konnektivität (2) bei den Herzblut-Unternehmern deutlich durch Orientierung an bürgerlichen Prinzipien der *Geselligkeit* (sociality) überlagert. Bei den in der Kreativwirtschaft agierenden (3) berufsethischen Unternehmern sind dagegen schon auf (oberflächlichen) *Gemeinsamkeiten*, also auf ›communality‹ beruhende Vertrauensnetzwerke erkennbar, die jedoch nicht direkt als freundschaftlich begriffen werden können. Schließlich ist (4) die auffällige Dominanz von über ein ›Nachbarschaftsverständnis‹ hinausreichenden *freundschaftlichen* Kontakten ein Proprium der Netzwerke der bastelnden Unternehmer.

(1) Ein Beispiel für ein rein auf *Konnektivität* abzielendes Netzwerk ist etwa die Kooperation des Fotografen Feldmann mit Kollegen, die für Fernsehsender arbeiten: Kontakte beruhen hier schlicht auf dem reziproken Tausch von Informationen, insofern er seine ›Fernsehkollegen‹ über relevante Ereignisse aus dem ›Blaulicht-Bereich‹ informiert und im Gegenzug das Gleiche von ihnen erwartet. Dabei bleiben die Beziehungen zueinander ebenso anonym, wie die Funktionalität des Netzwerkes schlicht mit seiner Größe zunimmt.

(2) Auch bei den Herzblut-Unternehmern wird zunächst eine deutlich auf die reine Masse an Kontakten sowie auf optimale Informationsflüsse (also *Konnektivität*) ausgerichtete Netzwerklogik erkennbar. Deutlich beschreibt dies etwa Regner, der die gezielte Pflege von Kontakten als wichtigen und planvoll zu gestaltenden Teil seiner Arbeit begreift: »Das ist schon Arbeit. Man muss Netzwerke halt auch wirklich pflegen. Man muss auch wirklich losgehen und sich manche Netzwerkkontakte an Land ziehen. Es gibt so Veranstaltungen, auf dem °Technogroßevent A° etwa muss ich oben in die VIP-Lounge. Ich muss da zweimal durchlaufen, weil da läuft der Chef von °Firma A° rum und da läuft der Chef von dem rum und da muss man einmal kurz vorstellig werden. Und man muss immer eine Visitenkarte dabei haben. Du musst den Leuten die in die Hand drücken, nimmst deren Ding mit, du hast die E-Mail-Adresse und die Telefonnummer von denen. Gerade wenn es ein Sponsor ist, zack in die Liste rein, Sponsorenliste sind dann nicht mehr hundertachtundneunzig, sondern hundertneunundneunzig Sponsoren.« (KuE2: 269) Regner setzt eindeutig auf die schiere Masse ephemerer Kontakte, die es bewusst und strategisch herzustellen und zu pflegen gilt und die – wie Regner später ausführlich beschreibt – in verschiedensten thematisch sortierten Listen bürokratisch verwaltet werden können. Auf persönliche Aspekte solcher Kontakte kommt Regner nur auf Nachfrage zu spre-

chen. Obwohl er auch vielfältige freundschaftliche Beziehungen in der Szene unterhält, erläutert er auch dann nur die bürgerlich-funktionale Komponente *selektiv* persönlicher Kontakte, dass das Einbringen persönlicher Elemente Geschäftsbeziehungen besser ›funktionieren‹ lasse: »Je intensiver der persönliche Kontakt ist, desto besser ist es natürlich. Ich hab jetzt gestern angerufen bei jemand, die eine Zigarettenfirma hat und die sitzt in Berlin. Da wollen wir für die °XY-Party° einen Sponsor haben. Sagt die: Ja, ich komm aus °Wohnort Regners°. Frag ich: Wie? Sie: Ja ich wohne auch in °Wohnort Regners°. Da wohnt die hier um die Ecke. Da hatten wir natürlich schon gewonnen, das ist ein funktionierendes Netzwerk gewesen.« (KuE2: 279) Der zufällig vorhandene persönliche Anknüpfungspunkt wird von Regner professionell genutzt, um eine etwas ›privatere‹ Atmosphäre herzustellen und dadurch das ›Spiel‹ zu gewinnen.

(3) Die Netzwerkkontakte der berufsethischen Unternehmer lassen sich wiederum typischerweise als *nachbarschaftliche,* auf Gemeinsamkeiten beruhende Netzwerkformen beschreiben, da sie auf einer geteilten Mentalität und einer ähnlichen wirtschaftlichen Lage basieren, die wechselseitige ›Nachbarschaftshilfe‹ notwendig und möglich macht. Es bilden sich auf dieser Basis dauerhafte nichtanonyme Kontakt- und Kooperationsformen heraus, ohne dass jedoch die vorrangig zweckdienliche Orientierung der wechselseitigen Hilfe wirklich überschritten wird: »Wir suchen auch immer Leute, die halt auch, jetzt also um auf den Punkt zu kommen, Lust haben, Projekte oder Sachen zu machen in Zusammenarbeit, die aber dann auch nicht direkt eine Riesenrechnung stellen dafür« (KuD3: 481), so die Beschreibung der Funktion solcher nicht mehr oberflächlich-anonymer, aber noch nicht wirklich freundschaftlicher Netzwerkkontakte von Sommer. Es geht um den gezielten Aufbau, die gezielte Suche nach festen Kontakten, von der beide Seiten aufgrund einer homologen Interessenlage profitieren, um einen reziproken Tausch von ›Naturalien‹ unter Gleichen: »Klar, wenn man Fotos braucht, kann man einen Fotografen engagieren. Aber das ist ja für uns alles noch gar nicht zu bezahlen. Und deswegen haben wir halt jetzt, auch durch Zufall halt, vor anderthalb Jahren, unsere Fotografin kennengelernt, die Nina, wurde uns halt empfohlen von jemanden. […] Sie arbeitet eigentlich noch gar nicht hauptberuflich selbständig als Fotografin, sondern als Assistentin, und ist halt auch froh, dass sie so ihr Portfolio halt aufbauen kann. Sie macht das halt umsonst. Aber dafür machen wir ihr zum Beispiel eine Website.« (KuD3: 487 ff.) Deutlich wird der pragmatische Anlass des Kontaktes zur Fotografin der beiden Designer: Ein ›normaler‹ Fotograf ist schlicht nicht zu bezahlen. Interessant ist auch die bivalent bleibende Darstellung, wie der Kontakt zu ›ihrer‹ Fotografin hergestellt wurde bzw. entstand: Er wird nämlich einerseits als ungeplant, zufällig, natürlich dargestellt, andererseits wurde diesem Zufall aber ganz offensichtlich gezielt ›auf die Sprünge geholfen‹, es wurde gezielt nach einem in Bezug auf die

beruflichen Interessen passungsfähigen Kontakt gesucht, von dem beide Seiten profitieren. Obwohl also die Zweckrationalität dieses Netzwerkkontaktes etwas verdeckt wird, verweist die Versicherung, dass beide Seiten gleichsam profitieren (die Betonung der Reziprozität der Tauschakte) auf eine Konstruktion, die mit ›Nachbarschaftshilfe‹ besser getroffen ist als mit Freundschaft.

(4) Die Netzwerkkontakte der bastelnden Unternehmer folgen demgegenüber erkennbar dem Idealmodell der *Freundschaft*: Alle bastelnden Unternehmer betonen in Bezug auf relevante Netzwerkkontakte entweder, dass diese auf Freundschaften basieren, dass sich die Beziehungen zu einer nahezu freundschaftlichen Zusammenarbeit entwickelt haben oder dass sich relevante Kontakte idealerweise zu quasi-freundschaftlichen Beziehungen entwickeln sollten. Selbst bei der Firma Partytravel, deren Protagonisten recht weitreichende Netzwerke im Rahmen ihrer langjährigen Arbeit in der Techno-Szene aufgebaut haben, ist die deutliche Tendenz zu erkennen, lieber mit jenen wenigen Personen zusammenzuarbeiten, mit denen man sich ›blind‹ versteht und denen gegenüber die eigenen Ideen nicht umständlich erläutert werden müssen, als besonders große Netzwerke zu pflegen:»Theoretisch hätten wir, oder so war es auch mal, dass ich jetzt also weitaus mehr Leute kannte. Hab ich gar keinen Bock mehr drauf. Da finde ich irgendwie so kleine funktionierende Netzwerke viel besser, wo ich genau weiß, okay, da kann ich den anquatschen, da kann ich den anquatschen und schwuppdiwupp habe ich das, was ich zu einer Veranstaltung brauche. Und es ist ja auch dann so, dass die dann auch wiederum auf mich eingestellt sind. Die wissen ja auch, wie ich ticke und, also da fühle ich mich doch irgendwie wohler, als in den großen Netzwerken.« (KuE3c: 278) Offenbar kommt im Rahmen des Hervortretens mit eigenen, besonderen Ideen dem sozialen Netzwerk, den Kooperationspartnern und Projektmitarbeitern auch die Funktion zu, ein ›Wohlgefühl‹, ein ›Verstanden-Werden‹ zu vermitteln, Bestätigung und Sicherheit für die zunächst selbstcharismatische Überzeugtheit von den eigenen Ideen zu bieten.

Insgesamt spricht vieles dafür, dass die Notwendigkeit, eine freundschaftlich mit einem verbundene ›Anhängerschar‹ um sich zu sammeln, weniger auf die ökonomische Funktion dieser Freundschaftsbeziehungen zurückzuführen ist. Es ist vermutlich die höhere Angewiesenheit auf persönliche Anerkennung im Rahmen der charismatisch fundierten Produktschöpfungen sowie das Verständnis aller Beteiligten für die Produktideen, die dazu führen, dass sich die bastelnden Unternehmer weitaus freundschaftlicher und weniger geschäftlich geprägte Netzwerke aufbauen als andere Unternehmer in der Kulturwirtschaft. Die bastelnden Unternehmer suchen offenbar nach engen gemeinschaftlich-freundschaftlichen Einbindungen, in denen ihre idiosynkratischen Werthaltungen, ihre quasi-esoterischen (nämlich nur einer engeren Gemeinschaft verständlichen)

Ideen und Visionen verstanden werden und Anerkennung finden.[77] Kulturunternehmer sind also nicht nur auf Netzwerke angewiesen, um Ideen zu verbreiten
und Kontakte zu Geschäftspartnern zu knüpfen (Leadbeater/Oakley 1999: 25),
offensichtlich steht oftmals die Suche nach Gesinnungsgenossen, nach Verbün-
deten für eine gemeinsame Sache im Vordergrund. Weite, offene Netzwerke sind
dafür wenig von Nutzen.

6.2.4 Kundenorientierung und Kundenabschreckung

Die bastelnden Unternehmer sind also darauf angewiesen, dass Geschäfts- und
Kooperationspartner sowie eventuelle Auftraggeber die Besonderheit ihrer Produkte zu schätzen wissen. Ähnliches gilt selbstverständlich auch für die Konsumenten ihrer Produkte: Auch diese sollten den besonderen Charakter des Produktes verstehen, die aufmodulierte Besonderheit zu dechiffrieren und zu
schätzen wissen, nicht nur, um den spezifischen Reiz der Produkte zu begreifen
und Begehrlichkeiten zu entwickeln, sondern auch, um die charismatischen
(Selbst-)Entwürfe der Unternehmer zu bestätigen. Im Gegensatz zu einer klaren
Dienstleistungsorientierung der Herzblut-Unternehmer ist das Verhältnis der
bastelnden Unternehmer zu ihren Kunden deshalb deutlich prekärer. So gilt es
zwar, (1) begrenzt Wünsche von Kunden zu verstehen und antizipierend in das
Produkt zu integrieren (sich also *an den Kunden zu orientieren*), (2) aber auch,
den Kunden das Besondere der Produkte verständlich zu machen (also *die Kunden über das Produkt zu orientieren*). Neben dieser Kundenorientierung im doppelten Sinne ist weiterhin (3) deutlich erkennbar, dass es im Sinne der bastelnden
Unternehmer auch schlicht falsche Kunden gibt, an deren Ansprüchen sie sich
ebenso wenig orientieren wollen, wie sie es für aussichtslos halten, diesen die
Besonderheit ihrer Produkte zu verdeutlichen. In Bezug auf diese Kunden wird
eine Strategie zur Wahrung der eigenen Interessen erkennbar, die man als *Kundenabschreckung* bezeichnen kann.

   Praktisch zeigt sich bei allen Unternehmen ein komplexes Zusammenspiel
zwischen einer Orientierung an Kundenwünschen, einer Orientierung von Kunden über das zu Erwartende sowie einer Abschreckung ›ungeeigneter‹ Kunden.
Dieses Zusammenspiel wird aufgrund der komplexen ›Kundenkonstellation‹ bei
der Firma Partytravel besonders gut sichtbar. Denn es gilt bei den von der Firma
produzierten Reise-Events immer im Sinne einer (1) *Orientierung an den Kunden,* Interessen von mindestens drei Gruppierungen zu beachten: Das Interesse

---

[77] In einem gewissen Sinne zeigen sich damit Ähnlichkeiten zu den Zusammenschlüssen von Künstlern
zu Künstlergruppen, die sich manifest oft mehr um ein gemeinsames ästhetisches Projekt (geteilte
Werte) bilden und nur latent marktstrategischen Interessen dienen (vgl. Müller-Jentsch 2005: 174).

der eigentlichen Reisekunden, einen erlebnisreichen Urlaub zu günstigen Preisen zu verbringen, muss zunächst mit dem Interesse von Sponsoren, möglichst viele Menschen mit Werbebotschaften zu erreichen, verbunden werden. Letzteres erfordert die Integration von Medienpartnern, die Werbebotschaften über die Kundengruppe hinaus verbreiten und wiederum ein Interesse an der preiswerten Produktion ansprechender Bilder haben. Die Abstimmung dieser unterschiedlichen Interessen in den Events der Firma ist offensichtlich Ergebnis einer Haltung, die darauf ausgerichtet ist, die Interessen aller Kunden der Firma zu verstehen und für eine möglichst umfassende Realisierung zu sorgen. Auf ihrer sich an ›Geschäftskunden‹ (Sponsoren und Medienpartner) richtenden Internet-Seite kommunizieren die Protagonisten der Firma demgemäß eine offensive Orientierung an Kundenbedürfnissen: »Unseren Gästen erfüllen wir Träume, den Medien bieten wir Gelegenheit, diese Träume zu transportieren – die Sponsoren sind darin integriert« (Website KuE3/4: 26), so das Versprechen der Firma.

Damit die Integration dieser vielfältigen Interessen gelingt, gilt es aber (2) auch, *alle beteiligten Partner über die Interessen anderer Partner* und das im Rahmen des Events zu Erwartende *zu orientieren.* So müssen zum Beispiel Medienpartner über das Interesse der Kunden informiert werden, nicht immer gefilmt zu werden: »Denen hab ich dann auch mal gesagt, okay jetzt hören wir mal auf zu filmen, ja weil jetzt reicht es. Manche Gäste sind einfach gehemmt, wenn gefilmt wird.« (KuE4b: 334) Für die Reisekunden heißt dies andersherum, dass sie im Vorfeld über das Interesse der Sponsoren und Medienpartner orientiert werden müssen, einen Filmbeitrag über den Event-Urlaub zu produzieren. Die Protagonisten der Firma versuchen, dieses Interesse der Sponsoren und der Medienpartner in die Vorstellungswelt der Kunden zu transferieren und kündigen es demzufolge als Produktion eines Urlaubsvideos auf der eventeigenen Internetseite an: »An alle – das Urlaubsvideo ist gesichert. Wir werden wieder die Nachtschleife für °Privatsender A°- produzieren!« (Webseite KuE3/4: 28) Erkennbar versuchen die Protagonisten also im Rahmen einer dialogischen Praxis (vgl. Euteneuer/Niederbacher 2009), die Interessen der verschiedenen Kunden zu rekonstruieren, um sich an diesen orientieren zu können und um die Kunden wechselseitig über die Interessen anderer zu orientieren.

(3) Neben dieser Kundenorientierung wird jedoch auch deutlich, dass *Sponsoren, Medienpartner* und *Reisekunden* immer schon in Bezug auf die *Passfähigkeit zu bestimmten Events ausgewählt werden,* die Protagonisten der Firma also keineswegs bereit sind, sich an beliebigen Bedürfnissen zu orientieren. Auch die Bedürfnisse von Medien und Sponsoren müssen in das anhand des eigenen Geschmacks im Vorfeld detailreich entwickelte Event-Konzept integrierbar sein: »Wir versuchen natürlich auch, passende Unternehmen oder Sponsoren zu akquirieren, die dann auch so von meinem oder von unserem Ge-

schmack her da rein passen könnten.« (KuE3b: 44) Wie also die Ansprüche von Sponsoren gegenüber den Vorstellungen der Reisekunden sowie den eigenen Vorstellungen der Unternehmer ›vertretbar‹ sein müssen, so gilt auch für die berichterstattenden Medienpartner, dass sie eine gewisse Sensibilität für die Bedürfnisse der Reisekunden aufweisen müssen. Demzufolge findet auch hier im Vorfeld eine sorgsame Auswahl von Medienpartnern statt bzw. eine gezielte *Abschreckung ungeeigneter Partner*:»Wir schauen natürlich, wen wir mitnehmen. Bei °Event A° wollte zum Beispiel das °Privatsender A°-Team auch noch mitkommen, die haben wir dann so ein bisschen ausgeladen.« (KuE4b: 334)

Am deutlichsten zeigt sich die Abschreckung ungeeigneter Kunden jedoch in Bezug auf die Reisekunden eines exklusiven, für nur ca. 150 Personen angelegten Events der Firma, in dem am deutlichsten und kompromisslosesten die charismatische Vorstellung der Protagonisten der Firma von einem ›Traumurlaub‹ umgesetzt werden soll. Falsche Kunden würden nicht nur keinen Spaß an diesem Event haben, sie würden auch den Protagonisten der Firma ihren eigenen Spaß verleiden, da sie mit ihrem Unverständnis die charismatischen Ideen der bastelnden Unternehmer entzaubern. Kunden erst langwierig von der schlussendlich nur schwer kommunizierbaren emotionalen Anziehungskraft des Produktes überzeugen zu müssen, ist weder ein aussichtsreiches noch ein vergnügliches Unterfangen. Demgemäß ist es bei diesem Event besonders nötig, falsche Kunden von Beginn an fernzuhalten. Dies beginnt mit der Wahl des Termins (außerhalb der Ferien, um »diese ganzen Schüler und so, mit denen man nur Stress hat« [KuE4a: 123], von einer Teilnahme abzuhalten), reicht über eine möglichst passgenaue Beschreibung der Reise in Werbemitteln und mündet darin, dass jeder Kunde einen (humorvoll gestalteten) Online-Fragebogen beantworten muss, um zum Buchungsportal der Firma zu gelangen. Anhand dieses Fragebogens wird die Event-Kompatibilität potentieller Kunden getestet. Die Reisekunden werden angeleitet, ihre Erwartungen zu überdenken: Wer z. B. mit den reisezieltypischen klimatischen Verhältnissen, dem Spielraum für individuelle Aktivitäten bietenden offenen Tagesablauf sowie einem sich möglicherweise spontan ändernden Programm nicht zurechtkommen könnte, wird an der Buchung gehindert und auf die Internetseiten mitteleuropäischer Reiseregionen (Klima), großer Reiseanbieter (Ganztags-Animation statt Individualprogramm) oder der Bundeswehr (mangelnde Offenheit für Spontaneität) verwiesen, da der als ungeeignet identifizierte Kunde bei diesen ›Anbietern‹ besser aufgehoben ist (vgl. Euteneuer/Kleutgen/Niederbacher 2009). Es gilt also, als Kunde dieses Events das Profil zu erfüllen, mit dem sich auch die Eventmacher identifizieren:

> »Du bist erwachsen genug für °Event A° und willst nicht weit weg reisen, um dort 100 Prozent Mitteleuropa zu finden. Du weißt Reisen zu schätzen, bei denen Dir alles Lästige an Organisation abgenommen wird, aber Spielräume für Individualismus

bleiben. Du legst nicht Wert auf die minutiöse Einhaltung des Programms, sondern nur darauf, dass Du zurückkommst und sofort zwanzig Freunde anrufst, um ihnen zu erzählen, wie geil es war. Du entdeckst eine neue Welt!« (Website KuE3/4: 29)

Diese besondere Sensibilität in Bezug auf die Art der Kunden und die Schwierigkeit (bzw. den Unwillen), die eigenen Produkte zu ›erklären‹, wird bei vielen bastelnden Unternehmern kenntlich. So etwa auch in einer Passage, in der Leihs von der enttäuschenden Teilnahme an einer Werbeaktion lokaler ›Kreativunternehmen‹ berichtet:»Dass ich das nicht sofort wieder rausbekomme, was ich da investiere, war mir klar. Aber was für mich einfach so traurig war: Ich hätte einfach irgendwie ein besseres Gefühl mitgenommen, wenn die Leute anders gewesen wären, die vorbeigekommen sind. Die waren nicht die Leute, die normal zu mir kommen. Weil ich hab echt tolle Kunden, die das auch irgendwie verstehen, was ich mache, und einfach so eine Offenheit haben. Diese Offenheit war nicht da. [...] Und dann denk ich mir, dann sollen die lieber gar nicht erst kommen, weil da ärger ich mich nur.« (KuD2: 408) Erkennbar sind hier nicht vornehmlich geschäftliche Hoffnungen von Leihs enttäuscht worden. Das ›Unverständnis‹ der Besucher für ihre Produkte ist vielmehr fast persönlich verletzend, macht Leihs ärgerlich und traurig. Solch ›unverständiges‹ Publikum sollte erst gar nicht den Weg in ihr Geschäft finden. Kundenabschreckung ist damit keinesfalls eine exotische Strategie der Firma Partytravel: Denn auch Leihs bemüht sich, ›verbohrte‹, nicht offene Kunden an andere Geschäfte ›loszuwerden‹:»Also, ich hatte hier letztens eine Kundin, die hat mich dann nach Dingen gefragt, wo ich weiß, dass das jemand anderes macht. Und, ja, die war einfach auch nicht sympathisch. Und dann hab ich ihr das erklärt, dass sie dann woanders hingehen muss. Die soll dann auch woanders hingehen. Die wird auch nie mehr hierhin kommen. Was aber auch gut so ist.« (KuD2: 444)

Insgesamt kommt also bei den bastelnden Unternehmern eine Mischung aus Orientierung am Kunden, Orientierung der Kunden und Kundenabschreckung zum Einsatz, um einerseits das Besondere der Produkte zu wahren, eigene Werte realisieren zu können, andererseits aber auch geschäftlich erfolgreich zu sein. Bis auf die Orientierung am Kunden zielen alle Strategien, die in diesem Kapitel beschrieben wurden, auf die Erhaltung der Besonderheit des eigenen Produktes, die Erarbeitung von Möglichkeiten für die Unternehmer, ›ihr Ding‹ umzusetzen. Diese Strategien können sich – obwohl auf den ersten Blick oftmals ökonomisch ›irrational‹ – alle auch als ökonomisch durchaus rational erweisen, sofern sich genügend gleichgesinnte Kunden für die dann ›ganz besonderen‹ Produkte finden. Die Abwägung zwischen Kundenorientierung und der Wahrung eines eigenständigen Charakters ist somit ein Balanceakt, bei dem sich sowohl eine zu deutliche Ablehnung von Kundenwünschen als auch eine zu starke Orientierung an diesen als geschäftsschädigend erweisen kann.

7 Entgrenzung, Begrenzung und Grenzarbeit

Die Thematisierung von Begrenzungen und Entgrenzungen hat derzeit Konjunktur (vgl. 1.1). Gleichwohl ist die Beschäftigung mit Begrenzungs- und Entgrenzungsprozessen nicht als ›Modethema‹ zu werten: Wurde doch der Prozess funktionaler Differenzierung bereits von den Klassikern des Faches als zentraler soziologischer Topos etabliert und seine Bedeutung für die Entwicklung moderner Gesellschaften seitdem auf vielfältige Art und Weise reflektiert (vgl. zum Überblick Schimank 2007: 25 ff.). Die diagnostizierte fortschreitende Ausdifferenzierung moderner Gesellschaften wird dabei bis heute ambivalent beurteilt: Einerseits besteht Konsens darüber, dass die funktionale Differenzierung Voraussetzung wie Ausdruck jener auf Spezialisierung basierenden gesellschaftlichen Arbeitsteilung ist, welche die enorme Leistungs-, Entwicklungs- und Anpassungsfähigkeit moderner Gesellschaften überhaupt ermöglicht. Andererseits wird ebenso notorisch auf die Gefährdung der Sozialintegration durch ›überzogene‹ Differenzierung sowie auf die Notwendigkeit der Vermittlung zwischen ausdifferenzierten, funktionslogisch unabhängigen Bereichen hingewiesen.

Dass Ausdifferenzierungsprozesse dabei nicht ausschließlich als Prozess soziokultureller Grenzsetzungen begriffen werden können, sondern immer auch die Auflösung bestehender Grenzsetzungen voraussetzen, ist bei den Klassikern des Faches zwar erkennbar,[78] jedoch kein Thema differenzierungstheoretischer Betrachtungen geworden. Auch die Möglichkeit einer Umkehrung von Prozessen der Differenzierung und Spezialisierung im Sinne einer tatsächlichen Entdifferenzierung – und darauf verweist ja streng genommen das Stichwort der Entgrenzung – wurde keineswegs in den Blick genommen: Denn trotz aller Kritik an den Folgen gesellschaftlicher Differenzierung schien der Prozess an sich ebenso unabdinglich wie unumkehrbar (vgl. Gottschall/Voß 2003: 14).

Wenn gegenwärtig Entgrenzung diagnostiziert wird, ist dies also tatsächlich eine neuartige theoretische Tendenz, welche die klassische Diagnose fortschreitender Differenzierung deutlich irritiert. Sofern tatsächlich Entgrenzungsprozesse im Sinne einer Entdifferenzierung zu beobachten sind, wäre dies von nicht unerheblichem theoretischen Gewicht. Gerade angesichts der inflationären Verwen-

---

[78] Man denke etwa an die berühmte marxsche Formulierung, dass alles Stehende und Ständische verdampft, sich also ständische Grenzen auflösen.

dung des Entgrenzungsbegriffs gilt es aber, einen skeptischen Blick darauf zu werfen, inwieweit nicht nur eine Auflösung tradierter Grenzen, sondern tatsächlich klassischen Vorstellungen von Modernisierung entgegenlaufende Prozesse der (Re-)Integration zuvor klar abgegrenzter Bereiche beobachtbar sind. Eine Auflösung alter Grenzsetzungen könnte nämlich auch auf Prozesse fortschreitender Modernisierung hinweisen, innerhalb derer die Auflösung alter Grenzen ›nur‹ Symptom der Etablierung neuer Grenzmuster ist: Sofern die differenten Logiken unterschiedlicher funktionaler Teilsysteme von den Individuen weitreichend internalisiert wurden, geht eine vermeintliche Auflösung strikter Abgrenzungen nämlich möglicherweise auch schlicht mit der Etablierung komplexerer, flexiblerer, individuell herzustellender Grenzsetzungen einher. In Anlehnung an eine von Norbert Elias (1976: 312 ff.) entwickelte Vorstellung hieße dies, dass *auferlegte Grenzmuster* (Fremdzwänge) obsolet werden, wo sie erfolgreich durch *eigenverantwortliches Grenzmanagement* (Selbstzwänge) ersetzt werden.

7.1 Entgrenzung von Arbeit und Leben?

Fokussiert man die historische Entwicklung, die zur Ausprägung der modernen Differenz von ›Arbeit‹ und ›Leben‹ führte, so lassen sich auch hier sowohl Entgrenzungs- als auch Eingrenzungsprozesse identifizieren: So führte die Industrialisierung zur Freisetzung der Mehrheit der Bevölkerung aus der Schollengebundenheit sowie zur Auflösung tageszeitlicher und saisonaler Arbeitszeitbegrenzungen und ließ die Grenzen des ›ganzen Hauses‹ erodieren, in dem Arbeit und Leben zeiträumlich ›ungeteilt‹ verbunden waren. Gleichzeitig wurden neue Grenzen zwischen Heim und Betrieb etabliert, die quer zu alten Grenzen liefen.

Insofern gegenwärtig von einer Entgrenzung von Arbeit und Leben die Rede ist, wird diese Entgrenzung jedoch nicht gegenüber vormodernen Zuständen oder frühindustriellen Zeitarrangements konstatiert. Denn erst im Zuge einer »Verkürzung und zugleich Verdichtung der Arbeitszeit unter dem Diktat verwertungsorientierter Rationalisierung« einerseits und einer »zeitlichen Ausdehnung und sozialen Aufwertung von Familienleben, Eigenarbeit, Freizeit und individueller Entfaltung« (Kratzer/Lange 2006: 172) andererseits hat sich in den 1950er und 1960er Jahren jenes Sphärenarrangement durchgesetzt, in dem die beiden Lebensbereiche der Produktion und Reproduktion weitgehend von Elementen der jeweils anderen Sphäre gereinigt waren und auf dessen ›Normalität‹ in der Debatte um eine mögliche Entgrenzung rekurriert wird.

Insofern von einer Entgrenzung von Arbeit und Leben die Rede ist, wird also eine Abweichung von jenem idealtypischen Muster der Teilung von Arbeit und Leben markiert, das die Arbeits- und Industriesoziologie im Rahmen des *fordistischen Regulationsregimes* verortet.[79] Begreift man Entgrenzung ›nur‹ als Prozess der Abweichung von diesen Normvorstellungen, so erscheinen Prozesse der Entgrenzung von Arbeit evident.[80]

Obwohl klare Hinweise vorliegen, dass die fordistische Organisation der Teilung von ›Arbeit‹ und ›Leben‹, von ›Arbeitskraft‹ und ›Person‹ sowie von Erwerbsarbeit und Reproduktionsarbeit sich zusehends pluralisiert, ist damit aber noch keineswegs gesagt, dass es tatsächlich sinnvoll ist, von *Entgrenzung* in einem strukturtheoretischen Sinne zu sprechen: So deuten empirische Ergebnisse bislang ›lediglich‹ darauf hin, dass einheitliche, institutionell vorgegebene und flankierte Strukturierungen der Lebenssphären an Normierungskraft verlieren und dergestalt – wie von Voß (1998) angenommen – Individuen »in neuer Qualität eigene Strukturen schaffen und individuelle Neubegrenzungen vornehmen« (ebd.: 479) müssen. Die im Rahmen der Theorie des Arbeitskraftunternehmers (Voß/Pongratz 1998) vertretene Annahme, dass die Sphären beginnen, ihre ›Eigenlogik‹ einzubüßen, scheint sich bislang jedoch nicht zu bestätigen. Dies deutet darauf hin, dass Prozesse der Alltagsorganisation durch Pluralisierung und Destandardisierung zwar eine neue Dynamik erlangen, die grundlegende Trennung der Bereiche jedoch unberührt bleibt (vgl. Jürgens 2006: 67 ff.). Dergestalt werden empirisch zunehmend individuelle Begrenzungsprozesse, die Konstitution von ›Grenzen der Entgrenzung‹ (Mayer-Ahuja/Wolf 2005a) ins Auge gefasst.

Historisch betrachtet erscheint somit die Beschreibung von Kratzer und Lange (2006) angemessen, dass in Bezug auf das Verhältnis von Arbeit und Leben zunächst eine Verschiebung von Grenzen, insbesondere eine Expansion von

---

[79] Idealtypisch kennzeichnete dieses Regulationsregime (1) die Durchsetzung männlicher abhängiger Lohnarbeit mit Achtstundentag und Fünftagewoche sowie weiblicher Reproduktionsarbeit; (2) eine am tayloristischen Paradigma (Arbeitsteilung, Spezialisierung, hierarchisch-bürokratische Steuerung) orientierte Arbeitsorganisation, die als ›Trennung von Arbeitskraft und Person‹ interpretiert wurde; (3) das Zusammenspiel betrieblicher und tarifvertraglicher Regelungen mit wohlfahrtsstaatlichen Sicherungssystemen und kollektiven Konfliktregelungsinstitutionen sowie (4) die räumliche und zeitliche Trennung der Reproduktionsarbeit sowie der ›Freizeit‹ von der Erwerbsarbeit.

[80] So werden unter dem Schlagwort der Krise des Fordismus in der Arbeits- und Industriesoziologie Entwicklungen thematisiert, die jene oben aufgeführten Normalitätsvorstellungen irritieren: (1) die Bedeutungszunahme (neuer) selbständiger Tätigkeitsformen (vgl. 2.1), sowie die Entstandardisierung und Flexibilisierung von Arbeitszeiten (vgl. Kratzer/Lange 2006: 176 ff.); (2) die Reintegration planender und ausführender Tätigkeiten sowie damit einhergehend die Notwendigkeit, Subjektivität bewusst in den Arbeitsprozess einzubringen (Hirsch-Kreinsen 2003: 10 f., Deutschmann 2001); (3) der Rückgang der Normierungsmacht betriebsvertraglicher Regelungen sowie ein Umbau der wohlfahrtstaatlichen Sicherungssysteme (vgl. Blanke/Bandemer 1999). Damit kommt (4) auch die unter dem Stichwort der Entgrenzung von Arbeit und Leben diskutierte Frage auf, ob im Zusammenhang mit diesen Entwicklungen nicht auch die räumliche, zeitliche und soziale Abgrenzung von Familie und Freizeit gegenüber der Erwerbsarbeit erodiere, nicht zuletzt, da die geschlechterspezifische Arbeitsteilung durch die Expansion von Frauenerwerbsarbeit zumindest unter Druck gesetzt wird.

›Freizeit‹ in der Moderne zu beobachten war, sodann eine Pluralisierung von Teilungsmustern, und dass gegenwärtig lediglich zur Debatte steht, ob diese Pluralisierung in Formen einer Verschränkung von Arbeit und Leben tatsächlich eine neue Qualität annimmt. Zur Annäherung an *diese* Frage erscheint gerade die industriesoziologische These der ›Selbstrationalisierung‹ im Sinne der ›Verbetrieblichung‹ der Lebensführung wenig hilfreich: Denn erstens kann man deutliche Zweifel anmelden, dass eine Tendenz zur effektiv-zweckrationalen Organisation des ›Privatlebens‹ historisch gesehen eine neuere Tendenz darstellt.[81] Und zweitens verliert eine solche Fokussierung auf Rationalisierung die Eigenlogik des ›privaten‹ Lebens aus den Augen: Denn selbst die Feststellung einer hochgradigen Rationalisierung der Lebensführung würde ja noch keine Antwort auf die Frage geben, aufgrund welcher Interessen oder Zwänge eine solche Rationalisierung erstrebenswert oder notwendig erscheint. Es gilt zur Annäherung an die Frage nach einer neuen Qualität in der Teilung von Arbeit und Leben also auch zu untersuchen, aufgrund welcher *Vorstellungen* und *Werthaltungen*, auf der Basis welcher *Weltanschauungen* und Vorstellungen eines ›gelungenen Lebens‹ *welches Verhältnis von Arbeit und Leben subjektiv angestrebt* wird, und inwieweit diese Vorstellungen verwirklicht werden können.

In der Rekonstruktion des jeweiligen Verhältnisses von Arbeit und Leben unterscheiden sich die in dieser Arbeit untersuchten Fälle wenig von den in den einschlägigen arbeits- und industriesoziologischen Studien konstruierten Typologien: Bei aller Unterschiedlichkeit in den Kriterien der ›Entgrenzung‹ konstruieren die meisten Studien nämlich Typen des Verhältnisses von Arbeit und Leben, die vornehmlich zwischen (und kaum an den Polen) einer klaren und einfachen Segmentierung von Arbeit und Leben und einer komplexen Verschränkung von Arbeit und Leben angesiedelt sind (vgl. Jürgens 2006: 61 ff.). Bei einer überwiegenden Zahl der Fälle sind ›nur‹ mehr oder weniger komplexe Segmentierungsmuster erkennbar, sehr selten erscheint ein Privatleben auf der Basis extrem arbeitszentrierter Alltags- und Lebensentwürfe so marginalisiert, dass aufgrund einer Auflösung des Privatlebens von einer Verschmelzung von Arbeit und Leben gesprochen wird (vgl. z. B. Ewers/Hoff/Schraps 2004).

---

[81] Der Annahme Taylors folgend, dass sich die Prinzipien des ›scientific management‹ »auf alle Arten menschlicher Tätigkeiten anwenden lassen« (Taylor 1977: 5), finden sich seit den 1920er Jahren Anleitungen und Ratgeber zur methodisch-rationellen Organisation des ›Haushaltes‹ (vgl. Wildt 1996). Diese ging jedoch keineswegs mit einer Entgrenzung der Sphären einher, sondern basierte vielmehr auf Trennung und Spezialisierung. Insofern ist die – oft an modernen Managementratgebern festgemachte – Tendenz zur Rationalisierung des ›ganzen Lebens‹ vielleicht auch ›nur‹ Ausdruck der Tatsache, dass (zumindest rhetorisch) nicht mehr nur die (Haus-)Frau in der Verantwortung einer (rationellen) Organisation der außerhalb der Erwerbsarbeit liegenden Alltagsarbeiten und ihrer Abstimmung mit dem Arbeitsalltag steht (vgl. Jürgens/Voß 2007, Jürgens 2006: 104 ff.).

Für die im Rahmen dieser Arbeit betrachteten Selbständigen ist eine hohe Arbeitszentriertheit der gegenwärtigen Alltags- und Lebensentwürfe in allen Fällen kennzeichnend. Trotzdem sind in zwei Dritteln der hier betrachteten Fälle Formen der Lebensführung zu erkennen, die auf einer *klaren Trennung*, einer *Segmentierung* von Arbeit und Leben beruhen (7.2). Immerhin in einem Drittel der Fälle ist jedoch eine so ausgeprägten Verknüpfung von Arbeit und Leben zu erkennen, dass hier die Rede von einer tatsächlichen *Verschränkung* oder gar *Verschmelzung* von Arbeit und Leben angemessen erscheint (7.3). Dieser vergleichsweise hohe Anteil deutlich zur Verschränkung tendierender Formen der Lebensführung animiert zu tentativen Rückschlüssen auf die Rahmenbedingungen und subjektiven Vorstellungen, die solche Formen der Lebensführung ermöglichen.

7.2 Arbeitszentrierte Segmentierung

Alle untersuchten Freelancer, reinen Geschäftsmänner, berufsethischen Unternehmer, zwei der Künstler (Kü1, Kü3), zwei der bastelnden Unternehmer (KuM2, KuM3) und ein Herzblut-Unternehmer (KuM4) lassen eine klare Trennung von ›Arbeit‹ und ›Leben‹ trotz arbeitszentrierter Form der Lebensgestaltung erkennen. Die Verhältnisse der Sphären lassen sich dabei zunächst ›objektiv-formalen‹ Kriterien folgend in zwei Gruppen unterteilen: Einerseits wird ein Trennungsmuster erkennbar, das nur durch extensivere Arbeitszeiten vom ›Normalmodell‹ einer Fünftagewoche mit Achtstundentag abweicht. Diese Form der Segmentierung wird hier als *normorientierte Segmentierung* (7.2.1) bezeichnet. Von subjektiv als belastend empfundenen Entgrenzungserfahrungen wird in diesen Fällen kaum berichtet, da der erreichte Segmentierungsgrad so hoch ist, dass höchstens die Extensivität der Arbeit, nicht aber eine Irritation der Grenzen zwischen Arbeit und Leben problematisch erscheint. Dieser klaren Trennung stehen flexible Trennungsmuster gegenüber, in denen die Trennung von Arbeit und Leben ›kleinteiliger‹ organisiert ist und situativ immer wieder neu hergestellt wird. In diesen Formen *flexibler Segmentierung* (7.2.2) tritt die Anforderung in den Vordergrund, Grenzen immer wieder subjektiv festzulegen und zu verteidigen. Demzufolge werden hier ›Entgrenzungserfahrungen‹ insofern thematisiert, soweit Grenzfestlegungen umkämpft sind.

7.2.1 Normorientierte Segmentierung

Einem Normalarbeitsverhältnis am nächsten kommen in ihrer subjektiven Wahrnehmung die Arbeitsgestaltungen der reinen Geschäftsmänner (U2, U4) sowie der meisten berufsethischen Unternehmer (U1, U3, KuD3). Zwar berichten diese von leicht bis stark verlängerten Arbeitszeiten, diese sind jedoch klar festgelegt. Die faktische Geltung dieser eigenverantwortlich fixierten Arbeitszeiten wird allerdings typischerweise relativiert: Alle genannten Unternehmer weisen darauf hin, dass es bei entsprechender Dringlichkeit immer Ausnahmen von den in ihrer Normgeltung jedoch unangetastet bleibenden ›Normalarbeitszeiten‹ gibt. Selbst in jenen Fällen, in denen die gesellschaftlich zentrale Norm des ›freien Wochenendes‹ (vgl. Kratzer/Lange 2006: 196) faktisch regelmäßig gebrochen wird, wird normativ weiterhin an einer Trennung von Arbeit und ›Leben‹ festgehalten.

Die einzige Tendenz zu einer Entgrenzung von Sphärenlogiken ist bei diesen Unternehmern allenfalls darin zu erkennen, dass ›Freizeit‹ vor dem Hintergrund verlängerter Arbeitszeiten zu einem Gegenstand expliziter Planung wird, als knappes Gut bewusst und ›effektiv‹ genutzt werden muss: So berichtet Sterk, dass man »ganz bewusst Zeiten reservieren muss für Freizeit, damit das nicht zu kurz kommt«, und dass er »auf die wenige Freizeit mehr Wert legt, dass man da auch wirklich was Schönes unternimmt« (U3: 61). Sowohl die formalere Planung als auch die gewachsenen inhaltlichen Ansprüche an die Freizeit können zwar prinzipiell zu Belastungen sozialer Beziehungen führen, beides ist jedoch kein Beleg dafür, dass sich Orientierungsmuster ändern. Vielmehr wird von allen Unternehmern Wert auf die Feststellung gelegt, dass man als selbständiger Unternehmer zwar etwas mehr arbeite als andere, aber trotzdem in der Freizeit unverändert denselben Interessen nachgehe wie zuvor.

In allen diesen Fällen wird also betont, dass man auch als Unternehmer ein ›ganz normales‹ Leben führt. In Bezug auf die Teilung von Arbeit und Leben bedeutet dies, sich trotz extensiverer Arbeitszeiten an einer ›völlig normalen‹ Trennung zwischen Arbeit und Leben zu orientieren. Zwar wird von einem passageren Überhandnehmen der Arbeit und einer Marginalisierung der Freizeit berichtet, die normative Orientierung der Unternehmer, Arbeit und Leben trennen zu wollen, wird dadurch aber nicht irritiert. Alle genannten Unternehmer arbeiten dauerhaft auf kürzere Arbeitszeiten und ein arbeitsfreies Wochenende hin. Die Basis für ›entgrenzte‹ Arrangements erscheint also keineswegs gegeben.

7.2.1.1 Normalisierende Deutungsmuster

Auffällig an den bisher betrachteten Fällen ist, dass die normative Bedeutung der Commonsense-Vorstellungen von Normalarbeitszeiten hoch ist, obwohl die Abweichungen von einem solchen Arbeitsverhältnis zum Teil ›objektiv‹ nicht unerheblich erscheinen. Keiner der bislang genannten Unternehmer sieht jedoch einen Grund, die erkennbare Normabweichung im Interview ausführlich zu thematisieren. Selbst Sterk, der mit etwa 11 Stunden wochentäglicher Arbeitszeit und regelmäßiger Wochenendarbeit deutlich expansive Arbeitszeiten benennt, begreift dies nicht als problematisch. Vielmehr greifen die Unternehmer auf Deutungsmuster zurück, mit denen diese Abweichungen normalisiert werden.

Zum einen wird immer wieder deutlich gemacht, dass eine hohe Identifikation mit der Arbeit vorliegt, die Arbeit also zwar nicht als Freizeit, aber doch als etwas, das man gerne macht, begriffen wird: »Das ist in dem Sinne keine Belastung, hier zu sein und zu arbeiten, das ist nichts, was man loswerden möchte oder so« (U1: 76), so Sterk. Obgleich er »gern auch mehr Zeit für andere Dinge« (ebd.) hätte, sich mehr Freizeit wünscht, ist eine Verkürzung seiner Arbeitszeiten nicht sein dringlichstes Anliegen. Die ›überlangen‹ Arbeitszeiten werden also erstens dadurch relativiert, dass die eigenverantwortliche Arbeit wenn auch nicht als Freizeit, so doch als relativ selbstbestimmte Zeit, die keine wirkliche Last ist, beschrieben wird. Diesem Ansatz ähnelt auch zweitens die Normalisierungsstrategie, gewisse Arbeiten als ›nicht richtige Arbeit‹ auszuklammern, wobei diese etwas paradoxe ›Ausklammerung‹ von ›Nicht-Arbeit-Arbeiten‹ in zwei Richtungen möglich ist: So ist für Sterk die Wochenendarbeit nicht eine Extensivierung seiner eigentlichen Arbeit, sondern mit seinem Wechsel zur Selbständigkeit ist zwangsläufig Verwaltungsarbeit hinzugekommen: »Das liegt an solchen Dingen wie Bürokratie, also dass man nicht nur seine Arbeit hier macht, sondern für viele Sachen verantwortlich ist, die früher andere gemacht haben. Diese Papierarbeit, das nimmt viel Zeit in Anspruch.« (U1: 56) Es ist also nicht mehr wirkliche Arbeit, die seine Arbeitszeiten verlängert, sondern ›Papierarbeit‹, die in gewisser Weise den Preis eigenständigen, eigenverantwortlichen Arbeitens darstellt. Majewski rahmt dagegen genau umgekehrt einen Teil seiner Arbeit als ›Spaßarbeit‹, die er folglich auch gerne mal am Wochenende erledige, ohne dass er dadurch die Norm des arbeitsfreien Wochenendes verletzt sieht: »Man kann sich die schönen Sachen fürs Wochenende lassen und die restlichen neunzig Prozent in der Arbeitszeit erledigen.« (U4: 99) Durch die Auslagerung von ›Spaßarbeiten‹ in die Freizeit ist also ebenso eine Erweiterung der Arbeitszeiten möglich, ohne dass dies als Belastung empfunden wird, da die ›echte‹ Arbeit auf die Woche beschränkt bleibt.

Diese Deutungen münden in eine bei allen ›normorientierten‹ Selbständigen anzutreffende Relativierung des Normalitätsanspruches vor dem Hintergrund einer differenten Referenzfolie: Als Selbständiger sei es normal, dass man die (gleichwohl gültigen) Normen nicht vollständig erfüllen könne: »Ich denke, das ist als Selbständiger ganz normal, dass man nicht unbedingt sagen kann, so jetzt schmeiß ich die Sachen hin.« (U4: 95) Diese Referenz auf eine vermutlich nie völlig gegebene Normalität des Verhältnisses von Arbeit und Leben bei Selbständigen ist die Grundlage für die Deutung der eigenen Arbeitszeiten als (für einen Selbständigen) ›gar nicht so unnormal‹ und für eine weitgehende Zufriedenheit mit der gegenwärtigen Situation.

7.2.1.2 Arbeit an Normalisierung: Grenzarbeit

Schon in den bislang beschriebenen Fällen wird deutlich, dass die Abgrenzung von Arbeit und Leben individuell hergestellt und kontrolliert werden muss. Noch deutlicher erkennbar wird diese ›Grenzarbeit‹ jedoch bei Unternehmern, die mit der bisherigen Abgrenzung der Sphären noch nicht zufrieden sind bzw. die Abgrenzung gegenüber vorherigen, flexibler segmentierten oder durch ein Überhandnehmen der Arbeit gekennzeichneten Phasen erarbeiten mussten. So berichtet etwa Kemper, dass es ihr in der Anfangsphase ihrer Unternehmung aufgrund der fehlenden örtlichen Trennung von Arbeit und Leben kaum gelang, eine zeitliche Trennung zu etablieren – ein Zustand, der für sie auf Dauer untragbar war und durch die bewusste Trennung des Arbeitsortes vom Wohnort überwunden wurde: »Also der Gang hier ins Büro, das war eine große Erleichterung für mich. Weil, wenn man zu Hause arbeitet, ich hatte da nie Feierabend. [...] Also ich hab oft abends im Schlafanzug am Computer gesessen und hab am nächsten Tag mittags immer noch im Schlafanzug dagesessen. Und da hab ich gedacht, jetzt krieg ich entweder einen Herzinfarkt, oder ich muss was ändern.« (KuE1: 253)

Auch Mahler und Kluge sowie Dreyer berichten von einer bewusst hergestellten klaren Segmentierung in Orientierung an Normalarbeitsverhältnissen. Bei allen drei Unternehmern ist dies jedoch nicht dadurch begründet, dass eine grenzenlos werdende Arbeit begrenzt werden muss. Vielmehr sind es veränderte persönliche Relevanzsetzungen sowie – im Kontrast zur einstmals ausgeprägten leidenschaftlichen Hingabe an die Sache – eine distanziertere Umgangsweise mit der eignen Arbeit. So sind es bei Dreyer etwa neue private Relevanzsetzungen, die zu einer Distanzierung von der Techno-Szene führen. Wo sich früher private und geschäftliche Kontakte vermischten und er jedes Wochenende in der Szene ›unterwegs‹ war, sind es jetzt »zu achtzig Prozent rein berufliche Kontakte« (KuM4: 420). Demgemäß versucht er, das beruflich relevante ›Unterwegs-Sein‹

auf das absolut notwendige Maß zu beschränken: »Du kannst dich nicht komplett
abkapseln, das geht nicht. Du musst halt schon auf ausgewählte Partys gehen, um
gesehen zu werden und den Leuten das Gefühl zu vermitteln, du bist noch bei
denen. Aber du musst nicht von Freitag bis Sonntag nur unterwegs sein. Das hat
man sich früher vielleicht gerne mal so eingeredet.« (KuM4: 410) Deutlich wird,
wie hier ein zuvor vornehmlich aus Leidenschaft betriebenes Engagement in
einer Szene zu einer zweckmäßig-rationalen Tätigkeit wird. Im Zuge dieses Pro-
zesses wird der Besuch von Szeneveranstaltungen vom (geschäftlich hilfreichen)
Vergnügen zur notwendigen Wochenendarbeit, die es folglich auf das Notwendige zu begrenzen gilt.

Ebenso ist bei Mahler und Kluge eine Tendenz zu einer zunehmend klaren
Segmentierung zu erkennen. Wenngleich beide sich noch sehr mit ihrer Arbeit
identifizieren, spielt auch hier eine zunehmende Distanz zu den im Rahmen der
Firma ausgeführten Auftragsarbeiten eine Rolle. So organisierte Kluge seinen
segmentierten Alltag zwischen Arbeit und Betreuung seiner ersten Tochter (von
deren Mutter er getrennt lebt) lange flexibel und genoss es einerseits, »undog-
matisch für meine Tochter da sein zu können« (KuM3: 284), sich andererseits
aber völlig seiner Arbeit, teils auch in »extremen Nachtschichten« (KuM3: 410),
›hinzugeben‹. Seitdem jedoch die Arbeit in der Firma Daumenkino zusehends
zur Routine wird, strebt er nach einer strikteren Trennung von Arbeit und Leben,
um »Zeit für sich selber, für Muße, für Dinge, die keine Arbeit für irgendjemand
sind« (KuM3: 424), zu finden. Genauso strebt Mahler danach, sich durch eine
Konzentration der Arbeit auf Normalarbeitszeiten Freiräume zu verschaffen, um
mehr Zeit für seine Familie zu haben, »aber auch Zeit abzuzwacken, um einfach
ein bisschen rumzuexperimentieren, mit Bildern zu spielen« (KuM2: 724).

Erkennbar wird quer durch alle Fälle, dass eine (klarere) Eingrenzung von
Arbeit immer dann bewusst angestrebt wird, wenn nicht alle persönlichen Interessen und Leidenschaften als in den Arbeitskontext integrierbar erscheinen – was
im Rahmen von Partnerschaften mit Kindern nahezu immer der Fall ist, aber
offensichtlich auch dann, wenn die Arbeit nicht als ausreichend selbstbestimmt
begriffen wird, um persönliche Selbstverwirklichungsansprüche erfüllen zu können. Nur solange man tatsächlich all seine Leidenschaften in der Arbeit verwirklicht sieht, lässt sich also auf ›Freizeit‹ weitgehend verzichten. Sobald dieses
Arrangement brüchig wird, erlangt die kulturell verankerte klassische Grenzvor-
stellung von Arbeit und Freizeit Relevanz und es wird aktiv an der (Re-)Konsti-
tuierung dieser Grenze gearbeitet.

7.2.2 Flexible Segmentierung

Das als flexible Segmentierung bezeichnete Muster der Trennung von Arbeit und Leben unterscheidet sich von der ›normorientierten Segmentierung‹ vornehmlich dadurch, dass die (zumeist: sachlich begründeten) Anforderungen des beruflichen Betätigungsgebietes eine klare, regelmäßige, normorientierte Segmentierung von Arbeit und Leben verhindern und die Segmentierung situativen Gegebenheiten und Anforderungen folgend stetig neu gestaltet werden muss. Demgemäß ist vor allem bei den Freelancern in Medienberufen sowie bei zwei Künstlern eine solche Alltagsgestaltung bzw. Lebensführung erkennbar.

Die flexiblen Segmentierungsmuster werden subjektiv auf zwei äußerst differente Weisen erlebt, je nachdem, ob sie als *auferlegte Flexibilität* oder *reflexiv kontrollierte Flexibilität* erfahren werden. Insbesondere die reinen Freelancer beklagen die *auferlegte Flexibilität* ihrer Arbeit: Ihre Arbeitszeiten schwanken so unvorhersehbar, dass das ›Leben‹ durch subjektiv nicht kontrollierbare Arbeitsanforderungen stetig ›zerstückelt‹ wird. Trotz einer deutlichen Trennung von Arbeit und Leben geht ihnen das Gefühl verloren, souveräne Gestalter ihrer arbeitsfreien Zeit zu sein. Obwohl Arbeit und Leben *analytisch gesehen* deutlich getrennte Sphären darstellen, wird dies *subjektiv* als Entgrenzung erlebt. Diese bestehen jedoch gerade *nicht* darin, dass Grenzen zwischen Arbeit und Leben tatsächlich obsolet werden: Vielmehr werden als ›Übergriffe‹ empfundene Wechselwirkungen zwischen klar getrennt gedachten Sphären und fehlende Gestaltungsmacht in Bezug auf die Grenzsetzung problematisiert.

Demgegenüber werden bei den berufsethisch motivierten Freiberuflern sowie den beiden Künstlern *reflexiv kontrollierte,* flexible Formen der Alltagsgestaltung erkennbar. Obwohl auch sie gelegentlich die Normabweichung ihrer Arbeitszeiten beklagen, sind sie insgesamt der Ansicht, die vorhandene Flexibilität auch immer wieder zu ihren Gunsten nutzen zu können. Entgrenzungen werden hier nicht im Sinne eines Kontrollverlusts thematisiert, vielmehr wird – vor dem Hintergrund einer hohen Identifikation mit dem Beruf – thematisiert, dass es gelegentlich wichtig, gleichwohl aber schwierig sei, den (habituell gewordenen) professionellen Blick privat abzulegen, wie auch andersherum gelegentlich kontrolliert private Potentiale in die Arbeit eingebracht werden (müssen).

7.2.2.1 Auferlegte Flexibilität – Verlust der Gestaltungsmacht

Vornehmlich als auferlegt begreifen Glaser sowie die beiden Fotografen Feldmann und Stenger die jeweilige Struktur der flexiblen Segmentierung ihres Alltags. Sehr begrenzt bis gar nicht beeinflussbare Arbeitszeiten und Aufträge stellen in ihrer Wahrnehmung die unbequemen Eckpunkte des Alltags dar, um die private Aktivitäten arrangiert werden müssen: »Ich ordne meine Freizeit ganz klar der Arbeit unter. Ich kuck, wann muss ich arbeiten, wann hab ich Termine und dementsprechend muss ich dann Freizeit halt auch mal absagen.« (Fl5: 98) Wenn Glaser trotz dieser klaren Trennung und der Unterordnung ›privater‹ Bedürfnisse trotzdem anmerkt, dass sich »Arbeit und Freizeit sehr stark vermischen« (ebd.), so verweist dies auf eine ›Quid pro quo‹-Strategie, die er im Rahmen seiner Arbeit verfolgt: Denn sofern er einerseits gewöhnlich private Interessen der Arbeit unterordnet, sieht er sich andererseits dazu berechtigt, auch die eine oder andere private Angelegenheit im Rahmen seiner Arbeitszeit zu erledigen: »Auf der anderen Seite mach ich das auch so, dass ich private Arbeit, die ich machen muss, irgendwelche Briefe oder E-Mails, vom Büro aus mache, während meiner freiberuflichen Tätigkeit, wenn grad nix zu tun ist. So drück ich dann halt meinen Stundenlohn nach oben. @.@« (ebd.) Wenn Glaser von Vermischung spricht, meint er analytisch gesehen also nur eine starke Segmentierung, die strategisch darauf abzielt, private Pflichten in der Arbeitszeit zu erledigen. Obwohl er seines Erachtens das Glück hat, nur selten spontan Termine annehmen zu müssen, betrachtet er seine ›anormalen‹ Arbeitszeiten insgesamt als Problem. Er berichtet recht ausführlich davon, dass Verabredungen mit Freunden, »die morgens um sieben anfangen zu arbeiten und um sechzehn Uhr fertig sind« (Fl5: 112), oft an unterschiedlichen Tagesrhythmen scheitern und dass seine häufige Wochenendarbeit oder die kurzfristige Absage von Verabredungen aufgrund beruflicher Verpflichtungen »oft auf Unverständnis« (Fl5: 112) stößt.

Demgemäß verwundert es nicht, dass die tatsächlich in permanenter ›Rufbereitschaft‹ stehenden freien Fotografen über eine belastende Lebensweise klagen: »Das ist alles sehr unregelmäßig, was die ganze Lebensführung angeht. Da wird man mitten in der Nacht plötzlich aus dem Bett geschellt und muss dann aufspringen, die Kamera nehmen und dann irgendwohin rennen.« (Fl1: 76) Auch private Verabredungen bzw. private Kontakte leiden aus Sicht der Fotografen sehr darunter, dass man sich der Verfügbarkeit über seine Freizeit nie sicher sein kann und dass die Arbeitszeiten oft gegenläufig zu denen der Gesamtbevölkerung organisiert sind: »Ist auch eine starke Belastung für eine Beziehung, wenn man die hat. Man ist ja auch am Wochenende komplett weg, meistens.« (ebd.) Sowohl die marktorientierte Strategie Feldmanns, aber noch mehr der undefiniert bleibende Erwerbsstatus Stengers, der als Freiberufler hochgradig abhängig von einem Auftraggeber ist, führt dazu, dass potentiell immer Arbeitsanfragen erfolgen können, die nicht oder nur höchst selten abgelehnt werden können. Was von den Betroffenen dabei (verständlicherweise) als völlige Grenzenlosigkeit der Arbeit erlebt wird, ist allerdings analytisch gesehen keineswegs als Entgrenzung weiterhin klar getrennter Lebenssphären und Rationalitäten zu begreifen, sondern als *Verlust der Souveränität* über die Aufteilung dieser Sphären bzw. die Planung und Koordinierung der freien Zeit: »Du musst immer raus, und du weißt es vorher überhaupt nicht. Es ist nichts planbar, das ist grauenhaft, das ist richtig schlimm.« (Fl3: 158) Obwohl also sehr klar zwischen selbstbestimmter Freizeit und fremdbestimmter Arbeit unterschieden wird, führt ein eklatanter *Mangel an Gestaltungsmacht* zum Empfinden einer völligen Grenzenlosigkeit der Arbeit.

7.2.2.2 Reflexive Selbstkontrolle – Déformation professionelle

Die beiden berufsethisch geprägten Freelancer Fuhr und Pickert betonen demgegenüber Handlungsspielräume, die durch flexible Arbeitsgestaltung entstehen. Wie bereits herausgearbeitet, werden diese Handlungsspielräume zwar vornehmlich genutzt, um berufsethische Vorstellungen zu realisieren, und die subjektiv hervorgehobene Freiheit der Zeitgestaltung erweist sich mehr als potentielle denn als regelmäßig verwirklichbare Freiheit. Offenbar reicht dies jedoch aus, um die Flexibilität nicht nur als auferlegtes Erfordernis zu deuten, sondern als Ressource im Rahmen einer erstrebenswerten Alltags- und Lebensgestaltung.

Das Verhältnis von Arbeit und Freizeit muss auch von diesen Freiberuflern individuell erarbeitet werden, diese stetige Abgrenzungsarbeit wird jedoch als Gegenstand souveräner, reflexiver Selbstkontrolle dargestellt: So verweist etwa Pickert darauf, dass er durch langfristig planbare Aufträge Schwankungen in der aktuellen Auftragslage auszugleichen sucht, um sich so eine gleichmäßigere Arbeitsbelastung und regelmäßige Freizeit zu ermöglichen. Ebenso ist es für ihn innerhalb der klaren Grenzen eines Projektes gelegentlich durchaus reizvoll, Normalarbeitszeiten temporär zu missachten und sich mit ›grenzenlosem‹ Engagement einer Sache zu widmen. Es gilt jedoch, eigenständig darauf zu achten, dass man ein solches Engagement durch erweiterte Freizeit nach Abschluss des Projektes ausgleichen kann: »Ab und zu macht das auch Spaß, sich mal so richtig zu fordern und total zu verausgaben. Also mein größtes Werk war mal eine vier Stunden lange Fernsehsendung, die wir in zweieinhalb Monaten machen mussten. Da hab ich dann auch sechzehn Stunden am Tag gearbeitet, jeden Tag. Das geht schon mal, wenn man sich danach erholt, dann kann man das mal machen.« (Fl2: 111) Erkennbar werden also Anforderungen zur reflexiven Koordination von Arbeit und Freizeit, die höher sind als im Rahmen von normorientierten Entwürfen. Sowohl Pickert als auch Fuhr begreifen sich jedoch als souveräne Gestalter ihres Alltags. Bei Fuhr besteht zwar aufgrund ihrer hohen Identifikation mit dem Beruf die Tendenz zu einer stetigen Ausweitung der Arbeitszeiten, auch sie wirkt jedoch einer solchen Entwicklung gezielt entgegen, sobald ihr dies bewusst wird: »Wenn ich irgendwie merke, ich habe jetzt die

ganzen letzten Wochen jeden Abend im Büro gehangen, dann rufe ich gezielt bei
Freunden an, die ich lange nicht gesehen habe, und mache Termine mit denen.
Damit ich einfach mal wieder aufhören muss zu arbeiten.« (Kl4: 264)

Ähnlich setzen auch die Künstler Kreft und Gaartz auf eine flexible, aber
souveräne Gestaltung des eigenen Alltags, indem Ansprüche unterschiedlicher
Sphären durch individuelle Koordinationsleistungen in Einklang gebracht werden. Insbesondere für Kreft liegt der Schlüssel zu einer subjektiv attraktiven
Lebensgestaltung dabei in einer offensiven Abwendung von Normalitätsentwür-
fen:»Man muss die Freiheiten, die man hat, auch genießen. Wenn man versucht,
das anzugleichen, an so ein Existenzmodell, das nach geregelten Abläufen funktioniert, das geht natürlich nicht.« (Kü3: 57) Zwar erscheinen gewisse Ansprüche
des Berufs unabwendbar – für Gaartz zum Beispiel die Anforderung, als Musiker
wochenends immer viele Auftritte zu absolvieren –, beide versuchen sich jedoch
in einer offensiven Umgangsweise mit diesen Normabweichungen und verweisen auf die Möglichkeiten einer flexibleren Koordination insbesondere von Erwerbsarbeit und ›Leben‹. So versucht Gaartz zum Beispiel, unter der Woche
seine Arbeitszeiten an die seiner Partnerin anzupassen:»Wenn ich weiß, dass sie
Frühdienst hat, dann muss ich nicht am Nachmittag arbeiten, dann hab ich
abends genug Zeit, Sachen zu machen, wenn sie schläft.« (Kü1: 57)

Entgrenzungen in Gestalt eines Kontrollverlustes, einer fehlenden Verfügung über die eigene Zeit, werden von den ihren Alltag flexibel, aber im Gegensatz zu den ›reinen‹ Freelancern offenbar ausreichend ›selbstbestimmt‹ regulie-
renden berufsethisch motivierten Freiberuflern und Künstlern nicht thematisiert.
Sofern überhaupt Probleme der ›Abgrenzung‹ thematisiert werden, geht es
darum, wie es gelingt, den beruflich bestimmten Blick auf die Welt zeitweise
abzulegen, also einer ›Déformation professionnelle‹ entgegenzuwirken. Denn
trotz der hohen Identifikation mit dem Beruf scheint es auch den Freiberuflern
wichtig, eine Differenz zwischen Privatperson und Arbeitsperson aufrechtzuerhalten. Nicht zufällig wird diese Frage besonders von Fuhr thematisiert, da es ihr
ohne partnerschaftliche Bindung und ohne Kinder an Anlässen fehlt, den beruflichen ›Blick‹ abzulegen.[82] Insbesondere in Bezug auf ihr quasi-unternehmeri-
sches Projekt, sich eine Auslandskorrespondenz in Schweden aufzubauen, werden bei Fuhr Tendenzen zur Verschmelzung von Arbeit und Leben erkennbar, da
diese Tätigkeit genauso privater Leidenschaft entspringt, wie sie gleichzeitig
relevant für ihre ›Karriere‹ als Journalistin ist:

---

[82] Gerade der Partner sowie Kinder fungieren oftmals als ›Boundary Control‹ (vgl. Perlow 1998): Sie
wirken einer zeitlichen Ausdehnung der Arbeitszeit entgegen und fordern das Ablegen einer beruflich geprägten Denkweise, da sie die ungeteilte Aufmerksamkeit der Privatperson einfordern.

»Das Problem ist bei mir, dass ich einfach gar nicht sagen kann, was wirklich Ar-
beitszeit ist. Jedes Buch, das ich lese, jede Zeitung, die ich sehe, jeder Tritt nach
Schweden ist auch Arbeit, weil es auch Recherche ist. Und mein Blick ist auch so:
Was könnte interessant sein? Ich hab jetzt zum Beispiel den ersten Fernsehauftrag
für Schweden. Diese Firma °Firma A°, die Mähdrescher macht in NRW, die sind in
Schweden Marktführer. Diese grün-weißen westfälischen Trecker und Mähdrescher
fahren da zu Hunderten rum. In jeder Spielzeugabteilung gibt es kleine °Firma A°-
Mähdrescher. Und das könnte ich fürs Fernsehen machen. Die Idee ist entstanden,
als ich vor neun Monaten mit der Fähre nach Schweden fuhr und den Mähdrescher
vor mir hatte. Und dachte, wieso fährt ein Mähdrescher nach Schweden? Und dann
gesehen habe, die fahren da überall rum. Und dann halt gesagt habe, das ist eigentlich für Leute aus NRW auch witzig zu kucken, wenn man dann noch nimmt, dass
dieser Mähdrescher ja auch diese ganze Reise machen muss. Ein Mähdrescher auf
schwedischen Landstraßen, geile Reportage für im Fernsehen auch, ne?« (Fl4: 230)

Erkennbar ist der Alltag von Fuhr durch den journalistischen Blick geprägt, was
ein spannendes Thema für welches Publikum wäre und im Rahmen welches
Mediums und welcher Berichtsform sich dieses Thema als gute Geschichte umsetzen ließe. Obwohl sie vor diesem Hintergrund eingestehen muss, nicht immer
zu wissen »wann ich anfange, privat zu sein und wann ich arbeite« (Fl4: 232),
finden sich in dieser Erzählung kaum Hinweise, dass diese ›Entgrenzungserfahrung‹ problematisch ist. Dies liegt offenbar darin begründet, dass es im Rahmen
dieser Situation Fuhrs freie Wahl ist, eine journalistische Perspektive einzuneh-
men und sie schlussendlich voller Begeisterung für ihre Idee ist. Auf die Frage,
ob sie die von ihr beschriebene Entgrenzung problematisch finde, stellt sie folglich auch klar, dass es gewöhnlich nicht problematisch sei, es aber ›Grenzfälle‹
gebe: Dies sei etwa der Fall gewesen, als sie einmal in einem von ihr privat gedeuteten Kontext unversehens brisante Informationen erfuhr. Problematisch sind
also offenbar Situationen, in der ihre Grenzziehung, ihre Rahmung des Gesche-
hens durch Dritte verletzt wird. Sie berichtet demgemäß auch von dem (erfolglosen) Versuch, Grenzen wiederherzustellen: »Ich hab dann versucht, das Thema
zu wechseln, aber der ließ sich nicht davon abbringen. Da hab ich dann halt
wirklich auch ne heiße Nacht gehabt und überlegt, was machst du jetzt damit?
Und der rief mich dann am nächsten Morgen an, völlig verzweifelt: ›Hör mal,
was ich dir erzählt hab, und dann ist mir hinterher aufgefallen, Scheiße, du darfst
es ja gar nicht wissen.‹ Und dann hab ich gesagt: ›Weißt du was, diesen Abend
hat es nie gegeben. Aber bitte tu das nie wieder.‹« (KuM4: 238) Auch im Rahmen dieser brisanteren, da im Gegensatz zur ersten Episode nicht von Fuhr kon-
trollierten Entgrenzung liegt die Auflösung der Entgrenzungsproblematik
schlussendlich in der Grenzsetzung durch Fuhr als souveräne Person: »Also das
sind so Momente, wo man einfach auch eine gewisse Reife haben muss und erwachsen genug sein muss, um zu sagen, da steh ich und da ist der Job und da ist

privat und da hört es jetzt auf.« (Fl4: 246) Offensichtlich steht im Zentrum von Fuhrs Wahrnehmung problematischer und unproblematisch erscheinender Entgrenzungen die Frage der Kontrolle der Situation. Entsprechend unproblematisch erscheint es ihr auch, im Rahmen von Recherchen gezielt Privates einzubringen, solange sich dabei keine ›echten‹ privaten Kontexte ausbilden, sie diese Kontakte jederzeit abbrechen kann: »Da muss man auch was von sich preisgeben oder auch anfangen, sich mit denen anzufreunden. Und da muss man auch wieder kucken, wie kommt man aus der Freundschaft irgendwann wieder raus. Weil, das bleibt ja immer ne Freundschaft, die mit Arbeit verknüpft ist.« (Fl4: 246)

All dies verweist darauf, dass bei Fuhr trotz Tendenzen zu einer Vermischung der Sphären ein Bereich ›rein‹ privater Tätigkeiten vor beruflicher Inanspruchnahme geschützt werden soll. ›Private‹ Erlebnisse sind zwar Inspiration für ihre Arbeit, wie gelegentlich ›Privates‹ in die Arbeit eingebracht werden muss. Ihre Grenzarbeit zielt aber insgesamt darauf, die Kontrolle über Grenzsetzungen zu behalten um Privates im Zweifel eindeutig von Arbeit trennen zu können.

7.3 Arbeit und Leben als Einheit?

Alle bislang dargestellten Fälle eint, dass (trotz hoher Identifikation mit der Arbeit) schlussendlich deutlich auf eine Trennung von ›Arbeit‹ und ›Leben‹ hingearbeitet wird. Sofern ›Entgrenzungserfahrungen‹ problematisiert werden, ist dies keineswegs darauf zurückzuführen, dass sich aus subjektiver Sicht Grenzen auflösen, vielmehr ist dies auf *fehlende Gestaltungsmacht* in Bezug auf die Grenzsetzung und auf als Übergriffe empfundene *Wechselwirkungen zwischen getrennt gedachten Sphären* zurückzuführen.

Wenn demgegenüber die Trennung der Sphären weitgehend aufgegeben wird, wird dies – wie im Folgenden deutlich wird – gerade *nicht* als problematische Entgrenzungserfahrung, sondern als Vereinbarkeit von Arbeit und Leben erlebt. Eine vollständige Auflösung von Grenzen ist allerdings offenbar so voraussetzungsvoll, dass sie selbst im hier untersuchten Sample selten festgestellt werden kann: Auch jene Unternehmer, die Arbeit und Leben stark miteinander verbinden, beschreiben weiterhin diffus abgrenzbare Bereiche, in denen mehr, und Bereiche, in denen weniger so etwas wie ›Arbeit‹ stattfindet. Dies wird etwa in der schon zitierten Formulierung von Klinger erkennbar, dass man »das Partytravel-Thema auch nach Feierabend« (KuE3a: 62) weiterlebe: Denn obwohl er verdeutlichen will, dass man »diese Jobabgrenzung« (ebd.) nicht habe, dass sich »Partytravel und Privatleben verquicken« (KuE3a: 60), rekurriert er zur Darstellung der Entgrenzung wiederum auf die trennende Kategorie Feierabend. Offenbar gibt es also doch so etwas wie ›Arbeitszeiten‹ und ›Feierabend‹ – nur dass das ›Leben‹ eben nicht an der Schwelle zur Arbeit haltmacht, wie umgekehrt der Gegenstand der Arbeit auch im ›Leben‹ von hoher Relevanz ist.

Obwohl also nirgends eine so weitgehende Entgrenzung zu erkennen ist, dass ›Freizeit‹ und ›Arbeitszeit‹ nicht einmal mehr in groben Umrissen zu identifizieren wären, sind immerhin bei vier bastelnden (KuD2, KuE2, KuE3, KuM1) sowie bei zwei Herzblut-Unternehmern (KuE2, KuM5) und einer Künstlerin (Kü2) Hinweise auf eine derart enge Verquickung von Arbeit und Leben festzustellen, dass die Rede von einer *komplexen Verschränkung* von Arbeit und Leben gerechtfertigt erscheint und exemplarisch Voraussetzungen für derartige Alltagsentwürfe rekonstruiert werden können.

7.3.1 *Integration in gemeinschaftliche Kontexte*

Als zentrale identifizierbare Voraussetzung für eine weitgehende Integration von Arbeit und Leben erweisen sich dabei zwei Elemente: Konträr zu den nach einer deutlichen Abgrenzung strebenden Selbständigen gelingt es den tendenziell entgrenzt lebenden und arbeitenden Kulturunternehmern (sowie der Künstlerin) offensichtlich, einen Großteil ihrer Leidenschaften bzw. Interessen in den Beruf einzubringen, sodass kein Bedürfnis besteht, diese als Hobby in einer klar als Freizeit abgrenzbaren Sphäre zu verfolgen. Zum anderen, und das erscheint fast entscheidender, ist die Arbeit der ›entgrenzt‹ lebenden Kulturunternehmer immer in gemeinschaftsförmige Kontexte integriert, die in weiten Teilen ebenso als privat wie als beruflich begriffen werden können. Gerade die Integration eines Großteils der persönlich relevant erscheinenden sozialen Beziehungen in den Arbeitskontext bzw. umgekehrt die Integration der Arbeit in einen privaten Sozialkontext erweist sich als conditio sine qua non einer engen Verschränkung von Arbeit und Leben. Wo sowohl private Leidenschaften als auch ein gemeinschaftlich-privater Sozialkontext in Erwerbsarbeit eingebracht werden, lässt sich davon sprechen, dass eine Erwerbsidee in einen Lebensentwurf integriert ist – und nur unter dieser Gegebenheit scheint Entgrenzung attraktiv.

Ein solches Arrangement liegt besonders bei jenen Unternehmern nahe, deren Produkte auf eine posttraditionale Gemeinschaft als Konsumentengruppe ausgerichtet sind, insofern diese Gemeinschaft sowohl den relevanten Arbeitskontext als auch den relevanten Lebenskontext darstellen kann und zugleich die Herstellung von Produkten ermöglicht, mit denen die eigenen Interessen und Leidenschaften verfolgt werden. So verweisen etwa Klinger und Sahlmann darauf, dass sie »keinen‹ oder nur einen sehr geringen Freundeskreis« haben, »der mit dem ganzen Ding, mit der Szene nichts zu tun hat« (KuE3c: 13). Wie die beiden »Partytravel auch leben, das ja unser Privatleben ist, eigentlich« (KuE3c: 13), so ist auch bei Regner die eigene Lebensvorstellung, der eigene Lebensstil mit seiner Arbeit verschmolzen. Wie die Produkte der Firma Partytravel nicht nur dem Vergnügen der Kunden dienen, sondern auch den Protagonisten der Firma die Verwirklichung ihrer ›Traumvorstellungen‹ ermöglichen sollen, so zielt auch Regners Arbeit nicht nur auf das Wohlergehen ›seiner‹ DJs, sondern darauf, auch sich selbst einen attraktiven Lebensstil zu ermöglichen:

> »Ich hab ja früher in der °Kosmetikkette A° fünf Tage gearbeitet und jetzt arbeite ich ja quasi sieben Tage. Aber das fließt ja ineinander über. Ich hab ja auch Gott sei Dank keine Familie mit Kindern zu Hause. Ich hab einen Freund, den ich am Wochenende auch mitnehmen kann. Und dadurch, dass das Administrative in der Woche stattfindet, aber unser eigentliches Geschäft am Wochenende, kann ich ja jetzt nicht sagen, ich mach am Freitag um zwölf Uhr zu. Aber dafür bin ich halt auch mit viel zu viel Engagement dabei und viel zu gerne mit meinen Künstlern unterwegs. Und dafür gibt es auch wirklich viel zu viele angenehme Seiten, die der Job mit sich bringt. Wenn ich den Leuten so sage, wo ich dieses Wochenende hinfliege, dann staunen die nur. Und wenn man von Montag bis Freitag im Büro ist, dann machen wir es uns am Wochenende auch richtig schön.« (KuE2: 118)

So sind für diese Szene-Unternehmer zumindest gewisse Teile der Arbeit nahezu Freizeit, die man mit Freunden verbringt, in der man das machen kann, woran man selbst Spaß hat und sich ›unverfälscht‹ verhalten kann. Für die Protagonisten der Firma Partytravel ist demgemäß eines ihrer Events auch »mehr so eine persönliche Sache, für uns. Gerade da wollen wir selber auch unsern Spaß haben« (KuE4: 324). Ihr Interaktionsverhalten mit Kunden dieses Events ist dementsprechend sehr informell:

> »Grundsätzlich bauen wir da ein sehr offenes Verhältnis zu den Leuten auf, wir sind grundsätzlich per Du, und die können mit allem zu uns kommen. Und wenn es zu viel wird oder nervt, dann sagen wir's auch, ja. Manchmal auch sehr direkt, also nicht böse, aber schon, hey, mit dem Scheiß brauchst du hier nicht kommen. Und wenn jemand zu sehr rummeckert, dann sagen wir nicht wie ein Reiseveranstalter eine Proforma-Ausrede, sondern dann gibt es auch mal einen Spruch: Du bist hier nicht bei der TUI, das ist hier keine Pauschalreise. Also wenn ich irgendwo unterwegs bin mit einer Gruppe, dann hab ich keine Lust auf so ein aufgesetztes gespieltes Verhältnis zueinander, nur um irgendwie eine Etikette zu wahren.« (KuE4a: 170)

Auch für Regner haben seine Reisen mit seinen DJs noch ausreichenden Freizeit-Charakter, obwohl er eine klare Differenz zur völlig selbstbestimmten Freizeit sieht: »Wenn man mit den Künstlern länger unterwegs ist, dann nimmt man halt doch automatisch mehr Rücksicht auf die Bedürfnisse des Künstlers als auf seine eigenen. Aber ich hab da nicht so ein Problem mit, ich hab noch so viel Spaß dabei und bin dankbar, dass ich da überhaupt dabei sein kann, da muss ich dann auch keinen Hehl draus machen, was weiß ich, ob mein Zimmer jetzt nach vorne oder nach hinten raus ist.« (KuE2: 296)

Auch bei jenen Unternehmern, die nicht im Rahmen einer Szene tätig sind, aber bei denen weitreichende Entgrenzungstendenzen festzustellen sind, ist die Arbeit von Anfang an in einen gemeinschaftlichen Kontext eingebunden. So setzt Barthel die Idee seines Gutscheinbuches nicht nur am Anfang gemeinsam mit Freunden um, auch zum Zeitpunkt des Interviews arbeitet er »eigentlich nur mit Leuten zusammen, mit denen man auch seine Freizeit verbringt. Das sehe ich auch als Luxus an und als erfolgreich: dass man eben mit Freunden einfach Sachen realisieren kann, die man sich ausgedacht hat. Und manchmal auch mit dem Hintergrund, da müssen wir kein Geld verdienen dran.« (KuM1: 625) Da er mit Freunden arbeitet und seine Produktion ganz offensichtlich nicht nur an ökonomischen Aspekten ausrichtet, ist es für ihn auch selbstverständlich, »dass ich manchmal einfach, um auch mal aus dem Büro rauszukommen, mich mit den Quasi-Arbeitskollegen in einem Café treffe und wir da einfach weiterreden.« (KuM1: 509) Dass damit die Auseinandersetzung mit ›Arbeit‹ oft weit in die eigentliche ›Freizeit‹ hineinreicht, ist für ihn völlig unproblematisch. Lediglich auf äußeren sozialen Druck sucht er nun zusehends nach Zeiten, in denen er sich mit ganz anderen Dingen befasst: »Ehrlich gesagt, das ist besser geworden, aber ich glaube, die ersten anderthalb Jahre hab ich auch abends über nichts anderes reden können. Das muss auch nervig für meine Umwelt gewesen sein. Meine Freundin hat dann irgendwann quasi gesagt, Alter, halt mal die Schnauze, es gibt echt noch was anderes im Leben. Das hab ich dann auch versucht umzusetzen, sodass ich heute zumindest ab und zu mal den Kopf aus kriege. Aber ich hätte auch so weitergemacht, weil's halt auch so einen Spaß gemacht hat.« (KuM1: 514) Die damit andeutungsweise reaktivierten Grenzen der Arbeit werden also in diesem Fall dadurch evoziert, dass nicht das ganze Sozialumfeld in die Erwerbstätigkeit integriert werden kann.

Obwohl damit im Rahmen von festen Partnerschaften und insbesondere Partnerschaften mit Kindern oftmals eine deutlichere Abgrenzung von Arbeit und Leben eingefordert wird, finden sich immerhin noch zwei weitgehend entgrenzte Arrangements mit Kindern im Sample. Beide (nicht zufällig ›weibliche‹ Lebensentwürfe) beruhen darauf, dass hier die Familie als Raum konstruiert wird, in dem eben auch (ein Großteil) der Arbeit stattfindet: So spricht Leihs davon, dass sie in dem Sinne »eigentlich ein kleines Familienunternehmen« (KuD2: 197) betreibe, da Arbeit und Leben eben oftmals zeiträumlich gleichzeitig stattfindet und die ganze Familie, auch ihre Kinder, den Lebensstil leben, den Leihs und ihre Produkte repräsentieren. Ein großer Teil ihrer Arbeit findet demgemäß nicht getrennt von der Betreuung ihrer Kinder oder vom Familienleben insgesamt statt, sodass sie metaphorisch davon spricht, einen »ganz kleinen Angestellten« (KuD2: 368) (ihr jüngeres, zum Zeitpunkt des Interviews ein knappes Jahr altes Kind) zu haben: »Wenn das nicht funktionieren würde, dass die Kinder da halt auch einigermaßen mitspielen, würde das gar nicht gehen.« (KuD2: 370) Wie es die vornehmlich häusliche Produktion von Leihs ermöglicht, Arbeit und Kinderbetreuung zeiträumlich zu vereinen, so ist es auch für die Künstlerin Carolin Quast möglich (und als alleinerziehende Mutter oftmals auch notwendig), künstlerisches Schaffen, damit einhergehende handwerkliche und organisatorische (nichtkünstlerische) Arbeiten und Familienleben zu vermischen. Obwohl Quast diese Vermischung alternativlos erscheint, ist dies für sie gleichsam nichts Negatives: »Die meisten Leute halten mich für verrückt, weil ich sitz dann irgendwie beim Abendessen mit meinen Kindern und bastel irgendwelche Kunstkarten zusammen, die ich gemacht hab oder so. Aber ich sehe das nicht als negativ.« (Kü2: 235) Stellenweise erweckt es sogar den Eindruck, als ob sie diese Situation auch als Lebensstil ›genieße‹. Besonders im Rahmen einer längeren Beschreibung wird erkennbar, wie Arbeit und Leben in ihrer Wohnung sozialräumlich ineinander fließen. Die Art und Weise, wie sie ihren anwesenden, immer wieder ›dazwischenredenden‹ Sohn zwanglos ins Interview integriert, spiegelt dabei ihre Situation en miniatur wider: Einerseits muss sie, andererseits kann sie aber auch Arbeit mit Familienleben verquicken:

> »Die Kunst macht viel Arbeit, aber es ist ja ein Stück meines Lebens, es begleitet mich täglich. Bei uns ist es ja so in unserer Wohnung, dass jeder von uns einen Raum hat und diese Küche ist halt der Treffpunkt. Ich find das hier eigentlich immer ganz gemütlich, wir treffen uns hier auch häufig mit Freunden, um zu kochen und tausend Dinge zu machen, einfach Spaß zu haben. Und dann hat halt jeder hier in dieser Wohnung einen Raum. Paul hat einen großen Raum, Bernd hat einen großen Raum und ich hab einen großen Raum. Und ich hab … [Paul: Und ich quatsch immer dazwischen] @.@ Der Paul quatscht immer dazwischen, genau und ich schlafe in dem Raum und arbeite in dem Raum. Da steht also eine Staffelei, da stehen meine Farben, also dass ich es immer, wenn ich irgendwie arbeiten möchte, präsent habe. Und das ist eben auch so, dass ich mich mit den Bildern immer beschäftige. Also wenn ich was Neues gerade schaffe, dann steht das häufig auf der Staffelei und ich lieg im Bett und hab ein Buch und kann immer wieder den Blick über diese Staffelei schweifen lassen. Dann könnte ich auch aufstehen und einen Strich machen. Das ist, glaub ich, schon relativ unkonventionell, aber es ist eben so. Also für mich ist es einfach normal, in einem Raum zu schlafen, in dem ich arbeite.« (Kü2: 249)

In der Beschreibung fließen die wichtigsten Bestandteile ihres Lebens sozialräumlich ineinander: Familie, Arbeit und Freunde werden zusammengebracht und die Beschreibung macht deutlich, dass sie fließend zwischen diesen Bereichen wechselt, ohne dass ein dezidiertes ›Umschalten‹ zwischen differenten Logiken nötig ist.

7.3.2 ›Ohne Hintergedanken‹ – Persistenz differenter Logiken

Trotz weitgehender Verschmelzung von Arbeit und Leben und trotz der Einbindung der Arbeit in gemeinschaftsförmige Sozialkontexte bleiben aber weiterhin Beziehungen bestehen, die vornehmlich gesellschaftlich geprägt sind, also auf den rationell geschäftlichen Äquivalenztausch von Leistungen und nicht auf durch generalisierte Reziprozität geprägten gemeinschaftlichen (Tausch-)Beziehungen beruhen. Obwohl also etwa für Sahlmann und Klinger Arbeit und Leben in weiten Teilen verschmelzen, trennen sie weiterhin sehr genau zwischen reinen Freunden, Freunden, mit denen man geschäftlich zu tun hat, und reinen Geschäftspartnern. So gilt es für die Firma Partytravel, etwa mit Medienpartnern, Sponsoren oder anderen Tourismusunternehmen ganz ›geschäftlich‹ zu verhandeln, sich ggf. auch strategisch zu verhalten sowie (eben: unternehmerisch) die Bedürfnisse dieser Partner zu verstehen und im Sinne eigener Zwecke zu nutzen; oder für Regner – wie bereits herausgearbeitet –, Bekanntschaften und Kontakte zu Veranstaltern und Sponsoren ganz strategisch zu ›pflegen‹. Auch wenn die Unternehmer anstreben, sich auch mit diesen Geschäftspartnern gut zu verstehen, werden diese Kontakte doch weiterhin deutlich von wirklichen Freunden unterschieden, mit denen man möglicherweise auch geschäftlich zusammenarbeitet, mit denen man sich jedoch auch wirklich privat trifft, und das heißt, ohne dass dabei noch irgendein zweckmäßiges Interesse verfolgt wird: »Der Christian ist zum Beispiel ein sehr guter Freund von mir, mit dem fahr ich jedes Jahr in Urlaub. Wir treffen uns regelmäßig, einfach nur so, um zu schweigen oder Fernsehen zu kucken, ganz ohne Hintergedanken.« (KuE4c: 181) Sofern der springende Punkt für eine Entgrenzung von Arbeit und Leben also die Integration in Gemeinschaften ist, heißt dies deutlich mehr als eine Einbindung in (oftmals eben: funktional dominierte) Netzwerke oder Kontakt zu netten Kollegen. Es geht tatsächlich um eine Integration in eine Gemeinschaft, in der zwar auch Interessen geteilt werden, die aber darüber hinaus auch auf geteilten Werthaltungen, Sinnvorstellungen oder ästhetisch-stilistischen Präferenzen beruht. Das Ideal, mit Freunden zusammenzuarbeiten, bedeutet inhaltlich mehr, als bürgerlich-strategisch auch mal ein bisschen Privatheit in Geschäftsbeziehungen kenntlich werden zu lassen. Trotz dieses Ideals und einer teilweisen Auflösung von Grenzen haben die Unternehmer weiterhin ein klares Gefühl für unterschiedliche soziale Beziehungsformen und Handlungslogiken in modernen Gesellschaften.

Der strategische Umgang mit Geschäftspartnern unterscheidet sich also immer noch deutlich vom gemeinschaftlichen ›Spaß-Haben‹ mit Freunden oder von reziproker Hilfeleistung unter Gesinnungsgenossen. Entgrenzung heißt also auch hier nicht, dass geschäftliche Logiken ›lebensweltliche‹ Relevanzen ›kolonisieren‹. Denn obwohl angestrebt wird, vornehmlich mit ›Freunden‹ oder Gesinnungsgenossen zusammenzuarbeiten, die ein Verständnis für die eigenen Ideen und idiosynkratischen Wertvorstellungen aufbringen, enden diese gemeinschaftlich geprägten Netzwerke an bestimmten angebbaren Punkten, und es bleiben immer auch rein geschäftliche Kontexte, in denen Preise oder Bedingungen der Zusammenarbeit rein rational-strategisch ausgehandelt werden müssen.

7.4 Entgrenzung, Abgrenzung und Grenzverletzungen

Zusammenfassend lässt sich feststellen, dass selbst die sehr arbeitszentrierten Lebensentwürfe selbständig Erwerbstätiger in der Kulturwirtschaft überwiegend auf einer klaren Segmentierung von Arbeit und Leben beruhen bzw. dass erkennbar auf eine solche Trennung hingearbeitet wird. Sofern nicht berufsinhaltliche Gründe dagegen stehen, bleibt für die meisten Geschäftsmänner und berufsethischen Unternehmer – trotz faktischer Abweichungen – die Orientierung an einem Achtstundentag sowie einer Fünftagewoche und damit einer starren Trennung von Arbeit und Leben normativ leitend. Abweichungen von einer solchen Alltagsorganisation werden begrenzt geduldet, als Preis für selbständiges berufliches Handeln akzeptiert. Allzu starke dauerhafte Abweichungen von dieser Norm evozieren jedoch deutliche ›Abgrenzungsarbeiten‹, die auf eine Wiederherstellung der irritierten Ordnung zielen. Erkennbar gilt es dabei, schützende Fremdzwänge, wie sie im Rahmen abhängiger Beschäftigung bestehen, durch Selbstzwänge zu ersetzen.

Flexible Muster der Segmentierung von Arbeit und Leben bilden sich dort aus, wo berufliche ›Sachzwänge‹ flexible Arbeitszeiten erfordern, im Rahmen des hier untersuchten Samples also bei den Freiberuflern in Medienberufen sowie zwei Künstlern. Sofern hier eine Normorientierung faktisch unmöglich erscheint, geht es diesen Selbständigen vornehmlich darum, trotz aller notwendigen Flexibilität und trotz notwendiger Normabweichung die Kontrolle über die Grenzen zwischen Arbeit und Leben zu bewahren: Sofern subjektiv das Gefühl besteht, gewisse Zeiten selbstbewusst als Privatleben rahmen zu können, also Deutungsmacht zu besitzen, erscheinen auch flexible Segmentierungsmuster gut bewältigbar. Als problematische Entgrenzungen erscheinen Situationen, in denen die Selbständigkeit und Eigenlogik einer als arbeitsfrei gedachten Sphäre Schaden zu nehmen droht, in der mithin ein Kontrollverlust über die Rahmung der

Situation erfahren wird. Diese ›Entgrenzungserfahrungen‹ sind als Übergriffs-erfahrungen also nur auf der Basis klarer Abgrenzungsvorstellungen denkbar und verweisen dergestalt genau *nicht* auf eine dauerhafte *Erosion* von Grenzen, son-dern auf eine *Verletzung* von existierenden Grenzen: So wissen die Fotografen etwa sehr genau, wann sie (fremdbestimmt) arbeiten und wann sie (im Prinzip) nicht arbeiten und folglich anderen, ›eigenen‹ Relevanzen und Werthaltungen folgen können. Es ist die Unvorhersehbarkeit der Verfügung über die eigene Zeit und die immer wieder erfahrene Zurückweisung eigener Relevanzen und Grenz-setzungen, die zu den in der Arbeits- und Industriesoziologie kritisch als Ent-grenzung reflektierten Erfahrungen führt.

Ganz im Gegensatz zu den arbeits- und industriesoziologischen Annahmen verweisen die Fälle, in denen noch am ehesten eine Entgrenzung (besser gesagt: eine komplexe Verschränkung von Arbeit und Leben) erkennbar wird, am we-nigsten auf eine Ökonomisierung des gesamten Lebens. Vielmehr verweisen diese umgekehrt darauf, dass es gelingt, Arbeit und Leben zu einem Sozialkon-text zu verbinden, in dem vielfältige nichtökonomische Vorstellungen und Rele-vanzen realisiert werden können. Entgrenzung erscheint nur dann subjektiv er-strebenswert und in einem nennenswerten Umfang stattzufinden, wenn gemein-schaftliche Sozialkontexte in und um die Arbeit entstehen und sich die Protago-nisten im Rahmen ihrer Arbeit gelegentlich genauso ›unverfälscht‹ und selbstbe-stimmt verhalten können, wie dies eigentlich ein typischer Anspruch an Freizeit bzw. Privatleben ist. Sofern dies der Fall ist, können auch viele typischerweise mit Arbeit konnotierte Tätigkeiten durchaus auf Zeiten fallen oder an Orten statt-finden, die gewöhnlich der Freizeit zugerechnet werden. Insgesamt wird in die-sen komplexen Verschränkungen ein Kontinuum von Tätigkeiten erkennbar, die mal mehr oder mal weniger Vorstellungen klassischer Arbeit entsprechen. Es bleiben immer Tätigkeiten identifizierbar, die nahezu ›reine‹ Arbeit sind, die als unliebsamer Zwang einfach ›erledigt‹ werden müssen, wie auch Tätigkeiten bestehen bleiben, die nahezu reine Freizeit sind. Sofern jedoch der unmittelbare soziale Nahraum in Arbeit integrierbar ist wie umgekehrt Arbeit in den unmittel-baren sozialen Nahraum eingebettet werden kann und zudem die Realisierung eigener Leidenschaften in der Arbeit möglich erscheint, verlieren klare Grenz-ziehungen zwischen Arbeit und Leben an Bedeutung. Die gewöhnlich der Sphäre der Gemeinschaft und der Sphäre der Gesellschaft zugeordneten Beziehungsfor-men und Handlungsprinzipien bleiben aber erhalten. Von einer Erosion klarer Grenzen zwischen Arbeit und Leben ist insgesamt also nur dann auszugehen, wenn Arbeit und Leben in weiten Teilen so gut vereinbar scheinen, dass ein ›Schutz‹ des ›Lebens‹ durch Grenzziehungen unnötig erscheint.

8 Selbständige Erwerbsarbeit in der Kulturwirtschaft

Zusammenfassend betrachtet bestätigen die empirischen Ergebnisse die im Sampling vorgenommene tentative Unterscheidung von Freelancern und Kulturunternehmern: So verwiesen die Karriereerzählungen der Freelancer durch ihre organisationell geprägte Erzählstruktur im Vergleich zu den Unternehmern auf deutlich differierende Denk- und Handlungsweisen. Über die bereits im Sampling vorgenommene Unterscheidung hinaus ergaben sich jedoch weitere Differenzierungen, sodass empirisch fünf Typen der Ausgestaltung selbständiger Erwerbsarbeit in der Kulturwirtschaft unterschieden werden können, die sich deutlich unterscheiden in Bezug auf ihre erwerbsbezogenen Denk- und Handlungsweisen, ihre Einbindung in Netzwerke und ihre Abgrenzung von Arbeit und ›Leben‹: (1) *reine Freelancer*, auf welche die zunächst tentativ gewählte Bezeichnung im vollen Wortsinn zutrifft, (2) Freelancer, die treffender als *Freiberufler* zu bezeichnen sind, (3) *berufsethische Unternehmer*, (4) *Herzblut-Unternehmer* und schließlich (5) *bastelnde Unternehmer*. Der Blick in die Vergleichsgruppe der ›normalen‹ Unternehmer ließ kenntlich werden, dass diese Unternehmer-Typen weitgehend nicht endemisch in der Kulturwirtschaft vorkommen, sondern generalisierbar sind.

(zu 1) Obwohl alle untersuchten selbständigen Journalisten und Fotografen in den Interviews zunächst hochgradig ähnliche, durch Berufswahl, Ausbildung, Berufseinstieg und organisationale Berufskarrieren strukturierte Karriereerzählungen entwickeln, sind im Fortgang dieser Erzählungen deutliche Differenzen in der Berufsmentalität kenntlich geworden, die eine weitere Differenzierung innerhalb dieser (tentativ als Freelancer bezeichneten) berufsförmig Selbständigen notwendig machen. So wird die freiberufliche Tätigkeit von einem Teil der Selbständigen dauerhaft als ein (›Mängel‹ aufweisendes) Äquivalent eines ›ganz normalen Jobs‹ gedeutet. Nur in Bezug auf diese Selbständigen erscheint es zutreffend, von *reinen Freelancern* zu sprechen: Sie sind nämlich insofern durch eine Freelancer-Mentalität geprägt, als sie sich (wie Söldner) offensiv an der (im Zweifel: zahlungskräftigsten) Nachfrage, an den Wünschen und Vorstellungen einiger weniger Auftraggeber orientieren und/oder die Gunst bestimmter Auftraggeber durch Zurschaustellung von Loyalität zu erlangen und zu erhalten suchen. Sie versuchen dadurch, sich eine möglichst sichere, einem Normalerwerbs-verhältnis ähnelnde Berufsposition aufzubauen. Reine Freelancer sehen (in Orientierung am Normalarbeitsverhältnis) keinerlei Anlass, eine Entgrenzung von Arbeit und Leben zuzulassen oder gar aktiv zu befördern. Genau dies ist allerdings die Grundlage *subjektiver Entgrenzungserfahrungen:* Die Abhängig-keit von einigen wenigen Auftraggebern kann nämlich dazu führen, dass reine Freelancer den Anforderungen ihrer Auftraggeber wenig entgegenzusetzen ha-ben. Eine Beeinträchtigung des Privatlebens durch berufliche Inanspruchnahme ist damit wahrscheinlich und wird auf der Basis einer ideellen Trennung von Arbeit und Leben als Übergriff beruflich-ökonomischer Zwänge auf die Lebens-führung insgesamt empfunden. Obwohl den reinen Freelancern jeglicher Drang zum unternehmerischen Handeln (wie es in der vorliegenden Arbeit charakteri-siert wurde) fehlt, entsprechen sie am ehesten dem in der Arbeits- und Industrie-soziologie entwickelten Idealtypus des Arbeitskraftunternehmers, insofern öko-nomische Zwänge ihre Lebensführung am deutlichsten beeinflussen und eine am Markt bzw. an einzelnen Auftraggebern orientierte ständige Optimierung ihrer Arbeitskraft erkennbar wird. Im Hinblick auf einen *dynamischen* Unternehmer-begriff ist die Metapher des Arbeitskraftunternehmers also unglücklich gewählt, insofern seine Merkmale am ehesten dort kenntlich werden, wo gerade kein un-ternehmerisches Handeln auftritt.

(zu 2) Einen ersten Schritt in Richtung unternehmerisches Handeln wagen gegenüber den reinen Freelancern die *Freiberufler.* Dem Vorbild der klassischen Professionen folgend erkämpfen sie sich individuelle Spielräume, um idio-synkratisch ausgewählte und individuell ›angereicherte‹, aber gleichwohl sozial gestützte (nämlich in einer bestimmten Berufsgruppe anerkannte) berufsethische Wertvorstellungen verwirklichen zu können. Dabei ist die zur Verwirklichung dieser Werte notwendige berufliche Autonomie nicht institutionell abgesichert, sondern muss im Rahmen beruflicher Selbständigkeit individuell erarbeitet und erhalten werden, wie dies als typisch für sogenannte neue Professionen gilt. Zwar wird auch bei den Freiberuflern nur ausnahmsweise unternehmerisches Handeln im Sinne dieser Arbeit kenntlich; im Gegensatz zu den Freelancern ist aber ein deutlicher *Eigensinn* erkennbar, der offensiv gegen eine einseitige An-passung an Marktbedingungen und Auftraggeberinteressen gerichtet wird. Ob-wohl persönlich und biografisch begründete Interessen und Vorlieben mit den berufsethischen Werten kombiniert werden, trotz deutlicher Erwerbszentrierung der Lebensführung und trotz hoher Identifikation mit dem Beruf halten aber auch die Freiberufler an einer *Trennung von Arbeit und Leben* fest. Entgrenzungen im Sinne eines Übergreifens marktwirtschaftlicher Zwänge auf das Privatleben the-matisieren sie allerdings nicht: Denn insofern sogar das berufliche Handeln in seiner Eigenlogik gegen ökonomische Zwänge verteidigt wird, ist eine Ökonomisierung des ›ganzen Lebens‹ ideell völlig indiskutabel und wird faktisch durch die Erarbeitung einer Marktposition verhindert, die eine begrenzte berufliche Autonomie ermöglicht. Sofern bewusste Abgrenzungsarbeit thematisiert wird, geht es den Freiberuflern um die Frage, wie man Berufsperson und Privatperson klarer trennen kann, wie man einer *›Déformation professionelle‹* entgegenwirkt: Wie man trotz hoher Identifikation mit dem Beruf und einem hochgradig berufszentrierten Lebens- und Alltagsentwurf Freiräume schafft, in denen man die beruflich geprägte Denkweise zeitweise ablegen kann. Wenngleich berufliche Netzwerke bei den Freelancern und den Freiberuflern unterschiedlichen Zwecken dienen – einerseits der Einkommenssicherung und -stabilisierung, andererseits darüber hinausreichend der Erarbeitung beruflicher Autonomie –, so rekurrieren sowohl Freelancer als auch Freiberufler auf *Netzwerke, die instrumentellen Charakter* haben, durch die Logik der ›connectivity‹ dominiert sind und nur randständig durch auf ›sociality‹ beruhende Bindungen ergänzt werden. Allerdings streben die Freiberufler den Aufbau flexibler, umfassender Netzwerke an, um begrenzte Autonomie zu erlangen, während die Erwerbsmentalität von Freelancern eine Konzentration auf wenige stabile Bindungen nahelegt.

(zu 3) Ebenfalls auf der Basis berufsethischer Wertvorstellungen wagen die *berufsethischen Unternehmer* den Schritt zum unternehmerischen Handeln. Insofern sie mit der Herstellung von eigenen Produkten weitaus größere Risiken auf sich nehmen als etwa Freiberufler, sind sie auf andersartige Netzwerkkontakte angewiesen, die über die Logik reiner ›connectivity‹ oder bürgerlicher ›sociality‹ hinausreichen und finanzielle Risiken mindern. So werden insbesondere bei jenen berufsethischen Unternehmern, die in der Kulturwirtschaft tätig sind, *Netzwerkkontakte* thematisiert, die der Logik der ›communality‹ folgen: Auf der Basis einer ähnlichen ökonomischen Lage und des geteilten Interesses, mit eigenen ›kreativen‹ Produkten Aufmerksamkeit zu erregen, werden bewusst Kontakte gesucht, bei denen gegenseitige Hilfe durch reziproken Tausch von Nutzleistungen möglich ist. Obwohl diese Kontakte nicht im selben Maße dem Prinzip der Rechenhaftigkeit unterliegen wie auf Äquivalenztausch beruhende Geschäftskontakte und intensiver sind als auf reinen Informationstausch angelegte Kontakte, bleiben sie immer an einen rationalen Zweck (den wechselseitigen Nutzen) gebunden. Wie auf die Freiberufler, so trifft auch auf die berufsethischen Unternehmer die These einer Rationalisierung des ganzen Lebens nicht zu: Noch ausgeprägter als bei den Freiberuflern zielt ihr berufliches Handeln nämlich gerade auf die Zurückweisung ökonomischer Zwänge.

(zu 4) Deutlicher erkennbar werden bewusste *Rationalisierungsprozesse* dagegen bei *Herzblut-Unternehmern.* Unter Rückgriff auf einen berufsbiografisch vor der im Rahmen dieser Arbeit betrachteten Selbständigkeit erworbenen Habitus eines Betriebswirts wird hier ein zunächst aus reiner Leidenschaft ver-

folgtes Unterfangen in eine betriebswirtschaftlich rentable Unternehmung transformiert. Auch hier ist allerdings keineswegs eine Rationalisierung des ›gesamten Lebens‹ zu erkennen. Insbesondere für das unmittelbar unternehmerische
Handeln sind offensichtlich irrationale, emotionale Motive relevant, die zudem
häufig über die Rationalisierung des Unternehmens hinaus in wertrationaler
Form fortbestehen. Oftmals ist diese Wertrationalität Voraussetzung dafür, dass
der Betrieb der Unternehmung subjektiv lohnend erscheint: Denn Herzblut-
Unternehmer engagieren sich trotz dezidiert betriebswirtschaftlicher Perspektive
oft in rein betriebswirtschaftlich betrachtet nur begrenzt rentablen Bereichen.
Von den Herzblut-Unternehmern wird auf der Basis persönlicher Leidenschaft
eine *Entgrenzung von Arbeit und Leben zum Teil zugelassen*. Gleichwohl stellen
sie – ganz bürgerlich – die Bedeutung von auf ›*connectivity*‹ sowie auf ›*sociality*‹
beruhenden *Netzwerken* heraus. Während die Werthaltung der berufsethischen
Unternehmer zumindest potentiell immer wieder auf die Generierung eigener,
neuer Produkte abzielt, zeigen die Herzblut-Unternehmer auf der Basis bürger-
lich-betriebswirtschaftlicher Denkweisen die Tendenz, einmal im Rahmen leidenschaftlicher Involviertheit entwickelte Innovationen ›nur noch‹ zu bewirtschaften – eine Tendenz, die sich in dem Maße verstärkt, in dem emotionale
Motive in wertrationale Motive transformiert und wertrationale Motive durch
zweckrationale abgelöst werden.

In Bezug auf die Frage, was den für *unternehmerisches Handeln charakteristischen Freimut* ermöglicht, wurden damit bereits zwei differente Antworten
gegeben: Zum einen ist es ein dezidiertes *berufliches Selbstverständnis* (etwa als
Designer) und eine damit einhergehende berufsethische Werthaltung, die das
Wagnis unternehmerischen Handelns lohnend erscheinen lässt, da selbst dann,
wenn das unternehmerische Handeln wirtschaftlich scheitert, noch individuell
angeeignete und innerhalb einer Berufsgruppe Anerkennung findende Werte
realisiert werden. Die zumeist stabile Identifikation mit einem Beruf sowie die
im Rahmen der Ausbildung und Berufsausübung gewöhnlich erkennbare Habi-
tualisierung berufsspezifischer Werte und Denkweisen verweisen damit zumindest auf eine habituell verankerte Ursache freimütigen Handelns, auch wenn der
Freimut an sich nicht habituell verankert ist. Das unternehmerische Handeln ist
demgegenüber bei Herzblut-Unternehmern kaum habituell begründet. Die Aktivitäten dieser Unternehmer entspringen vielmehr *momentbezogener, situativer
Emotionalität* und situativ bestimmten Werthaltungen. Sie werden auf der Basis
betriebswirtschaftlicher Denkweisen als potentielle Gewinngelegenheit identifiziert und unter Bezug auf einen betriebswirtschaftlich-bürgerlichen Habitus im
Rahmen einer Unternehmensgründung rationalisiert und stabilisiert. Sofern eine
Tendenz zum wiederholten unternehmerischen Handeln zu erkennen ist, beruht
diese auf einer Integration in Sozialkontexte, die jene Sachinteressen und Wert-

haltungen stützen, die einen Unternehmensgegenstand emotional reizvoll machen. Damit erscheinen die Werthaltungen und Leidenschaften, welche die Herzblut-Unternehmer zu freimütigen Handlungen anreizen, nicht habituell gefestigt, sondern können im Rahmen einer Veränderung der eigenen Interessen bzw. der damit verknüpften sozialen Einbindung in eine Interessengemeinschaft ihre Prägekraft verlieren. Beide Typen deuten damit darauf hin, dass nicht unbedingt der Freimut an sich habituell verankert sein muss, sondern dass Werthaltungen Anreize zum freimütigen Handeln darstellen können. Diese Werthaltungen können dauerhaft, aber auch schlicht durch passagere Interessenlagen begründet sein. Die Suche nach Habitus des Freimuts erhellt also die Ursachen unternehmerischen Handelns nur begrenzt, da die Disposition, freimütig zu Handeln, nicht nur habituelle, sondern auch *situative* Ursachen haben kann.

(zu 5) Freimut ist demgegenüber ein konstitutiver Bestandteil des Habitus der *bastelnden Unternehmer*, bei denen es folglich auch kaum denkbar erscheint, dass sie ihre Neigung zu immer neuen unternehmerischen Handlungen ablegen. Während von den Herzblut-Unternehmern durch die Erzählung einer Rationalisierungsgeschichte die Bedeutung ›ganz normalen‹ wirtschaftlichen Denkens in den Vordergrund gestellt wird, betonen die bastelnden Unternehmer (trotz Gewinninteresse und Rationalisierungsnotwendigkeit) den habituellen Drang bzw. den stetigen emotionalen Reiz, sich immer wieder bastelnd an der Realisierung neuer ›verrückter‹ Ideen zu versuchen. Da sie sich beim Ausleben dieses Dranges nicht auf ein bestimmtes Betätigungsfeld festgelegt sehen, ist ihr Handeln zwar stets ambitioniert, gleichwohl haftet ihm in methodischer Hinsicht etwas experimentell-dilettantisches an. Dieser experimentell-dilettantische Arbeitsmodus des Bastlers ist dabei weniger Zugeständnis an die Tatsache, dass man den sicheren Boden streng methodischer Verfahrensweisen verlassen muss, um Innovationen zu schaffen: Auf der Basis eines deutlichen Bezugs auf romantische Erkenntnisweisen, auf eine romantische Subjektkonzeption, ein romantisches Zeitempfinden sowie auf ein fragmenthaftes Verständnis ihrer Produkte wird das experimentell-dilettantische Arbeiten vielmehr an sich als lustbetonter, erlebnis- und abwechslungsreicher Arbeitsmodus geschätzt, der es erlaubt, ›sich‹ und ›seine Potentiale‹ stetig neu auszuprobieren und schöpferisch zum Ausdruck zu bringen. Insofern bastelnde Unternehmer (wie die historische Figur des Projektemachers) die konservative Methodik des Ingenieurs ebenso verachten, wie sie sich nicht auf private Basteleien beschränken möchten, müssen sie immer auch an der Akzeptanz ihrer Basteleien arbeiten. Insbesondere bei den erfolgreich bastelnden Unternehmern wird demgemäß eine Selbstcharismatisierung erkennbar sowie ein gewisser Missionarsgeist: ein Drang, relevante Andere stetig von der (emotionalen) Attraktivität der eigenen Ideen überzeugen zu wollen. Insofern der bastelnde Unternehmer als Projektemacher charismatisch überzeugen muss, sucht er eine Einbindung in ein *gemeinschaftlich-freundschaftlich* geprägtes *Netzwerk*, das seine ästhetischen und lebensstilistischen Vorstellungen sowie seine Werthaltungen teilt. Er sucht nach einem Umfeld, das seine teils ausgefallenen Ideen begreift, ihre charismatische, emotionale Überzeugungskraft bestätigt und ihn im unternehmerischen Handeln anspornt. Demgemäß sind quasi-freundschaftliche, gemeinschaftliche Netzwerke von hoher Relevanz; Netzwerke, die insofern Ähnlichkeit mit Künstlergruppen aufweisen, als sie oftmals auf lebensstilistisch-ästhetischen Gemeinsamkeiten und geteilten Werthaltungen beruhen. Obwohl die bastelnden Unternehmer gerade durch diese gemeinschaftliche Einbindung noch am ehesten auf holistische Vorstellungen rekurrieren, ist eine *Entgrenzung von Arbeit und Leben* keine zwangsläufige Folge solcher Einbindungen. Nur insofern tatsächlich das ›ganze Leben‹ in die Arbeit bzw. die Arbeit in das ›ganze Leben‹ zu integrieren ist, werden Entgrenzungstendenzen kenntlich. Dabei geht jedoch weder die Unterscheidung zwischen gemeinschaftlichen und gesellschaftlichen Logiken und Handlungsprinzipien verloren noch ist eine Ökonomisierung des Lebens zu konstatieren. Vielmehr basiert eine solche zugelassene oder aktiv beförderte Entgrenzung auf der Tatsache, dass Arbeit nicht als reiner Erwerbszweck aufgefasst wird, sondern in einen sinnstiftenden Lebensstil und -kontext integriert ist. Obwohl die bastelnden Unternehmer in Aspekten Ähnlichkeit zum kreativen, unternehmerischen Selbst (Bröckling 2007, 2004a, Reckwitz 2006) aufweisen, ist ein deutlicher Eigensinn zu erkennen und keineswegs eine nur dem Markt als permanentem ökonomischen Tribunal verpflichtete Haltung (so Bröckling 2002: 8). Selbstverständlich suchen die bastelnden Unternehmer nach Anerkennung für ihre Schöpfungen, und sie sind auch darauf angewiesen, dass diese Anerkennung in Einkommen umsetzbar ist. Sie bemessen ihren Erfolg jedoch nur sehr begrenzt am Ausmaß des erwirtschafteten Gewinns. Dieser muss schlicht ausreichend sein, um einen angestrebten (oft recht anspruchslosen) Lebensstil verwirklichen zu können, und Freiräume zur Verwirklichung weiterer Ideen ermöglichen. Weitaus deutlicher als am erwirtschafteten Gewinn bemisst sich beruflicher Erfolg für die bastelnden Unternehmer daran, inwieweit die Eigensinnigkeit des (beruflichen) Handelns und der eigenen Ideen trotz der Notwendigkeit, ein Einkommen zu erwirtschaften, gewahrt bleibt bzw. realisiert werden kann.

9 Romantik und modernes Arbeitsethos

Wie steht es angesichts dieser Ergebnisse nun um die gegenwartsdiagnostische Feststellung des Vordringens romantischer Werte in die Arbeitswelt bzw. um die Bedeutung des romantischen Denkens in der Moderne schlechthin? Die Bilanz fällt auf der Basis der empirischen Ergebnisse zwiespältig aus, da sich im Material zwar (1) Belege für romantische Orientierungen finden. Diese entfalten aber (2) selbst innerhalb der Kulturwirtschaft nur sehr begrenzt Wirkung und es finden sich auch wenig Hinweise auf eine besondere Ausstrahlungskraft über den Sektor hinaus. Sucht man nach einer Gesamteinschätzung der präsentierten Ergebnisse, so zeichnet sich vielmehr ab, dass (3) nicht ein romantisches Syndrom im umfassenden Sinne, wohl aber der Anspruch, idiosynkratische Werthaltungen in Arbeit zu verwirklichen sowie situativen, emotional attraktiven Handlungsoptionen folgen zu können, zusehends den Reiz unternehmerischen Handelns in wie auch außerhalb der Kulturwirtschaft begründet. Damit wird insofern eine romantische Veränderung der klassischen ›protestantischen‹ Bewährungsvorstellung erkennbar, als offenbar selbst von jenen Unternehmern, die an bürgerlichen Arbeitstugenden festhalten, auf Vorstellungen des qualitativen Individualismus rekurriert wird. Ein möglicher Effekt einer solchen Entwicklung ist, (4) dass sich der Modus des ›Heraustretens aus der Masse‹ von ›aufklärerischen‹ zu ›romantischen‹ Weisen verschiebt, ohne dass die Erwerbstätigen deswegen zwangsläufig umfassend auf romantische Werte rekurrieren bzw. romantischen Denkweisen folgen. Insofern jene Besonderheiten, die ein Heraustreten aus der Masse möglich machen, anders bestimmt werden, verändert dies nicht nur die Art und Weise des Erfolgsstrebens der Individuen, sondern irritiert und verändert auch gesellschaftliche Legitimationsmuster von Statusungleichheiten. Sofern also romantische Modi des Hervortretens aus der Masse tatsächlich gewichtiger werden, hat dies (5) mindestens zwei Konsequenzen: Erstens ist von zunehmend charismatischen Begründungen von ›Erfolg‹ auszugehen und damit einhergehend von einer Verschärfung von (Einkommens-)Ungleichheiten bei gleichzeitig steigender Schwierigkeit, diese durch allgemeingültig-rational bestimmbare Leistungsunterschiede zu legitimieren. Zweitens werden damit insofern Erinnerungen an die Diagnosen Daniel Bells geweckt, als zwar nicht das Arbeitsethos schwindet, es aber zunehmend schwieriger wird, Individuen an Institutionen zu binden und institutionellen Logiken zu verpflichten.

(zu 1) Deutlich kenntlich geworden ist in der Empirie, dass sich romantisches Denken und unternehmerisches Handeln hervorragend verbinden lassen. Mit dem bastelnden Unternehmer konnte ein enorm dynamischer Unternehmertypus identifiziert werden, der deutlich Bezug auf romantische Denkweisen und Wertvorstellungen nimmt. Der Wunsch der von romantischen Vorstellungen inspirierten Unternehmer, sich selbst bastelnd-dilettantisch in immer neuen Projekten zu erproben und zu entfalten, stellt eine dem protestantischen Bewährungsgedanken durchaus ebenbürtige Triebkraft für die Entwicklung von Neuerungen und ihre tentative Verwirklichung dar. Ein genauerer Blick auf die Verbindung von romantischem Geist und unternehmerischem Handeln offenbart dabei sogar, dass den Romantiker eine Dynamik treibt, die in ihrer ›Mechanik‹ deutliche Ähnlichkeiten mit jener Dynamik aufweist, die Weber (2006: 147 ff.) als alltagspraktische Nebenfolge der calvinistischen Prädestinationslehre begriff. Denn auch das romantische Denken enthält ein Moment der Rastlosigkeit und des grenzenlosen Engagements, das in der spezifischen Verbindung des Wissens um einen prinzipiellen ›Heilsweg‹ einerseits mit der Unmöglichkeit, auf diesem Heilsweg endgültige Erfüllung bzw. (religiös gesprochen) Erlösung zu finden, andererseits begründet liegt: Wie Webers Calvinist auch durch die größten geschäftlichen Erfolge nie Gewissheit über seinen Heilsstatus erlangen kann, so ist auch die Suche des Romantikers nach dem ›Absoluten‹ unabschließbar, da die introspektive, erlebnisorientierte Entdeckung und expressive Realisation der vielfältigen ›eigenen‹ Potentiale immer fragmentarisch bleibt. Obwohl sich Romantiker und Calvinist der Unmöglichkeit bewusst sind, an das Ziel ihrer Bemühungen zu gelangen, lassen sie gewöhnlich nicht davon ab, alles zu unternehmen, um auf ihrem ›Heilsweg‹ möglichst weit fortzuschreiten. Aufgrund dieser strukturellen Ähnlichkeit taugen beide Denkweisen in ›säkularisierter‹ (pragmatisch relativierter) Form als Treiber unternehmerischen Handelns: Denn sie fungieren trotz ihrer Unterschiedlichkeit als Anreiz, nicht nur Geschäftsideen, sondern damit auch ›sich selbst‹ immer wieder freimütig einer Bewährungsprobe zu unterziehen.[83]

---

[83] Trotz der Ähnlichkeit in der ›Mechanik‹ unterscheiden sich beide Denkweisen aber in ihrer Zielsetzung und ihren (nicht intendierten) Folgen in einem Punkt deutlich: Die Heilssuche des calvinistischen Unternehmers führte nämlich nach Weber zu einer stetigen Akkumulation von Kapital, das im Rahmen einer gottgefälligen Lebensführung wiederum möglichst gewinnbringend reinvestiert werden musste. Dem romantischen Geist fehlt diese Tendenz zur profitablen Reinvestition und damit zur langfristigen Akkumulation von Kapital völlig. Sofern nennenswerte Überschüsse erwirtschaftet werden, sind diese für romantisch inspirierte Unternehmer sofort Mittel zu Realisation ›eigener‹, oftmals völlig unrentabler Wünsche und Vorstellungen. Damit ist eine habituell bestimmte Erklärung für die Tatsache gegeben, warum viele kulturwirtschaftliche Unternehmungen so klein bleiben. Die schlichte Aufforderung, Wachstum zu wagen (Mandel 2007: 122), wird an dieser Tatsache wenig ändern.

Entgegen gegenteiliger Ansichten macht der Typus des bastelnden Unternehmers jedenfalls deutlich, dass auch auf der Basis romantischen Denkens eine moderne Lebensführung möglich ist, die zwar deutlich von der rationalen Lebensführung auf der Basis eines calvinistischen Ethos abweicht, gleichwohl aber nicht ›irrational‹ ist. So lassen die hier untersuchten romantisch inspirierten Unternehmer alles andere als eine irrationale Lebensführung erkennen, sondern kennen gerade aufgrund der verstärkten Orientierung an den Leidenschaften des Momentes durchaus eine sensible Suche nach Gelegenheiten und das entschiedene Ergreifen von Gelegenheiten. Die bastelnden Unternehmer suchen stetig nach ihnen in Bezug auf ihre aktuelle Lebenspraxis passend erscheinenden Gelegenheiten, sich unternehmerisch zu engagieren, und damit einhergehend auch nach einer ›kreativen‹, verständnisvollen, Anerkennung zollenden und Anregungen bietenden Umgebung. Es erscheint fragwürdig, diese Haltung als ›gegenmodern‹ zu perhorreszieren. Sie kann ebenso als Prototypus jener von Zygmunt Bauman als typisch (post-)modern beschriebenen Rationalität begriffen werden, »to be there, where opportunities are known to be thick on the ground, and to be there at the time, when they are known« to be particular dense« (Bauman 2005: 32). Die langfristige Planung einer sicheren Berufslaufbahn (die ›Ratschläge der situierten Leute‹) ist den bastelnden Unternehmern zwar ebenso fremd, wie sie es offensichtlich den Romantikern war. Auch wenn auf der Basis eines romantisch inspirierten Welterlebens nur »wisdom of a ›phronesis‹ kind, a collection of rules of thumb, not foolproof recipes and algorithmic commands«[84] (Bauman 2005: 32) gewonnen werden kann, so reicht dieses Orientierungswissen aber trotzdem aus, um sich in projektförmigen (zeitlimitierten) Engagements in Bezug auf aktuelle Interessen rational zu orientieren. Eine solche Lebensführung mag dadurch attraktiver werden, dass klassische, sichere ›Karrierezüge‹ ins Stocken geraten, wie dies Brunschwig für die Frühromantiker in Preußen vermutete und wie dies auch aktuell begrenzt zutrifft. Sie ist aber offenbar nicht nur als Reaktion auf die Unsicherheit der beruflichen Zukunft zu begreifen: Im Sinne der bastelnden Unternehmer bietet eine solche Lebensführung vielmehr die Chance, ›eigene‹ Potentiale zu entdecken und zu entfalten sowie eine stimmige, zu den (veränderlichen) eigenen Bedürfnissen und Interessen passende Erwerbsbiografie zu entwickeln, ohne sich langfristig festlegen und damit beschränken zu müssen.

(zu 2) Neben dem Potential romantischer Denkweisen im Rahmen (post-)moderner Lebens- und Arbeitswelten machte die Empirie aber auch die faktisch sehr begrenzte Verbreitung von im umfassenden Sinne romantisch geprägten Denkweisen deutlich: Der Typus des bastelnden Unternehmers repräsentiert of-

---

[84] Mit Phronesis ist bei Aristoteles jene ›praktische Klugheit‹ gemeint, die uns zur Einsicht befähigt, was hier und jetzt, im Einzelnen und Konkreten zu tun und zu lassen ist (vgl. Bräuer 2003: 538).

fenbar selbst unter den Kulturunternehmern (die nur einen Bruchteil der Erwerbstätigen in der Kulturwirtschaft ausmachen) nur eine Minderheit. Zwar werden Ansätze romantischen Denkens auch bei bestimmten berufsethischen Unternehmern erkennbar, was als Hinweis darauf verstanden werden kann, dass romantische Denkweisen und Werte in bestimmten (Kultur-)Berufen vermittelt werden und auch hier zum Treiber unternehmerischen Handelns werden können. Die Behauptung, dass die Kulturwirtschaft insgesamt das Epizentrum einer neuartigen, romantisch geprägten Vorstellung des Arbeitssubjekts und eines romantischen Arbeitsethos darstellt (vgl. Reckwitz 2006: 500 ff.), erscheint aber fraglich, da sowohl bei den deutlich auf eine bürgerliche Arbeitsmoral rekurrierenden Herzblut-Unternehmern als auch bei den untersuchten Freelancern (im Berufsfeld Journalismus) kaum eine Bedeutung romantischer Denkweisen nachgewiesen werden konnte. Sofern aber die Verbreitung romantischer Werte und Denkweisen selbst in der Kulturwirtschaft auf bestimmte Berufsfelder sowie Unternehmertypen beschränkt bleibt, scheint die unterstellte Vorbildhaftigkeit und normative Prägekraft romantischer Werte für die Arbeitswelt fragwürdig. Dass ausgerechnet der am deutlichsten romantisch inspirierte Typus des bastelnden Unternehmers endemisch für die Kulturwirtschaft erscheint, bislang also nicht den ›Sprung‹ in andere Branchen geschafft hat, verweist ebenso auf eine spärliche Verbreitung romantischer Werte in der ›regulären‹ Arbeitswelt.

(zu 3) Betrachtet man die Ergebnisse insgesamt, so ist in Bezug auf mögliche Veränderungen des Arbeitsethos sowie auf die Motivation der unternehmerischen Handlungen weniger die Relevanz eines umfassenden romantischen Syndroms auffallend als der überwiegend feststellbare, unternehmerisches Handeln anreizende Anspruch, idiosynkratische Werthaltungen in Arbeit zu verwirklichen sowie situativen, emotional attraktiven Handlungsoptionen zu folgen. Obwohl nämlich berufsethische Unternehmer, Herzblut-Unternehmer und Freiberufler nicht im umfassenden Sinne romantischen Denkweisen folgen, gleichen sie in einem Punkt den bastelnden Unternehmern: Sie suchen nach einer in Bezug auf *ihre* besondere Lebenssituation, *ihre* Werthaltungen und *ihre* Interessen stimmigen, Sinnstiftung bietenden Arbeit. In der Suche nach Bewährung im Beruf ist also bei vielen Unternehmern insofern ein romantischer Impetus erkennbar, als sie dem (romantischen) Anspruch der Selbstverwirklichung folgend *eigensinnige Vorstellungen* von ihrem Beruf als Berufung oder von den jeweils zu erfüllenden Aufgaben und zu realisierenden Werten entwickeln und diese zum Teil gegen Institutionen und deren Anforderungen durchzusetzen suchen. Sie suchen ihre Bewährung gerade *nicht* in der pflichtschuldig-calvinistischen Erbringung von gesamtgesellschaftlich geforderten Leistungen und orientieren sich *nicht* an objektiv-abstrakten (institutionell vermittelten) Leistungsnormen und Erfolgskriterien (wie Gewinn oder Einkommen). Vielmehr steht die Realisation von Werten im Vordergrund, die in ihrem je konkreten Leben und in konkreten Gemeinschaften, in die sie eingebunden sind, als authentische Selbstrealisierung und somit als *individualistische Bewährung* angesehen wird. Ihre Bewährungssuche ähnelt damit einer von Ulrich Oevermann entwickelten Vorstellung einer zukünftigen Bewährungskonzeption, die »in Maßstäben der Klarheit, Detailliertheit und Genauigkeit« besteht, »mit denen das Subjekt sein je konkretes Leben, in welchen Inhalten es sich auch immer realisiert, in seiner konkreten Bildungsgesetzlichkeit rekonstruiert und auf deren Folie es jeweils seinen Zukunftsentwurf verantwortlich artikuliert« (Oevermann 2001: 37).

Selbst wenn Arbeit und Leben formal getrennt bleiben, geht es allen unternehmerisch agierenden oder zumindest arbeitsinhaltliche Souveränität anstrebenden Selbständigen darum, zu einer als authentisch und selbstbestimmt empfundenen Arbeit zu finden, die sich in einen insgesamt stimmigen Lebensentwurf fügt. Was die bastelnden Unternehmer, die Freiberufler und die berufsethischen Unternehmer eint (und zugleich von reinen Geschäftsmännern und reinen Freelancern trennt), ist die Tatsache, dass sie ihre berufliche Bewährung an der Stimmigkeit der gesamten Lebensführung sowie der (ästhetisch-expressiven oder fachlich-wertrationalen) Gelungenheit ihrer Werke bemessen. Trotz Rekurs auf sozialisatorisch angeeignete bürgerliche Leistungstugenden und der Betonung ›objektiver‹ Erfolgskriterien lassen gerade die Herzblut-Unternehmer die Attraktivität einer solchen romantisch inspirierten Bewährungskonzeption erkennen: Als ›Kippfiguren‹ rekurrieren sie nämlich einerseits auf rational-bürgerliche Erfolgskriterien und Leistungsvorstellungen, andererseits ist es offensichtlich aber die Verwirklichung eines attraktiven Lebensstils, die Realisierung eigener Werte und die Hingabe an eine Sache, welche die objektiv-rational doch nur begrenzt rentable Unternehmung schließlich trägt.

(zu 4) Offenbar eint also die Tendenzen zu unternehmerischem Handeln aufweisenden Akteure, dass sie auf der Basis idiosynkratischer, teils lose an eine Berufsgemeinschaft, teils an eine lebensstilistische Gemeinschaft und teils auch ›nur‹ an einen sozialen Nahraum gebundene Werte Bewährung und Sinnstiftung im Beruf suchen. Eine solche Individualisierung des Bewährungsproblems verweist nur insofern auf eine Romantisierung des Bewährungsproblems, als Vorstellungen eines qualitativen Individualismus (vgl. Simmel 1995, 1989: 492 f.) folgend das Konkrete, Besondere, Partikuläre über das Abstrakte, Rationale, Allgemeingültige gestellt wird. Damit verändert sich allerdings die Art und Weise, in der nach Zeichen der Bewährung gesucht wird, im Sinne des qualitativen Individualismus: Begreift man nämlich die beiden von Simmel herausgearbeiteten Formen des qualitativen und abstrakten Individualismus als ›Kontrastfolie‹, vor der das, was Claessens (1989) »Hervortreten aus der Masse« nennt, möglich ist, so wird deutlich, dass die Moderne zwei verschiedene Weisen des Hervortretens (und der Suche nach Bewährung) kennt: Der abstrakte Individualismus im Sinne Simmels betont zwar im Sinne der Aufklärung die prinzipielle Gleichwertigkeit aller vernunftbegabten, mündigen und prinzipiell freien Individuen. Insofern er den Sinn und Inhalt der individuellen Freiheit aber in der (durch Moralvorstellungen bestimmten) ›Pflichterfüllung‹ innerhalb der Gesellschaft sieht (vgl. Simmel 1997: 225), ist jedoch auch auf dieser Basis ein Hervortreten aus der Masse möglich, nämlich durch »extra-normative Kulturarbeit« (Claessens 1989: 323 f.): Durch besondere ›Leistungstüchtigkeit‹, also ›objektiv‹ erkennbare Überleistung in der Pflichterfüllung, oder durch ›Erfolgstüchtigkeit‹, also geschickte Inszenierung von objektiv eher gewöhnlichen Leistungen (vgl. Ichheiser 1931: 6 ff.), kann nämlich auch im Rahmen eines quantitativen Individualismus ein Hervortreten aus der Masse gelingen. Der qualitative Individualismus eröffnet darüber hinaus einen zweiten Werthorizont, in Bezug auf den ein Hervortreten im Sinne einer »voll innovativen Kulturarbeit« (Claessens 1989: 325 f.) möglich wird: Denn auch die Schöpfung einer besonders *andersartigen* Leistung kann den Schöpfer (als innovatives ›Genie‹[85]) aus der Masse hervorheben. Dass eine zweckfreie kulturelle Neuerung ebenso wie der ›Akkordbruch‹ (die besondere Pflichterfüllung) in den gefestigten Bahnen klassischer Institutionen nur schwer zu bewerkstelligen ist und im Rahmen selbständiger Erwerbsarbeit besser gelingen kann, liegt auf der Hand.

(zu 5) Ebenso plausibel ist, dass diese Arten des Hervortretens in verschiedenen Kontexten und zu verschiedenen Zeitpunkten innerhalb der Geschichte der modernen Gesellschaften eine in ihrer Legitimität durchaus unterschiedlich bewertete Möglichkeit des Heraustretens darstellten und darstellen. Nicht jedes Hervortreten ist erfolgreich, führt zur Akkumulation von sozialem und/oder materiellem Kapital, und nicht jede Art des Hervortretens hat in jedem Kontext zu jedem Zeitpunkt die gleichen Aussichten auf materielle wie immaterielle Gratifikation. Grundsätzlich, so jedoch die hier vertretene These, sind beide Formen des Heraustretens in der Moderne angelegt, und die präsentierte Empirie kann als Hinweis darauf gedeutet werden, dass die auf qualitativem Individualismus beruhende Form bedeutsamer wird.

Sofern jedoch ein auf qualitativem Individualismus beruhendes Hervortreten jenseits eines umfassenden Bezugs auf romantische Denkweisen und Werthaltungen möglich wird und sich auch jenseits des kulturwirtschaftlichen Sektors zeigt, wird die Frage nach einer (objektiven) Beurteilung von Leistung und daran gekoppeltem Erfolg, auf der das gesellschaftliche Gerechtigkeitsempfinden von ›Leistungsgesellschaften‹ beruht, schwierig. Die vorliegenden Ergebnisse verweisen dabei weniger darauf, dass zeitgenössische Individuen zusehends ›leis-

---

[85] Der ›Geniekult‹ der Romantik verweist auf die Bedeutung dieser *qualitativen* Art des Heraustretens im romantischen Denken und die scharfe Kritik dieses Kultes (vgl. Brunschwig 1982: 332 f.) auf das bürgerliche Misstrauen gegenüber dieser *quantitativ* nicht legitimierbaren Ursache von Erfolg.

tungslose‹ Formen des Erfolges anstreben (so Neckel/Dröge 2002: 101), wie offenbar auch kaum gilt, dass nur der Markterfolg – egal mit welchen Mitteln er erreicht wurde – als Leistung Anerkennung findet (so Neckel 2001). Die Vorstellung von *besonderen*, qualitativ zu bemessenden, an die Kriterien kleinerer Gemeinschaften rückgebundener Erfolge macht es aber *gesamtgesellschaftlich* problematisch zu klären, *was* als Leistung anerkannt wird: So ist etwa die ›Besonderheit‹ der Produkte der bastelnden Unternehmer schlichtweg nicht objektiv zu beweisen bzw. ohne die charismatische Überzeugung relevanter Anderer kaum als hervorragende Leistung zu etablieren. Sofern damit Leistungstüchtigkeit und Erfolgstüchtigkeit immer weniger trennbar sind, besteht einerseits die Gefahr, dass das Empfinden von Ungerechtigkeit deutlich zunimmt, wie andererseits durch die Hervorhebung einer ›individuellen‹ Note in den Leistungen tatsächlich Tendenzen zu ›The winner takes it all‹-Märkten (vgl. FN 24, S. 66) entstehen und damit auch objektiv die Gefahr der Entstehung ›spektakulärer Ungleichheiten‹ steigt (vgl. Menger 2006: 37 ff.). Damit ist also eine faktische Zunahme von Ungleichheit denkbar, die gleichzeitig gerade gegenüber jenen Teilen der Gesellschaft, die klassischen Leistungs- und Bewährungsvorstellungen folgen, schwer zu legitimieren ist – und dass ein klassisches Arbeitsethos und insbesondere eine monetäre wie soziale Anerkennung nicht individualistisch aufladbarer Tätigkeiten erhalten bleibt, erscheint angesichts der Tatsache, dass gewisse Tätigkeiten kaum Anknüpfungspunkte für die Entwicklung individualistischer Werte bieten, ebenso wünschenswert wie wahrscheinlich. Denn selbst wenn Unternehmen bereits auf eine Individualisierung des Arbeitsethos reagieren und bei der Personalrekrutierung anhand von »Signalen der persönlichen Lebensführung und des Biografieverlaufes« (Hohn/Windolf 1989: 205) eine ›authentische‹ Passfähigkeit von Bewerber und Institution herzustellen suchen, ist sehr fraglich, ob tatsächlich niemand mehr »pflichtbewusste Bürokraten« (Sasse 2006: 304) oder auch ihr Selbstbewusstsein aus pflichtgemäßer Arbeitsleistung ziehende ›Malocher‹ als Arbeitnehmer möchte: Gerade die hier portraitierten Selbständigen erscheinen nämlich kaum ohne größere organisatorische Umstrukturierungen in klassische Erwerbsorganisationen integrierbar, in denen weite Teile der Arbeit darauf abzielen, ›die Dinge am Laufen zu halten‹, also gerade keinen sperrigen, störenden Eigensinn zu beweisen. Und auch in Bezug auf einfache, kaum zu Identifikation taugende Tätigkeiten ist konkret nur eine Alternative zu einem Selbstbewusstsein aus nicht zur Selbstverwirklichung geeigneter Arbeit vorstellbar: Die Erhöhung des existentiellen Drucks, jedenfalls irgendwie erwerbstätig zu sein.

Literaturverzeichnis

Abels, Heinz, 2006: Identität. Wiesbaden: VS

Aderhold, Jens, 2005: Gesellschaftsentwicklung am Tropf technischer Neuerungen? S. 13–32 in: Ders./John, René (Hg.): Innovation. Sozialwissenschaftliche Perspektiven. Konstanz: UVK

Angerer, Marie-Luise, 1999: Cultural worker who are you? Statement 1. S. 26–28 in: Ellmeier, Andrea/Ratzenböck, Veronika (Hg.), Kultur als Kompetenz. Neue Technologien, Kultur & Beschäftigung. Wien: Österreichische Kulturdokumentation

Backes, Christoph/Holzer, Barbara/Söndermann, Michael, 2005: Kulturwirtschaft in Aachen. Erstes kulturwirtschaftliches Portrait einer Stadt in Deutschland. Aachen

Baethge, Martin, 1991: Arbeit, Vergesellschaftung, Identität – Zur zunehmenden normativen Subjektivierung der Arbeit, Soziale Welt 42 (1): 6–19

Bauman, Zygmunt, 2005: Work, consumerism and the new poor. Berkshire: Open University Press

Baumer, Franklin L., 1973: Romanticism. S. 198–204 in: Wiener, Philip P. (Hg.), Dictionary of the History of Ideas, Bd. 4. Detroit: Scribner

Behler, Ernst, 1992: Romantik, das Romantische. Sp. 1076–1986 in: Ritter, Joachim (Hg.), Historisches Wörterbuch der Philosophie, Bd. 8. Basel: Schwabe

Behr, Vera/Gnad, Friedrich/Kunzmann, Klaus R., 1990: Kulturwirtschaft in der Stadt. Dortmund: IRPUD

Bell, Daniel, 1979: Die Zukunft der westlichen Welt. Kultur und Technologie im Widerstreit, Frankfurt a. M.: Fischer

Benkert, Wolfgang/Michel, Lutz P. (1999): Neue Selbständige in der Medienbranche. Ein Modellfall für den Dienstleistungssektor? Arbeitsbericht Nr. 138 der Akademie für Technikfolgenabschätzung in Baden-Württemberg, Stuttgart

Betzelt, Sigrid, 2006, Flexible Wissensarbeit. Alleindienstleister zwischen Privileg und Prekarität. ZeS Arbeitspapier 3/2006, Bremen: Zentrum für Sozialpolitik der Universität Bremen

Betzelt, Sigrid/Fachinger, Uwe, 2004: Jenseits des ›Normalunternehmers‹: Selbständige Erwerbsformen und ihre soziale Absicherung, Zeitschrift für Sozialreform 50 (3): 312–343

Betzelt, Sigrid/Gottschall, Karin, 2007: Jenseits von Profession und Geschlecht? Erwerbsmuster in den Kulturberufen, S. 122–144 in: Gildemeister, Regine/Wetterer, Angelika (Hg.), Erosion oder Reproduktion geschlechtlicher Differenzierungen? Münster: Westfälisches Dampfboot

Betzelt, Sigrid/Gottschall, Karin, 2005: Flexible Bindungen – prekäre Balancen. Ein neues Erwerbsmuster bei hochqualifizierten Alleindienstleistern, S. 275–294 in: Kronauer, Martin/Linne, Gudrun (Hg.), Flexicurity. Die Suche nach Sicherheit in der Flexibilität. Berlin: Edition Sigma

Biermann, Benno, 1971: Die soziale Struktur der Unternehmerschaft – demographischer Aufbau, soziale Herkunft und Ausbildung der Unternehmer in Nordrhein-Westfalen, Stuttgart: Enke

Blanke, Bernhard/Bandemer, Stephan, 1999: Der aktivierende Staat. Gewerkschaftliche Monatshefte (6): 321–330

Blumer, Herbert, 1954: What is wrong with social Theory? American Sociological Review 19 (1): 3–10

BMFSFJ, Bundesministerium für Familie, Senioren, Frauen und Jugend (Hg.), 2006: Siebter Familienbericht. Familie zwischen Flexibilität und Verlässlichkeit: Perspektiven für eine lebenslaufbezogene Familienpolitik, Bundestags-Drucksache 16/1360

Bögenhold, Dieter, 2003: Wirtschaftliches Handeln als Sport? Zur Rationalität des Unternehmerbildes bei Joseph A. Schumpeter, S. 3–18 in: Walterscheid, Klaus (Hg.), Entrepreneurship in Forschung und Lehre. Frankfurt a. M.: Peter Lang

Bögenhold, Dieter, 1987: Der Gründerboom. Realität und Mythos der neuen Selbständigkeit, Frankfurt a. M.; New York: Campus

Bögenhold, Dieter/Fachinger, Uwe, 2007: Renaissance of Entrepreneurship? Some remarks and empirical evidence for Germany, ZeS Arbeitspapier Nr. 2/2007, Bremen: Zentrum für Sozialpolitik der Universität Bremen

Bögenhold, Dieter/Fachinger, Uwe, 2004: Struktureller Wandel selbständiger Erwerbsarbeit, ZeS-Arbeitspapier Nr. 3/2004, Bremen: Zentrum für Sozialpolitik der Universität Bremen

Bögenhold, Dieter/Leicht, René, 2000: ›Neue Selbständigkeit‹ und Entrepreneuership: Moderne Vokabeln und damit verbundene Hoffnungen und Irrtümer, WSI-Mitteilungen 53 (12): 779–787

Bögenhold, Dieter/Staber, Udo, 1994: Vom Dämon zum Demiurgen? Zur (Re-)Organisation des Unternehmertums in Marktwirtschaften, Berlin: Akademie

Böhm, Winfried, 2000: Wörterbuch der Pädagogik. Stuttgart: Kröner

Bohn, Volker (Hg.), 1987: Romantik. Literatur und Philosophie, Frankfurt a. M.: Suhrkamp

Bohnsack, Ralf, 2007: Dokumentarische Methode und praxeologische Wissenssoziologie. S. 180–190 in: Schützeichel, Rainer (Hg.), Handbuch Wissenssoziologie und Wissensforschung. Konstanz: UVK

Bohnsack, Ralf, 2003: Dokumentarische Methode. S. 40–44 in: Ders./Marotzki, Winfried/Meuser, Michael (Hg.), Hauptbegriffe Qualitativer Sozialforschung. Opladen: Leske + Budrich

Bohnsack, Ralf, 1999: Rekonstruktive Sozialforschung. Opladen: Leske + Budrich

Bohrer, Karl Heinz, 1999: Die Modernität der Romantik. Zur Tradition ihrer Verhinderung, S. 49–82 in: Weiß, Johannes/Helduser, Urte (Hg.), Die Modernität der Romantik: Zur Wiederkehr des Ungleichen. Kassel: Kassel University Press

Boltanski, Luc/Chiapello, Éve, 2003: Der neue Geist des Kapitalismus, Konstanz: UVK

Bräuer, Holm, 2003: Phronesis. S. 538 in: Rehfus, Wulff D. (Hg.), Handwörterbuch Philosophie. Göttingen: Vandenhoeck & Ruprecht

Braun-Thürmann, Holger, 2005: Innovation, Bielefeld: Transkript

Brecht, Bertold, 1997: Ausgewählte Werke in sechs Bänden. Fünfter Band: Prosa, Frankfurt a. M.: Suhrkamp

Bröckling, Ulrich, 2007: Das unternehmerische Selbst. Soziologie einer Subjektivierungs-form, Frankfurt a. M.: Suhrkamp

Bröckling, Ulrich, 2005: Projektwelten. Anatomie einer Vergesellschaftungsform. Leviathan 33 (3): 364–383

Bröckling, Ulrich, 2004a: Unternehmer. S. 271–276 in: Ders./Krasmann, Susanne/Lemke, Thomas (Hg.), Glossar der Gegenwart. Frankfurt a. M.: Suhrkamp

Bröckling, Ulrich, 2004b: Kreativität. S. 139–144 in: Ders./Krasmann, Susanne/Lemke, Thomas (Hg.), Glossar der Gegenwart. Frankfurt a. M.: Suhrkamp

Bröckling, Ulrich, 2003: Bakunin Consulting Inc., S. 19–38 in: Osten, Marion von (Hg.): Norm der Abweichung. Wien; New York: Springer

Bröckling, Ulrich, 2002: Jeder könnte, aber nicht alle können. Konturen des unternehme-rischen Selbst, Mittelweg 36 (4): 6–26

Brooks, David, 2001: Die Bobos. Der Lebensstil der neuen Elite, Berlin: Ullstein

Brosziewski, Achim, 1997: Unternehmerisches Handeln in moderner Gesellschaft. Eine Wissenssoziologische Untersuchung, Wiesbaden: DVU

Brosziewski, Achim, 1994: Ein ›moderner Unternehmer‹ – exemplarisch rekonstruiert. S. 198–218 in: Schröer, Norbert (Hg.), Interpretative Sozialforschung. Opladen: Westdeutscher Verlag

Brunschwig, Henri, 1982: Gesellschaft und Romantik in Preußen im 18. Jahrhundert. Frankfurt a. M.: Ullstein

Bührmann, Andrea D., 2004: Vom Programm zur individuellen Vermittlung von Subjek-tivierungsweisen – eine Einführung in einen Problemkreis, Vortrag auf dem Praxis-workshop Diskursanalyse, Augsburg, 17.–18.06.2004. Verfügbar über: www.philso.uni-augsburg.de/ (letzter Zugriff: 02.09.2008)

Bündnis 90/die Grünen, Bundestagsfraktion/Söndermann, Michael, 2007: Kulturwirt-schaft und Creative Industries 2007 – Aktuelle Trends unter besonderer Berücksich-tigung der Mikrounternehmen, Berlin

Burkart, Günter, 2002: Glück der Liebe. Eine unendliche Geschichte, S. 177–192 in: Bellebaum, Alfred (Hg.): Glücksforschung: eine Bestandsaufnahme, Konstanz: UVK

Burrows, Roger (Hg.), 1991: Deciphering the Enterprise Culture. Entrepreneurship, Petty Capitalism and the Restructuring of Britain, London; New York: Routledge

Campbell, Colin, 1987: The Romantic Ethic and the Spirit of Modern Consumerism. Oxford: Basil Blackwell

Casson, Mark, 2001: Der Unternehmer. Versuch einer historisch-theoretischen Deutung, Geschichte und Gesellschaft 27 (4): 524–544

Casson, Mark, 1982: The Entrepreneur. An Economic Theory, Totowa, NJ: Barnes & Noble

Castel, Robert, 2000: Die Metamorphosen der sozialen Frage. Eine Chronik der Lohn-arbeit, Konstanz: UVK

Claessens, Dieter, 1989: Heraustreten aus der Masse als Kulturarbeit. Zur Theorie einer Handlungsklasse – ›quer zu Bourdieu‹, S. 303–340 in: Eder, Klaus (Hg.), Klassen-lage, Lebensstil und kulturelle Parxis. Frankfurt a. M.: Suhrkamp

Dale, Angela, 1991: Self-employment and entrepreneurship: notes on two problematic concepts. S. 35–52 in: Burrows, Roger (Hg.), Deciphering the Enterprise Culture. Entrepreneurship, Petty Capitalism and the Restructuring of Britain. London; New York: Routledge

Davis, Melinda, 2003: Wa(h)re Sehnsucht. Was wir wirklich kaufen wollen, München: Econ

Demsetz, Harold, 1983: The Neglect of the Entrepreneur. S. 271–280 in: Ronen, Joschua (Hg.), Entrepreneurship. Lexington: Lexington Books

Deutschmann, Christoph, 2008: Der Typus des Unternehmers in wirtschaftssoziologischer Sicht. S. 40–63 in: Maurer, Andrea/Schimank, Uwe (Hg.), Die Gesellschaft der Unternehmen – Die Unternehmen der Gesellschaft. Gesellschaftstheoretische Zugänge zum Wirtschaftsgeschehen, Wiesbaden: VS

Deutschmann, Christoph, 2001: Die Gesellschaftskritik der Industriesoziologie – ein Anachronismus? Leviathan 29 (1): 58–69

Dietrich, Hans, 1999: Empirische Befunde zur selbständigen Erwerbsarbeit unter besonderer Berücksichtigung scheinselbständiger Erwerbsverhältnisse. Mitteilungen aus der Arbeitsmarkt- und Berufsforschung 32 (1): 85–101

DMCS, Department of culture, media and sports (Hg.), 2001: Creative Industries Mapping Document 2001. London: DMCS

DMCS, Department of culture, media and sports (Hg.), 1998: Creative Industries Mapping Document 1998. London: DMCS

DuGay, Paul/Pryke, Michael (Hg.), 2002: Cultural Economy. London; Thousand Oaks; New Delhi: SAGE

Eberlein, Undine, 2000: Einzigartigkeit. Das romantische Individualitätskonzept der Moderne, Frankfurt a. M.; New York: Campus

Ebert, Ralf/Gnad, Friedrich, 2006: Strukturwandel durch Kulturwirtschaft. Aus Politik und Zeitgeschichte 2006 (34-35): 31–38

Eikhof, Doris/Haunschild, Axel, 2004: Arbeitskraftunternehmer in der Kulturindustrie. Ein Forschungsbericht über die Arbeitswelt Theater, S. 93–113 in: Pongratz, Hans J./ Voß, G. Günter (Hg.), Typisch Arbeitskraftunternehmer? Befunde der empirischen Arbeitsforschung. Berlin: Edition Sigma

Elias, Norbert, 1976: Über den Prozess der Zivilisation. Soziogenetische und psychogenetische Untersuchungen. Zweiter Band: Wandlungen der Gesellschaft. Entwurf zu einer Theorie der Zivilisation, Frankfurt a. M.: Suhrkamp

Endreß, Martin, 2007: Karl Mannheim. S. 77–93 in: Schützeichel, Rainer (Hg.), Handbuch Wissenssoziologie und Wissensforschung. Konstanz: UVK

Ertel, Rainer, 2006: Daten und Fakten zur Kulturwirtschaft. Aus Politik und Zeitgeschichte 2006 (34-35): 17–23

Europäische Kommission, 2003: Definition der Kleinstunternehmen sowie der kleinen und mittleren Unternehmen. Amtsblatt L124, 20. Mai 2003

Europäische Kommission, 2005: Umsetzung des Lissabonn-Programms der Gemeinschaft: Eine zeitgemäße KMU-Politik für Wachstum und Beschäftigung. KOM (2005) 551.

European Commission, Directorate General for Education and Culture (Hg.), 2006: The Economy of Culture in Europe.

European Commission, Directorate General for Employment and Social Affairs (Hg.), 2001: Exploitation and development of the job potential in the cultural Sector. München; Wien; Barcelona; Köln

Euteneuer, Matthias/Kleutgen, Thomas/Niederbacher, Arne, 2009: Der Problemkunde als Premiumkunde. S. 131–136 in: Herrmann, Thomas/Kleinbeck, Uwe/Ritterskamp,

Carsten (Hg.), Innovationen an der Schnittstelle zwischen technischer Dienstleistung und Kunden. Bd. 2: Methoden und Strategien, Heidelberg: Physica

Euteneuer, Matthias/Niederbacher, Arne, 2009: Die dialogische Praxis an der Dienstleis-ter-Kunden-Schnittstelle als Element innovativer Unternehmenskulturen und -milieus. S. 107–130 in: Herrmann, Thomas/Kleinbeck, Uwe/Ritterskamp, Carsten (Hg.), Innovationen an der Schnittstelle zwischen technischer Dienstleistung und Kunden. Bd. 2: Methoden und Strategien, Heidelberg: Physica

Euteneuer, Matthias/Niederbacher, Arne, 2007a: Unternehmer spielen. Soziologische An-merkungen zur Figur des Unternehmers bei Joseph Schumpeter, S. 67–82 in: Carell, Angela/Herrmann, Thomas/Kleinbeck, Uwe (Hg.), Innovationen an der Schnittstelle zwischen technischer Dienstleistung und Kunden. Bd. 1: Konzeptionelle Grund-lagen, Heidelberg: Physica

Euteneuer, Matthias/Niederbacher, Arne, 2007b: Attraktiv und prekär: Der kulturwirt-schaftliche Sektor und seine Potentiale, S. 115–128 in: Wir sind wo anders. Sympo-sium der freien Kunsträume Hamburg (Hg.): Reader. Hamburg: Textem

Euteneuer, Matthias/Niederbacher, Arne/Ritterskamp, Carsten, 2009: Agile Methoden und zyklische Event-Entwicklung: Zur Bedeutung der Dienstleister-Kunden-Schnitt-stelle im Rahmen der Produktentwicklung, S. 137–152 in: Herrmann, Thomas/ Kleinbeck, Uwe/Ritterskamp, Carsten (Hg.), Innovationen an der Schnittstelle zwi-schen technischer Dienstleistung und Kunden. Bd. 2: Methoden und Strategien, Heidelberg: Physica

Ewers, Eyko/Hoff, Ernst H./Schraps, Ulrike, 2004: Neue Formen arbeitszentrierter Le-bensgestaltung von Mitarbeitern und Gründern kleiner IT-Unternehmen. For-schungsbericht aus dem Projekt ›KOMPETENT‹. Verfügbar über: http://psydok.sulb.uni-saarland.de/volltexte/2006/587/ (letzter Zugriff: 13.10.2008)

Featherstone, Mike, 1992: Postmodernism and the Aesthetization of Everyday Life. S. 265–290 in: Lash, Scott/Friedman, Jonathan (Hg.), Modernity and Identity. Ox-ford; Cambridge: Blackwell

Featherstone, Mike, 1991: Consumer culture and postmodernism. London: SAGE

Fesel, Bernd/Söndermann, Michael, 2007: Culture and Creative Industries in Germany. Bonn: Kopp

Flew, Terry, 2002: Beyond ad hocery: Defining Creative Industries. Conference Pro-ceedings: Cultural Sites, Cultural Theory, Cultural Policy, The Second International Conference on Cultural Policy Research, 23–26 January, Wellington, New Zealand. Verfügbar über: http://eprints.qut.edu.au/archive/00000256/01/Flew_beyond.pdf (letzter Zugriff: 28.11.2008)

Flick, Uwe, 2007: Qualitative Sozialforschung. Eine Einführung, Reinbek bei Hamburg: Rowohlt

Florida, Richard, 2008: Who's your city? How the creative economy is making where to live the most important decision of your life, New York: Basic Books

Florida, Richard, 2006: A search for jobs in some of the wrong places. USA Today 12.2.2006

Florida, Richard, 2005a: The Flight of the Creative Class: The new global competition for talent, New York: Harper Business

Florida, Richard, 2005b: Cities and the Creative Class. New York: Routledge

Florida, Richard, 2004: The Rise of the Creative Class. And how it's transforming work, leisure, community and everyday life, New York: Basic Books

Friebe, Holm/Lobo, Sascha, 2006: Wir nennen es Arbeit. Die Digitale Bohème oder Intelligentes Leben jenseits der Festanstellung, München: Heyne

Friedell, Egon, 1992 [1912]: Ecce Poeta. Zürich: Diogenes

Friese, Susanne, 2000: Self-concept and identity in a consumer society. Aspects of symbolic product meaning, Marburg: Tectum

Galloway, Susan/Dunlop, Stewart, 2006: Deconstructing the Concept of ›Creative Industries‹. S. 33–52 in: Eisenberg, Christiane/Gerlach, Rita/Handk, Christian (Hg.), Cultural Industries: The British Experience in International Perspective. Humboldt University Berlin, Edoc-Server. Verfügbar über: http://edoc.hu-berlin.de/ (letzter Zugriff: 23.11.2008)

Galuske, Michael, 1999: Zwischen Horrorszenarium und Idylle. Arbeit im 21. Jahrhundert: Analysen, Prognosen, Utopien, Pädagogischer Blick 7 (2): 69–83

Gartner, William B., 1988: ›Who is an Entrepreneur?‹ is the wrong question. American Journal of Small Business 12 (4): 11–32

Giddens, Anthony, 1996: Konsequenzen der Moderne, Frankfurt a. M.: Suhrkamp

Gillwald, Katrin, 2000: Konzepte sozialer Innovation. WZB Discussion Paper P00-519.

GLA Economies, Greater London Authority, 2004: London's Creative Sector: 2004 Update. London

GLA Economies, Greater London Authority, 2002: Creativity. London's Core Business. London

Göbel, Andreas, 2005: Gesellschaftsstruktur und Romantik. S. 163–184 in: Drepper, Thomas/Göbel, Andreas/Nokielski, Hans (Hg.), Sozialer Wandel und kulturelle Innovation. Historische und systematische Perspektiven, Berlin: Duncker & Humblot

Goehler, Adrienne, 2006: Verflüssigungen. Wege und Umwege vom Sozialstaat zur Kulturgesellschaft, Frankfurt a. M.: Campus

Goffman, Erving, 1973: Asyle. Über die soziale Situation psychiatrischer Patienten und anderer Insassen, Frankfurt a. M.: Suhrkamp

Gold, Michael/Fraser, Janet, 2002: Managing self-management: successful transitions to portfolio careers, Work, Employment and Society 16 (4): 579–597

Gottschalk, Ingrid, 2006: Kulturökonomik. Probleme, Fagestellungen und Antworten, Wiesbaden: VS

Gottschall, Karin/Betzelt, Sigrid, 2001: Alleindienstleister im Berufsfeld Kultur – Versuch einer erwerbssoziologischen Konzeptualisierung, ZeS-Arbeitspapier Nr. 18/2001, Bremen: Zentrum für Sozialpolitik der Universität Bremen

Gottschall, Karin/Henninger, Annette, 2005: Freelancer in den Kultur- und Medienberufen: freiberuflich aber nicht frei schwebend, S. 153–183 in: Mayer-Ahuja, Nicole/Wolf, Harald (Hg.), Entfesselte Arbeit – neue Bindungen. Grenzen der Entgrenzung in der Medien und Kulturindustrie. Berlin: Edition Sigma

Gottschall, Karin/Schnell, Christine, 2000: »Alleindienstleister« in Kulturberufen – Zwischen neuer Selbständigkeit und alten Abhängigkeiten, WSI-Mitteilungen 53 (12): 804–810

Gottschall, Karin/Voß, G. Günter (Hg.), 2003: Entgrenzung von Arbeit und Leben. Zum Wandel der Beziehung von Erwerbstätigkeit und Privatssphäre im Alltag, München; Mering: Rainer Hampp

Gouldner, Alvin W., 1984: Romantisches und klassisches Denken. Tiefenstrukturen in den Sozialwissenschaften, S. 165–215 in: Ders., Reziprozität und Autonomie: ausgewählte Aufsätze, Frankfurt a. M.: Suhrkamp

Grabher, Gernot, 2004: Die Nachbarschaft, die Stadt und der Club: Wissensmilieus in Projektökologien, S. 279–292 in: Matthiesen, Ulf (Hg.), Stadtregionen und Wissen: Analysen und Plädoyers für eine wissensbasierte Stadtpolitik. Wiesbaden: VS

Gronemeyer, Marianne, 2000: Immer wieder neu oder ewig das Gleiche. Innovationsfieber und Wiederholungswahn, Darmstadt: Primus

Gross, Peter, 2003: Das Paradoxon der Moderne. Kontingenzmanagement. Leidenschaft für das Mögliche, Mc Kinsey Wissen 2 (07): 16–18

Groys, Boris, 1999a: Kunst als Avantgarde der Ökonomie. S. 19–26 in: Grosz, Andreas/ Delhaes, Daniel (Hg.), Die Kultur AG. Neue Allianzen zwischen Wirtschaft und Kultur. München: Hanser

Groys, Boris, 1999b: Über das Neue. Versuch einer Kulturökonomie, Frankfurt a. M.: Fischer

Haak, Carroll, 2005: Künstler zwischen selbständiger und abhängiger Arbeit. WZB discussion paper SP I 2005-107, Berlin: Wissenschaftszentrum Berlin.

Haak, Carroll/Schmid, Günther, 2001: Arbeitsmärkte für Künstler und Publizisten: Modelle der künftigen Arbeitswelt? S. 156–178 in: Leviathan 29 (2)

Haak, Carroll/Schmid, Günther, 1999: Arbeitsmärkte für Künstler und Publizisten – Modelle einer Arbeitswelt von Morgen? WZB discussion Paper P99-506, Berlin: Wissenschaftszentrum Berlin

Hartley, John, 2005: Creative Identities. S. 106–116 in: Ders. (Hg.), Creative Industries. Malden; Oxford; Carlton: Blackwell

Hartmann, Michael, 2002: Der Mythos von den Leistungseliten. Spitzenkarrieren und soziale Herkunft in Wirtschaft, Politik, Justiz und Wissenschaft, Frankfurt a. M.; New York: Campus

Haseloff, Otto Walter, 1981: Wandlungen des Konsumentenverhaltens beim Eintritt in die 80er Jahre. ZV + ZV 78 (19): 716–717

Hébert, Robert F./Link, Albert N., 1988: The entrepreneur: mainstream views and radical critiques, New York: Praeger

Heidenreich, Martin, 1996: Die subjektive Modernisierung fortgeschrittener Arbeitsgesellschaften. Soziale Welt 47 (1): 24–45

Heinrichs, Werner, 2006: Der Kulturbetrieb. Bildende Kunst – Musik – Literatur – Film, Bielefeld: Transcript

Heinze, Thomas, 2002: Kultur und Wirtschaft: Perspektiven gemeinsamer Innovation, Kultursoziologie 11 (1): 165–184

Henning, Christoph, 1989: Die Entfesselung der Seele. Romantischer Individualismus in den deutschen Alternativkulturen, Frankfurt a. M.; New York: Campus

Hermann, Anett, 2004: Karrieremuster im Management. Pierre Bourdieus Sozialtheorie als Ausgangspunkt für eine genderspezifische Betrachtung, Wiesbaden: DUV

Herzog, Dietrich, 1975: Politische Karrieren. Selektion und Professionalisierung politischer Führungsgruppen, Opladen: Westdeutscher Verlag

Hesmondhalgh, David, 2002: The Cultural Industries. London u. a.: SAGE

Hettlage, Robert, 2002: Marktidentitäten: Wirtschaftskultur und Persönlichkeit, S. 283–322 in: Gijsen, Peter de at al. (Hg.), Alles käuflich. Jahrbuch Ökonomie und Gesellschaft Bd. 18, Marburg: Metropolis

Hillmann, Karl-Heinz (Hg.), 1994: Wörterbuch der Soziologie. Stuttgart: Kröner

Hirsch-Kreinsen, Hartmut, 2005: Wirtschafts- und Industriesoziologie. Grundlagen, Fragestellungen und Themenbereiche, Weinheim; München: Juventa

Hirsch-Kreinsen, Hartmut, 2003: Renaissance der Industriesoziologie? Soziologie 32 (1): 5–20

Hitzler, Ronald, 2006: Wird Jugendlichkeit zum Zivilisationsrisiko? Diagnose einer Einstellung. S. 87–98 in: Robertson-von Trotha, Caroline Y. (Hg.): Vernetztes Leben. Soziale und digitale Strukturen. Karlsruhe: Universitäts-Verlag

Hitzler, Ronald, 2003: Ethnografie. S. 48–51 in: Bohnsack, Ralf/Marotzki, Winfried/ Meuser, Michael (Hg.), Hauptbegriffe qualitativer Sozialforschung. Opladen: Leske + Budrich

Hitzler, Ronald, 2002: Ethnographie – die Erkundung fremder Lebenswelten, S. 15–35 in: Grimm, Andrea (Hg.), Mit der Jugendforschung zur besseren Praxis? Oder: Welche Forschung braucht die Jugendarbeit? Rehberg-Loccum (Loccumer Protokolle 63/00)

Hitzler, Ronald, 1998: Posttraditionale Vergemeinschaftung. Über neue Formen der Sozialbindung, Berliner Debatte INITIAL 9 (1): 81–89

Hitzler, Ronald, 1993: Verstehen: Alltagspraxis und wissenschaftliches Programm, S. 223–240 in: Jung, Thomas/Müller-Doohm, Stefan (Hg.), »Wirklichkeit« im Deutungsprozess. Verstehen und Methoden in den Kultur und Sozialwissenschaften. Frankfurt a. M.: Suhrkamp

Hitzler, Ronald, 1989: Plädoyer für den Unternehmer. Liberal 31 (2): 7–10

Hitzler, Ronald/Pfadenhauer, Michaela, 2006: Diesseits von Manipulation und Souveränität. Über Konsum-Kompetenz als Politisierungsmerkmal, S. 67–89 in: Lamla, Jörn/ Neckel, Sighard (Hg.), Politisierter Konsum – konsumierte Politik. Wiesbaden: VS

Hitzler, Ronald/Pfadenhauer, Michaela, 2003: Politiken der Karriere oder: Heterogene Antworten auf die Frage, wie man den Karren durch den Dreck zieht, S. 9–26 in: Dies. (Hg.), Karrierepolitik. Beiträge zur Rekonstruktion erfolgsorientierten Handelns. Opladen: Leske + Budrich

Hochschild, Arlie Russell, 1990: Das gekaufte Herz. Zur Kommerzialisierung der Gefühle, Frankfurt a. M.; New York: Campus

Hohn, Hans-Willy/Windolf, Paul, 1989: Lebensstile als Selektionskriterien. Zur Funktion ›biografischer Signale‹ in der Rekrutierungspolitik von Arbeitsorganisationen. S. 179–207 in: Brose, Hanns-Georg/Hildenbrand, Bruno (Hg.), Vom Ende des Individuums zur Individualität ohne Ende. Opladen: Leske + Budrich

Holert, Tom/Terkessidis, Mark, 1996: Mainstream der Minderheiten. Pop in der Kontrollgesellschaft, Berlin; Amsterdam: ID-Verlag

Holtgrewe, Ursula, 2005: Kunden und Dienstleistungsorganisationen – ein Blick in die organisationssoziologische Werkzeugkiste, S. 37–56 in: Jacobsen, Heike/Voswinkel, Stephan (Hg.), Der Kunde in der Dienstleistungsbeziehung. Wiesbaden: VS

Honigsheim, Paul, 1956: Romantik und neuromantische Bewegungen. S. 26–36 in: Beckerath, Erwin von u.a. (Hg.), Handwörterbuch der Sozialwissenschaften. Bd. 9. Tübingen: J.C.B. Mohr

Horkheimer, Max/Adorno, Theodor W., 1969: Dialektik der Aufklärung. Philosophische Fragmente, Frankfurt a. M.: Fischer

Horx, Matthias, 2007: Creative Hubs. Die ›Kreative Klasse‹ entscheidet über die Zukunft der Städte und treibt die ›Innovative Urbanität‹ voran. S. 22–31 in: Ders. (Hg.), Trend-Report 2008. Kelkheim: Zukunftsintitut GmbH

Horx, Matthias, 2004: Ausblick auf das Jahr 2004: Die wichtigsten Trends. Trend 5: Aufstieg der »Kreativen Klasse«. Die herrschende Schicht des Wissenszeitalters formiert sich. Verfügbar über: http://www.horx.com/ (letzter Zugriff: 19.02.2007)

Howkins, 2005: The Mayor's Commission on the Creative Industries. S. 117–125 in: Hartley, John (Hg.), Creative Industries. Malden; Oxford; Carlton: Blackwell

Hummel, Marlies, 1990: Kultur als Standortfaktor. Das Beispiel der Region Siegen. ifo Studien zu Kultur und Wirtschaft 04, München: ifo Institut für Wirtschaftsforschung

Hummel, Marlies/Berger, Manfred, 1988: Die volkswirtschaftliche Bedeutung von Kunst und Kultur: Gutachten im Auftrag des Bundesministers des Inneren, Berlin

Ichheiser, Gustav, 1931: Kritik des Erfolges. Eine soziologische Untersuchung, Leipzig: C. L. Hirschfeld

Illouz, Eva, 2003: Der Konsum der Romantik. Liebe und die kulturellen Widersprüche des Kapitalismus, Frankfurt a. M.: Campus

Jürgens, Kerstin, 2006: Arbeits und Lebenskraft. Reproduktion als eigensinnige Grenzziehung, Wiesbaden: VS

Jürgens, Kerstin/Voß, G. Günter, 2007: Gesellschaftliche Arbeitsteilung als Leistung der Person. Aus Politik und Zeitgeschichte 2007 (34): 3–9

Kastl, Jörg Michael, 2007: Habitus. S. 375–387 in: Schützeichel, Rainer (Hg.), Handbuch Wissenssoziologie und Wissensforschung. Konstanz: UVK

Kaufmann, Franz Xaver, 1997: Herausforderungen des Sozialstaats. Frankfurt a. M.: Suhrkamp

Kaufmann, Jean-Claude, 1999: Das verstehende Interview. Theorie und Praxis, Konstanz: UVK

Kelle, Udo, 2007: Theoretisches Vorwissen und Kategorienbildung in der »Grounded Theory«. S. 32–49 in: Kuckartz, Udo/Grunenberg, Heiko/Dresing, Thorsten (Hg.), Qualitative Datenanalyse: computergestützt. 2, überarbeitete und erweiterte Auflage, Wiesbaden: VS

Kilby, Peter, 1971: Hunting the Heffalump. S. 1–40 in: Ders. (Hg.), Entrepreneurship and Economic Development. New York: Free Press

Kirzner, Israel M., 1988: Wettbewerb und Unternehmertum. Tübingen: J.C.B. Mohr

Klaus, Philipp, 2006: Stadt, Kultur, Innovation. Kulturwirtschaft und kreative innovative Kleinstunternehmen in der Stadt Zürich, Zürich: Seismo

Kleemann, Frank, 2005: Zur Re-Integration von Arbeit und Leben in Teleheimarbeit. S. 59–85 in: Gottschall, Karin/Voß, G. Günter (Hg.), Entgrenzung von Arbeit und Leben. 2., verbesserte Auflage. München; Mering: Rainer Hampp

Klein, Armin, 2007: Der exzellente Kulturbetrieb. Wiesbaden: VS

Klinger, Cornelia, 1995: Flucht, Trost, Revolte. Die Moderne und ihre ästhetischen Gegenwelten, München; Wien: Hanser

Kluckhohn, Paul, 1966 [1924]: Das Ideengut der deutschen Romantik. 5., unveränderte Auflage, Tübingen: Niemeyer

Knight, Frank H., 1971: Risk, uncertainty and profit. Chicago; London: University of Chicago Press

Kommunalverband des Ruhrgebiets (Hg.), 1988: Kultur und Wirtschaft im Ruhrgebiet. Ergebnisse einer Unternehmensbefragung, Essen

Konrad, Elmar D., 2000: Kultur-Unternehmer. Kompetenzen – Leistungsbeiträge – Erfolgswirkungen, Wiesbaden: DUV

Konrad, Elmar D., 2002: Unternehmertum in der Kulturarbeit. Empirische Studie über erfolgreiche Kulturveranstalter, Tourismus-Journal 6 (1): 73–92

Koppetsch, Cornelia, 2006: Das Ethos der Kreativen. Eine Studie zum Wandel von Arbeit und Identität am Beispiel der Werbeberufe, Konstanz: UVK

Koppetsch, Cornelia, 2004a: Die Werbebranche im Wandel. Zur Neujustierung von Ökonomie und Kultur im neuen Kapitalismus, S. 147–162 in: Hellmann, Kai-Uwe/ Schrage, Dominik (Hg.), Konsum der Werbung. Zur Produktion und Rezeption von Sinn in der kommerziellen Kultur, Wiesbaden: VS

Koppetsch, Cornelia, 2004b: Zwischen Disziplin und Expressivität: Zum Wandel beruflicher Identitäten im neuen Kapitalismus. Das Beispiel der Werbeberufe, Berliner Journal für Soziologie 16 (2): 155–172

Koppetsch, Cornelia, 2003: Neue Wirtschaftsberater als Sinnstifter der Marktkultur? Zur professionspolitischen Bedeutung neuer Leitbilder wirtschaftlichen Handelns, S. 263–280 in: Hitzler, Ronald/Pfadenhauer, Michaela (Hg.), Karrierepolitik. Beiträge zur Rekonstruktion erfolgsorientierten Handelns, Opladen: Leske + Budrich

Koppetsch, Cornelia/Burkart, Günter, 2002: Werbung und Unternehmensberatung als »Treuhänder« expressiver Werte? Talscott Parsons Professionssoziologie und die neuen ökonomischen Kulturvermittler, Berliner Journal für Soziologie 12 (4): 531–549

Krajewski, Markus (Hg.), 2004a: Projektemacher. Zur Produktion von Wissen in der Vorform des Scheiterns, Berlin: Kadmos

Krajewski, Markus, 2004b: Die Welt und das Nichts. Projektemacher um 1900, S. 162–181 in: Ders. (Hg.), Projektemacher. Zur Produktion von Wissen in der Vorform des Scheiterns, Berlin: Kadmos

Krätke, Stefan, 2002: Medienstadt: Urbane Cluster und globale Zentren der Kulturproduktion, Opladen: Leske + Budrich

Kratzer, Nick/Lange, Andreas, 2006: Entgrenzung von Arbeit und Leben: Verschiebung, Pluralisierung, Verschränkung. Perspektiven auf ein neues Re-Produktionsmodell, S. 171–295 in: Dunkel, Wolfgang/Sauer, Dieter (Hg.), Von der Allgegenwart der verschwindenden Arbeit. Neue Herausforderungen für die Arbeitsforschung, Berlin: Edition Sigma

Kratzer, Nick/Sauer, Dieter/Hacket, Anne/Trinks, Katrin, 2003: Flexibilisierung und Subjektivierung von Arbeit – Zwischenbericht zur »Berichterstattung zur Sozioökonomischen Entwicklung der Bundesrepublik Deutschland«. Verfügbar über: http://www.soeb.de/img/content/kratzer_flex.pdf (letzter Zugriff: 30.01.2007)

Kraus, Karl, 1919 [1916]: Das Lysoform-Gesicht. S. 47–49 in: Ders. (Hg.), Weltgericht. 1. Band. Leipzig: Verlag der Schriften von Karl Kraus (Kurt Wolf)

Krieger, Georg, 1996: Ökonomie und Kunst: Wechselseitige Beziehungen und regionale Aspekte. Berlin: Duncker & Humblot

Krücken, Georg, 2006: Innovationsmythen in Politik und Gesellschaft. S. 259–273 in: Scherzberg, Arno (Hg.): Kluges Entscheiden. Disziplinäre Grundlagen und interdisziplinäre Verknüpfungen. Tübingen: Mohr Siebeck

Kunzmann, Klaus R., 2006: Kulturwirtschaft und Raumentwicklung. Aus Politik und Zeitgeschichte 2006 (34-35): 3–7

Kunzmann, Klaus R., 2002: Kultur, Wirtschaft und Raumentwicklung. Informationen zur Raumentwicklung (4/5): 185–197

Lacroix, Jean-Guy/Tremblay, Gaëtan, 1997: The ›Information Society‹ and Cultural Industries Theory. Current Sociology 45 (4): 1–154

Lamla, Jörn, 2007: Authentizität im kulturellen Kapitalismus. Gedanken zur ›konsumistischen‹ Subjektformation der Gegenwart, S. 321–336 in: Amrein, Ursula (Hg.), Das Authentische. Zur Konstruktion von Wahrheit in der säkularen Welt. Zürich

Lange, Bastian, 2007: Die Räume der Kreativszenen. Culturepreneurs und ihre Orte in Berlin, Bielefeld: Transcript

Lange, Bastian, 2006: Raumaneignungen und Vergemeinschaftungsformen von Culturepreneurs in der kreativen Wissensökonomie Berlins. Umweltpsychologie 10 (2): 55–69

Lange, Bastian, 2005: Culturepreneurs in Berlin. S. 53–64 in: Färber, Alexa (Hg.), Hotel Berlin. Formen urbaner Mobilität und Verortung. Berliner Blätter. Ethnographische und ethnologische Beiträge. Heft 37/2005. Münster: Lit

Lange, Bastian/Steets, Silke, 2002: Cool Frankfurt. Verortungsstrategien von New Entrepreneurs. S. 301–323 in: Bittner, Regina (Hg.), Die Stadt als Event. Frankfurt a. M.; New York: Campus

Lash, Scott/Urry, John, 1994: Economies of Signs and Space. London; Thousand Oaks; New Delhi: SAGE

Leadbeater, Charles/Oakley, Kate, 1999: The Independents. Britain's new cultural entrepreneurs, London: Demos

Lehmann, Maren, 2004: Karriere als Projekt. S. 49–64 in: Krajewski, Markus (Hg.), Projektemacher. Zur Produktion von Wissen in der Vorform des Scheiterns. Berlin: Kadmos

Leicht, René, 1995: Die Prosperität kleiner Betriebe. Das längerfristige Wandlungsmuster von Betriebsgrößen und -strukturen, Heidelberg: Physica

Leighton, Patricia/Felstead, Alan (Hg.), 1992: The New Entrepreneurs: Self-Employment and Small Business in Europe, London: Kogan Page

Lévi-Strauss, Claude, 1973: Das wilde Denken. Frankfurt a. M.: Suhrkamp

Lichtblau, Klaus, 2002: Transformationen der Moderne, Berlin; Wien: Philo

Loer, Thomas, 2006: Zum Unternehmerhabitus. Eine kultursoziologische Bestimmung im Hinblick auf Schumpeter, Karlsruhe: Universitätsverlag Karlsruhe

Lorei, Annegret, 1987: Die Struktur unternehmerischen Handelns. Eine Fallrekonstruktion auf der Grundlage der strukturalen Hermeneutik, Frankfurt a. M.: Univ. Diss.

Luhmann, Niklas, 1997: Die Kunst der Gesellschaft. Frankfurt a. M.: Suhrkamp

Luhmann, Niklas, 1990: Die Wissenschaft der Gesellschaft, Frankfurt a. M.: Suhrkamp

Luhmann, Niklas/Schorr, Karl Eberhard, 1988: Reflexionsprobleme im Erziehungssystem. Frankfurt a. M.: Suhrkamp

Lurija, Alexander R., 1993: Romantische Wissenschaft. Forschungen im Grenzbereich von Seele und Gehirn, Reinbek bei Hamburg: Rowohlt

Mandel, Birgit, 2007: Die neuen Kulturunternehmer, Bielefeld: Transcript

Mangset, Per/Brunborg, Luise/Stavrum, Heidi/Røyseng, Sigrid, 2006, Stories about cultural entrepreneurialism. Paper presented at the ICCPR-conference, Vienna

Mannheim, Karl, 1984 [1925]: Konservativismus. Ein Beitrag zur Soziologie des Wissens. Herausgegeben von David Kettler, Volker Meja und Nico Stehr, Frankfurt a. M.: Suhrkamp

Mannheim, Karl, 1970: Über das Wesen und die Bedeutung des wirtschaftlichen Erfolgsstrebens. Ein Beitrag zur Wirtschaftssoziologie. S. 625–709 in: Ders. (Hg.), Wissenssoziologie. Auswahl aus dem Werk, eingeleitet und herausgegeben von Kurt H. Wolff. 2. Auflage, Neuwied; Berlin: Luchterhand

Manske, Alexandra, 2007: Prekarisierung auf hohem Niveau. Eine Feldstudie über Alleinunternehmer in der IT-Branche, München; Mering: Rainer Hampp

Matthes, Joachim, 1982: Krise der Arbeitsgesellschaft? Verhandlungen des 21. Deutschen Soziologentages in Bamberg 1982, Frankfurt a. M.: Campus

Matuschek, Ingo/Kleemann, Frank/Brinkhoff, Cornelia, 2004: ›Bringing Subjektivity Back in‹. Notwendige Ergänzungen zum Konzept des Arbeitskraftunternehmers, S. 115–138 in: Pongratz, Hans J./Voß, G. Günter (Hg.): Typisch Arbeitskraftunternehmer? Befunde der empirischen Arbeitsforschung. Berlin: Edition Sigma

Matuschek, Stefan, 2007: Romantik. S. 665–666 in: Schweikle, Günther/Burdorf, Dieter (Hg.), Metzler-Lexikon Literatur. Stuttgart: Metzler

Mayer-Ahuja, Nicole/Wolf, Harald, 2005a: Entfesselte Arbeit – neue Bindungen. Grenzen der Entgrenzung in der Medien- und Kulturindustrie, Berlin: Edition Sigma

Mayer-Ahuja, Nicole/Wolf, Harald, 2005b: Arbeit am Netz: Formen der Selbst- und Fremdbindung bei Internetdienstleistern. S. 61–108 in: Dies. (Hg.), Entfesselte Arbeit – neue Bindungen. Grenzen der Entgrenzung in der Medien- und Kulturindustrie, Berlin: Edition Sigma

Mayerhofer, Elisabeth, 2002: Creative Industries – Mehr als nur eine politische Requisite? Creative Industries, Cultural Districts und das Wiener Museumsquartier. Ein internationaler Vergleich. Wien. Verfügbar über: http://www.fokus.or.at/ (letzter Zugriff: 29.04.2006)

McRobbie, Angela, 2004: Making a living in London's small-scale creative Sektor. S. 130–143 in: Power, Dominic/Scott, Allen J. (Hg.), Cultural Industries and the Production of Culture. London; New York: Routledge

McRobbie, Angela, 2003a: Kreatives London – Kreatives Berlin. Anmerkungen zum Erwerb des Lebensunterhalts in der Neuen Kulturellen Ökonomie. Verfügbar über: http://www.ateliereuropa.com/ (letzter Zugriff: 15.01.2006)

McRobbie, Angela, 2003b: Vom Club zum Unternehmen. Der Niedergang der politischen Kultur in der schnelllebigen Welt der Kreativen. S. 279–291 in: Bittner, Regina (Hg.), Die Stadt als Event. Frankfurt a. M.; New York: Campus

McRobbie, Angela, 2002a: From Holloway to Hollywood: happiness at work in the new cultural economy? S. 97–114 in: du Gay, Paul/Pryke, Michael (Hg.), Cultural Economy. London; Thousand Oaks; New Delhi: SAGE

McRobbie, Angela, 2002b: Talentbasierte Wirtschaft? Die Dynamik der Generationen auf Großbritanniens kulturellen Arbeitsmärkten, Gewerkschaftliche Monatshefte 53 (12): 661–670

McRobbie, Angela, 1999: Kunst Mode und Musik in der Kulturgesellschaft. S. 15–44 in: Hoffmann, Justin/Osten, Marion von (Hg.), Das Phantom sucht seinen Mörder. Ein Reader zur Kulturalisierung der Ökonomie. Berlin: B-Books

Meinefeld, Werner, 2003: Hypothesen und Vorwissen in der qualitativen Sozialforschung. S. 265–275 in: Flick, Uwe/Kardorff, Ernst Von/Steinke, Ines (Hg.), Qualitative Forschung. Ein Handbuch. 2. Auflage, Reinbek bei Hamburg: Rowohlt

Menger, Pierre-Michel, 2006: Kunst und Brot. Die Metamorphosen des Arbeitnehmers, Konstanz: UVK

Merkel, Janet, 2008: Kreativquatiere. Urbane Milieus zwischen Inspiration und Prekarität, Berlin: Edition Sigma

Michailow, Matthias, 1997: Berufliche Selbständigkeit als Erwerbs- und Sozialform. S. 139–161 in: Thomas, Michael (Hg.), Selbständige – Gründer – Unternehmer. Passagen und Paßformen im Umbruch, Berlin: Berliner Debatte

Mises, Ludwig von, 1940: Nationalökonomie. Genf: Edition Union

Müller-Jentsch, Walther, 2005: Künstler und Künstlergruppen. Soziologische Ansichten einer prekären Profession, Berliner Journal für Soziologie 15 (2): 159–177

MWME NRW, Ministerium für Wirtschaft und Mittelstand und Energie des Landes Nordrhein-Westfalen, 2007: 5. Kulturwirtschaftsbericht. Kultur- und Kreativwirtschaft. Wettbewerb – Märkte – Innovationen. Düsseldorf

MWMEV NRW, Ministerium für Wirtschaft und Mittelstand, Energie und Verkehr des Landes Nordrhein-Westfalen, 2002: 4. Kulturwirtschaftsbericht. Kulturwirtschaft im Netz der Branchen. Düsseldorf

Neckel, Sighard, 2005: Die Marktgesellschaft als kultureller Kapitalismus. Zum neuen Synkretismus von Ökonomie und Lebensform, S. 198–211 in: Imhof, Kurt/Eberle, Thomas (Hg.), Triumph und Elend des Neoliberalismus. Zürich: Seismo

Neckel, Sighard, 2001: ›Leistung‹ und ›Erfolg‹. Die symbolische Ordnung der Marktgesellschaft, S. 245–265 in: Barlösius, Eva/Müller, Hans-Peter/Sigmund, Steffen (Hg.): Gesellschaftsbilder im Umbruch. Soziologische Perspektiven in Deutschland, Opladen: Leske + Budrich

Neckel, Sighard, 2000: Identität als Ware. Die Marktwirtschaft im Sozialen, S. 37–48 in: Ders. (Hg.), Die Macht der Unterscheidung. Essays zur Kultursoziologie der modernen Gesellschaft, Frankfurt a. M.: Campus

Neckel, Sighard/Dröge, Kai, 2002: Die Verdienste und ihr Preis: Leistung in der Marktgesellschaft. S. 93–116 in: Honneth, Axel (Hg.), Befreiung aus der Mündigkeit. Paradoxien des gegenwärtigen Kapitalismus. Frankfurt a. M.; New York: Campus

Nikolai, Alexander, 1999: Die Fäden zieht der Schöpferische. Warum gute Unternehmer auch Künstler sind, S. 67–73 in: Grosz, Andreas/Delhaes, Daniel (Hg.): Die Kultur AG. Neue Allianzen zwischen Wirtschaft und Kultur, München; Wien: Hanser

Nohl, Arnd-Michael, 2006: Interview und dokumentarische Methode. Anleitungen für die Forschungspraxis, Wiesbaden: VS

Nohl, Arnd-Michael, 2003a: Komparative Analyse. S. 100–101 in: Bohnsack, Ralf/ Marotzki, Winfried/Meuser, Michael (Hg.), Hauptbegriffe qualitativer Forschung. Opladen: Leske + Budrich

Nohl, Arnd-Michael, 2003b: Komparative Analyse: Forschungspraxis und Methodologie dokumentarischer Interpretation. S. 255–276 in: Bohnsack, Ralf/Nentwig-Gesemann, Iris/Nohl, Arnd-Michael (Hg.), Die dokumentarische Methode und ihre Forschungspraxis. Wiesbaden: VS

O'Connor, Justin, 2000: Cultural Industries. European Journal of (Higher) Arts Education 2 (3): 1–9

O'Connor, Justin/Wynne, Derek, 1996: Cultural produktion and consumption in the post-industrial City. Vermont; Hants: Ashgate

OECD, Organisation for Economic Cooperation and Development, 2005: Working Party on Indicators for the Information Society. Guide to Measuring the Information Society.

Oevermann, Ulrich, 2001: Die Krise der Arbeitsgesellschaft und das Bewährungsproblem des modernen Subjekts. S. 19–38 in: Becker, Roland/Franzmann, Anderas/Jansen, Axel/ Liebermann, Sascha (Hg.), Eigeninteresse und Gemeinwohlbindung. Kulturspezifische Ausformungen in den USA und Deutschland. Konstanz: UVK

Osten, Marion von (Hg.), 2003: Norm der Abweichung, Wien; New York: Springer

Panzer, Gerhard, 2004: Kulturkonsum: Zur Ökonomik kultureller Bedeutungen, S. 127–146. in: Hellmann, Kai-Uwe/Schrage, Dominik (Hg.), Konsum der Werbung. Zur Produktion und Rezeption von Sinn in der kommerziellen Kultur. Wiesbaden: VS

Perlow, Leslie A., 1998: Boundary Control: The Social Ordering of Work and Family Time in a Hightech Corporation, Administrative Science Quarterly 43: 328–357

Peter, Klaus, 1980: Romantikforschung seit 1945. Königstein im Ts.: Verlagsgruppe Athenäum, Hain, Scriptor, Hanstein

Pfadenhauer, Michaela, 2000: Spielerisches Unternehmertum. Zur Professionalität von Event-Produzenten in der Techno-Szene, S. 95–114 in: Gebhard, Winfried/Hitzler, Ronald/Pfadenhauer, Michaela (Hg.), Events. Soziologie des Außergewöhnlichen, Opladen: Leske + Budrich

Pfeiffer, Friedhelm, 1994: Selbständige und abhängige Erwerbstätigkeit. Arbeitsmarkt- und industrieökonomische Perspektiven, Frankfurt a. M.: Campus

Pohlmann, Markus, 2008: Der diskrete Charme der Bourgeoisie. Ein Beitrag zur Soziologie des modernen Wirtschaftsbürgertums. S. 228–252 in: Sigmund, Steffen/Albert, Gert/Bienfait, Agathe/Stachura, Mateusz (Hg.), Soziale Konstellation und historische Perspektive: Festschrift für M. Rainer Lepsius, Wiesbaden: VS

Pommerehne, Werner W./Frey, Bruno S., 1993: Musen und Märkte. Ansätze zu einer Ökonomik der Kunst, München: Vahlen

Pongratz, Hans J./Voß, G. Günter, 2003: Arbeitskraftunternehmer. Erwerbsorientierungen in entgrenzten Arbeitsformen, Berlin: Edition Sigma

Preissner, Anne, 2007: Hightech-Worker – Digitale Nomaden. Manager Magazin 2007 (3): 134–136

Prisching, Manfred, 2006: Die zweidimensionale Gesellschaft. Ein Essay zur neokonsumistischen Geisteshaltung, Wiesbaden: VS

Prisching, Manfred, 2002: Vermarktlichung – ein Aspekt des Wandels von Koordinationsmechanismen, S. 15–39 in: Gijsen, Peter de et. al. (Hg.), Alles käuflich, Jahrbuch Ökonomie und Gesellschaft Bd. 18., Marburg: Metropolis

Prisching, Manfred, 2000: Unternehmer und kapitalistischer Geist. Sombarts Psychohistorische Studie, S. 101–149 in: Backhaus, Jürgen (Hg.), Werner Sombart (1863–1941) – Klassiker der Sozialwissenschaften, Marburg: Metropolis

Prisching, Manfred, 1994: Was ist »unternehmerisches Handeln«? Ein soziologischer Beitrag zu einem zentralen Thema der Betriebswirtschaftslehre. S. 164–192 in: Kellermann, Paul (Hg.), Betrieb, Wirtschaft und Gesellschaft. Klagenfurt: Kärtner Druck und Verlagsgesellschaft

Ralfs, Ulla/Ernst, Stefanie, 2009: Editorial zum Themenschwerpunkt: ›Kultur, Kulturmarketing, Kulturmanagement und die Soziologie‹. Sozialwissenschaften und Berufspraxis 32 (1): 3–4

Rammert, Werner, 1997: Innovation im Netz. Neue Zeiten für technische Innovationen: Heterogen verteilt und interaktiv vernetzt. Soziale Welt 48 (4): 397–416

Reckwitz, Andreas, 2007: Die Moderne und das Spiel der Subjekte: Kulturelle Differenzen und Subjektordnungen in der Kultur der Moderne, S. 97–118 in: Bonacker, Thorsten und Reckwitz, Andreas (Hg.), Kulturen der Moderne. Soziologische Perspektiven der Gegenwart, Frankfurt a. M.; New York: Campus

Reckwitz, Andreas, 2006: Das hybride Subjekt. Eine Theorie der Subjektkulturen von der bürgerlichen Moderne zur Postmoderne, Weilerswist: Velbrück

Rehfeld, Dieter, 2005: Innovation. S. 240–241 in: Schubert, Klaus (Hg.), Handwörterbuch des ökonomischen Systems der Bundesrepublik Deutschland. Wiesbaden: VS

Reichertz, Jo, 2003: Abduktion. S. 11–14 in: Bohnsack, Ralf/Marotzki, Winfried/Meuser, Michael (Hg.), Hauptbegriffe Qualitativer Sozialforschung. Opladen: Leske + Budrich

Reichwald, Ralf/Piller, Frank T., 2006: Interaktive Wertschöpfung. Open Innovation, Individualisierung und neue Formen der Arbeitsteilung, Wiesbaden: Gabler

Reindl, Josef, 2000: Scheinselbständigkeit. Ein deutsches Phänomen und ein verkorkster Diskurs, Leviathan 28 (4): 409–433

Röbke, Thomas, 2000: Kunst und Arbeit. Künstler zwischen Autonomie und sozialer Unsicherheit, Kultur in der Diskussion Bd. 7, Essen: Klartext

Rössel, Jörg, 2008: Ästhetisierung, Unsicherheit und die Entwicklung von Märkten. S. 167–181 in: Beckert, Jens/Diaz-Bone, Rainer/Ganßmann, Heiner (Hg.), Märkte als soziale Strukturen. Frankfurt a. M.; New York: Campus

Rothauer, Doris, 2005: Kreativität und Kapital. Wien: Facultas

Safranski, Rüdiger, 2007: Romantik. Eine deutsche Affäre, München: Hanser

Sasse, Carl, 2006: Eine Romantische Arbeitsethik? Die neuen Ideale in der Arbeitswelt, S. 285–312 in: Burkart, Günter (Hg.), Die Ausweitung der Bekenntniskultur – neue Formen der Selbstthematisierung? Wiesbaden: VS

Sauer, Dieter, 1999: Paradoxien der Innovation: Perspektiven sozialwissenschaftlicher Innovationsforschung, Frankfurt a. M.; New York: Campus

Sauer, Dieter/Döhl, Volker, 1997: Die Auflösung des Unternehmens? Entwicklungstendenzen in der Unternehmensorganisation in den 90er Jahren, S. 19–30 in: Ifs-Frankfurt (Hg.), Jahrbuch sozialwissenschaftliche Technikberichterstattung '96. Schwerpunkt: Reorganisation, Berlin: Edition Sigma

Scase, Richard/Goffee, Robert, 1982: The Entrepreneurial Middle Class, London: Rout-
    ledge
Schäfer, Michael, 2007: Familienunternehmen und Unternehmerfamilien. Zur Sozial- und
    Wirtschaftsgeschichte der sächsischen Unternehmer 1859 bis 1940, München: Beck
Schallberger, Peter, 2007: Erosion der Leistungsethik? Fallrekonstruktiv-empirische Be-
    funde am Beispiel von Unternehmensgründern, S. 59–77 in: Champonnière, Martine
    et al. (Hg.), Bildung und Beschäftigung in der Dikussion, Band 2: Beiträge der inter-
    nationalen Konferenz in Bern. Zürich; Chur: Rüegger
Schallberger, Peter, 2004: Junge Gründerinnen und Gründer. Motive, ökonomisches Den-
    ken und Möglichkeiten der Förderung, Synthesis 10 des Nationalen Forschungspro-
    gramms Bildung und Beschäftigung (NFP 43).
Schallberger, Peter, 2002: Unternehmerisches Handeln und Charisma. Eine Fallrekon-
    struktion, Manuskript, Frankfurt am Main.
Schimank, Uwe, 2007: Theorien gesellschaftlicher Differenzierung. 3. Auflage, Wiesba-
    den: VS
Schimank, Uwe, 2005: Die Entscheidungsgesellschaft. Komplexität und Rationalität der
    Moderne, Wiesbaden: VS
Schimank, Uwe/Volkmann, Ute, 2000: Soziologische Gegenwartsdiagnosen. Eine Einfüh-
    rung, S. 9–22 in: Dies. (Hg.), Soziologische Gegenwartsdiagnosen I. Opladen: Leske +
    Budrich
Schmidt, Dorothea, 1999: Zurück zur Jahrhundertwende? Alte und neue Selbständigkeit
    in Deutschland, Prokla 29 (4): 603–626
Schneider, Dieter, 1997: Schumpeter und Sombart. Zwei Irrlehren über die Rolle des Un-
    ternehmers im sogenannten Kapitalismus, Geschichte und Gegenwart 16 (1): 26–42
Schneider, Norbert F., 2000: Konsum und Gesellschaft. S. 9–22 in: Rosenkranz, Doris/
    Schneider, Norbert F. (Hg.), Konsum. Soziologische, ökonomische und psychologi-
    sche Perspektiven, Opladen: Leske + Budrich
Schnell, Christine, 2009: Fragil und zukunftsweisend? Über die unvollendete Transfor-
    mation der Literaturübersetzung von einer Kunstform zur professionellen Dienst-
    leistung, S. 209–230 in: Pfadenhauer, Michaela/Scheffer, Thomas (Hg.), Profession,
    Habitus und Wandel. Frankfurt a. M. u. a.: Peter Lang
Schnell, Christine, 2007: Regulierung der Kulturberufe in Deutschland. Strukturen, Ak-
    teure, Strategien, Wiesbaden: DUV
Schulze, Gerhard, 1993: Die Erlebnisgesellschaft. Kultursoziologie der Gegenwart, 4.
    Auflage, Frankfurt a. M. New York: Campus
Schulze-Buschoff, Karin, 2006: Die soziale Sicherung von selbständig Erwerbstätigen in
    Deutschland. WZB discussion paper SP I 2006-107. Berlin: Wissenschaftszentrum
    Berlin.
Schulze-Buschoff, Karin, 2004: Neue Selbständigkeit und wachsender Grenzbereich
    zwischen selbständiger und abhängiger Erwerbsarbeit – Europäische Trends vor
    dem Hintergrund sozialpolitischer und arbeitsrechtlicher Entwicklungen, WZB dis-
    cussion paper SP I 2004-108, Berlin: Wissenschaftszentrum Berlin.
Schumpeter, Joseph A., 1964: Theorie der wirtschaftlichen Entwicklung. Eine Unter-
    suchung über Unternehmergewinn, Kapital, Kredit, Zins und den Konjunkturzyklus,
    6. Aufl., unv. Nachdr. der 1934 ersch. 4. Aufl., Berlin: Duncker & Humblot

Schumpeter, Joseph A., 1928: Unternehmer. S. 476–487 in: Elster, Ludwig/Weber, Adolf/Wieser, Friedrich (Hg.), Handwörterbuch der Staatswissenschaften. 4., gänzlich umgearb. Aufl., Jena: Fischer

Schütze, Fritz, 1987: Das narrative Interview in Interaktionsfeldstudien. Studienbrief der Fernuniversität Hagen, Hagen: Fernuniversität Hagen

Schütze, Fritz, 1984: Kognitive Figuren des autobiographischen Stegreiferzählens. S. 78–117 in: Kohli, Martin/Robert, Günther (Hg.), Biographie und Soziale Wirklichkeit: neue Beiträge und Forschungsperspektiven. Stuttgart: Metzler

Schütze, Fritz, 1983: Biographieforschung und narratives Interview. Neue Praxis 13 (3): 283–293

Scott, Allen J., 2005: Kapitalismus, Städte und die Produktion symbolischer Formen. S. 14–38 in: Scharenberg, Albert (Hg.), Der Sound der Stadt. Musikindustrie und Subkultur in Berlin, Münster: Westfälisches Dampfboot

Scott, Allen J., 2004: Cultural-Products Industries and Urban Economic Development. Perspectives for Growth and Market Contestation in Global Context, Urban Affairs Review 39 (4): 461–490

Segers, Katia/Huijgh, Ellen, 2006, Clarifying the complexity and ambivalence of the cultural industries. Working Papers 8, Centre for Studies on Media and Culture (Cemeso), Vrije Universiteit Brussel.

Seibold, Carmel, 2002: The place of theory and the development of a theoretical framework in a qualitative study. Qualitative Research Journal 2 (3): 3–15

SfWAF Berlin, Senatsverwaltung für Wirtschaft, Arbeit und Frauen/SfWFK Berlin, Senatsverwaltung für Wissenschaft, Forschung und Kultur, 2005: Kulturwirtschaft in Berlin: Entwicklung und Potentiale. Berlin.

Simmel, Georg, 1997 [1904]: Kant. Sechzehn Vorlesungen gehalten an der Berliner Universität. S. 7–226 in: Rammstedt, Otthein (Hg.), Georg Simmel: Gesamtausgabe, Bd. 9: Kant. Die Probleme der Geschichtsphilosophie. Frankfurt a. M.: Suhrkamp

Simmel, Georg, 1995 [1901]: Die beiden Formen des Individualismus. S. 49–56 in: Rammstedt, Otthein (Hg.), Georg Simmel: Gesamtausgabe Bd. 7. Aufsätze und Abhandlungen 1901–1908, Band I. Frankfurt a. M.: Suhrkamp

Simmel, Georg, 1989 [1900]: Philosophie des Geldes. S. 7–718 in: Rammstedt, Otthein (Hg.), Georg Simmel: Gesamtausgabe, Bd. 6: Philosophie des Geldes. Frankfurt a. M.: Suhrkamp

Smith, Adam, 1974 [1776]: Der Wohlstand der Nationen. Eine Untersuchung seiner Natur und seiner Ursachen, München: Beck

Sombart, Werner, 1928: Das Wirtschaftsleben im Zeitalter des Hochkapitalismus. Der Hergang der hochkapitalistischen Wirtschaft, zweiter Halbband, Berlin: Duncker & Humblot

Söndermann, Michael/Backes, Christoph/Arndt, Olaf/Brünink, Daniel, 2009: Endbericht Kultur- und Kreativwirtschaft: Ermittlung der gemeinsamen charakteristischen Definitionselemente der heterogenen Teilbereiche der »Kulturwirtschaft« zur Bestimmung ihrer Perspektiven aus volkswirtschaftlicher Sicht, Studie im Auftrag des Bundesministeriums für Wirtschaft und Technologie.

Söndermann, Michael, 2006: Kulturwirtschaft – was ist das? S. 7–20 in: Friedrich Naumann Stiftung/Büro für Kulturpolitik und Kulturwirtschaft (Hg.), Kulturwirtschaft 2005. Tagungsband der 2. Nationalen Jahrestagung Kulturwirtschaft, Berlin.

Söndermann, Michael, 2004: Kulturberufe. Statistisches Kurzportrait zu den erwerbstätigen Künstlern, Publizisten, Designern und verwandten Berufen im Kulturmarkt in Deutschland 1995–2003, Herausgegeben im Auftrag des Beauftragten der Bundesregierung für Kultur und Medien (BKM) vom Arbeitskreis Kulturstatistik, Haus der Kultur, Bonn

Söndermann, Michael/Weckerle, Christoph/Klaus, Philipp, 2008: Zweiter Züricher Kreativwirtschaftsbericht. Verfügbar über: http://www.creativezurich.ch/kwzh.php (letzter Zugriff: 20.09.2008)

Stähler, Patrick, 2002: Geschäftsmodelle in der digitalen Ökonomie. Merkmale, Strategien und Auswirkungen, Lohmar: Josef Eul

Stanitzek, Georg, 2004: Der Projektmacher. Projektionen auf eine ›unmögliche‹ moderne Kategorie, S. 29–48 in: Krajewski, Markus (Hg.), Projektemacher. Zur Produktion von Wissen in der Vorform des Scheiterns. Berlin: Kadmos

Statistisches Bundesamt, 2008: Mikrozensus: Bevölkerung und Erwerbstätigkeit. Stand und Entwicklung der Erwerbstätigkeit. Band 1: Allgemeine und methodische Erläuterungen, Wiesbaden: Statistisches Bundesamt

Steets, Silke, 2005: Doing Leipzig. Räumliche Mikropraktiken des Dazwischen, S. 107–121 in: Berking, Helmut/Löw, Martina (Hg.), Die Wirklichkeit der Städte. Baden Baden: Nomos

Steets, Silke/Lange, Bastian, 2005: Räumliche Praxen von »New Entrepreneurs«. Post-Urbane Resteverwerter oder Raumpioniere? S. 303–312 in: Binder, Beate (Hg.), Ort. Arbeit. Körper. Münster: Waxmann

Steinert, Heinz, 2002: Kulturindustrie. Münster: Westfälisches Dampfboot

Steinmeier, Frank-Walter, (2009) Die Arbeit von Morgen. Politik für das nächste Jahrzehnt. Verfügbar über: http://www.frankwaltersteinmeier.de/ (letzter Zugriff: 04.08.2009)

Taubmann, Wolfgang/Behrens, Fredo, 1986: Wirtschaftliche Auswirkungen von Kulturangeboten in Bremen, Bremen: Universität Bremen

Taylor, Frederick Winslow, 1977 [1913]: Die Grundsätze wissenschaftlicher Betriebsführung. Deutsche autorisierte Übersetzung von Rudolf Roesler, neu herausgegeben und eingeleitet von Walter Volpert und Richard Vahrenkamp, Weinheim: Beltz

Tenbruck, Friedrich H., 1964: Freundschaft. Ein Beitrag zur Soziologie der persönlichen Beziehungen, Kölner Zeitschrift für Soziologie und Sozialpsychologie 16: 431–456

Throsby, David, 2001: Economics and Culture. Cambridge: Cambridge University Press

Towse, Ruth, 2002: Cultural Economics, Copyright and the Cultural Industries. Verfügbar über: www.lib.uni-corvinus.hu/gt/2000-4/towse.pdf (letzter Zugriff: 23.11.2008)

UN, United Nations, 2008: Creative Economy Report 2008. The Challenge of Assessing the Creative Economy: Towards informed Policy-making. Verfügbar über: http://www.unctad.org/ (letzter Zugriff: 22.09.2008)

van Dülmen, Richard, 2001: Freundschaftskult und Kultivierung der Freundschaft um 1800. S. 267–286 in: Ders. (Hg.): Entdeckung des Ich. Köln u.a.: Böhlau

van der Loo, Hans/van Reijen, Willem, 1992: Modernisierung. Projekt und Paradox, München: dtv

Vanselow, Achim, 2003: Neue Selbständige in der Informationsgesellschaft. Graue Reihe des Instituts für Arbeit und Technik, Nr. 2003-06, Gelsenkirchen

Vogt, Sabine, 2005: Clubräume – Freiräume. Musikalische Lebensentwürfe in den Jugendkulturen Berlins, Kassel u.a.: Bärenreiter

Vormbusch, Uwe, 2004: Accounting. Die Macht der Zahlen im gegenwärtigen Kapitalismus, Berliner Journal für Soziologie 14 (1): 33–50

Voß, G. Günter, 2001: Auf dem Weg zu einem Individualberuf? Zur Beruflichkeit des Arbeitskraftunternehmers, S. 287–314 in: Kurtz, Thomas (Hg.), Aspekte des Berufs in der Moderne. Opladen: Leske + Budrich

Voß, G. Günter, 2000: Das Ende der Teilung von ›Arbeit und Leben‹? An der Schwelle zu einem neuen gesellschaftlichen Verhältnis von Betriebs- und Lebensführung, S. 309–342 in: Kudera, Werner/Voß, G. Günter (Hg.), Lebensführung und Gesellschaft. Beiträge zu Konzept und Empirie alltäglicher Lebensführung, Opladen: Leske + Budrich

Voß, G. Günter, 1998: Die Entgrenzung von Arbeit und Arbeitskraft. Eine subjektorientierte Interpretation des Wandels der Arbeit, Mitteilungen aus der Arbeitsmarkt- und Berufsforschung 3 (31): 473–487

Voß, G. Günter/Pongratz, Hans J., 1998: Der Arbeitskraftunternehmer. Eine neue Grundform der Ware Arbeitskraft? Kölner Zeitschrift für Soziologie und Sozialpsychologie 50 (1): 131–158

Wagner, Gabriele, 2005: Die Kunst der Grenzziehung. Subjektivität zwischen Anspruch, Norm und Anforderung. S. 165–182 in: SubArO, Arbeitsgruppe (Hg.), Ökonomise der Subjektivität – Subjektivität der Ökonomie. Berlin: Edition Sigma

Warde, Alan, 2002: Production, consumption and ›cultural economy‹. S. 185–200 in: Du Gay, Paul/Pryke, Michael (Hg.), Cultural economy. Cultural analysis and commercial life, London; Thousand Oaks; New Delhi: SAGE

Weber, Max, 2006: Religion und Gesellschaft. Gesammelte Aufsätze zur Religionssoziologie, Neu-Isenburg; Frankfurt a. M.: Melzer; Zweitausendeins

Weber, Max, 2005: Wirtschaft und Gesellschaft. Grundriss der verstehenden Soziologie, Neu Isenburg: Melzer; Zweitausendeins

Weber, Max, 1995: Wissenschaft als Beruf. Stuttgart: Reclam

Weckerle, Christoph/Söndermann, Michael/HGKZ, Hochschule für Gestaltung und Kunst Zürich, 2003: Das Umsatz- und Beschäftigungspotential des kulturellen Sektors: erster Kulturwirtschaftsbericht Schweiz, Zürich: HGKZ

Weiß, Johannes, 1996: Antinomien der Moderne. Kommentar zu Ralf Dahrendorf »Widersprüche der Modernität«, S. 211–218 in: Miller, Max/Soeffner, Hans-Georg (Hg.), Modernität und Barbarei. Soziologische Zeitdiagnose am Ende des 20. Jahrhunderts, Frankfurt a. M.: Suhrkamp

Weiß, Johannes, 1993: Vernunft und Vernichtung. Zur Philosophie und Soziologie der Moderne, Opladen: Westdeutscher Verlag

Weiß, Johannes/Helduser, Urte, 1999: Die Modernität der Romantik: Zur Wiederkehr des Ungleichen, Kassel: Kassel University Press

Wiesand, Andreas Joh., 2006: Kultur- oder »Kreativwirtschaft«: Was ist das eigentlich? Aus Politik und Zeitgeschichte 2006 (34-35): 8–16

Wildt, Michael, 1996: Technik, Kompetenz, Modernität. Amerika als zwiespältiges Vorbild für die Arbeit in der Küche, 1920–1960. S. 78–95 in: Lüdtke, Alf/Marssolek, Inge/Saldern, Adelheid von (Hg.), Amerikanisierung. Traum und Alptraum im Deutschland des 20. Jahrhunderts, Stuttgart: Steiner

Wilson, Nicholas/Stokes, David, 2002: Cultural Entrepreneurs and creating Exchange. Journal of Research in Marketing and Entrepreneurship 4 (2): 37–52

Windeler, Arnold, 2001: Unternehmensnetzwerke. Konstitution und Strukturation, Wiesbaden: Westdeutscher Verlag

Windolf, Paul, 2003: Sind Manager Unternehmer? Deutsche und britische Manager im Vergleich, S. 299–335 in: Hradil, Stefan/Imbusch, Peter (Hg.), Oberschichten – Eliten – Herrschende Klassen. Opladen: Leske + Budrich

WIPO, World Intellectual Property Organization, 2003: Guide on Surveying the Economic Contribution of the Copyright-Based Industries. Genf. Verfügbar über: www.wipo.int/ (letzter Zugriff: 29.11.2008)

Wittel, Andreas, 2001a: Produktivkraft Kultur – und warum ethnographisches Wissen in der neuen Ökonomie trotzdem nicht der allerletzte Schrei ist. Vortrag auf der Tagung ›Das Innenleben der Organisation‹, 16.–18.02.2001, Berlin. Verfügbar über: http://www.arbeitskulturen.de/ (letzter Zugriff: 18.09.2008)

Wittel, Andreas, 2001b: Toward a Network Sociality. Theory, Culture & Society 18 (6): 51–76

Woderich, Rudolf, 1999: Handlungsspielräume und Selbstbegrenzungen Neuer Selbständigkeit – Eine experimentelle Sozialform par excellence? S. 39–55 in: Honegger, Claudia/Hradil, Stefan/Traxler, Franz (Hg.), Grenzenlose Gesellschaft? Verhandlungen des 29. Kongresses der Deutschen Gesellschaft für Soziologie, Teil 2. Opladen: Leske + Budrich

Wohlrab-Sahr, Monika, 1992: Institutionalisierung oder Individualisierung des Lebenslaufs? Anmerkungen zu einer festgefahrenen Debatte, Zeitschrift für Biographieforschung und Oral History (BIOS) 5 (1): 1–19

Wolff, Stephan, 2003: Dokumenten- und Aktenanalyse. S. 502–513 in: Flick, Ulrich/Kardorff, Ernst von/Steinke, Ines (Hg.), Qualitative Forschung. Ein Handbuch. 2. Auflage. Reinbek bei Hamburg: Rowohlt

Wright, Erik Olin/Hachen, David/Costello, Cynthia/Sprague, Joey, 1982: The American Class Structure. American Sociological Review 47 (4): 709–726

Zapf, Wolfgang, 1991: Modernisierung und Modernisierungstheorien. S. 23–39 in: Ders. (Hg.), Die Modernisierung moderner Gesellschaften: Verhandlungen des 25. Deutschen Soziologentags in Frankfurt a. M. 1990. Frankfurt a. M.; New York: Campus

Zapf, Wolfgang, 1989: Über soziale Innovation. Soziale Welt 20 (1-2): 170–183

Zembylas, Tasos/Tschmuck, Peter (Hg.), 2006: Kulturbetriebsforschung. Ansätze und Perspektiven der Kulturbetriebslehre, Wiesbaden: VS

Ziegelmayer, Veronika, 2001: Sozialstaat in Deutschland: ein Systemwechsel? S. 63–88 in: Kraus, Katrin/Geisen, Thomas (Hg.), Sozialstaat in Europa: Geschichte, Entwicklung, Perspektiven. Wiesbaden: VS

Zilian, Hans Georg, 2002: Vermarktlichung, Monetarisierung und die Kommerzialisierung des Charakters. S. 257–282 in: Gijsen, Peter de at al. (Hg.), Alles käuflich. Jahrbuch Ökonomie und Gesellschaft Bd. 18., Marburg: Metropolis

Zimmermann, Olaf, 2006: Kulturberufe und Kulturwirtschaft – Gegensatz oder Symbiose? Aus Politik und Zeitgeschichte 2006 (34-35): 24–31

Verwendete Transkriptionszeichen

Alle Zitate aus den Interviews sind sprachlich leicht überarbeitet worden. Dabei wurden aus Gründen der Lesbarkeit die meisten Transkriptionszeichen entfernt. Folgende Zeichen sind allerdings beibehalten worden:

@.@	Lachen
Mein @Haus, mein Auto@	lachend gesprochen
[brüllend] Na klar. [/]	Stimmqualitäten, Anfangs- und Endmarke
°Herr B° in °Verlagshaus A°	Anonymisierungen

Grundlagenbuch zur Globalisierung der Arbeit

> Arbeit und Produktion im 21. Jahrhundert

Ludger Pries

Erwerbsregulierung in einer globalisierten Welt

2010. 301 S. Br.
EUR 29,90
ISBN 978-3-531-16035-1

Erhältlich im Buchhandel
oder beim Verlag.
Änderungen vorbehalten.
Stand: Juli 2010.

Der Inhalt: Das Konzept der Erwerbsregulierung - Typen der Internationalisierung - Akteure internationaler Erwerbsregulierung - Internationale Regulierungsarenen - Perspektiven

Arbeit und Produktion sind im 21. Jahrhundert immer stärker grenzüberschreitend vernetzt. Dies galt aber bisher nicht in gleichem Maße für die Regulierung der Arbeits-, Beschäftigungs- und Partizipationsbedingungen der erwerbstätigen Menschen. Nationale Mechanismen und Institutionen dominieren immer noch die Festlegung etwa von Bezahlung, Arbeitszeit, Arbeitsschutz und Beteiligung der Beschäftigten.

Bei genauerer Betrachtung zeigt sich eine Vielfalt von grenzüberschreitenden Formen der Festlegung z.B. von Mindeststandards für Arbeit und von Verhaltensregeln für internationale Konzerne. Es entsteht eine transnationale Netzwerktextur der Erwerbsregulierung, die internationale Organisationen, staatliche Akteure, Nicht-Regierungsorganisationen, globale Konzerne, Gewerkschaften und Arbeitnehmervertretungen einbezieht. Der ‚globalisierte Kapitalismus' agiert zwar grenzüberschreitend, aber nicht ungebändigt.

www.vs-verlag.de

VS VERLAG

Abraham-Lincoln-Straße 46
65189 Wiesbaden
Tel. 0611.7878 - 722
Fax 0611.7878 - 400